Alexander Schwan

Geschichtstheologische Konstitution und Destruktion der Politik

Alexander Schwan

Geschichtstheologische Konstitution und Destruktion der Politik

Friedrich Gogarten und Rudolf Bultmann

1976

Walter de Gruyter · Berlin · New York

CIP-Kurztitelaufnahme der Deutschen Bibliothek

Schwan, Alexander
Geschichtstheologische Konstitution und Destruktion der Politik : Friedrich Gogarten u. Rudolf Bultmann. — Berlin, New York : de Gruyter, 1976.
ISBN 3-11-006783-8

Printed in Germany
Satz und Druck: Walter de Gruyter & Co., Berlin
Einband: Wübben & Co., Berlin

Vorwort

Die hier vorgelegte Untersuchung entspringt dem Interesse an dem Verhältnis von modernem Denken und freiheitlicher Politik, genauer an der Frage, wie heute noch Politik, die sich um eine Ordnung der Freiheit, um eine menschenwürdige Ordnung aus dem Geist der Freiheit bemüht, inhaltlich begründet werden kann. Dieses politisch-philosophische Interesse verband sich auch mit der Wiederbegründung der Politischen Wissenschaft in Deutschland nach dem Zweiten Weltkrieg, um die sich mein akademischer Lehrer Arnold Bergstraesser († 1964) entscheidende Verdienste erworben hat. Die Politikwissenschaft der für ihren Neubeginn bedeutsamen „Freiburger Schule" Arnold Bergstraessers strebte nach ihrer Rekonstruktion als „praktischer" Wissenschaft aus dem Verständnis der alten, aristotelischen Politik und suchte die Konstitution ihrer Sache aus der θεωρία einer in Ontologie, Theologie und Anthropologie ausgefalteten Metaphysik zu finden. Dieser normative Ansatz bleibt neben und gegenüber positivistisch sich beschränkenden wissenschaftstheoretischen Positionen und den gegenwärtig in der Politologie dominierenden, auf die Durchsetzung partikularer sozioökonomischer Perspektiven gerichteten politischen Ideologien unverzichtbar und findet in den wieder aufgekommenen Versuchen einer „Rehabilitierung" der „Praktischen Philosophie" manche Parallele. Allerdings wird für ihn die Konfrontation mit der Lage des modernen Denkens unumgänglich und zu einem seiner wichtigsten Probleme. Es kann die für ihn entscheidende Schwierigkeit nicht übersehen werden, daß nicht nur die genannten Wissenschaftstheorien und Ideologien, sondern gerade auch das seiner Tradition bewußte philosophische oder theologische Denken der Gegenwart die Geltung der klassischen Metaphysik von Grund auf in Frage stellt. Es muß die um die Fundierung ihrer Sache bemühte normative Politikwissenschaft, Politische Theorie oder Praktische Philosophie bedenklich stimmen, daß sich das von der Antike ausgegangene und vom christlichen Glauben nachhaltig mitgeprägte abendländische metaphysische Denken nach einer langen, wechselvollen Geschichte, die in den Systemen des Deutschen Idelismus ihre Vollendung und zugleich ihr Ende gefunden hat, seit Kierkegaard und Nietzsche vor das Problem seiner eigenen Überwindung — als eines von ihm selbst zu leistenden Vollzuges — gebracht sieht. Angesichts dieser Situation haben Politische Wissenschaft und Praktische Philosophie, sofern sie sich ihr angemessen stellen wollen, ein Doppeltes zu bedenken: wie jetzt noch das Fundierungsverhältnis von Denken und Praxis bzw. Politik auszusehen vermag und welche praktisch-politischen Konsequenzen das Denken in der Gegenwart zeitigt. Beide Problemstellungen vereinen sich zu der (hinhörenden, prüfenden und kritischen) Frage, welche Bestimmung über ihren Ort und Rang im menschlichen Dasein Praxis und Politik zufolge solcher Fundierung zuteil werden.

Kaum ein anderes Denken in unserem Jahrhundert hat wie das Denken *Martin Heideggers* die Aufgabe auf sich genommen, die „Überwindung" der klassischen Metaphysik als Konsequenz ihrer Vollendung und ihres Endes philosophisch zu reflektieren und zu vollziehen. Darum habe ich zunächst die „Politische Philosophie im Denken Heideggers" (1965) thematisiert. Die Abhandlung, die diesen Titel trägt, versucht den Nachweis zu erbringen, daß Heidegger die metaphysische Grundlegung der Politik in der Praktischen Philosophie des Aristoteles — mit der Umgrenzung der Politik als eines „Werkes der Wahrheit" (ἔργον der ἀλήθεια; vgl. dazu „Wahrheit — Pluralität — Freiheit", 1976) — aufnimmt, verwandelt und letztlich aufhebt. Die auch hier zunächst versuchte Neubegründung der Politik aus altem Wissen wird mit dem Fortgang von Heideggers Denken schließlich unmöglich. Maßgeblich für diesen Sachverhalt erscheint mir der Versuch dieser Philosophie, gerade die Ab-gründigkeit allen Gründens und die Verbergung der Wahrheit (die Wahrheit *als* Verbergung in Einheit mit der Unverborgenheit) zu denken und demzufolge nichts mehr begründen zu wollen. Die aufzeigbaren zutiefst problematischen Folgen für das Verhältnis solchen Denkens zur modernen Politik geben Anlaß, das gegenwärtige Denken insgesamt für die Politische Theorie und Praktische Philosophie erneut und immer wieder frag-würdig zu machen.

Deshalb wende ich mich mit der vorliegenden Studie zwei anderen für das Denken der Gegenwart zu ihrem Teil bestimmenden und repräsentativen Autoren zu, denen in einer Heidegger verwandten Art die — selbst metaphysische — Proklamation des Endes der abendländischen Metaphysik und ihrer regionalen Grundlegungen, also auch der Praktischen und Politischen Philosophie, durch Nietzsche als verbindlich gilt und in der Erfahrung des Umbruchs der überlieferten Ordnungsvorstellungen im Ersten Weltkrieg existentiell vernehmlich geworden ist, die aber als Theologen die Abgründigkeit allen Gründens und die Verbergung der Wahrheit in einer gegenüber Heidegger neuen Wendung denken: *Friedrich Gogarten* und *Rudolf Bultmann*. Für sie wird das Bewußtsein vom Ende und von der Krisis aller bisherigen Grundlegungen und Sicherheiten zum Anstoß, radikal wieder auf die — in ihrer Sicht — einzige Sache der Theologie und damit auf den allein menschliche Vorstellungen und Ordnungen fundierenden Grund, nämlich die Abgründigkeit und Verborgenheit der Offenbarung Gottes, zu hören. Solches Hören kann dann nicht anders, als seinerseits das Ende und die Krisis des Überlieferten aktiv mitzuvollziehen. Aber wenn es sich eben doch bereithalten will, auf einen „neuen", alles Bisherige durchbrechenden Anspruch, der aufgrund der göttlichen Offenbarung an den Menschen ergeht, zu hören und ihm zu gehorchen, dann erhebt sich für die Politik wiederum die Frage, ob und wie sie hier vielleicht, und sei es in noch so gebrochener, aber modernen Denkvoraussetzungen entsprechender Art, ein über Heidegger hinausführendes Verständnis von der konstitutiven Wahrheit ihrer eigenen Sache zu empfangen vermag. Ich behaupte in der Tat, daß ein Heidegger in manchen Zügen verwandtes Denken, indem es eine gegenüber dem Philosophen andere Dimension, die theologische Dimension der Offenbarungswahrheit und des Offenbarungsgeschehens, erreicht, hier schließlich doch einige Schritte weiterführen kann. Die Berechtigung zu einer solchen Behauptung muß sich in der Untersuchung zur Grundlegung der „Politischen Ethik" in der „Theologie der Geschichtlichkeit", um die es sich handelt, selbst ausweisen.

Zu diesem Zweck werden in einem Ersten Hauptteil die für den Zusammenhang der Fragestellung relevanten theologischen Grundgedanken der beiden Autoren mit dem Versuch einer Systematisierung dargelegt. Ein solcher Versuch ist dadurch erschwert, daß beide Theologen ihre Aussagen in einer Vielzahl von Wiederholungen und neuen Ansätzen und in einer großen Breite von zumeist Spezialthemen hervorhebenden Einzelveröffentlichungen, nicht aber in einer geschlossenen, alle Hauptstücke umfassenden Durchführung machen. Der systematische Zusammenhang muß folglich erst herausgearbeitet werden. Dabei kann eine politikwissenschaftlich orientierte Untersuchung nicht sämtlichen theologischen Details und Besonderheiten nachgehen, wie dies originär theologische Abhandlungen (vgl. besonders die neueren Werke von Hermann Fischer, Arnim Volkmar Bauer, Rudolf Weth, Karl-Wilhelm Thyssen und Carlos Naveillan für Gogarten, Walter

Schmithals für Bultmann) tun, jedoch jeweils aus der Warte eines eigenen positionalen Vorverständnisses. Hier ist eine Konzentration auf die wesentlichen theologischen Elemente einer Grundlegung für Politische Ethik und Politik erforderlich. Umgekehrt kann es in dieser Studie entsprechend der intendierten normativen Konzeption von Politikwissenschaft, Politischer Theorie und Praktischer Philosophie, die nach der inhaltlichen Konstitution der Sache der Politik aus fundierendem Denken fragt, nicht um eine politische, soziologische oder ideologiekritische Auseinandersetzung mit der Theologie von außen gehen (wie z. B. bei Theodor Strohm oder Eckhard Lessing zu Gogarten, Dorothee Sölle zu Bultmann). Vielmehr bedarf es einer einläßlichen und verstehenden Explikation der konstitutiven theologischen Grundlagen bei den behandelten Autoren, was ihre immanente Kritik keineswegs ausschließt, vielmehr an entscheidenden Stellen sehr wohl herausfordert.

Erst von hier aus kann und soll sich in einem Zweiten Hauptteil eine typologisch gegliederte Erörterung der Bestimmungen dieser Theologie zur Politik, ihrer eigenen Stellung zur Politik und ihrer Konsequenzen für die Gestaltung der Politik anschließen. Aus den besonderen theologischen Voraussetzungen, die vorfindlich sind, wird dabei in einer zu erläuternden Festlegung von „Politischer Ethik" die Rede sein. Diese Politische Ethik Gogartens und Bultmanns hat bisher keine angemessene, gründliche Darstellung gefunden. Sie gestattet einen gegenüber Heidegger positiveren Zugang zu Praxis und Politik, der dennoch aufgrund in ihm enthaltener gravierender Probleme ebenfalls erhebliche Bedenken hervorruft. Es wird sich zeigen, daß mit der spezifisch geschichtstheologischen Konstitution, die der Politik in Gogartens und Bultmanns Politischer Ethik zukommt, integral eine Denaturierung der Politik verknüpft ist, die in wesentlichen Zügen ihre Destruktion bewirkt. Gerade darin liegt der für die Moderne symptomatische Charakter des Verhältnisses von fundierendem Denken und Politik in der Theologie der Geschichtlichkeit, weshalb sie eine explizite Behandlung verdient. Struktur und Inhalt des angedeuteten Zusammenhanges sind nachzuweisen. Dem gilt das Hauptinteresse der Untersuchung. Gleichwohl werden sich an ihrem Ende doch einige tragende Aspekte für eine konstruktive Grundlegung freiheitlicher Politik ergeben. Sie sollen zum Ausgangspunkt von weiterführenden Überlegungen dienen, die auf die Begründung einer personalen Politik der Freiheit zielen. Deren Skizzierung ist der Schlußteil der Studie gewidmet.

Die hiermit publizierte Untersuchung hat bereits im Sommersemester 1965 unter dem Titel „Geschichtlichkeit und Politik. Zur Grundlegung politischer Ethik in der Geschichtstheologie Friedrich Gogartens und Rudolf Bultmanns" der Philosophischen Fakultät der Universität Freiburg i. Br. als Habilitationsschrift zur Erlangung der venia legendi im Fach Wissenschaftliche Politik vorgelegen. Der lange Zeitraum zwischen Ausarbeitung und Veröffentlichung erklärt sich daraus, daß ich zunächst die Absicht hatte, die erörterte Thematik in eine umfassend angelegte Analyse des Verhältnisses von Denken und Politik im 20. Jahrhundert einzubeziehen. Überdurchschnittlich starke Verpflichtungen in Lehre, Selbstverwaltung und Hochschulpolitik an der von Unruhen geschüttelten Freien Universität Berlin seit dem Wintersemester 1965/66 und die aktive Beteiligung an den theoretischen und politischen Auseinandersetzungen innerhalb der deutschen Sozialdemokratie haben das Projekt zunächst notgedrungen in den Hintergrund treten lassen. Es sei nun wieder aufgenommen und durch die vorliegende (die o. a. Arbeiten zu Heidegger und anderen philosophischen und theologischen Strömungen ergänzende) Einzelstudie partiell vorbereitet. Mannigfache Anfragen veranlassen mich zu einer gesonderten Veröffentlichung. Im gegenwärtigen Zeitpunkt sind die in ihr enthaltenen Ausführungen auch als ein Beitrag zu sehen, der den mittlerweile hochgekommenen Tendenzen, Theologie und christlichen Glauben mit Politik (und zwar nur mit einer ganz bestimmten, angeblich progressiven Politik) ineinszusetzen, in diese Politik umzusetzen und für sie einzusetzen, also den Tendenzen der „Politischen Theologie" und der „Revolutionstheologie", begründet entgegenzutreten versucht. Wenn die Sache des christlichen Glaubens und die Sache einer freiheitlichen Politik in ihrem originären Sinn gewahrt bleiben und verfochten werden sollen, dann gilt es, die Unterscheidung zwischen ihnen zu betonen und erst aus dieser Unterscheidung ihr angemessenes Verhältnis zueinander zu ermitteln. Gogarten und Bultmann bieten teils negativen, teils positiven Anstoß, dies im Folgenden zu präzisieren.

Für die Veröffentlichung wurde die ursprüngliche Fassung überarbeitet. Inzwischen erschienene Schriften von wie über Gogarten und Bultmann wurden geprüft und gegebenenfalls einbezogen. Form und Inhalt der ersten Fassung haben dadurch jedoch keinerlei wesentliche Änderung erfahren. Dem Verlag und insbesondere Herrn Kollegen Heinz Wenzel sei herzlich gedankt für die Bereitschaft, die Untersuchung zu publizieren.

Berlin, im Dezember 1975 Alexander Schwan

Inhaltsverzeichnis

A. Zur Einleitung

I. Die Ausgangslage der Theologie der Geschichtlichkeit

1. *Glauben und Geschichte*

Friedrich Gogarten hat einer seiner Schriften den Titel „Entmythologisierung und Kirche" gegeben. Dieser Titel weist auf den Versuch hin, gegen die Angriffe der „kirchlichen" Theologie — gemeint ist vor allem die protestantische — die sogenannte Theologie der Entmythologisierung zu verteidigen, wie sie der Marburger Exeget Rudolf Bultmann vertritt[1]. Seit den Jahren des Zweiten Weltkrieges ist die Diskussion über das Problem der Entmythologisierung des Neuen Testaments nicht zur Ruhe gekommen, eine Diskussion, die in der Vielzahl ihrer Stimmen und Meinungen zunächst darum so verwirrend war, weil in den meisten Fällen das eigentliche Anliegen Bultmanns nur höchst unvollkommen verstanden wurde. Gogarten hat für diese Diskussion mit der genannten Schrift[2] eine entscheidende Klärung erbracht, indem er das Anliegen Bultmanns auf die es leitende Grundfrage zurückführte: auf die Frage nach dem Wesen der *Geschichtlichkeit*, die dem

---

[1] Vgl. dazu bes. *Neues Testament und Mythologie.* In: Kerygma und Mythos, hrsg. von H. W. Bartsch, Bd. I, 15—53, und *Zum Problem der Entmythologisierung.* In: Kerygma und Mythos Bd. II, 179—208 (im folgenden zit.: Kerygma und Mythos I u. II); außerdem *Das Problem der Hermeneutik.* In: Glauben und Verstehen, Bd. II, 211—235; *Echte und säkularisierte Verkündigung im 20. Jahrhundert.* In: Glauben und Verstehen, Bd. III, 122—130 und *In eigener Sache*, ebenda. 178—189 (im folgenden zit. *Glauben und Verstehen* II, III). Für die vollständigen bibliographischen Angaben der in der vorliegenden Untersuchung zitierten Primär- und Sekundärliteratur vgl. das Literaturverzeichnis.

[2] Die erste Auflage erschien 1953, die zweite Auflage 1954. Wir zitieren nach der 2. Aufl., die um ein Vorwort erweitert ist, in dem sich Gogarten mit kritischen Äußerungen zur 1. Aufl. auseinandersetzt. Er antwortet darin folgenden Stellungnahmen: Erwin Wilkens, *„Entmythologisierung und Kirche". Stellungnahme zu der Schrift von Prof. Gogarten aus der Vereinigten Evangelisch-Lutherischen Kirche.* In: Evang.-luther. Kirchenzeitung 1953 (7), 297f.; Ernst Kinder (Hrsg.), *Ein Wort lutherischer Theologie zur Entmythologisierung. Beiträge zur Auseinandersetzung mit dem theologischen Programm Rudolf Bultmanns*, 1952; ders., *Die Verbindlichkeiten des neuzeitlichen Geschichtsdenkens für die Theologie.* In: Evang.-luther. Kirchenzeitung 1953 (7), Nr. 24; ders., *Das neuzeitliche Geschichtsdenken und die Theologie. Antwort an Friedrich Gogarten*, 1954. Vgl. darauf vom selben Verf., *Die Geschichtlichkeit des christlichen Glaubens. Zur Auseinandersetzung mit Friedrich Gogarten.* In: Evang.-luther. Kirchenzeitung 1955 (9), Nr. 14.

christlichen *Glauben* eignet. Demzufolge ist das eigentliche Thema der Schrift „Entmythologisierung und Kirche" das zentrale Verhältnis von Glauben und Geschichte, und dieses ist das Grundthema der Theologie Gogartens wie Bultmanns, das sie in eine besondere Nähe zueinander bringt, die es rechtfertigt, beide Theologen weitgehend gemeinsam zu behandeln. Die Grundthematik von Geschichte und Glauben bestimmt auch die ihnen bei manchen Unterschieden doch im Wesen verwandte Stellung zu Fragen der Ethik, Sozialethik und Politischen Ethik, auf die hin wir ihre Theologie vornehmlich behandeln. Da aber die Äußerungen zum Bereich gerade der Politik bei Gogarten erheblich ausführlicher sind als bei dem Exegeten Bultmann, so wird insgesamt der Göttinger Theologe in unserer auf die Politische Ethik zielenden Untersuchung in den Vordergrund rücken. Bultmann wird insoweit in die Erörterung einbezogen, als seine Arbeiten die hier zu behandelnden Probleme gleichwohl zusätzlich zu erhellen und einige Schritte weiterzuführen vermögen[3]. Fragen wir zunächst in aller Vorläufigkeit, inwiefern das

[3] Eigentümlicherweise haben trotz ihrer symptomatischen Bedeutung für das moderne Denken lange Zeit weder die Politische Ethik noch das Gesamtwerk Gogartens eine ausführliche Würdigung gefunden, so daß unsere Habilitationsschrift einer der ersten derartigen Versuche darstellte. Seitdem sind einige wichtige theologische Interpretationen und wenige sozialwissenschaftlich orientierte oder interessierte Polemiken erschienen. Dabei finden sich allerdings in der Regel einzelne Phasen von Gogartens Schaffen einseitig betont oder doch schwergewichtig herausgestellt. Demgegenüber machen wir den Versuch, sein Werk vom Zeitpunkt seiner selbständigen Entfaltung an (also etwa ab 1920) zunächst einheitlich systematisch zu interpretieren, um sodann unterschiedliche Nuancen (mehr sind es zumindest in der *Theologie* nicht) im Verlauf seiner Entfaltung zu vermerken. Die *theologische* Auseinandersetzung wird zumeist von einer speziellen Fragestellung oder von einer bestimmten Position her beeinflußt. Für die bedeutende Arbeit von Rudolf Weth, *Gott in Jesus. Der Ansatz der Christologie Friedrich Gogartens*, 1968, steht zu einseitig die Frage nach dem Selbstsein des Menschen und damit der noch Fichte grundlegend verhaftete erste Ausgangsort Gogartens im Vordergrund, um damit als rotem Faden die Gogartensche Christologie durch drei Phasen (die ganz frühe, die der zwanziger und dreißiger Jahre und die nach dem Zweiten Weltkrieg) konfrontieren und verfolgen zu können. Die Kritik wird von einem Karl Barth nahestehenden Standpunkt geführt. Demgegenüber beschränkt Karl-Wilhelm Thyssen seine theologiegeschichtlich orientierte Untersuchung *Begegnung und Verantwortung. Der Weg der Theologie Friedrich Gogartens von den Anfängen bis zum Zweiten Weltkrieg*, 1970, in einer für eine Gesamtwürdigung, die gleichwohl intendiert wird, bedenklichen Weise auf die erste und zweite Phase. Diese Darstellung, die sich von vornherein unkritisch auf eine Interpretation „ad bonam partem" festlegt (vgl. 1), behauptet leichthin, Gogarten sorge hinsichtlich seines Nachkriegswerkes selbst für eine konsequente Auslegung, da er „nach dem Krieg seinen zuvor erarbeiteten Ansätzen treu geblieben" sei (2). Gogartens politische Aussagen und Stellungnahmen werden als „Irrtum" verharmlost (vgl. 215ff.); dafür bringt Thyssen einige interessante präzisierende Angaben über das konkrete Verhalten des Theologen nach 1933 (vgl. 223ff.). Die gleichen Grundthesen und Tendenzen vertritt eine neuere Arbeit katholischer Provenienz: Arnim Volkmar Bauer, *Freiheit zur Welt. Zum Weltverständnis und Weltverhältnis des Christen nach*

Verhältnis von Geschichte und Glauben zum zentralen Anliegen der Theologie Gogartens und Bultmanns werden konnte, und zwar so bestimmend und in solch spezifischer Ausprägung, daß gerade dieses

---

der Theologie Friedrich Gogartens, 1967, wobei allerdings das Nachkriegswerk — ebenfalls verstanden als organische Fortentwicklung der früheren Ansätze — im Vordergrund steht. Eine eher katalogisierende als systematisierende katholische Darstellung, die sich völlig mit dem Nachkriegswerk bescheidet — fußend auf der Annahme, hier kämen die früheren Perioden Gogarten gleichsam nahtlos zur Reife — ist Carlos Naveillan, *Strukturen der Theologie Friedrich Gogartens*, 1972. Unserem eigenen Interpretations*ansatz* (Theologie der Geschichtlichkeit) am nächsten kommt Hermann Fischer, *Christlicher Glaube und Geschichte. Voraussetzungen und Folgen der Theologie Friedrich Gogartens*, 1967. Allerdings konzentriert sich Fischer ganz auf das Ausgangsthema „Glauben und Geschichte" (das es für uns ist), ohne daraus jene weitgespannte Systematik im Grundriß zu entwickeln, die uns bis zur Politischen Ethik und Politik führen wird (die folglich wie auch die Zwischenglieder bei Fischer keine thematische Rolle spielen). Fischer setzt übrigens eine Früh- und eine Spätphase bei Gogarten (über)scharf entgegen. — Solchen zentral theologischen Interpretationen stehen einige neuere Schriften gegenüber, die, obzwar von Theologen verfaßt, soziologische und ideologiekritische, politisch motivierte Analysen der gesellschaftspolitischen Voraussetzungen, Implikationen und Wirkungen von Gogartens Theologie aufzudecken intendieren. Sie laufen unisono darauf hinaus, Gogartens Theologie und Politischer Ethik fälschlich einen privatistischen, privatisierenden oder individualistischen Ansatz vorzuwerfen, der ihnen als Hauptbeleg für konservative bis reaktionäre Geisteshaltung gilt. Obwohl solche Erörterungen partiell richtige Feststellungen erbringen, sind sie für eine angemessene Würdigung des Verhältnisses von theologischem Denken und politischer Ethik unbrauchbar. Als Publikationen dieser Gattung seien genannt: Theodor Strohm, *Theologie im Schatten politischer Romantik. Eine wissenschafts-soziologische Anfrage an die Theologie Friedrich Gogartens*, 1970; Eckhard Lessing, *Das Problem der Gesellschaft in der Theologie Karl Barths und Friedrich Gogartens*, 1972; Alfred Dubach, *Glauben in säkularer Gesellschaft. Zum Thema Glaube und Säkularisierung in der neueren Theologie, besonders bei Friedrich Gogarten*, 1973. — Am einläßlichsten zu Gogartens Politischer Ethik ist immer noch das Gogarten-Kapital in Richard Hauser, *Autorität und Macht. Die staatliche Autorität in der neueren protestantischen Ethik und in der katholischen Gesellschaftslehre*, 1949, 91—150. Hauser konnte jedoch die neueste Phase des theologisch-geschichtlich-politischen Denkens nicht mehr überblicken und geht auf Gogartens Verhältnis zum Nationalsozialismus nicht ein. Eine ganz knappe Behandlung Gogartens findet sich bei Gunnar Hillerdal, *Gehorsam gegen Gott und Menschen. Luthers Lehre von der Obrigkeit und die moderne evangelische Staatsethik*, 1955. Hans Schlemmer, *Von Karl Barth zu den Deutschen Christen. Ein Wort zum Verständnis der heutigen theologischen Lage*, 1954, steuert einige Randbemerkungen zu Gogartens politischem Verhalten während des Jahres 1933 bei. Für die aktuelle theologische Auseinandersetzung mit diesem Verhalten vgl. bes. Karl Barth, *Abschied.* In: Zwischen den Zeiten 1933 (11), 536—544; Friedrich Delekat, *Die Kirche Jesu Christi und der Staat*, 1933; Otto Wolff, *Gesetz und Evangelium. Erwägungen um die dogmatische Grundfrage in Auseinandersetzung mit Friedrich Gogarten.* In: Evangelische Theologie, 1936, 136—156. Die Ethik Gogartens (und Bultmanns) allgemein hat, ebenfalls auf die frühe Phase dieser Theologie eingeschränkt, Harald Eklund in seiner Untersuchung zur Dialektischen Theologie (*Theologie der Entscheidung. Zur Analyse und Kritik der „existentiellen" Denkweise*, 1937, 31ff., 158ff.; zu Bultmann 101ff.) mitbehandelt. Ausführlicher dazu, jedoch immer noch recht knapp: Roland Wagler, *Der Ort der Ethik bei Friedrich Gogarten. Der Glaube als Ermächtigung zum rechten Unterscheiden*, 1961. Speziell zur Gesetzeslehre als einem Lehrstück lutherischer Erbschaft: Friedrich Duensing, *Gesetz als Gericht. Eine luthersche Kategorie in der Theologie Werner*

Thema beide Theologen in eine entschiedene Frontstellung zur überlieferten kirchlichen Lehre, wie sie sie verstehen, gebracht hat. Die Antwort kann vorerst nur skizziert werden und bedarf der näheren Ausarbeitung in den folgenden Kapiteln der Untersuchung (Erster Hauptteil)[4].

Der christliche Glaube, um dessen Seinkönnen es Gogarten und Bultmann als Theologen zentral gehen muß, empfängt seine konstituierende Herkunft von der Botschaft des Neuen Testaments. Das Neue Testament aber ist, wie gerade Bultmann mit der modernen Exegese erkannt hat, in seinem Wesen Kerygma[5], die Kundgabe eines κῆρυξ (Herolds), die Verkündigung eines Wortes. Das Wort jedoch, das das Neue Testament kundgibt und verkündet, ist das Wort Gottes. Es spricht zu dem, der auf es hört. In ihm offenbart sich Gott dem Menschen als sein Gott, sagt er sich dem Menschen als Gott zu. Diese Kund-gabe und Zu-sage fordert ein Eingehen auf sie, eine Bereitschaft für sie, eine

---

Elerts und Friedrich Gogartens, 1970. Schließlich sei noch Peter Lange, *Konkrete Theologie? Karl Barth und Friedrich Gogarten „Zwischen den Zeiten" (1922—1933). Eine theologiegeschichtlich-systematische Untersuchung im Blick auf die Praxis theologischen Verhaltens*, 1972, erwähnt, der das Verhältnis zwischen Barth und Gogarten als solches in der Zeit ihrer gemeinsamen Zugehörigkeit zur „Dialektischen Theologie", in der jedoch schon die Keime für das spätere Zerwürfnis liegen, zum Thema macht. — Im Unterschied zum Schrifttum über Gogartens Theologie und Politische Ethik (als Gesamtwerk) ist die Literatur zu Bultmann unübersehbar. Allerdings ist sie vorwiegend exegetischer und bibeltheologischer Natur (vgl. dazu Anm. 8). Bultmanns politisch-ethische Aussagen sind bisher nur unzureichend berücksichtigt worden. Vom Standpunkt „Politischer Theologie" beschäftigen sich polemisch mit Bultmanns angeblich apolitischem Verhalten insbesondere Per Frostin, *Politik och hermeneutik*, 1970 (mit einer deutschen Zusammenfassung, 167—183), und Dorothee Sölle, *Politische Theologie. Auseinandersetzung mit Rudolf Bultmann*, 1971. Vor allem Frostin leistet sich dabei groteske Verzerrungen. Zur Geschichtstheologie Bultmanns sind u. E. zwei Untersuchungen von maßgeblicher Bedeutung: Heinrich Ott, *Geschichte und Heilsgeschichte in der Theologie Rudolf Bultmanns*, 1955, und Johannes Körner, *Eschatologie und Geschichte. Eine Untersuchung des Begriffes des Eschatologischen in der Theologie Rudolf Bultmanns*, 1957. An kritischen Darstellungen seien zwei aus verschiedener Richtung hervorgehoben: Karl Barth, *Rudolf Bultmann. Ein Versuch, ihn zu verstehen*, 1952, und Heinrich Fries, *Bultmann, Barth und die katholische Theologie*, 1955. Eine sehr behutsam abwägende Erklärung bietet die Schrift *Für und wider die Theologie Bultmanns. Denkschrift der Ev. theol. Fakultät der Universität Tübingen*, 3. Aufl. 1952. Eine hervorragende Einführung und Hinführung zu Bultmann ist Walter Schmithals, *Die Theologie Rudolf Bultmanns. Eine Einführung*, 1966. Fragen der Politischen Ethik und Politik bei Bultmann sind in den genannten Werken theologischer Interpretation durchweg ausgespart.

[4] Vgl. zum folgenden Gogarten, *Entmythologisierung und Kirche* 53ff., bes. 67ff.; Bultmann, *Kerygma und Mythos* I 24ff., *Glauben und Verstehen* III 122ff.

[5] Der Begriff „Kerygma" begegnet laut H. W. Bartsch, *Der gegenwärtige Stand der Entmythologisierungsdebatte* (Beiheft zu *Kerygma und Mythos* I—II, 1954) 53 zum erstenmal bei Martin Kähler, *Der sogenannte historische Jesus und der geschichtliche, biblische Christus*, 1928.

Antwort heraus. Die Adressaten sind Menschen, als solche aber immer die Menschen einer bestimmten geschichtlichen Zeit. Die Verkündigung des Wortes, der Ruf des Herolds, das Kerygma ergeht somit je und je in eine geschichtliche Zeit hinein. Die Verkündigung ist in einer Schrift, einem historischen Dokument, niedergelegt, jedoch so, daß sie kraft dieses Dokumentes, durch seine Auslegung und Verkündigung, fortwährend neu vollzogen wird. Sie gelangt in einen Pro-zeß ihrer selbst, sie entfaltet sich in die Verkündigung des Verkündeten, damit in ein fort und fort neu ereignetes Geschehen ihrer selbst. Die Verkündigung ist mithin nicht nur ein datierbares und fixierbares historisches Faktum, das als solches vergangen und einmalig wäre, sondern sie ist im Verständnis Gogartens und Bultmanns insofern in einem viel wesentlicheren Sinne „geschichtlich" (und nicht nur faktisch „historisch"), als sie immer wieder geschieht und stets neu als das Ereignis von Kundgabe, Anruf und Zusage einerseits sowie Hören, Antwort und Entsprechung anderseits geschehen muß, um zu sein, was sie ist.

Dieser Geschehenscharakter eignet ihr zufolge ihres Wesens, weil Gott in ihr sich dem Menschen worthaft kundgibt und darin zugleich fordernd zuwendet. Dann kann sie kein einmaliges historisches Faktum darstellen, dessen Menschen aufgrund seiner Fixierbarkeit ein für allemal habhaft zu werden, über das sie insofern zu verfügen vermöchten. Wohl kündet sie unbedingt immer von der Menschwerdung, dem Leben, dem Sterben und der Auferstehung des Wortes Gottes in der Person des Gottgesandten, in Jesus Christus, aber die Kundgabe dessen nimmt immer wieder und stets neu ein Hören, Übernehmen, Verkünden, Antworten und Entsprechen in Anspruch. In der Verkündigung des Sichereignens des Wortes Gottes in Jesus Christus geschieht dieses Ereignis immer wieder, ja in ihr geschieht es erst als das, was es ist: als fortdauernd ansprechendes und beanspruchendes Wort Gottes, das sich in seinem Anspruch der ein für allemal erbrachten Feststellbarkeit durch den Menschen entzieht, weil es dann verfügbar würde und nicht mehr seinerseits den Menschen forderte und beanspruchte.

Ganz vorläufig läßt sich somit für Gogarten und Bultmann sagen: In ihrem Verständnis ist die Verkündigung des Neuen Testaments die Kundgabe, die geschichtliche Überlieferung eines Geschehens, der Offenbarung des Wortes Gottes, das sich in dieser Verkündigung immer wieder vollzieht, sich nur in solchem stets neuen Vollzug als das erereignet, was es ist (und zugleich sich, wie wir sehen werden, in diesem Vollzug doch fortwährend auch entzieht). Dieses Geschehen ist in solchem Verständnis ganz und gar geschichtlich. Und in ihm gründet der Glaube. Der Glaube hört auf die Verkündigung, er übernimmt sie, d. h. aber er vollzieht sie selbst. Verkündigung und Glaube werden eine geschehnishafte Einheit. Dann gehört aber seinerseits der Glaube zentral in das geschichtliche Geschehen der Verkündigung des Wortes Gottes hinein. Für das rechte Selbstverständnis und überhaupt für das Seinkönnen des Glaubens hängt mithin alles davon ab, wie er die Geschichtlichkeit dieses Geschehens und damit seiner selbst versteht, wie er sich also selbst geschichtlich versteht. Das Verständnis der Geschichtlichkeit des Wortes Gottes entscheidet über das Wesen des Glaubens. Die Theologie, die solchen Glauben explizit zu machen sucht, versteht sich dann im radikalen Sinne als Theologie der Geschichtlichkeit. Sowohl die göttliche Offenbarung wie auch der christliche Glaube werden von ihr geschichtlich verstanden, und sie fragt nach der absoluten Geschichtlichkeit beider.

Gogarten und Bultmann halten nun dafür, daß die traditionelle Theologie, die Gogarten die „kirchliche" nennt, ein Geschichtsverständnis mitbringt, das den von ihr vertretenen Glauben selbst ad absurdum führt[6]. Das Bemühen dieser Theologie sieht Gogarten vor allem darin, die biblische Geschichte in ihrem objektiven Geschehensein, in ihrer realen Faktizität zu behaupten, weil nur so dem Glauben seine transsubjektive, dem Belieben des Subjekts entzogene Wirklichkeit erhalten bleibe. Solche Theologie begreift nicht, daß sie den Glauben, indem sie ihm einen Halt an einem objektiv gewissen Geschehen zu sichern sucht, gerade dem Sicherheits- und Gewißheitsverlangen des Subjekts unterordnet und ausliefert. Ihr Denken verfällt darum dem Subjekt-Objekt-Schema, ihr Glaube droht zu einem bloß subjektiven Für-wahr-halten objektiver historischer Gegebenheiten abzugleiten. Denken und Glaube unterstellen sich damit der Selbstsüchtigkeit des Subjekts, dessen gewollte Illusion die unantastbare, für sich bestehende Objektivität heilsgeschichtlicher Fakten ist. Die hier maßgebende theologische Geschichtsauffassung kann mit ihrem Verständnis heilsgeschichtlicher Fakten zudem für Gogarten und Bultmann eine entscheidende Schwierigkeit nicht beheben: Sie behauptet einerseits die Tatsächlichkeit heilsgeschichtlicher Ereignisse als historischer Fakten in dem Sinne, wie sie auch für die profane Geschichtswissenschaft fest-

---

[6] Vgl. dazu Gogarten, *Entmythologisierung und Kirche* 19ff., 46ff., *Verhängnis und Hoffnung der Neuzeit* 143ff.; Bultmann, *Kerygma und Mythos* II 185ff., *Glauben und Verstehen* III 8ff.

stellbar ist, und muß zugleich erklären, solches historisch feststellbare Geschehen habe als Heilstat Gottes dennoch keinerlei Analogie zu sonstigen geschichtlichen Vorgängen. Sie ist damit zu einer Aussage genötigt, deren Grund nicht ausweisbar ist. Vielmehr bleibt ein Widersinn in der Behauptung, es handele sich bei diesen Fakten um ein übergeschichtliches, in seinem Wesen mit historischen Mitteln nicht auslotbares Heilsgeschehen, das in die Geschichte gleichwohl hereinbreche und sich in ihr abzeichne.

Werden so am Heilsgeschehen zwei Wirklichkeiten, das übergeschichtliche Wesen und die historische Erscheinung, unterschieden, so sollen sie dennoch in der traditionellen kirchlichen Theologie nicht getrennt werden. Denn die kirchliche Theologie sieht gerade darin das Eigene des Glaubens, daß er in dem Heilsgeschehen nicht nur eine übernatürliche Wirklichkeit erkennt, sondern zugleich *die* substantiale Wesenswirklichkeit aller natürlichen Wirklichkeiten, und zwar so, daß auf diese Wirklichkeit alle anderen hingeordnet sind und von ihr her das Maß ihrer Wahrheit und Geltung empfangen. Das σκάνδαλον, das aber ein so verstandener Glaube hinzunehmen hat, liegt in dem Rätsel, daß die Offenbarung des Wortes Gottes, das Heilsgeschehen, immer mehr als die profane Geschichte ist und wesensmäßig über dieser geschieht, zugleich sich aber in ihr abspielt. Es unterbleibt die Frage nach der Möglichkeit, wie übergeschichtliche Wirklichkeiten geschichtlich und umgekehrt historische Tatsachen zu „Heilstatsachen“ werden können. Der Glaube, der dieses vor allem anderen Fragwürdigste nicht ernsthaft in sein Fragen aufnimmt, hat sich in der Sicht der Theologie der Geschichtlichkeit dem Interesse der Subjektivität des Menschen überantwortet, das darauf gerichtet ist, sich der Geschichte und dessen, was in ihr geschieht, und insbesondere auch der Heilsgeschichte Gottes zu vergewissern, damit zu versichern und so sich ihrer zu bemächtigen. Ein solcher Glaube vermag nicht mehr zu vernehmen, was in dem Heilsgeschehen mit ihm selbst geschieht, wie über ihn verfügt wird, woraufhin er angesprochen und beansprucht ist, und folglich nicht dem an ihn ergehenden Ruf des Herolds (κῆρυξ) zu entsprechen. Das Kerygma wird also nicht mehr vernommen, weil es nicht mehr wirklich geschichtlich, in seiner absoluten Geschichtlichkeit, die die Geschichtlichkeit und damit Wirklichkeit des Glaubens konstituiert und erheischt, verstanden wird.

Demgegenüber ist das Bemühen der Theologie der „Entmythologisierung“ des Neuen Testaments — auf die als exegetisches Verfahren der „existentialen Interpretation“[7] des neutestamentlichen mythischen Weltbildes wir in unserem Zusammenhang nicht einzugehen haben[8] — und der sie in ihrem theologischen Grundanliegen verteidigenden Geschichtstheologie Friedrich Gogartens bestimmend darauf gerichtet, das Kerygma wieder als Geschehen des unbedingten Anrufs Gottes und den Glauben als das diesem Geschehen entsprechende Hören und damit allererst die Geschichtlichkeit des Wortes Gottes, der Verkündigung, des Glaubens, des Menschen, der Mitmenschlichkeit, der sozialen Ordnungen und des politischen Handelns zu erfassen. Gogarten und Bultmann entfalten dabei ein eschatologisches Verständnis der Geschichtlichkeit, das Kategorien von Martin Heideggers Denken[9] zu

---

[7] Dazu Bultmann, *Kerygma und Mythos* I 27ff., II 183ff., *Glauben und Verstehen* III 178ff., 193ff.

[8] Wir verweisen lediglich auf die Dokumentation zur Entmythologisierungsdebatte in den von Hans Werner Bartsch herausgegebenen Bänden *Kerygma und Mythos*, Bd. I—VI, 6 mit mehreren Beiheften und Ergänzungsbänden, 1948ff. sowie aus der umfangreichen Literatur auf Ernst Fuchs, *Hermeneutik*, ²1958; ders., *Zum hermeneutischen Problem in der Theologie. Die existentiale Interpretation*, 1959; Gerhard Ebeling, *Die Geschichtlichkeit der Kirche und ihrer Verkündigung als theologisches Problem*, 1954; ders., *Theologie und Verkündigung. Ein Gespräch mit Rudolf Bultmann*, 1962; von katholischer Seite: Anton Vögtle, *Die Entmythologisierung des Neuen Testaments als Forderung einer zeitgemäßen Theologie und Verkündigung*. In: Freiburger Dies Universitatis 1955/56 (4), 9—46; René Marlé S. J., *Bultmann et l'interprétation du Nouveau Testament*, 1956 und neuerdings Karl Prümm S. J., *Gnosis an der Wurzel des Christentums? Grundlagenkritik der Entmythologisierung*, 1972.

[9] Die Verwandtschaft unserer Theologen zum Denken Heideggers ist des öfteren behandelt worden, thematisch von J. Macquarrie, *An Existantialist Theology. A Comparison of Heidegger and Bultmann*, 1955; G. W. Ittel, *Der Einfluß der Philosophie Martin Heideggers auf die Theologie Rudolf Bultmanns*. In: Kerygma und Dogma 1956 (2), 90—108; G. Noller, *Sein und Existenz. Die Überwindung des Subjekt-Objektschemas in der Philosophie Heideggers und in der Theologie der Entmythologisierung*, 1962. Dabei stellt sich heraus, daß Bultmann und Gogarten (dieser erst nach dem Zweiten Weltkrieg, und zwar an den „späten“ Heidegger anknüpfend, vgl. bes. *Entmythologisierung und Kirche* sowie *Die Wirklichkeit des Glaubens*, während Bultmann sich fast nur auf Heideggers Frühwerk *Sein und Zeit* stützt) zwar zentrale Bestimmungen von Heideggers Denken übernehmen, wie z. B. „Geschichtlichkeit“, „Zeitlichkeit“, „Zu-kunft“, „Eigentlichkeit“ und „Uneigentlichkeit“, aber auf ein ganz anders gedachtes Verhältnis anwenden, nämlich auf die menschliche Existenz in ihrem Verhältnis zu Gott statt zum Geschick des Seins. Damit wandelt sich aber die Aussage grundlegend, die mit der Übernahme solcher Bestimmungen gemacht werden soll. Wir führen daher unsere Untersuchung streng auf dem Boden durch, auf dem sich das theologische Denken Gogartens und Bultmanns entfaltet, ohne die vermeintlichen Parallelen zu Heidegger zu berücksichtigen, weil nur so die Sache dieser Theologie unverstellt zur Sprache kommt. Die Schrift von Gerhard Noller beweist, daß dies bei einem dauernden Vergleich gerade nicht möglich ist. Hier wird die Theologie Bultmanns und Gogartens ob ihrer — zu Recht kritisierten — mißverständlichen und Heidegger mißverstehenden Adaption der existenzphilosophischen Begrifflichkeit fortwährend abgewertet. — Zum Verhältnis der modernen Theologie überhaupt zur Philosophie Heideggers vgl. statt vieler anderer Hinweise J. M. Robinson u. S. B. Cobb jr., *Der spätere Heidegger und die Theologie*, 1964. Namentlich der dort abgedruckte Aufsatz von Robinson (*Die deutsche Auseinandersetzung mit dem späteren*

übernehmen sucht, aber in einen ganz anderen Bezugsrahmen hineinstellt. Diese Entfaltung artikuliert sich dialektisch. Die Gogarten und Bultmann auf weite Strecken gemeinsame Theologie eschatologischer Geschichtlichkeit ist ihr besonderer Beitrag im Rahmen der sogenannten „Dialektischen Theologie", die nach dem Ersten Weltkrieg begründet wurde[10]. Er erbringt eine eigene Ausprägung der dialektischen Grundlegung der Politik, die dieser Theologie eignet. Gogarten konnte Bultmann in der Entmythologisierungsdebatte in klärender Weise sekundieren aus der langjährigen Weggenossenschaft der „Dialektischen Theologen", die bei allen Differenzen untereinander die Krisis des überlieferten, am überzeugendsten von Nietzsche der Nihilismuskritik ausgesetzten Glaubens in den Umbrüchen der alten Ordnungen durch den Ersten Weltkrieg nachhaltig erfuhren und eine völlige Neubegründung des Glaubensverständnisses versuchten, die solcher Kritik standzuhalten vermöchte. Diese Neubegründung und Wandlung wurde vollzogen aus der im Umsturz und in der Krisis aufbrechenden dialektischen Erfahrung der absoluten Abgründigkeit des für alles Menschsein ganz und gar allein Grund und Boden stiftenden Wortes Gottes. Die genauere Artikulation solcher Erfahrung und Grundlegung erwies sich bei den einzelnen Weggenossen der Dialektischen Theologie — Karl Barth,

---

Heidegger, 15—93) arbeitet die gesamte relevante Diskussion zu diesem Thema durch. Insbesondere setzt sich Robinson mit Heinrich Ott, *Denken und Sein. Der Weg Martin Heideggers und der Weg der Theologie*, 1959, auseinander. — Wie Gogarten und Bultmann selbst ihr Verhältnis zu Heidegger begreifen, wird am Schluß dieses Kapitels von uns kurz behandelt. — Wir verweisen im übrigen auf unsere Publikationen *Politische Philosophie im Denken Heideggers*, 1965, und *Wahrheit — Pluralität — Freiheit. Studien zur philosophischen und theologischen Grundlegung freiheitlicher Politik*, 1976.

[10] Unter den Werken, die noch zur Zeit der breitesten und einheitlichen Wirkung der „Dialektischen Theologie" diese theologische Richtung erörtern, ohne daß die besondere Stellung ihrer einzelnen Vertreter damals schon genügend klar ersichtlich sein konnte, seien hier (neben dem Buch von Eklund, das die Unterschiede schon zu entfalten beginnt; vgl. Anm. 3) in Auswahl genannt: Werner Wiesner, *Das Offenbarungsproblem in der dialektischen Theologie*, 1930; Theodor Siegfried, *Das Wort und die Existenz. Eine Auseinandersetzung mit der dialektischen Theologie*, 3 Bde. 1930ff. (Bd. II: *Die Theologie der Existenz bei Friedrich Gogarten und Rudolf Bultmann*, 1933); Adolf Keller, *Der Weg der dialektischen Theologie durch die kirchliche Welt. Eine kleine Kirchenkunde der Gegenwart*, 1931; Ferdinand Kattenbusch, *Die deutsche evangelische Theologie seit Schleiermacher*, 2 Bde. 1926ff.; J. Cullberg, *Das Problem der Ethik in der dialektischen Theologie*, 1938 (K. Barth). — Georg Merz, selbst ein „Weggenosse", hat einen anschaulichen Erlebnisbericht von der Zusammenarbeit dieser Theologen, vor allem in der von ihm selbst redigierten Zeitschrift „Zwischen den Zeiten", gegeben (vgl. *Wege und Wandlungen. Erinnerungen aus der Zeit von 1892—1922*, 1961, 206ff., 238ff.). — Vgl. auch die Dokumentation *Anfänge der dialektischen Theologie*, hrsg. von Jürgen Moltmann, 2 Bde. (Tl. I: *Karl Barth, Heinrich Barth, Emil Brunner*, 1962; Tl. II: *Rudolf Bultmann, Friedrich Gogarten Eduard Thurneysen*, 1963).

Friedrich Gogarten, Rudolf Bultmann, Emil Brunner, Eduard Thurneysen — als durchaus verschieden. Bevor wir darauf näher eingehen (im II. Kap.), sei zunächst die eigentümliche Erfahrung der Krisis kurz erläutert, die Gogarten und Bultmann zur dialektischen Theologie eschatologischer Geschichtlichkeit und zu einer daraus folgenden Ethik und Politischen Ethik drängten. Gogarten hat sich wiederholt — mehr und eingehender als Bultmann — der Analyse der Krisensituation selbst zugewandt, die seinem theologischen Denken den Anstoß gab. Im folgenden Abschnitt haben wir uns ihm daher vornehmlich zuzuwenden[11].

2. *Die Krisis des Humanismus*

Die Krisis, die sich im Gefolge des Ersten Weltkrieges in Deutschland und Europa auftat, war von vornherein und ist für Gogarten und Bultmann mehr als der Zusammenbruch der bestehenden sozialen und politischen Ordnungen, auch mehr noch als die Erschütterung des sie tragenden Kulturbewußtseins einschließlich des herrschenden religiösen Glaubens. Das alles war sie auch, und das Erlebnis solcher Erscheinungsarten der Krisis wurde durchaus zum Anlaß der umwandelnden Neubesinnung. Was dieser aber die Radikalität ihrer alles umzuwenden trachtenden Tendenz verlieh, war die Erfahrung der Krisis als *Krisis des Humanismus schlechthin*. Unter „Humanismus" wurde und wird dabei zunächst und primär eine geistige Grundströmung des 19. Jahrhunderts begriffen, darüberhinaus und sie umfassend die Vorherrschaft der Anthropologie im Zeichen eines Denkens, das von der *Subjektivität* des Subjekts Mensch her denkt und von hier aus das Seiende im Ganzen begreift. Dieser Humanismus ist im Abendland von lang her vorbereitet und erfährt unseren Theologen zufolge im Bewußtsein des 19. Jahrhunderts und in der ausdrücklich so bezeichneten philosophischen, literarischen und pädagogischen Richtung nur seine Vollendung. „Der tiefste treibende Sinn des Humanismus ist die Überzeugung von der moralischen und religiösen Autonomie der menschlichen Vernunft ... und damit von der Immanenz des Göttlichen im menschlichen Geist. Aus dieser Überzeugung entsteht der für die moderne Zeit

[11] Vgl. aber parallel zu der im folgenden zu erörternden Geschichts- und Gegenwartskritik Gogartens bei Bultmann besonders *Glauben und Verstehen* I 1ff. und II 1ff. sowie *Geschichte und Eschatologie* passim.

charakteristische Glaube an die Selbstmächtigkeit des Menschen, der mit seiner Vernunft und nach ihren Gesetzen nicht nur die Natur auf ganz neue Weise zu begreifen sucht, sondern auch überzeugt ist, mit ihrer Hilfe das menschliche Leben in Staat, Gesellschaft und Kirche auf das beste in eine endgültige Ordnung bringen zu können. Diese Überzeugung von der Immanenz des Göttlichen im menschlichen Geist und der darin zutiefst begründeten Selbstmächtigkeit des Menschen ist die selbstverständliche Voraussetzung alles modernen Denkens geblieben, die so selbstverständlich ist, daß man gar nicht mehr auf sie zu reflektieren braucht und kaum imstande ist, ein anderes Denken, das diese Voraussetzung nicht hat, zu vollziehen"[12]. Die Krisis der Zeit mit ihren Zusammenbrüchen ist eine Krisis dieses Bewußtseins von der Selbstmächtigkeit des Menschen, kraft dessen die Subjektivität sich zum Grund der Auslegung, der Beherrschung und der Einrichtung von allem, selbst noch der Verfügung über das Göttliche als das Höchste alles Seienden, macht.

In der theologischen Humanismuskritik, die sich zunächst durch die eigene äußere Krisis dieses Humanismus selbst aufdrängte, dann jedoch von den Dialektischen Theologen in prinzipieller und weit über den Anlaß ausgreifender Weise entwickelt wurde, stand zuallererst die davon betroffene Theologie im Vorblick. Vom „Humanismus" beherrscht sind in Gogartens Sicht sowohl der liberale („linke") Kulturprotestantismus mit seiner Anpassung an das säkularisierte Denken des 19. Jahrhunderts wie auch die orthodoxe („rechte") protestantische Kirchlichkeit, die die moderne Kultur und ihre Ordnungen aus einem eigenständigen Bereich und Wahrheitswissen heraus zu informieren versucht und sich dabei ebenfalls aus einer tiefen Solidarität mit ihr in den vielfältigsten Formen innig verbündet[13]. In beiden theologischen und kirchlichen Grundströmungen setzte sich auf unterschiedliche Weise das Bemühen Schleiermachers, des (laut Gogarten) in seiner Art größten und tiefsinnigsten Theologen des 19. Jahrhunderts, fort, „die geschichtliche christliche Religion, — natürlich wie er sie verstand und wie er sie verstehen mußte, um diesen Versuch machen zu können — einzu-

[12] Gogarten, *Der Zerfall des Humanismus und die Gottesfrage* 4. In diesem Abschnitt kommt die Sicht des „Humanismus" seitens der Theologie der Geschichtlichkeit zur Sprache, wie sie für ihren eigenen Ausgangsort bestimmend wurde. Wie sich die kritische Einstellung in der Phase dieser Theologie, die nach dem Zweiten Weltkrieg anhebt, bei Gogarten und Bultmann modifiziert (ohne im Prinzip aufgegeben zu werden), können wir erst später erörtern. Vgl. dazu das X. u. XI. Kap. unserer Untersuchung.

[13] Vgl. dazu *Gericht oder Skepsis* 10ff.

bauen in das Universum des sich in der geschichtlichen Wirklichkeit darstellenden menschlichen Geistes“[14]. Der Geist aber, der die geschichtliche Wirklichkeit bestimmte, war, aufs Ganze gesehen, der Geist des Idealismus, jener Bewegung, die die Konstruktion der Einheit der Welt im Bewußtsein zu bewerkstelligen unternahm, an der die überkommene Theologie um so eher teilhaben konnte, als sie — schon seit dem Mittelalter, schon seit der Adaption des griechischen philosophischen Denkens — Gott lediglich als das höchste Seiende unter anderem Seienden, als den höchsten Gedanken und das höchste Gut des Menschen begriff, der „das menschliche Denken und Leben zum runden Abschluß brachte“[15].

Diese geschichtlichen Denkversuche des Abendlandes, die griechische Metaphysik, die Theologie des Mittelalters, die Systemphilosophie des Deutschen Idealismus sowie seine Ersatzsysteme bis zu dem ihn ablösenden Historismus, Materialismus und Relativismus und schließlich der liberale und der orthodoxe Protestantismus des 19. Jahrhunderts, kommen für Gogarten allesamt in dem Anspruch eines „Humanismus“ überein, „Gott zu erfassen oder womöglich ihn zu verwirklichen oder aus ihm zu leben. Und das tut nicht nur die Frömmigkeit aller Arten, sondern es tut das menschliche Geistesleben, es tun Kultur und Geschichte. Es tut die ganze Welt des Humanismus, ganz gleich, ob sie sich religiös oder säkularistisch versteht, ob sie ihre Selbstgenügsamkeit mit der Immanenz des Göttlichen im menschlichen Geist oder atheistisch begründet. Denn so oder so wird hier das menschliche Leben in sich verfestigt gegen die göttliche Offenbarung. So oder so verschließt man sich damit der Furcht Gottes und lebt aus dem Vertrauen auf die eigenen Kräfte“[16]. Gerade dieses Vertrauen auf die Selbstverständlichkeit dessen, was der Mensch überhaupt ist, ist jedoch in den Erschütterungen des Umbruchs zerstört worden. Die humanistische Tendenz zur Vorherrschaft der Subjektivität des verfügenden Menschens durchläuft nach der Analyse Gogartens eine kontinuierliche geschichtliche Entwicklung zu fortschreitender Ausgestaltung. Muß infolgedessen der Humanismus in der Abfolge der abendländischen Geschichte insoweit der neuen Theologie immer kritischer erscheinen, so wird sich später zeigen, daß zugleich doch ein positives Element in dieser Entwicklung angelegt ist: Im Zuge der konsequenten Verschärfung der Tendenz der

---

14 *Der Zerfall des Humanismus und die Gottesfrage* 10.

15 Vgl. a. a. O. 14.

16 a. a. O. 17f.

Subjektivität nach Festigung und Ausgestaltung ihrer Vormacht wird auch der Gedanke der *Geschichte* als Profangeschichte zunehmend deutlicher entwickelt, der die historische Voraussetzung darbietet für eine Besinnung auf das Wesen der Geschichtlichkeit selbst, mit der die neue Theologie anhebt. Die neue Theologie weiß sich insofern bei aller Umkehr der Blickrichtung, die sie vollzieht, noch in einer Kontinuität zur Überlieferung. Sie vollzieht im Umbruch eine Konsequenz der Tradition, an deren Grundtendenzen, an deren Fragwürdigkeiten vor allem sie anknüpft[17].

Inwiefern aber kann der so charakterisierte geschichtliche Humanismus von langher vorbereitet erscheinen? Ist nicht vielmehr die mittelalterliche Welt gerade doch dadurch gekennzeichnet, daß sie in einer vorausgesetzten und vorgegebenen Ordnung lebt und aus ihr bestimmend die Inhalte ihres Lebens empfängt? So verhält es sich auch für Gogarten in der Tat. Doch zeigt sich ihm daran eben das Bedenkliche dieser Welt. Hier ist eine Ordnung immer bereits vorgeprägt, aus der der Mensch und die Gemeinschaft, in der er lebt, sich im Letzten fraglos verstehen. Dazu kommt, daß diese fraglos gültige Ordnung statischen Charakters ist, so daß sie als eine für alle Zeiten und alle Umstände geltende angesehen werden kann[18]. Sie ist somit nicht nur fraglos vorausgesetzt, sondern auch mit Gewißheit einsehbar und im Hinblick auf prinzipiell alle menschlichen Wirklichkeiten nachvollziehbar. Zum Mittel ihrer Gewißheitssicherung wird der mittelalterlichen Welt aber die griechische Metaphysik, die aus einem Vorbegriff des Seins des Seienden vom höchsten Seienden (Gott) her die Gesamtheit alles Seienden (die Welt) mit ihren Strukturen und Gliederungen einheitlich erfaßt und sich darin zu verhalten sucht, womit der Mensch als Wesen des Denkens und Erfassens des Ganzen der Ordnung des Seienden ins Zentrum rückt und der abendländische „Humanismus" den Anfang seiner geschichtlichen Entfaltung nimmt. „Wollte sich der mittelalterliche Mensch eine gedankliche und begriffliche Klarheit über das Ganze der Welt, in der er lebte, verschaffen, so war das einzige Mittel, das er dafür hatte, eben die griechische Philosophie, soweit sie ihm bekannt war. Mit deren metaphysischen Begriffen hat dann die mittelalterliche Theologie die Wirklichkeit Gottes und die der Welt der Menschen als ein metaphysisches Reich gedacht, das unter Gott, dem

---

[17] Vgl. dazu bes. Gogarten, *Verhängnis und Hoffnung der Neuzeit* 99ff.; Bultmann, *Geschichte und Eschatologie* 65ff.

[18] Vgl. Gogarten, *Die Wirklichkeit des Glaubens* 9.

Schöpfer, als seinem ewigen Haupt von einer hierarchischen Rangordnung alles Seienden durchwaltet ist, die sich nach einem Worte Diltheys ‚von dem Throne Gottes bis zu der letzten Hütte erstreckt und die ungeheure, für den mittelalterlichen Menschen greifbare Realität bildet, welche allen metaphysischen Spekulationen über die Geschichte und Gesellschaft zugrunde liegt'."[19]

Wenn aber Gott zum zeitlosen Wesen und obersten Prinzip einer statischen Weltordnung wird, ist er in Gogartens Augen bereits zu einer Funktion des menschlichen Geistes, der Vernunft, gemacht, kraft deren sich der Mensch die letzte Lebensgewißheit in der Welt verschafft. Gott als allgemeine Wahrheit und Wesensnotwendigkeit entspringt dem höchsten (nämlich dem religiösen) Lebensbedürfnis des Menschen als geistigen Wesens, das damit seine lebensbedingte Beschränktheit auf ein ewiges Prinzip als den unvergänglichen Halt der von ihm gesuchten und gewollten Unsterblichkeit übersteigt. Auf solche Weise verwandelt das menschliche Denken die Zeitlichkeit des Lebens in ein allgemeines Wesen: Das Wesen des Menschen und der sich offenbarende Gott werden zusammengebunden und rückgegründet in einem ewigen Urwesen (Gottes Wesen selbst), sie werden darin begründet, womit aber Gott gerade zu einem Gebilde des Menschen herabsinkt. In ihm soll das Urwesen der Welt erfaßt werden. Um der Sicherung seines Standes in der Welt durch Erhellung der Wesenswirklichkeit der Welt willen projiziert der Mensch sein Lebensbedürfnis — Beständigkeit, Dauer, Unantastbarkeit — auf das Urwesen Gottes. Das Wesensdenken erweist sich somit als — gewollt oder ungewollt — durch und durch anthropozentrisch bedingt. „Es ist eine innere Notwendigkeit jedes tief gedachten Wesensbegriffes, daß er zur Einheit hindrängt. Zuerst zur Erfassung der Einheit dieses Wesens in sich selbst. Zur Einheit in sich selbst kann aber jedes Wesen nur gelangen, wenn es die Einheit mit allen anderen Wesen erlangt hat. Das aber heißt nichts anderes, als daß ein Wesen seine tiefste Einheit nur in dem tiefsten Einheitspunkt aller Wesen, alles Seins gewinnen kann. So drängt jeder Begriff von einem Wesen, der bis in die Tiefe durchgedacht wird, zum Begriff des Einen, alle anderen in sich schließenden Urwesens. So bleibt der Gedanke des einen allgemeinen und tiefsten Wesens des Menschen nicht beim Menschen stehen; er kann gar nicht dabei stehen bleiben, weil das Wesen des Menschen nur gedacht werden kann in

[19] a. a. O. 14.

seiner Einheit mit allen anderen Wesen, und so drängt er danach, das Wesen des Menschen in seiner Wesenseinheit mit Gott als dem Urwesen zu erfassen. Andererseits kann sich der Gottesgedanke, wo er bis in die Tiefe gedacht wird, auch nicht mit einem dem Menschen und der Welt gegenüberstehenden Gotte begnügen, sondern er drängt wie jeder tiefgedachte Gedanke eines Wesens bis dahin, wo das Wesen Gottes eins wird mit dem Wesen der ganzen Welt."[20] Damit will Gogarten das *Grundschema jedes Wesensdenkens* angeben. Ungeachtet der zahllosen möglichen Ausfaltungen dieses Schemas im einzelnen gilt dabei durchgängig: „Der Gottesgedanke, wie er hier gedacht werden muß, enthüllt sich als ein Gedanke des Menschen, und das sowohl in dem Sinn, daß der Gott, so wie er hier gedacht wird, ein Bild des Menschen ist, wie der Mensch es sich in seinen höchsten Gedanken von sich macht, als auch in dem anderen Sinne, daß der Gott, wie er hier gedacht ist, nichts ist als ein Gedanke, den der Mensch aus seinem erträumten Wesen heraus denkt."[21] Mit solcher Darlegung des Grundschemas des metaphysisch-theologischen Wesensdenkens der abendländischen Tradition ist Nietzsches Nihilismusanalyse im wesentlichen übernommen. Dem gleichen Verdikt muß dann die Frage jeden Wesensdenkens verfallen, wie in der Ordnung des menschlichen Lebens absolute und unverbrüchlich gültige Normen zu erkennen und verbindlich zu machen seien. Diese „griechische Fragestellung" entspringt gleichfalls der anfänglichen Tendenz der Subjektivität des Menschen auf sichere Einrichtung in der Welt und dauerndes verfügendes Sichauskennen in ihr[22].

Den weiteren Gang des abendländischen Denkens sieht Gogarten als Konsequenz solchen Grundcharakters des Wesensdenkens, so betont dieses auch aufgegeben werden mochte. An seine Stelle rückt auf dem geschichtlichen Höhepunkt der neuzeitlichen Welt *das Systemdenken des Deutschen Idealismus*. Mit ihm verschärft sich die Vorherrschaft der Subjektivität. Sie tritt nun klar zutage. Der menschliche Geist, die Vernunft, obsiegt jetzt über die zuvor als unabänderlich vorgegeben hingenommene Natur, aus deren Ordnung der mittelalterliche Mensch die Richtmaße für sein Handeln empfing. Die Welt wird zum Bereich der

---

20 *Ich glaube an den dreieinigen Gott* 13.

21 a. a. O. 16.

22 Vgl. zum Vorstehenden a. a. O. 19f., *Die Verkündigung Jesu Christi* 277ff., *Entmythologisierung und Kirche* 30ff., *Der Mensch zwischen Gott und Welt* 144ff., *Verhängnis und Hoffnung der Neuzeit* 163ff.; Bultmann, *Geschichte und Eschatologie* 102ff.

Objektivationen des Bewußtseins, in denen sich dieses äußert und durch deren Aneignung es zu sich zurückkehrt und als Selbstsein der Subjektivität verwirklicht. Die menschliche Vernunft als Bewußtsein und Selbstbewußtsein begreift und ergreift sich nun völlig als die Subjektivität, als der Grund der Einheit der Welt in der Perspektive des Ichs, die sie ist. Die Einheit der Welt ist in der Perspektive der Subjektivität konstituiert und wird von ihr aus konstruiert, nicht mehr erfährt sich das denkende Ich aus der vorgegebenen Seinsordnung. Die Ordnung der Welt wird allererst als System zusammengestellt und aufgebracht, und zwar aus der einen maßgeblichen Perspektive der Subjektivität des Geistes. Deren Leistung der Welt- und Selbstentfaltung aber vollzieht sich im Prozeß, in der Bewegung, in einer Entwicklung. Im Entwicklungsgedanken wird der erste Ansatz einer Vorherrschaft der Geschichte für das Bewußtsein angelegt. Die Geschichte ist das Feld der Verwirklichung des Geistes. Sie bleibt dennoch als das nur äußere Medium noch geschieden von dem im Prinzip übergeschichtlichen Wesen des Geistes, der Subjektivität als der maßgeblichen und grundlegenden Perspektive für die Konstitution der geschichtlichen Welt. Es erscheint dann jedoch abermals ganz konsequent, wenn sich der Perspektivismus dieses subjektivistischen Denkens auch der Einheit des Systems im Sinne dauernder Verfügung noch bemächtigt und um derentwillen die Einheit auflöst. Die Einheit des Systems und die Geschlossenheit der Entwicklung zerbrechen. Die Geschichte löst sich mit dem *Historismus* auf in eine Vielfalt von absolut selbständigen Perspektiven, in denen die Autonomie der Subjektivität zu letzter souveräner Geltung gelangt und dann allerdings zufolge des mitheraufbeschworenen Relativismus sich zutiefst in Frage gestellt sieht. Der historistische Relativismus bezeichnet für Gogarten das Vollendungs- und Endstadium des anthropozentrischen Humanismus, der sich als Metaphysik der Subjektivität bis hierhin aus dem Wesensdenken und der Systemphilosophie entfaltet. Die neuere liberale wie die alte orthodoxe Theologie haben, je auf ihre Weise, an den verschiedenen Ausprägungen dieser Entwicklung ihren tätigen und empfangenden Anteil[23].

---

[23] Vgl. zu dieser von uns zum Zwecke einer Einleitung sehr kurz zusammengefaßten Thematik auch Gogarten, *Historismus* 7ff., *Ich glaube an den dreieinigen Gott* 33ff., *Der Zerfall des Humanismus und die Gottesfrage* 34ff., *Die Verkündigung Jesu Christi* 11ff., 405ff., 431ff., 454ff., *Der Mensch zwischen Gott und Welt* 152ff., *Theologie und Geschichte* 370ff., *Verhängnis und Hoffnung der Neuzeit* 103ff.; Bultmann, *Geschichte und Eschatologie* 111ff.; *Glauben und Verstehen* III 193ff.

Gemäß der so im Grundriß gesehenen Entwicklung des abendländischen Denkens und seiner Theologie wendet sich die neue Theologie ebenfalls mit zunehmender Schärfe gegen das Wesensdenken, das Systemdenken und den historistischen Relativismus, sofern in ihrer Abfolge fortschreitend die Tendenz nach absoluter Verfügung der Subjektivität über Welt und Gott zur Herrschaft gelangt. Doch dadurch, daß im Zuge dieser Entwicklung zugleich die Geschichte immer entschiedener zum Problem wird, sieht sie sich auch in eine unmittelbarere und positivere Auseinandersetzung zu den jüngeren Stadien versetzt[24]. Idealismus und Historismus haben namentlich Gogarten stets von neuem beschäftigt. Denn das Problem der Geschichte ist, wie wir bereits gesehen haben und was auszuführen bleibt, das zentrale und ureigene Problem des christlichen Glaubens für Gogarten wie für Bultmann. Darum gibt es für beide kein Zurück aus dem historistischen Relativismus zur Objektivität und Statik des früheren Wesensdenkens. Zwar muß das neuzeitliche Geschichtsdenken im Grunde als nihilistisch angesehen werden, weil es aus dem Verfügenwollen der Subjektivität des Subjekts erwächst und dann im radikalen Relativismus der Selbstsicherheit solchen Verfügens noch entgleitet. Aber einerseits wurde in seinem Gefolge jene historisch-kritische Methode der Erforschung der Geschichte ausgebildet, die die Vorbedingung war, um die Frage nach der Geschichtlichkeit des historischen Geschehens in gehöriger Anmessung an die Sache überhaupt stellen zu können[25], deren Ergebnisse diese Frage jedenfalls aufbrechen ließ, und anderseits ist für Gogarten und Bultmann der Objektivismus des metaphysischen Wesensdenkens ebenfalls, wenn auch noch anfänglich und ungeklärt, zu sehr aus der Tendenz der Subjektivität und des Humanismus begründet, um gegen den späteren Relativismus und Nihilismus eine rettende Auskunft darbieten zu können. Man meint, so führt Gogarten aus, der Auflösung des Glaubens in den neuzeitlichen Subjektivismus „nur entgehen zu können, wenn man im Gegensatz zu ihm einen ‚objektiven Glaubensgrund' behauptet. Denn nur durch eine solche ‚objektive' Realität

---

[24] Biographisch ist dies zudem darin begründet, daß Gogarten zunächst Schüler Ernst Troeltschs, Bultmann insbesondere von Wilhelm Herrmann war. Vgl. zu den inzwischen hinreichend geklärten unmittelbaren theologischen Schülerschaften, Frontstellungen und Gruppenbildungen, denen die Vertreter der „Dialektischen Theologie" zugehörten, J. Moltmann, *Vorwort* in: *Anfänge der dialektischen Theologie*, Bd. I, S. XIIff.

[25] Vgl. Gogarten, *Entmythologisierung und Kirche* 10, dazu *Verhängnis und Hoffnung der Neuzeit* 105ff., 169ff.; Bultmann, *Glauben und Verstehen* I 1ff., II 211ff., III 142ff., *Geschichte und Eschatologie* 123ff.

seines Gegenstandes könne man den Glauben davor bewahren, daß er zu einer bloßen ‚dem Menschen immanenten Haltung' aufgelöst und ihm die Wirklichkeit genommen wird, an die er glaubt. Ist jedoch das Wesen jenes Subjektivismus begriffen, dann läßt sich leicht erkennen, daß ein solcher Versuch, dem Glauben durch ein vorausgehendes Wissen von seinem ‚Gegenstand' die objektive Gewißheit der von ihm geglaubten Wirklichkeit zu sichern, dem Bann dieses subjektivistischen Denkens unterliegt und ihm keineswegs entgeht. Denn es gehört zum Wesen dieses Denkens, daß es das von ihm gedachte Seiende verobjektiviert, indem es dieses denkend vor-stellt, und das heißt, daß es, was es denkt, vergegenständlicht"[26]. Um den Relativismus und Nihilismus des Subjektivismus zu überwinden, sind folglich gleicherweise das metaphysisch-dogmatische wie das idealistische und das historistische Denken zu überwinden, d. h.: mit dem Subjektivismus der ihm zugeordnete Objektivismus und umgekehrt[27]. Im selben Sinne fragt Bultmann: „*Kann es eine Rettung vom Nihilismus geben?*" und führt dazu aus: „Heute hört man oft den Ruf: Zurück zur Tradition! Aber läßt sich die Tradition durch einen einfachen Entschluß erneuern? Und welche Tradition sollten wir wählen? Die antike oder die idealistische oder die christliche Tradition? Können wir die Augen vor der Tatsache verschließen, daß jede Tradition ein Produkt der Geschichte ist und also nur relative Bedeutung hat? Ist es möglich, die Einsicht in die Geschichtlichkeit des Menschen preiszugeben, das würde heißen, sie zu widerlegen? Oder müssen wir sagen, daß die Geschichtlichkeit des Menschen noch nicht radikal genug verstanden ist, sondern daß ihr Verständnis noch weitergetrieben werden muß bis zu ihren letzten Konsequenzen, damit ihr nihilistischer Sinn überwunden wird?" Bultmann knüpft an diese Fragen die Feststellung: „Solche Fragen lassen sich nur beantworten, wenn das *Wesen* der Geschichte ... klar erkannt wird"[28].

Warum aber, so müssen wir unserseits fragen, dieser unbedingte Vorrang des Problems der Geschichte (in Gestalt der Frage nach der Geschichtlichkeit dessen, was in ihr wesentlich geschieht) beim Versuch der Überwindung des Nihilismus? — Für alle Theologen der „Dialektischen Theologie" ist Gott dann nicht mehr Gott (und ist damit der Nihilismus vollendet), wenn er auf irgendeine nur immer er-

---

[26] *Die Wirklichkeit des Glaubens* 95.
[27] Vgl. dazu auch *Verhängnis und Hoffnung der Neuzeit* 143ff., 162ff.
[28] *Geschichte und Eschatologie* 12.

denkliche Art und Weise in die Macht und unter die Verfügungstendenz des Menschen als des Wesens der Subjektivität gebracht ist. Der Nihilismus herrscht aber sowohl im metaphysischen „Objektivismus" der Tradition als auch im wie immer begründeten „Subjektivismus" der Neuzeit. Es bedarf darum einer radikalen Umkehr der gesamten bisherigen theologischen Denkrichtung, wenn der Nihilismus überwunden werden soll. Solche Umkehr erfolgt nur im bedingungslos sich entmächtigenden Hören des Menschen auf die absolut herrscherliche Selbstoffenbarung Gottes, die sich jedem menschlichen Zugriff entgegen ins unaufhebbare Geheimnis entzieht. Inwiefern sich dabei das neue theologische Denken in der Lage glaubt, an der Theologie der neutestamentlichen Schriftsteller und — bedingt — der Reformatoren anzuknüpfen, und wieweit das geschieht, kann uns hier nicht beschäftigen. Wir müssen uns darauf beschränken, diesem Neubeginn in seinem eigenen Vollzug zu folgen. Der besondere Ausweg aber, den Gogarten und Bultmann aus dem Nihilismus suchen, ergibt sich durch eine Besinnung auf den Geschehenscharakter des Anspruchs und der Zuwendung Gottes in seiner Offenbarung und darum auf das Wesen der Geschichtlichkeit: der Geschichtlichkeit zunächst des Offenbarungsgeschehens, dann und zugleich des Menschen (dessen Subjektivität in dieser Geschichtlichkeit aufgehoben werden soll) und damit auch der profanen Geschichte, in der der Mensch lebt, einschließlich und nicht zuletzt der sozialen und politischen Ordnungen, die sich in der menschlichen Geschichte herausbilden. Es wird sich zeigen, daß die hier genannten Bezugsfelder des Problems Geschichtlichkeit bei Gogarten und Bultmann aus der Sache selbst in einen notwendigen Zusammenhang rücken. Die Geschichtlichkeit der Ordnungen ist von der Geschichtlichkeit des Offenbarungsgeschehens nicht ablösbar und umgekehrt.

Um der Ausarbeitung des Problems der Geschichtlichkeit willen ist nun das Denken Heideggers für Gogarten und Bultmann die einzige Philosophie, die nicht ihrem Verdikt gegen jeglichen Subjektivismus und Nihilismus von vornherein anheimfällt. Vielmehr wird zunächst anerkannt, daß diese Philosophie mit einer phänomenologischen Klärung der Struktur der Geschichtlichkeit der menschlichen Existenz einen grundlegenden Beitrag zur Überwindung der Metaphysik der Subjektivität (einschließlich ihrer theologischen Epigonen) erbracht hat, und das deshalb, weil sie gerade darauf verzichtet, im Namen der von ihr analysierten Geschichtlichkeit der Existenz einen deutbaren Gesamtsinn und ein erstrebbares Ziel der Geschichte anzugeben — was nur wiederum von einem archimedischen Punkt außerhalb der Geschichte möglich wäre, von dem aus sie perspektivisch betrachtet und beurteilt würde —, sondern im Gegenteil die menschliche Existenz immer wieder vor ihre totale Innergeschichtlichkeit, damit aber auch Endlichkeit und Nichtigkeit (im Verfügen über sich, über die Welt und über die Geschichte) führt. Sofern es allerdings der Existenz zufolge der Philosophie Heideggers — so wie unsere Theologen sie verstehen — mit der Übernahme ihrer Geschichtlichkeit, Endlichkeit und Nichtigkeit doch noch um eine letzte, äußerste Inbesitznahme ihrer selbst in Eigentlichkeit, in einem Sichzueigensein und damit in Eigenmächtigkeit geht, bleibt aber auch diese Art der Überwindung der Subjektivität für Bultmann und Gogarten noch vorläufig und auf halbem Wege stecken, wie es sich mit einem rein philosophischen Denken auch gar nicht anders zu verhalten vermag. Denn die Geschichtlichkeit der Existenz wird hier niemals (sie kann und soll es hier auch nicht) in ihrer Konstitution aus dem Offenbarungsgeschehen begreifbar. Darum erscheinen auch ihre Endlichkeit und ihre Nichtigkeit nicht als das durch keine menschliche Eigentlichkeit (sprich: Eigenmächtigkeit) aufhebbare Schuldigsein der Existenz vor Gott[29]. Die Verwandtschaft in der Bestimmung der Geschichtlichkeit bei Heidegger einerseits und bei Bultmann und Gogarten anderseits beschränkt sich folglich auf die Herausarbeitung einiger Strukturmerkmale. Deren philosophischer und theologischer Aufweis steht jeweils aber in einem anderen Kontext, womit er sogleich einen unterschiedlichen Bedeutungsgehalt und eine entsprechend verschiedene Auslegung erfährt. Bei allem Rückgriff unserer Theologen auf eng begrenzte Teile der Existenzialanalyse in „Sein und Zeit" sind sie so im Grunde doch recht schnell auch mit dem Denken Heideggers fertig. Sie sehen sich gehalten, den Weg über diese philosophische Position hinauszugehen in der theologischen Ausarbeitung des Verständnisses von der alles weitere erst konstituierenden Geschichtlichkeit des Offenbarungsgeschehens, das jegliche Art menschlichen Selbstseins und Sichzueigenseins noch bis in die letzte Regung zerbricht und die Geschichtlichkeit der Existenz ganz und gar zum Geschenk und in keiner Hinsicht mehr zum Selbstbesitz macht. Hier soll der Bann der Subjektivität erst wahrhaft gebrochen sein. Wir werden zu fragen haben, ob Gogartens und Bultmanns Theologie diesem Anspruch zu genügen vermag, ja ob es sinnvoll erscheinen kann, die theologische Arbeit unter diese be-

[29] Vgl. dazu Bultmann, *Kerygma und Mythos* I 34ff., II 192, *Glauben und Verstehen* I 309ff., *Theologie des Neuen Testaments* 193ff.; Gogarten, *Entmythologisierung und Kirche* 15, 63f.

stimmende Aufgabenstellung zu rücken. Sie zeitigt (gleichfalls fragwürdige) Konsequenzen für Ethik, Sozialethik und Politik. — Zunächst haben wir uns also dem theologischen Verständnis von der Geschichtlichkeit des Offenbarungsgeschehens als dem Ausgangspunkt aller weiteren Überlegungen und Aussagen bei Gogarten und Bultmann zu nähern.

B. Erster Hauptteil

Theologie der Geschichtlichkeit im systematischen Grundriß

II. Die Geschichtlichkeit des Wortes Gottes

1. Dialektische Theologie als Offenbarungstheologie, Anthropologie und Christologie

Die Überwindung der Subjektivität als des Grundprinzips des Denkens und damit auch die Überwindung des Subjektivismus in der Theologie wird von allen Vertretern der zeitweilig sogenannten Dialektischen Theologie, also insbesondere von Karl Barth, Friedrich Gogarten, Emil Brunner, Eduard Thurneysen und Rudolf Bultmann in einer theologischen Arbeit gesucht, die sich radikal auf das einzige und „eigentliche theologische Thema, das Wort Gottes“[1], zurückbesinnt und sich nichts anderes als dieses Thema vorgeben lassen will, die sich dieses Thema dann aber auch unbedingt vorgeben läßt. Solche Grundhaltung macht das eine entscheidende Moment der Zusammengehörigkeit der Dialektischen Theologen aus. Gogarten erkennt es auch nach dem Bruch mit Karl Barth seit dem Jahre 1933, der aus politischem Anlaß erfolgt, aber seine Voraussetzungen in schon vorher sich abzeichnenden theologischen Gegensätzen hat, als das einende Band aller dieser Theologen an[2]. Vor aller dialektischen Methode und vor jeder

---

[1] Gogarten, *Gericht oder Skepsis* 7.

[2] Mit großem Recht hat Jürgen Moltmann wieder gegenüber der inzwischen überscharf vorgenommenen Scheidung der Dialektischen Theologen voneinander vermerkt, daß auch die Auseinandersetzung zwischen ihnen in Form einer Berufung auf die ehemals gemeinsame Basis erfolgt. Jeder dieser Theologen nimmt für sich die kontinuierliche Fortführung der einstigen theologischen Arbeit in Anspruch und bestreitet sie dem Partner und späteren Gegner. „Betrachtet man die gegenseitige Kritik, mit der die einst im Kreis um die Zeitschrift ‚Zwischen den Zeiten‘ versammelten Theologen sich am Ende der zwanziger Jahre, in den Jahren der Entscheidung nach 1933 und heute in theologischen Diskussionen voneinander scheiden, so fällt es ja auf, wie sehr man sich gegenseitig unter dem gemeinsamen Protest der Anfänge stehen sieht. Ist das, was Barth in der ‚Kirchlichen Dogmatik‘ entfaltete, neuorthodoxer Supranaturalismus, Rückzug der Kirche auf ihre eigene Tradition in einen abgesonderten Raum von der Welt, wie Gogarten in ‚Gericht oder Skepsis‘ 1937 meinte? Ist das, was Brunner und auf andere Weise Gogarten an Kulturtheologie entwickelten, ein Rückfall in die Theologie des Neuprotestantismus ‚mit seinem Menschgottum‘, gegen die man sich doch im Kampf einig gewesen war, wie Barth im

Analyse einer Krisis der gegenwärtigen Kultur — davon nicht nur bedingt, sondern sie mitbedingend — ging es, wie Gogarten noch im Jahre 1937 festhält, darum, „dem, was einzig und allein das Thema einer rechtschaffenen Theologie sein kann, nämlich dem Worte Gottes die ihm gebührende Stellung zurückzugeben und sie ihm in der Durchführung der theologischen Arbeit zu lassen"[3]. Die theologische Arbeit hatte vorbehaltlos auf das sich ganz souverän an sie richtende Wort Gottes zu hören, durch das sich Gott absolut von sich aus offenbart. Die Theologie mußte folglich wieder zu ihrem zentralen Thema machen, was ihre Arbeit ausschließlich begründet: *das Wort der Selbstoffenbarung Gottes*, die Selbstoffenbarung Gottes in seinem Wort und als Wort.

In Verfolg dieses theologischen Anliegens „galt es gegenüber denen auf der Linken, unnachgiebig daran festzuhalten, daß die Offenbarung auf keine Weise eine Erkenntnis der Vernunft oder eine Affizierung des Gefühls ist, daß sie keinem religiösen ‚Vermögen' des Menschen, wie immer man es fassen mag, entspricht, sondern daß Gottes Offenbarung, wenn anders sie *Gottes* Offenbarung ist, sich allein aus sich selbst bezeugt; daß es keine andere Offenbarungs‚quelle' und kein anderes Offenbarungszeugnis gibt, als die Bibel, nämlich das in ihr auf uns gekommene Zeugnis der Apostel und Propheten. Gegenüber dem aus der Überzeugung von der Immanenz des Göttlichen im menschlichen Geist notwendig sich ergebenden Versuch, christlichen Glauben und Kirche zu einem Teil, wenn denn auch zum feinsten und innerlichsten der Kultur zu machen, war zu zeigen, daß sie beide, statt wie diese ihren Ursprung im menschlichen Schöpfertum zu haben, vielmehr aus der souveränen Offenbarungstat Gottes stammen, und daß man sie nicht als das Werk Gottes erkennt, der durch sie die Welt erneuert, wenn man nicht begreift, wie in ihnen das göttliche Gericht über den Menschen offenbar wird"[4]. Sollten mithin in scharfem Angriff gegen die

---

‚Abschied' 1933 sagte?" (*Anfänge der dialektischen Theologie*, hrsg. von J. Moltmann, Bd. I, S. XI). — Damit sind auch schon die wichtigsten Vorwürfe der ehemaligen theologischen Weggenossen gegeneinander angedeutet, auf die wir im folgenden nicht näher eingehen können, wenn wir sie auch gelegentlich zu berühren haben, sofern es für das Verständnis der Theologie Gogartens und Bultmanns dienlich erscheint. Vgl. statt dessen die minutiöse Untersuchung von Peter Lange, *Konkrete Theologie?*, 1972. Die Probleme der Dialektischen Theologie und ihrer einzelnen Vertreter sind schwergewichtig auch in das großangelegte Werk von Heinz Zahrnt, *Die Sache mit Gott. Die protestantische Theologie im 20. Jahrhundert*, 1966, einbezogen. Wichtig außerdem die einschlägigen Abhandlungen in Gerhard Gloege, *Heilsgeschehen und Welt. Theologische Traktate*, Bd. I, 1965.

[3] *Gericht oder Skepsis* 11.

[4] a. a. O.

liberaltheologische und kulturprotestantische Gefahr einer Vermischung von Transzendenz und Immanenz durch Aufdecken des Göttlichen im natürlichen Leben, in der weltlichen Kultur, im menschlichen Geist die Überweltlichkeit Gottes und die Un-bedingtheit seiner Selbstoffenbarung betont werden, so war doch ein gleichzeitiger entschiedener Vorbehalt gegenüber der theologischen Orthodoxie in der Sicht Gogartens nicht weniger am Platze. Wenn die Theologie sich radikal auf die souveräne Selbstoffenbarung Gottes in seinem Wort und als Wort gründet, dann wird sie, sofern theologische Arbeit stets menschliche Arbeit ist, ihres eigenen Grundes und der Zeugnisse, die ihn ausweisen, niemals habhaft. „Gegen die auf der Rechten, die den Liberalen gegenüber den Offenbarungs- und prophetischen und apostolischen Zeugnischarakter der Schrift und die Objektivität der Heilswahrheiten und die Positivität des Glaubens und die Eigenständigkeit des Christentums gegenüber der Kultur und dem menschlichen Geistesleben verteidigten, galt es darauf hinzuweisen, daß christlicher Glaube nicht so etwas ist, wie eine christliche oder biblische Weltanschauung; daß die Heilige Schrift und die in ihr bezeugte Wahrheit keine Direktheit des Zugriffs und des Besitzes dulden, wie wenn sie nach einem Worte Kierkegaards etwas Schriftliches wären, das der ‚liebe Gott' von sich gegeben hätte, und daß es den christlichen Glauben nicht so in der Welt ‚gibt', wie es sonst geistige Größen und Gebilde gibt, die, vom Menschen geschaffen, auch ohne weiteres von ihm anzueignen und zu identifizieren sind"[5]. Nach diesen Äußerungen verbietet sich also eine Zuordnung der Überweltlichkeit Gottes und der Innerweltlichkeit des natürlichen, des menschlichen, des kulturellen, des wie immer verstandenen Lebens nicht nur in dem Sinne, daß man jene als in dieser waltend aufdeckte, sondern gerade auch so, daß man diese mit ihrem ganzen Sein in jener ursächlich gegründet und damit aus ihr abgeleitet sähe. Beide Arten der Zuordnung bedeuten letzten Endes eine unzulässige Identifizierung, die die Überweltlichkeit des souveränen Gottes nicht wahrt. Doch ist demnach eine absolute Trennung von Transzendenz und Immanenz, Überweltlichkeit und Innerweltlichkeit ebensowenig zu denken, wenn die beherrschende Souveränität Gottes unbedingt bejaht sein soll. Die Kategorien, die Mittel des Denkens versagen vor der Erfahrung der absoluten Selbstoffenbarung Gottes in seinem Wort, der Mensch steht mit leeren Händen vor und gegenüber dem sich offenbarenden Gott.

---

[5] a. a. O. 12.

Dies war und ist die erste und grundlegende Einsicht der sich auf das Wort Gottes zurückbesinnenden Dialektischen Theologie, eine Einsicht, die gerade besagt, daß sie ihres eigenen Grundes nicht habhaft wird. Sie ist zunächst nichts als Ratlosigkeit angesichts der Abgründigkeit ihres Grundes. „Dieses radikale Denken", d. h. die Radikalität der Erfahrung der Abgründigkeit des Grundes, „brachte uns" — die Vertreter der sog. Dialektischen Theologie — „in gefährliche Nähe zu der allgemeinen Krise, die durch Kriegs- und Nachkriegszeit das menschliche Leben bis in den Grund erschütterte, und zu der Stimmung der Ausweglosigkeit und des Am-Ende-seins, die damals über viele Menschen gekommen war. Es ist kein Zweifel, daß diese allgemeine Krise nicht ohne Einfluß auf den Radikalismus unseres Denkens gewesen ist"[6]. Doch war in dem besonderen, aber zentralen Thema dieser Theologen, im Wort der Selbstoffenbarung Gottes, *mit* und *in* der Abgründigkeit solchen Am-Ende-seins des sich auf einen Grund gründenwollenden Denkens die Möglichkeit der Überwindung scheinbarer Ausweglosigkeit mitangelegt. Der neue Weg, der sich den Dialektischen Theologen eröffnete, blieb allerdings von mehr Fragen und Unsicherheiten als Gewißheiten umstellt. Bultmann charakterisiert ihn als den Versuch, in einer solchen, eben dialektischen Weise von Gottes Offenbarung zu reden, die sich bewußt ist, niemals in einzelnen Sätzen eine abschließende Erkenntnis über Gott gewinnen und festhalten zu können[7]. Der Weg kennt zudem verschiedene, teilweise sich überschneidende, teilweise parallel laufende, doch dann immer mehr auseinander strebende Spuren und Bahnen, die die Weggenossen der ersten Nachkriegszeit der frühen zwanziger Jahre unseres Jahrhunderts allmählich voneinander trennte. Wo jedoch liegt der gemeinsame Ausgangspunkt dieses Weges?[8]

Die Dialektische Theologie, die auf nichts anderes als auf das Wort der souveränen Selbstoffenbarung des überweltlichen Gottes hören will, muß sich demgemäß in ihrer gesamten Arbeit konsequent als *Offenbarungstheologie* entfalten. Solcher Offenbarungstheologie geht es dann vor allem darum, das Wort Gottes frei „von aller unerlaubten menschlichen Zutat" zu verkünden und somit „wieder die Reinheit der christlichen

---

[6] a. a. O. 13; vgl. dazu auch *Der Zerfall des Humanismus und die Gottesfrage* 13ff.

[7] Vgl. *Glauben und Verstehen* I 115.

[8] Vgl. über Bultmanns Stellung zur Dialektischen Theologie a. a. O. 114ff. (*Die Bedeutung der „dialektischen Theologie" für die neutestamentliche Wissenschaft*) und *Glauben und Verstehen* III 178, 194.

Verkündigung" mit aller Entschiedenheit und Radikalität, mit dem Mut zum Verzicht und im Wagnis äußerster Kargheit zu gewinnen[9]. Doch geschieht die theologische Verkündigung des Wortes nicht anders denn als Überlieferung des (in der Schrift) bezeugten Wortes und als Auslegung dieser Bezeugung. Das Wort der Selbstoffenbarung Gottes verlangt danach, gehört, aufgenommen, geglaubt, verkündet, überliefert und ausgelegt zu werden. Es verweist damit von sich aus auf die Notwendigkeit eines Verstehenkönnens des Wortes und einer Explikation solchen Verstehens. Gerade die Theologie, die sich an nichts anderes als an das Wort Gottes zu binden sucht, sieht sich sofort und unabtrennbar von diesem Thema auf die Frage nach dem Verstehenkönnen des Wortes und nach der Art solchen Verstehens verwiesen. Eben dann, wenn die Theologie sich ausschließlich auf das Wort Gottes zu besinnen und in den Dienst seiner Verkündigung zu stellen hat, muß sie sich darauf stoßen lassen, daß das göttliche Wort immer für Menschen und zugleich nur durch Menschen gesprochen wird. Das Wort Gottes ist Wort der Offenbarung Gottes zum Menschen hin, ist Rede an den Menschen, und ineins damit ist es auch schon menschliche Rede, es wird von Menschen übernommen, verstanden und verkündet und bleibt insofern immer gerade menschliche Rede von Gott. Soll diese Rede sich nun eben nicht als Spekulation vom Menschen aus über Gottes Wesen, sondern von Gott aus als Gottes Wort, dann aber doch zwangsläufig sofort wieder als menschliches Wort entfalten, soll also „die Theologie nicht über Gott spekulieren, vom Gottes*begriff* reden, sondern vom wirklichen Gott, so muß sie, indem sie von Gott redet, zugleich vom Menschen reden" (Bultmann)[10], und es wird für sie die Frage „von entscheidender Wichtigkeit", „welche Bedeutung für die Verkündigung des Wortes Gottes der aus ihr nicht zu beseitigende menschliche Faktor hat, und in welchem Verhältnis er zu dem göttlichen Faktor steht" (Gogarten)[11]. Der Mensch, ohne den das Wort Gottes nicht verkündet, ohne den von ihm gar nicht die Rede sein kann, ist folglich „mit seiner ganzen Bewegtheit und in seiner ganzen Problematik" an der Offenbarung Gottes im Wort und als Wort beteiligt (Karl Barth)[12]. Die Dialektik[13] der Offenbarung Gottes im Wort liegt darin, daß gerade dann, wenn sie als die souveräne Selbstoffenbarung des überweltlichen Gottes zu verstehen ist, der Mensch in sie konstitutiv miteingeschlossen

---

[9] Vgl. Gogarten, *Gericht oder Skepsis* 18.

[10] *Glauben und Verstehen* I 117; vgl. auch 33.

[11] *Gericht oder Skepsis* 17.

[12] Karl Barth, *Die Kirchliche Dogmatik* I/1,96.

[13] Vgl. Gogarten, *Gericht oder Skepsis* 27.

ist, da das Offenbarungs-Wort des überweltlichen Gottes stets nur innerweltlich verlautet.

Diese grundlegende Voraussetzung der Dialektischen Theologie bedingt, daß sie sich *als* die radikale Offenbarungstheologie, die sie sein will, sogleich zur *Anthropologie* erweitern und entwickeln muß. Genauer gesagt: Sie muß Anthropologie in Einheit mit der Offenbarungstheologie und Offenbarungstheologie in Einheit mit der Anthropologie sein. Die Frage nach dem Menschen ist so zentral ihr Thema wie das Wort Gottes selbst. Beide Themen lassen sich nicht voneinander ablösen, sie stellen *ein* einziges Thema dar. Die Anthropologie, von der hier die Rede ist, begreift sich darum ausschließlich als die Explikation des Hörens und Verstehens der Selbstoffenbarung Gottes und der Weise, wie die menschliche Existenz von ihr betroffen ist und in solchem Betroffensein dann gerade auch selbst erschlossen wird. Die so verstandene Anthropologie ist strikt theologische Anthropologie. Als solche folgt sie aber nicht erst wie eine zweite Disziplin aus der Offenbarungstheologie als einer ersten, vorausgehenden, sondern sie gehört ganz und gar in diese und ist das eigentliche Feld ihrer Ausarbeitung[14]. Die theologische Besinnung auf das Wort Gottes vollzieht sich konkret in der Ausarbeitung der Frage nach dem Menschen. Umgekehrt erfährt die Anthropologie, die dies leistet, ihre eigene Thematik als total durch die Offenbarung Gottes konstituiert: Der Mensch kann und darf einzig als der das Wort Gottes Empfangende, Hörende, Übernehmende, Redende, Verkündigende, Überliefernde und Auslegende thematisiert werden und ist in diesen Weisen seiner Existenz ausschließlich durch die Offenbarung Gottes im Wort ermöglicht und ereignet. Die Offenbarung begründet und durchherrscht alles das, was sich im Verstehen ihrer selbst im Menschen abspielt und als solches über den Menschen erschlossen wird. Vom Menschen reden heißt infolgedessen sofort immer auch: von Gott — jedoch gemäß der Offenbarung seines Wortes an den Menschen und nur so — reden. In diesem Gedanken liegt die Umkehrung des vorher von Bultmann geäußerten Satzes, von Gott reden heiße vom Menschen reden, der ohne solche Umkehrung nicht zu halten ist. Beide Gedanken gehören einander komplementär zu[15].

---

[14] Die Anthropologie ist, so gesehen, dann „nicht nur ein bestimmter locus in der Theologie, sondern ihr Thema und die Erörterung ihres Themas geht durch die ganze Theologie", wie Gogarten sagt (*Das Problem einer theologischen Anthropologie* 493).

[15] Der „anthropologischen Theologie", wie G. Noller (*Sein und Existenz* 153) die Theologie Bultmanns und Gogartens kritisch nennt, korrespondiert also eine theologische Anthro-

Diese Theologie, die alle anthropologischen Aussagen, die sie macht, allein aus der Offenbarung und vom Wort Gottes her zu gewinnen beansprucht, will aber nicht-subjektivistische und nicht-„humanistische" Theologie und Anthropologie sein. Denn so sehr sie auch die Identität von Offenbarungstheologie und theologischer Anthropologie betonen muß, so spannt sie doch zugleich beide in eine scharfe Differenz auseinander, weil ihre einfache, uneingeschränkte Identität die Offenbarung nicht mehr als die absolut souveräne Tat Gottes zu verstehen vermöchte. So gewiß die souveräne Selbstkundgabe des überweltlichen Gottes nur in innerweltlicher, menschlicher Rede ergeht und verkündet wird, so bleibt sie doch *als* innerweltliche Verlautbarung eines Überweltlichen dem innerweltlichen Geschehen, d. h. hier: dem Vollzug der das Wort auf- und übernehmenden menschlichen Existenz, gerade entzogen. Sie ist innerweltlich nicht verfügbar, und dies deshalb, weil sie in innerweltlicher Artikulation doch stets Überweltliches aussagt, das sich aber gerade innerweltlicher Artikulation auch immer entzieht und verschließt, dennoch und eben deshalb in reiner Überweltlichkeit nicht antreffbar ist, sondern sich durchaus nur gibt in der innerweltlichen, entzughaften Artikulation. Aus solcher Dialektik von Über- und Innerweltlichkeit der Offenbarung, die die Isolierung des Problems auf eine der beiden „Seiten" ausschließt, folgt die Dialektik von Identität und Differenz in der Zuordnung von Offenbarungstheologie und Anthropologie, die eine uneingeschränkte Identifikation wie eine hermetische Trennung beider „Disziplinen" gleich strikt verwehrt. Die „Dialektische" Theologie darf sich ihrem eigenen Selbstverständnis nach weder je auf den Boden einer Spekulation über das Wesen Gottes an sich begeben noch auf den Weg einer isolierten Anthropologie, die den Menschen ohne Voraussetzung seiner Erschlossenheit durch die Offenbarung für sich nimmt und befragt, drängen lassen. Beide cavenda bedeuteten Subjektivismus. Jedesmal würde von einem in seinem autonomen Wesen umgrenzten und so festgelegten sub-iectum erst der Bezug zum anderen Bereich, zur anderen Seite hergestellt. In beiden Denkbewegungen waltete eine versteckte oder offene Anthropozentrik,

pologie, d. h. die radikal offenbarungstheologische Fundierung der Anthropologie, womit diese in die Theologie aufgehoben, in ihr aufbewahrt sein soll, so daß sie als eigenständige Disziplin negiert ist und als diese die Theologie nicht mehr bestimmen kann. Es handelt sich mithin, wenn wir Nollers Terminus verwerten wollen, zumindest um eine offenbarungstheologisch-anthropologische Theologie, die beide ihr zugehörige Disziplinen zwar unterscheidet, aber nicht scheidet. — Vgl. dazu sehr gut: *Für und wider die Theologie Bultmanns. Denkschrift der Ev. theol. Fakultät der Universität Tübingen* 27.

entweder im Sinne einer anthropomorph theologischen oder im Sinne einer isoliert anthropologischen Wesensspekulation und Begriffsbildung.

Ihnen gegenüber kommt es unseren Theologen darauf an, die dialektische Spannungs-Einheit, das unaufhebbare Zugleich von Identität und Differenz im Verhältnis von Theologie des Wortes Gottes und theologischer Anthropologie durchzuhalten und auszutragen, um die Theologie insgesamt vor ihrer Verfälschung durch jede Art von Wesens-, System- und Subjektdenken zu bewahren. Sofern dies in der theologischen Arbeit versucht wird, kann mit Recht von der „Dialektischen Theologie" die Rede sein. Die dialektische Methodik als Verfahren theologischer Arbeit ergibt sich den Theologen dieser Richtung dabei erst aus der Sache der Theologie, der Spannungseinheit von Wort Gottes und menschlichem Wort, Offenbarung und Verkündigung, Überweltlichkeit und Innerweltlichkeit und dann auch von Offenbarungstheologie (als Verkündigung und Auslegung des Offenbarungswortes) und theologischer Anthropologie (als Explikation der Art und Weise der Auf- und Übernahme des Offenbarungswortes durch die in ihm erschlossene menschliche Existenz, insofern als Analyse dieser Erschlossenheit und insoweit als Bestimmung der menschlichen Existenz selbst). Und nur zufolge ihrer Bindung an die so gesehene Sache muß die Theologie selbst dialektisch sein, so daß Gogarten lapidar feststellen kann, von dialektischer Theologie zu sprechen bedeute nichts anderes, als von „weißen Schimmeln" zu reden, also einen Pleonasmus auszusprechen, der sich für die „echte Theologie" erübrige[16].

Der Austrag der genannten dialektischen Spannungseinheit im Konkreten und die genauere Zuordnung der beiderseitigen Größen unterscheiden dann jedoch die Vertreter der „Dialektischen Theologie" beträchtlich voneinander. Dieser Umstand darf der ungeheuren Schwierigkeit zugeschrieben werden, vor der sich alle hier in Betracht kommenden Theologen sehen, vor die sie folglich die „echte Theologie" gestellt sehen müssen: angesichts der Krise des Denkens, der Theologie und der Kultur insgesamt das bislang beherrschende und für den Zusammenbruch des Überlieferten namhaft gemachte Prinzip der Subjektivität überwinden zu wollen und gleichzeitig zufolge der Radikalität der Besinnung auf das allein noch und je gültige Wort Gottes doch wieder auf die zentrale Wichtigkeit des „menschlichen Faktors" verwiesen zu sein. Und gerade das bestimmende Mitspielen dieses Faktors

[16] *Theologische Tradition und theologische Arbeit* 29.

rückt die Gewißheit vom rettenden Wesen der Offenbarung Gottes für den von der Subjektivität bedrohten Menschen nahe und macht zugleich doch auch die Erfahrung des Entzugs- und Verbergungscharakters der Offenbarung, damit ihrer Ab-gründigkeit und Frag-würdigkeit für die menschliche Existenz vordringlich. Diese Problematik führt zu unterschiedlichen Lösungsversuchen, die ihrerseits nur Bemühungen sein wollen und können, die Spannung auszuhalten und auszutragen. Wir werden in unserer Untersuchung dem Weg Friedrich Gogartens und Rudolf Bultmanns nachzugehen suchen, der uns derjenige der strengsten Geschlossenheit und Konsequenz des theologischen Gedankens — was nicht heißt: der am meisten ausgebildeten Systematik, die bei Karl Barth zu suchen wäre, oder der unbedenklichsten und stimmigsten Konzeption, in der wir im Spektrum der Dialektischen Theologie am ehesten Emil Brunner folgen würden — zu sein scheint.

Im letzten gemeinsam muß den Vertretern der Dialektischen Theologie jedoch noch die Mitte und das Vermittelnde in der Spannungseinheit von Offenbarungstheologie und theologischer Anthropologie bleiben, die *Christologie*, genauer gesagt: die Stellung der Christologie *als* die Mitte und das Vermittelnde zwischen Theologie und Anthropologie[17]. Aus der Christologie, der Besinnung auf das menschgewordene Wort Gottes, müssen sich alle weiteren Aussagen dieser Theologie ableiten. Sie ist ebenso wie die Offenbarungstheologie und die Anthropologie ihr Zentralthema, in dem die beiden anderen in ihrer Identität und Differenz kulminieren. „Das Wort Gottes . . ., dessen Wesen, dessen Geheimnis und dessen Erfahrung nur in der strengsten Bezogenheit auf das . . . Werk verstanden werden kann, das es am Menschen tut, ist das in dem Gekreuzigten und Auferstandenen Mensch gewordene Wort. Alles, was wir über es sagen, kann und darf darum nichts anderes

[17] Die Rede von der Mitte und dem Vermittelnden der Christologie darf vorweg nicht dahingehend mißverstanden werden, als könne durch sie die Spannung der Gegensätzlichkeit in der Einheit von Theologie und Anthropologie aufgelöst werden. Vielmehr muß sich zeigen, daß die Christologie (vgl. das V. Kap. unserer Untersuchung) diese Spannung als unaufhebbare gerade auszutragen hat. Dies wird jedenfalls von allen Dialektischen Theologen intendiert. Über das Gelingen der theologischen Durchführung solcher Absicht gehen die Meinungen unter ihnen allerdings abermals weit auseinander und gegeneinander. Es kann aber mit W. Pannenberg (Art. *Dialektische Theologie* in RGG³ II 170f.) für diese Theologie insgesamt festgehalten werden, daß hier keine dynamische Vermittlung im Prozeß eines Werdens nach der Art Hegels gedacht wird, sondern eine Zuordnung (vergleichsweise) statischer extremer Gegensätze, deren „Vermittlung“ gerade nur darin liegen wird, daß sie je für sich feste Inhalte ausschließen, so daß sie als solche verschlossen bleiben und nur in der Zuordnung, aber als die Entgegengesetzten und damit einander Verschlossenen, antreffbar sind.

meinen, als dieses. Das heißt, es darf nicht in ein Jenseits dieses Menschgewordenseins vordringen und von daher, von einem Wort ‚an sich', von einem ‚Gott an sich' das menschgewordene Wort, den ‚Gott für uns' verstehen wollen"[18]. Die genauere Bedeutung und die einzelnen Züge der Christologie differieren bei den Dialektischen Theologen jedoch wieder gemäß der unterschiedlichen Fassung der Dialektik von Offenbarung und menschlicher Existenz, von Theologie des Wortes Gottes und theologischer Anthropologie.

Wenn nun aber zufolge des bislang von uns nur angedeuteten Zusammenhangs die Anthropologie als Explikation der menschlichen Existenz in ihrem Bezug zum Worte Gottes in dieser Theologie an eine betont zentrale Stelle rückt und damit, obzwar eben unter dem Vorbehalt eines streng dialektischen Verhältnisses zur Offenbarungstheologie und auf der vermittelnden Grundlage einer Christologie, doch einen eigentümlichen Vorrang vor allen anderen Themen der Theologie (nach überliefertem Verständnis) erlangt, dann gilt dies gerade auch von allen Fragen, die für diese Art der Anthropologie von Bedeutung werden. Hierzu gehören insbesondere die Fragen nach der geschichtlichen Wirklichkeit der offenbarungstheologisch erschlossenen Existenz. Die Verkündigung des Wortes Gottes geschieht ja „nicht in einem zeitlosen Raum. Denn sie geschieht durch Menschen und für Menschen, die ein bestimmtes geschichtliches Leben haben, die in diesem geschichtlichen Leben schon immer bestimmten Wahrheiten, Idealen, Werten oder wie man das sonst nennen will, dienen . . ."[19]. Darin aber sind Menschen schon immer miteinander verbunden. In den Fragenkreis zur geschichtlichen Wirklichkeit der Existenz gehört folglich vor allem das Problem der Mitmenschlichkeit der Existenz und ihres sozialen Lebens, also der Problembereich einer *Sozialanthropologie*, des weiteren die Fragen nach den Ordnungen und Gestalten des mitmenschlichen Existierens, in diesem Sinne die Fragen der *Politik*, und hier vornehmlich die Erörterung des richtigen Zusammenhandelns von Menschen in solchen Ordnungen, für sie und von ihnen her, d. h. die *Politische Ethik*. Sozialanthropologie, Politik und Politische Ethik gewinnen vorrangige Bedeutung bei der *Entfaltung* einer Theologie, die ihre *zentrale* Thematik in der Dreiheit von Offenbarungstheologie, Anthropologie und Christologie besitzt. Das gilt,

[18] *Gericht oder Skepsis* 25.
[19] a. a. O. 14.

wie wir zu zeigen haben, für die Theologie Gogartens aus wichtigen Gründen in einem eminenten Sinn. Zugleich bleibt zu beachten, daß die Aussagen in diesen Fragebereichen sich völlig eben als Entfaltung der einen und insofern einzigen zentralen Thematik, die im Zusammen von Offenbarungstheologie, Anthropologie und Christologie gegeben ist, verstehen und dadurch fundiert, aber auch begrenzt sind. Wir durchmessen also in der folgenden Untersuchung den Fragezusammenhang von Offenbarungstheologie, Anthropologie, Christologie, Sozialanthropologie, Politik und Politischer Ethik in der Theologie Friedrich Gogartens und, soweit von einer ausgearbeiteten eigenen Theologie beim Exegeten die Rede sein kann, Rudolf Bultmanns[20].

2. *Wort Gottes als Geschehnis*

Gogarten und Bultmann vertreten unter den Dialektischen Theologen die radikalste Form des Selbstverständnisses ihrer Theologie als einer reinen Theologie der Offenbarung Gottes im *Wort* und einer darin zentral eingeschlossenen Anthropologie, die alle erdenklichen Subjektivismen ausschließen soll. Kann diese Theologie schon niemals Lehre *über* Gott und sein *Wesen*, sondern immer nur Verstehen und Auslegung der göttlichen *Wortoffenbarung* sein wollen, so darf überdies Gogarten und Bultmann zufolge der sich offenbarende Gott nirgendwo anders als ganz ausdrücklich *im Geschehnis* seines Wortes gesucht werden. Die ganze Theologie hat mit jeder ihrer Aussagen vom Wortgeschehen als Geschehnis auszugehen, sie ist nichts als Künderin dieses Geschehnisses, und ihr gesamtes Bemühen kreist um das Verständnis des Geschehnischarakters des Wortes, insofern seiner Geschichtlichkeit, der *Geschichtlichkeit der Offenbarung*, die das ganze und einzige „Wesen" der Offenbarung ausmacht. Die Theologie Gogartens und Bultmanns läßt sich den sich offenbarenden Gott nur begegnen, indem sie ihn aus und in der Geschichtlichkeit, aus und in dem Ereignis des Offenbarungswortes versteht; und sie glaubt ihn nur so ganz zu verstehen, d. h. sie sucht nichts an ihm darüber hinaus noch spekulativ zu begreifen. Sie

---

[20] Den in diesem Abschnitt dargelegten Zusammenhang hat unter mehr praktisch-theologischem und kirchenpolitischem Aspekt und mit Beschränkung auf das Frühstadium der Dialektischen Theologie, das sie vorwiegend als einheitliche Richtung erscheinen ließ, zum erstenmal Adolf Keller, *Der Weg der dialektischen Theologie durch die kirchliche Welt* im Jahre 1931 herausgearbeitet. Vgl. bes. 30ff. u. 63ff.

will also ein Geschehen und niemals ewige Wahrheiten von allgemeinen, übergeschichtlichen Wesensnotwendigkeiten verkünden. Damit unterscheidet sich ihre Verstehensweise nach ihrem eigenen Selbstverständnis, wie Gogarten sie ihr zuschreibt, von jeder natürlichen menschlichen Erkenntnis, die eine Sache erfaßt, wenn sie in allen wahrnehmbaren Erscheinungen und durch sie hindurch ihr Wesen, d. h. ihre Notwendigkeit und Allgemeinheit, erfaßt. Die natürliche Wesenserkenntnis bringt der Mensch gemäß dieser Auffassung von sich aus vermöge seiner Vernunft auf. Gott (etwa von der Erscheinungsweise seiner Offenbarung aus) in seinem allgemeinen und notwendigen Wesen suchen und erkennen zu wollen, hieße demnach, ihn zum Objekt der Erkenntnis der Vernunft, ja noch strenger: zur Funktion des Erkenntnisvermögens und -willens der Vernunft machen zu wollen. Gott aber ist nur wahrhaft als Gott erfahren, wenn und sofern er un-bedingt souverän von sich aus, als absolutes und alle Subjektivität des Menschen aufhebendes Subjekt handelt und so begegnet. Dann kann von Gott nur in dieser Erfahrungsweise, also aus der konkreten geschichtlichen Begegnung seiner selbst von ihm selbst her, angemessen gesprochen werden[21].

Indem aber die Theologie sich radikal auf solche Art der Rede von Gott beschränkt, wird sie im strengsten Sinne zur Geschichtstheologie, zur *Theologie der Geschichtlichkeit* des einzigen Geschehens, das demnach für eine Theologie überhaupt Thema sein darf: der Geschichtlichkeit des Wortes Gottes. Diesen Charakter seiner Theologie nimmt Gogarten als den schlechthin entscheidenden Grundzug in Anspruch, der sein Denken von dem seines Hauptkontrahenten unter den Weggenossen der Dialektischen Theologie, Karl Barth, unterscheidet und trennt[22]. Und Bultmann bekennt sich „in eigener Sache“ zu dieser Theologie

---

[21] Vgl. dazu Gogarten, *Ich glaube an den dreieinigen Gott* 3ff.

[22] Vgl. *Gericht oder Skepsis* 20ff., bes. 27. Die Nichtbeachtung der Geschichtlichkeit des Wortes Gottes läßt Karl Barth in der Sicht Gogartens in einen abstrakten Zeit-Ewigkeits-Dualismus verfallen und damit bei dem landen, was er ursprünglich gerade ebenfalls vermeiden wollte, bei einer Wesensspekulation über „Gott an sich“. Um die Offenbarung vor allem menschlichen Zugriff zu schützen, deutet er sie nicht mehr als Dialog, sondern als Monolog Gottes mit sich selbst. Mit solcher Flucht zum Selbstsein Gottes ist die Offenbarung dann aber gerade verkannt und vom spekulativen Denken überholt, also verraten. Auch H. Thielicke nennt in seiner Besprechung von Gogartens *Gericht oder Skepsis* diese Situation Barths „tragisch“ (vgl. ThLZ 1937, 422). Wir haben über die Richtigkeit einer derartigen Feststellung hier nicht zu befinden. Wir werden jedoch fragen müssen, ob sich für Gogarten nicht eine ähnlich „tragische“, d. h. widersprüchliche Lage auftun wird. — Vgl. Verf., *Karl Barths dialektische Grundlegung der Politik*, in: Civitas Bd. II, 1963, 31—71 (wieder abgedruckt in *Wahrheit — Pluralität — Freiheit*, 1976).

der Geschichtlichkeit[23]. Auch seine *exegetische* Arbeit glaubt, als zentrale Botschaft des Neuen Testaments vor allem anderen und grundlegend folgende Zweiheit theologisch herausarbeiten zu können: Offenbarung ist Gottes Selbstmitteilung durch das Wort; und sie ist zugleich ein Geschehen, das mich in eine bestimmte Lage versetzt[24]. Denn die Verben des Neuen Testaments, die wir mit „offenbaren" wiedergeben (ἀποκαλύπτειν und φανεροῦν), wie die dazugehörigen Substantive bezeichnen „nicht ein aufklärendes Belehren . . ., sondern ein Tun Gottes bzw. ein Geschehen, in dem freilich ein Wissen des Menschen fundiert ist, das erhoben werden, das aber auch verdeckt bleiben kann"[25].

Nun bleibt aber zu beachten, daß die souveräne, von sich aus ergehende Begegnung Gottes für Gogarten und Bultmann eben im Ereignis seines *Wortes* geschieht. Wort und Geschehen sind streng zusammenzudenken[26]. *Das Wort im Geschehnis seines Gesprochenwerdens*[27] ist allein der adäquate Ausdruck des souveränen Handelns Gottes. Es ist ganz die Tat *Gottes*, und in seinen Spruch ist zugleich die *ganze* erfahr-

---

[23] Vgl. *Glauben und Verstehen* III 178ff.

[24] Vgl. a. a. O. 1f. Diese Gedoppeltheit in der Einheit dessen, was hier geschieht, ist immer zusammenzusehen. Deshalb ergibt sich eine einseitige Verschärfung in der Charakterisierung der Stellung Bultmanns, wenn J. Körner (*Eschatologie nnd Geschichte* 72) schreibt: „So ist die Theologie (sc. im Verständnis und in der theologischen Arbeit Bultmanns) nicht eigentlich Rede von Gott, sondern Rede von der von Gott bestimmten Existenz. Würde sie Gott selbst zum Thema haben, so wäre Gott nicht mehr Gott, sondern ein vorhandenes Weltding oder Existenz." Richtig daran ist, daß Gott für die Theologie Bultmanns (und Gogartens) nicht an sich, sondern nur im Geschehnis seines Wortes, in dem er die menschliche Existenz bestimmt, zum Thema zu werden vermag. Das Geschehnis bleibt aber strikt Geschehnis zwischen Gott und Mensch. Ebenso wie aus ihm der Mensch nicht in einem für sich stehenden Wesen, aber in seinem Betroffen- und Bestimmtsein erfaßbar werden soll, sieht die Theologie Bultmanns — und zwar zuallererst und grundlegend — darin das Wie des Betreffens und Bestimmens Gottes, sein gründend-abgründiges Ereignen dieses Geschehens, mithin seine Souveränität und Herrschaft (wie sich herausstellen wird, weil solches Ereignen Gott und nur Gott eignet, weil er über es verfügt, womit es erst zum Ereignis wird) kundgemacht. Es wird ersichtlich, daß Gott das Geschehen der Selbstoffenbarung seinerseits ereignet. Solches herrscherliche Ereignen bleibt insofern extra me (Körner, a. a. O.), als es erst auf mich zukommt, dagegen niemals außerhalb der Offenbarung des Wortes, weil es sich nur in deren Geschehnis vollzieht. Darum ist über ein von diesem Geschehen abgelöstes, insoweit abstraktes und ungeschichtliches Wesen Gottes für Bultmann in der Tat nichts aussagbar.

[25] *Glauben und Verstehen* III 15, Anm. 5.

[26] Wort und Geschehnis, Offenbarung und Geschichte in ihrem Zusammen bei Gogarten und Bultmann hat in einem früheren Stadium der Auseinandersetzung Th. Siegfried (*Das Wort Gottes und die Existenz* II: *Die Theologie der Existenz bei Friedrich Gogarten und Rudolf Bultmann*, 1933) erörtert, allerdings in durchweg negativer Beurteilung.

[27] Vgl. Bultmann, *Das Evangelium des Johannes* 432, dazu *Glauben und Verstehen* III 21f.; Gogarten, *Gericht oder Skepsis* 18.

bare *Tat* Gottes verlegt. Der Spruch des Wortes *ist* die Tat Gottes, und die Tat Gottes ist sein Wort[28]. Dies muß strikt in der Weise verstanden werden, daß damit die Anzeige eines bleibenden Sinngehaltes, vor allem die Aussage einer ein für allemal gültigen und anzueignenden Wahrheit durch das Wort ausgeschlossen ist, daß vielmehr im Spruch des Wortes das Sichereignen des Handelns Gottes als zeitliches Geschehnis geschieht, nichts anderes, aber dieses in aller Nachdrücklichkeit und mit schwerwiegenden Konsequenzen. Wenn das gilt, dann lassen sich allerdings einige Strukturmerkmale dessen, was im Geschehnis dieses Spruchs geschieht, herausheben, ohne daß der Blick vom Geschehnis-, Ereignischarakter des Gesprochenwerdens des Wortes abgelenkt und auf Wesenaussagen über Gott, über das Geschehnis seines konkreten Begegnens hinaus, gerichtet werden dürfte[29].

Zunächst ist zu sehen: Das Geschehnis des souveränen Wortes Gottes weist von selbst darauf hin, daß es „ergeht". Sofern es radikal als der Spruch *Gottes* genommen werden muß, zeigt sich schon, daß Gott mit ihm seinerseits nicht eine Aussage über etwas macht, sondern von sich aus eine *Anrede* ergehen läßt. Das Wort Gottes ist als Geschehnis des souveränen Spruchs ein Sprechen-zu (jemandem) und eine Anrede-an (jemanden), nicht ein Sagen-über (etwas). Das ergibt sich für Gogarten (und Bultmann), wenn rein an der „Wortlichkeit" des Wortes Gottes festgehalten wird. Gogarten führt dazu aus: „Wort bedeutet hier wirklich nichts anderes als eben ‚Wort'. Es ist also mit dem Wort Gottes nicht so etwas wie eine allgemeine in sich ruhende Wahrheit gemeint, die zwar in einem Wort, in einem Satz ihren Ausdruck gefunden hat, die schließlich aber auch auf andere Weise ausgedrückt werden könnte, und der gegenüber es darauf ankäme, daß sie als diese in sich ruhende,

[28] So bes. Gogarten, *Entmythologisierung und Kirche* 99ff.; Bultmann, *Glauben und Verstehen* I 269f., *Das Evangelium des Johannes* 431f.

[29] Alles, was über Gott und Mensch ausgesagt wird, muß also bei Gogarten und Bultmann aus dem Geschehnis ihres Bezuges im Wort Gottes erschließbar sein. Was außerhalb dieses Geschehnisses liegt, gehört für beide Theologen in den Bereich der Wesensspekulation und gilt als abstrakt-ungeschichtlich. Das ändert nichts daran, daß die Theologie das *innerhalb* des grundlegenden Geschehens des Wortes Gottes Erschließbare in Sätzen aussagen muß, die als solche bleibende Gehalte intendieren. Sie äußern sich in dieser Gestalt dann aber gerade über die Ereignis- und Zeithaftigkeit aller hier sichtbar werdenden Strukturen. Die somit notwendig unangemessene Redeweise bezeugt mit der Erschließung des im Wort Erschlossenen an ihr selbst die in der Offenbarung mitwaltende Verbergung. Gogarten sieht dieses Paradox sehr deutlich. Wir müssen, so betont er, die Geschichte „wohl oder übel" mit einer nicht an ihr, sondern an einem unveränderlichen Sinn orientierten überkommenen Begrifflichkeit zu fassen suchen (womit sie sich konstitutiv zugleich entzieht). Vgl. *Theologie und Geschichte* 343.

in sich richtige Wahrheit erkannt wird und die dann als so erkannte und gültige Wahrheit dem Menschen die Orientierung und Normierung gäbe für sein Leben und Tun. Sagen wir dagegen, daß die Vokabel ‚Wort' und die Formel ‚Wort Gottes' nichts anderes bedeutet als eben Wort, so wollen wir damit sagen, daß dieses Wort seinen Sinn darin hat, daß es gesprochen wird und zwar von einem zum anderen. In diesem Fall von Gott zu den Menschen, von Gott zu uns. Also nicht darin hat das Wort seinen Sinn, daß Gott mit ihm *etwas* ausdrückt, *etwas* offenbart, sondern daß er es *spricht* und zwar *zu* uns spricht, daß er *uns meint* mit diesem Wort. Wort Gottes bedeutet also nicht ein Wort von etwas oder über etwas. Sondern es ist ein Wort schlechthin. Eben: ein Sprechen, ein Spruch *zu* jemandem. Ein solches Sprechen zu jemandem kann zweierlei Sinn haben. Entweder den, daß der Sprechende sich zu dem anderen, zu dem er spricht, in Beziehung setzt, oder, daß er diese Beziehung zu ihm abbricht, entweder, daß er sich ihm erschließt, oder daß er sich ihm verschließt"[30].

Genauer betrachtet ist aus der reinen Wortlichkeit, aus dem Geschehnis des Wortes Gottes zu ersehen, daß sich in ihm beide Momente der soeben genannten Alternative, das Sicherschließen und daß Sichverschließen, ineins und zumal ereignen. Das Wort richtet sich, indem es ergeht, an einen *Adressaten.* Das sich kundgebende Wort Gottes ergeht an den Menschen, den es auf ein Hören hin anruft und zum Hören aufruft. Gott handelt somit in seinem Wort am Menschen. Dadurch gehört der Mensch Gott. Der Mensch ist durch das Ergehen des Wortes als Adressat beansprucht, er ist darüber hinaus in das Hören und Gehören gefordert. Er wird als *Höriger* des Wortes beansprucht. Die Anrede gestaltet sich damit zum souveränen *Anspruch*, zur gebieterischen *Forderung*, zum herrscherlichen *Aufruf.* In solchem Geschehnis wird der Mensch in seiner Existenz getroffen, und von diesem Getroffensein ist der Mensch mit seinem ganzen Sein betroffen. Wenn aber solcherart betroffen, dann ist der Mensch zentral vom Spruch des Wortes gemeint. Die Selbstkundgabe Gottes im Wort bedeutet folglich mit und in aller Forderung zugleich auch eine *Hinwendung* Gottes zum Menschen. Wie immer auch Gott den Menschen anspricht, beansprucht und fordert, so waltet in solchem Spruch doch stets auch das Bekenntnis Gottes zum Menschen. Gott bekennt sich zum Menschen als dem *Partner* seines Wortes, den er sucht und ruft.

---

[30] *Der Mensch zwischen Gott und Welt* 34.

Darin ist, wie immer sie sich auch artikulieren mag, eine *Zusage* Gottes an den Menschen zu erblicken. Gott sagt sich uns als unser Gott, wenn auch sogleich als der beanspruchende und fordernde Gott, zu. Er bedeutet (nicht: mir etwas, sondern) mich dazu, hörender Adressat und korrespondierender Partner seines Wortes zu sein. Es wird uns bedeutet, daß Gott in seinem Wort mitten unter uns ist und daß wir, was wir sind, im Wort und aus dem Worte Gottes sind. Zugleich und ineins wird aber damit auch bedeutet, daß Gott als nichts anderes außerhalb seines Wortes, d. h. in einem An-sich-sein, und daß wir nicht in einem freien Für-uns-sein begriffen und gesucht werden dürfen. Insofern entzieht sich Gott dem Menschen absolut, indem er sich ihm fordernd und zusagend zuwendet. In der Kundgabe des Wortes Gottes waltet der Entzug jeglicher Verfügbarkeit, ja Erkennbarkeit Gottes an ihm selbst zugunsten eines unmittelbaren Beanspruchtseins und Gemeintseins des Menschen durch Gott. Nicht offenbart Gott *sich* selbst und sein Wesen im Wort, sondern er gibt seinen Anspruch und seine Zuwendung an den Menschen kund. Im Geschehen solcher Kundgabe waltet zugleich immer auch die Verbergung Gottes, die sich als so abgründig erweist, daß mit ihr noch jede Spekulation über Ort und Art eines für sich seienden, jenseitigen Zurückgezogenseins Gottes verwehrt wird. Das *Geheimnis* Gottes liegt *im* Geschehnis seiner Selbstkundgabe im Wort, nicht in einem An-und-für-sich-sein, das bei und in aller Jenseitigkeit noch lokalisierbar wäre[31]. Gott ist immer nur „*unser* Gott“[32], *wie* er sich im Geschehnis seines Wortes *offenbart* und *entzieht*.

Nur indem die Theologie dies unablässig betont, wahrt sie im Verständnis Gogartens und Bultmanns die absolute Souveränität Gottes. Gott gibt sich zwar im Wort, er gibt sich kund, aber in völlig herrscherlicher Souveränität. Die Paradoxie liegt nun darin, daß gerade seine Souveränität nicht außerhalb des Geschehnisses seines Sichgebens, also des Wortes der Offenbarung, gedacht und gesucht werden kann, sondern gerade und ausschließlich nur in diesem Geschehnis erfahrbar ist, in das der Mensch schon immer konstitutiv miteingeschlossen ist. Von Gottes Souveränität läßt sich also in keiner Weise reden, mit der nicht auch immer schon vom Menschen geredet würde. Wenn aber vom Menschen, dann umgekehrt von ihm nicht anders, als daß er unter der

[31] Vgl. dazu vor allem Gogarten, *Die Verkündigung Jesu Christi* 127ff., *Entmythologisierung und Kirche* 95f., 100f., *Der Mensch zwischen Gott und Welt* 52, *Gericht oder Skepsis* 82ff.; für Bultmann bes. *Glauben und Verstehen* III 1ff.

[32] Gogarten, *Gericht oder Skepsis* 92.

Souveränität des Wortes Gottes steht, das zu bedeuten gibt, was mit dem Menschen geschieht, worin wiederum erst wirklich wird, was er ist. Wenn diese Theologie also etwas über den Menschen, seine Existenz und sein Wesen aussagt, dann vermag sie das auf gar keine andere Art, als daß sie ihm das souveräne Wort Gottes verkündet und das über ihn kundtut, was das Wort Gottes ihm zu bedeuten gibt. Aber umgekehrt redet die Theologie, wenn sie solcherart nichts als die Selbstoffenbarung Gottes kündet, sogleich auch immer schon vom Menschen als dem Adressaten und Partner dieser Selbstoffenbarung, und zwar nicht beiläufig, sondern zentral: die gesamte, integrale Offenbarung Gottes damit bereits auslegend und zugleich die ganze, ungeteilte Existenz des Menschen meinend.

Steht es so, dann ist mit unseren Theologen um der Vermeidung der „tödlichen" Gefahr einer einfachen, gotteslästerlichen Identität von Gott und Mensch willen scharf zu betonen, daß das Geschehnis der Kundgabe Gottes im Wort ob der absoluten Souveränität, die in ihm seitens Gottes waltet, den Menschen bei aller Partnerschaft doch zugleich in einem extremen *Gegenüber* hält. Das *Mit-sein* Gottes mit dem Menschen schließt (als das Mitsein des sich an den und zu dem Menschen wendenden *Gottes*) ein *Gegen-sein* zwischen Gott und Mensch in sich ein[33]. Der Mensch ist, wie sich gerade aus dem Spruch Gottes ergibt, der an ihn ergeht, ganz und gar nicht Gott, sondern als der ihn hörende und ihm gehörende von Gott auch abgrundtief unterschieden. Im Ja Gottes zum Menschen, das sich in der Zuwendung durch das Wort ausspricht, wird zugleich ein radikales Nein gegen jede identifizierende und einebnende Nähe des Menschen zu Gott gerufen[34]. Es ist geradezu so, daß das Ja Gottes *als* Nein ertönt und dieses Nein *im* Ja mitwaltet. Die menschliche Existenz wird vor Gottes Wort und Spruch ganz und gar fragwürdig gemacht, in dieser Fragwürdigkeit dann allerdings beansprucht, so daß im Nein auch wieder das Ja durchtönt. D. h.: das Geschehnis der Offenbarung Gottes im Wort wird eben in

---

[33] Vgl. Gogarten, *Theologie und Geschichte* 344f.

[34] Über den Widerspruchscharakter im Ereignischarakter der Offenbarung und umgekehrt, demzufolge das Ergehen des göttlichen Wortes an den Menschen als Geschehnis schon ein Akt des Widerspruchs Gottes gegen ihn — zunächst nur im Sinne einer scharfen Distanzierung der menschlichen Existenz in das Gegenüber — ist, vgl. auch F. Schröter, *Glaube und Geschichte bei Friedrich Gogarten und Wilhelm Herrmann* 10, wo diese Feststellung auf Gogarten beschränkt wird. Im übrigen behauptet Schröter für Gogarten in ähnlicher Weise wie J. Körner für Bultmann und G. Noller für beide Theologen (s. o.) einen anthropologischen „Ansatz", der nicht offenbarungstheologisch bedingt sei (vgl. bes. 26).

der Weise für den Sinn der menschlichen Existenz konstitutiv (und zum einzigen, entscheidenden Konstitutivum), daß es dem Menschen das Leben (das Leben als Partner) vermittelt, indem es zugleich dieses Leben (jetzt: das Leben des Gegenübers zu Gott, das es auch immer ist) gerade in Frage stellt und zerbricht, und dies so, daß das Zerbrechen zugleich die Gabe des Lebens darstellt, weil der Mensch als Mensch stets das Gegenüber zu Gott bleibt und gerade auch in diesem unaufhebbaren Gegenüber von Gott beansprucht ist und sich ihm doch immer auch verweigern, ihm immer auch absolut fernbleiben muß. Die menschliche Existenz sieht sich *in* der Gründung ihres Sinnes durch das Wort Gottes als Gegenüber und Partner zugleich zerbrochen, und das Zerbrechen *ist* die Weise ihrer Gründung.

So gerät die menschliche Existenz aufgrund der Geschichtlichkeit des Wortes Gottes in eine radikale Krisis. Einerseits sind Wort Gottes und menschliche Existenz in der engsten Weise notwendig miteinander verbunden, so daß eines nicht ohne das andere denkbar ist, anderseits eröffnet sich im Ereignis dieser Verbindung gerade die unüberbrückbare Differenz beider, nämlich die unbedingte Jenseitigkeit des Wortes Gottes bei und in seiner radikal geschichtlichen und welthaften Begegnisart sowie die unausweichliche Ferne und Getrenntheit des Menschen von Gott bei und in seiner unabdingbar gegebenen und geforderten Gehörigkeit in das Geschehnis des göttlichen Wortes, also beider tiefste Fraglichkeit im unverbrüchlichen Verhältnis zueinander. Aus diesem dialektischen Paradox gibt es keinen Ausweg in das heile Selbstsein des Menschen außerhalb der Geschichtlichkeit des Wortes — denn der Mensch ist immer schon vom Anspruch und Zuspruch des Wortes Gottes betroffen — und ebensowenig die Rettung durch einen Glauben an das reine, von der Offenbarung abgelöste Wesen Gottes als letzten Garanten des Heils. Das Heil kann gar nicht in einem Anspruch des Menschen an Gott, in einer Anfrage des Menschen bei Gottes Existenz und Wesen — übergeschichtlich, metahistorisch vorgestellt — liegen, weil ein solches Bestreben sich gerade an der Souveränität Gottes, nämlich an dem bestimmenden Ereignis seines worthaften Heilshandelns versehen würde, sondern nur in der Übernahme dieser dialektischen Spannung von Sinngebung und Infragestellung des Menschen durch die Offenbarung Gottes, die nichts anderes und in keinem Sinne mehr ist als Geschichte, als ihr ereignishaftes Geschehen. Gottes Kundgabe und Entzug und des Menschen Sinnbestimmung und Krisis müssen in ihrem strengen Zusammengehören angenommen und ausgetragen werden. Darin liegt die Konsequenz des Versuches, ganz der Souveränität des Wortes Gottes zu folgen und die Gottesfrage nicht an Gott zu stellen und auf Gott hin zu denken, sondern von Gott her als die Frage der Sinngebung der menschlichen Existenz in unerbittlicher Infragestellung aller menschlichen Gegebenheiten und Bedingungen einschließlich der natürlichen menschlichen Ordnungen, Sitten und Handlungsweisen zu verstehen, wie Gogarten und Bultmann es unternehmen. Von Gott her kann aber die Theologie nur dann zu denken versuchen, wenn sie im Hören auf das Ereignis des Wortes Gottes Gott und Mensch in ihrem Einandernahesein wie in ihrer äußersten Ferne, in ihrer von Gott begründeten und gewollten Partnerschaft wie in ihrer absoluten Andersheit begreift. Wie sie dies des näheren tut und was sich für die damit entfaltete theologische Anthropologie, Sozialethik und Politik an Konsequenzen ergibt, ist im folgenden zu erörtern[35].

3. Das natürliche Selbstsein des Menschen im Widerspruch zum Wort Gottes

Wir haben zunächst zu fragen, unter welcher Gestalt der Mensch bereits angetroffen wird und in solcher Antreffbarkeit gesehen sein muß, wenn er der Theologie Gogartens und Bultmanns zufolge im Geschehnis des Offenbarungswortes Partner und zugleich Gegenüber Gottes wird. Als wen offenbart das Wort Gottes den Menschen schon dadurch, daß es sich ihm überhaupt anredend-zuwendend, fordernd-zusagend kundgibt? Wir halten fest: Der Mensch muß das Wort ja vernehmen können, er soll es hören und auf es hören, er hat es aufzunehmen und zu übernehmen. Er muß also dem Wort Gottes, das ihn anredet und sich ihm zuwendet, und mithin dem sich offenbarenden Gott vorweg bereits in irgendeiner Weise nahe sein. Zugleich aber beansprucht und fordert ihn das an ihn ergehende Wort. Der Mensch wird durch das Wort ursprünglich und willkürlich, also souverän angeredet, er wird zum Hören, Antworten und Entsprechen dem Wort gegenüber, d. h. aber zum Glauben und Gehorchen aufs Wort aufgerufen und herausgefordert. Dieser fordernde Charakter enthüllt deshalb auch die große Ferne und abgrundtiefe Distanz des Menschen zu Gott, eine Ferne, die gerade im Ergehen des göttlichen Wortes an den Menschen aufbricht, so sehr

---

[35] Vgl. zum Vorstehenden bes. Gogarten, *Die religiöse Entscheidung* 18ff., 81f., *Von Glauben und Offenbarung* 3ff., *Der Zerfall des Humanismus und die Gottesfrage* 13ff., *Theologie und Geschichte* 342ff.; Bultmann, *Glauben und Verstehen* I 132f.

dieses Geschehnis sie zugleich aufhebt. Doch solche Aufhebung der Distanz geschieht doch eben nicht anders als in der Weise ihres Offenhaltens durch die Zuwendung Gottes von sich aus. Der Mensch ist im Geschehnis des Wortes und des darin ergehenden Aufrufs zur *Antwort* immer sowohl anerkannt als auch in Frage gestellt. Aber als was ist der Mensch bereits erschlossen, wenn er derart geschehnishaft gewürdigt und doch auch fragwürdig gemacht wird?

Kein Zweifel kann bestehen, daß in der Sicht der Gogartenschen und Bultmannschen Theologie das Geschehnis des Wortes Gottes den Menschen gerade in seinem natürlichen *Selbstsein*, d. h. aber als das Wesen der *Subjektivität* trifft, betrifft und meint. Es ist durchaus das vorweg immer schon im Menschen angelegte und herrschende Streben nach sich selbst, nach seiner Selbstverwirklichung, auf das der Ruf Gottes trifft, an das er ergeht, innerhalb dessen Lebensbewegung der Mensch diesen Ruf folglich auch hören können muß, von dem zugleich aber gefordert wird, auf den Ruf in der Weise zu hören, daß es seine eigene Antriebsrichtung umkehrt und ihm gehorcht. Das Selbstsein des Menschen muß also in bestimmter Weise schon offen sein für das Wort, um es überhaupt hören zu können, anderseits aber muß es des fordernden Wortes doch auch bedürftig und ihm zuvor entgegengerichtet, ihm gegenüber in irgendeiner Weise also auch verschlossen sein, wenn das Wort es betrifft und zu einer Umkehr und Umwendung seiner selbst herausfordert. Die insoweit aus dem Geschehnischarakter der Offenbarung des Wortes Gottes bereits sichtbar werdende Bewegungsrichtung des natürlichen Wesens des Menschen zeigt, daß der Mensch im Erstreben seiner selbst geöffnet ist für Anderes, das nicht mit ihm identisch ist, das gleichwohl ihn angeht und in seine Lebensbewegung hineinreicht.

Diese natürliche Möglichkeit und Notwendigkeit des menschlichen Lebens ergibt sich daraus, daß der Mensch überhaupt erst auf dem Wege des Verhältnisses zu Anderem ein Verhältnis zu sich selbst und in solchem Selbstverhältnis (vermöge dessen er sagen kann „Ich bin ich“) sich selbst gewinnt und besitzt. Denn der Mensch, unfertig und ungesichert in seine Existenz geworfen und der Notwendigkeit, sie zu ergreifen, zu übernehmen und zu führen, überliefert, vermag nur ganz er selbst zu werden, sofern er sich ausspannt auf das Andere, auf das ihn Umgebende, das er nicht selbst ist, auf die Welt, die ihn umfängt. Er ist das Wesen der Herstellung seines Selbstverhältnisses auf dem Wege eines ausdrücklichen Weltverhältnisses. Demzufolge ist er der

Welt geöffnet, jedoch mit der natürlichen Lebenstendenz, diese zu sich hereinzuholen, sich nutzbar zu machen und für sich sicherzustellen, sie zu beherrschen, um aus einem verfügbaren Bestand zu leben und sich zu verwirklichen. In einer auslangend-einholenden Bewegung des Angreifens, Begreifens und Ergreifens umstellt er sich theoretisch und praktisch, wissend und handelnd mit einer Welt, stellt er sie in den Bezug zu sich, unterstellt er sie sich und stellt er sie damit für sich sicher. Er bezieht die Welt auf sich und lebt aus ihr, doch stellt er sie sich zugleich gegenüber als dasjenige, was ihm, seinem Verstehen, Gestalten und Nutzen um seines Lebensvollzuges und seiner Selbstverwirklichung willen dienstbar zu machen ist. Der Mensch ist stets in einer Welt, aber derart welthaft und innerweltlich kehrt er immer wieder zu sich zurück, d. h. es geht ihm in der Welt fortwährend um sich selbst, um sein Seinkönnen. In der Welt und aus ihr begreift und ergreift er sich eigens als der, der er sein will. Kraft dieser Tendenz erstrebt er sich zwar immer erst noch, doch ist er in solchem Erstreben vorweg im Grunde immer schon und nur bei sich selbst und sich selbst genug. Er ist insofern das Wesen der Subjektivität, das sich selbst setzende und im Setzen seiner selbst die Welt mitsetzende Wesen, aus dessen Lebensperspektive sich erst das Sein alles begegnenden und umliegenden Seienden seinem Sinn und Wert nach bemißt. Als kennzeichnend für dieses Wesen darf das Zugleich und Ineins von Offenheit und Verschlossenheit für Anderes gelten, demzufolge das Verhältnis des Menschen zum Anderen um des Selbstverhältnisses willen, das Selbstverhältnis seinerseits jedoch nur auf dem Wege eines (selbstbezüglichen) Verhältnisses zum Anderen gewonnen wird.

Wenn der Mensch sich aber immer nur in der Welt und zugleich aus der Welt verwirklicht und nur so zu seinem Selbstsein gelangt, dann folgt daraus, daß seine Selbstverwirklichung je auf einen beschränkten Umkreis von welthaften, d. h. zeitlichen und endlichen Möglichkeiten eingegrenzt ist. Der Mensch findet sich immer schon vor innerhalb eines geschichtlich gewordenen Bestandes vorgegebener Ordnungen und Verhältnisse wie Staat, Volk, Familie, Gesellschaft, Recht, Kultur, Wirtschaft, öffentliche Meinung. Sie sind gemeint, wenn von „Welt“ die Rede ist. „Welt“ ist in der Sprache unserer Theologen kein ontologisch-kosmologischer, sondern ein existentiell-geschichtlicher Begriff. Er deutet auf das In-der-Welt-Sein, d. h. auf das Leben in diesen Ordnungen und Verhältnissen hin, das dem natürlichen Menschsein als Selbstsein eignet. „In all diesen Bereichen, unter den sie durchwaltenden Mächten, lebt der Mensch, der in der Welt lebt. Und er lebt nicht als Privatmann in ihnen, sondern wie das Glied eines Körpers, ihnen in mehr als einer Beziehung eingeordnet. In allen werden bestimmte Ansprüche an ihn gestellt, die sich auf das gründen, was er an Leben aus ihnen erhält, und die er um dieses Lebens willen erfüllen muß."[36] Es sind dies die innerweltlichen Gestalten, aus denen heraus eine Gemeinschaft von Menschen sich als Einheit versteht und eine gemeinsame Verfaßtheit des Selbstseins ihrer Glieder gewinnt. Die Welt, aus der der Mensch lebt, hat eine je zeitliche und endliche Verfaßtheit, deren die Selbstverwirklichung auch bedarf.

Solche bestehenden, feststehenden, gesicherten oder nach Sicherung strebenden innerweltlichen Ordnungsformen erheben den Anspruch auf verbindliche Geltung[37]. In ihnen haben Menschen einer Zeit, Tradition und Kultur sich schon immer eingerichtet und glauben von ihnen her sich bereits der Antwort auf die Frage sicher zu sein, wie sie sich in ihrem Selbstsein zu verstehen und was sie um ihrer Selbstverwirklichung willen zu tun haben. Für diese Ordnungen des menschlichen Lebens ist wie für dieses selbst die Tendenz zur Selbstsicherung und Selbstbehauptung charakteristisch. Sie beanspruchen folglich immer ihr Eigensein, obwohl sie doch nach Sinn und Wert ganz dem Bedürfnis der Selbstverwirklichung des natürlichen Menschseins entspringen. Zwar sind sie dem einzelnen Menschen stets vorgegeben, insofern er in sie hineingeboren wird. Aber der Mensch nimmt sie als Gegebenheiten niemals einfach hin, sondern er verwandelt sie sich im Zuge seiner Selbstverwirklichung zur Aufgabe, in der ihre Gestalten modifiziert oder auch völlig umgeprägt werden. Ihnen eignet mithin nur eine begrenzte zeitliche Dauer und Geltung. Um aber zu leisten, was sie für das menschliche Leben leisten sollen, nämlich seine Sicherung und Ordnung, müssen sie gerade auf Dauer und Geltung Anspruch erheben und beharren. Damit geraten sie jedoch zugleich in einen Widerspruch zum mensch-

[36] Gogarten, *Der Mensch zwischen Gott und Welt* 10; vgl. außerdem bes. Bultmann, *Glauben und Verstehen* III 209ff. Zum Weltbegriff (bei Bultmann) sagt sehr gut J. Körner, *Eschatologie und Geschichte* 73: „*Die Welt* ist das Bezugsganze der das Dasein immer schon umgebenden Phänomene, in der es sein (dem Dasein ontologisch entsprechendes) In-Sein realisiert. Sie ist also nicht der Kosmos, der auch abgesehen vom Dasein besteht, dessen zufälliges Partikelchen der Mensch ist, sondern das Gegenüber, von dem das Selbstverständnis der Existenz abhängt. Theologisch gesprochen also ist Welt das, was den Menschen in seinem Selbstverständnis aus Gott bedroht; dies aber nicht in ihrem dinghaften Vorhandensein, sondern nur sofern sie in ihrem ursprünglichen Bezug zum sich verstehenden Menschen steht." Vgl. dazu die anschließenden Ausführungen unserer Erörterung.

[37] Vgl. dazu Gogarten, *Der Mensch zwischen Gott und Welt* 288.

lichen Selbstsein, aus dessen Bedürfnis sie konstituiert sind. Und umgekehrt richtet sich dieses immer auch wieder gegen die Ordnungen und Gestalten, die es konstituiert hat. Dadurch ist das Verhältnis des Selbstseins zur Welt — zu seiner Welt — und entsprechend der weltlichen Mächte und Ordnungen zum menschlichen Leben — dessen Mächte und Ordnungen sie darstellen — von einer tiefen Zwiefältigkeit und Zwiespältigkeit bestimmt. Die Subjektivität lebt in einer Aporie[38].

Die damit kurz genannten Grundgegebenheiten des natürlichen Menschseins — die lebensbedingte Tendenz zur Verwirklichung des Selbstseins und die innerweltlichen Ordnungen, innerhalb deren und aus denen diese Verwirklichung erstrebt wird — geben die wichtigsten „menschlichen Faktoren" ab, die in der Sicht Gogartens und Bultmanns von Bedeutung für das Ergehen des Wortes Gottes, für sein Geschehen, sind, wenn sich das Wort Gottes an den Menschen als seinen Adressaten, seinen Partner und sein Gegenüber richtet. Sie bleiben mitentscheidend, auch wenn für Gogarten und Bultmann feststeht, daß sie allererst im Geschehnis der Offenbarung des Wortes in ihrer eigentümlichen Qualität erschlossen werden. Sie sind faktisch gleichwohl vorgegeben als das, worauf das Wort Gottes trifft[39].

---

[38] Vgl. dazu bes. *Die Verkündigung Jesu Christi* 9ff.

[39] Vgl. bes. *Der Mensch zwischen Gott und Welt* 281, *Gericht oder Skepsis* 14ff.; Bultmann, *Glauben und Verstehen* II 17ff., III 3ff. Aus unserer Explikation des Verhältnisses von Wort Gottes und natürlichem menschlichen Selbstsein sollte deutlich geworden sein, daß unsere Theologen hier bereits ihrerseits in ein unausweichliches Dilemma geraten, in die „tragische" Situation, die H. Theilicke Karl Barth angelastet hat (vgl. Anm. 22 dieses Kap.). Gerade weil bei ihnen ausschließlich nur vom Geschehnis des Wortes aus gedacht und von diesem Geschehnis her auch nur vom Menschen die Rede sein soll, weil aber damit vor allem die Souveränität des göttlichen Wortes gewahrt werden soll, muß der Mensch sofort als das Gegenüber des ihn treffenden Wortes erscheinen. Als Gegenüber befindet er sich im Gegensatz zum ereignishaften Wort. Aus dem Gegensatz ergibt sich der Widerstreit und Widerspruch. Steht es so, dann muß aber dem Menschen notwendig ein Eigensein zukommen. Dieses wird zwar erst — Gogarten und Bultmann zufolge — in dem Wortgeschehen erschlossen, und zwar sogleich als ein in die Schranken zu Weisendes, aber als *Folge* dieses Zusammenhangs muß doch die Theologie der Geschichtlichkeit auf das natürliche Eigensein des Menschen und seinen phänomenalen Grundtatbestand — die natürliche Lebensbewegung — reflektieren. Sie erbringt damit, wenn auch nur in Rudimenten, eine „natürliche" Anthropologie, allerdings durch die „theologische" Anthropologie stimuliert und sogleich aufgehoben. Das hat ihr mannigfaltige Angriffe von protestantischer Seite eingetragen. Dabei sind zunächst gerade die den beiden Theologen ursprünglich Nahestehenden am schärfsten hervorgetreten, so wiederum Karl Barth mit dem Vorwurf eines Abgleitens in die eben doch zu vermeidende natürliche Theologie (vgl. gegenüber Gogarten *Die Kirchliche Dogmatik* I/1 128ff. und *Abschied* 537, später auch gegenüber Bultmann in *Rudolf Bultmann. Ein Versuch, ihn zu verstehen* 38 u. ö.); vgl. auch die scharfe Kritik des Barth-Schülers H. Traub, *Anmerkungen und Fragen zur neutestamentlichen*

Die Kundgabe des Wortes Gottes, so souverän es von sich aus ergeht, geschieht nie abstrakt, sondern immer in der zeitlichen, weltlichen Dimension menschlichen Lebens. Nur so kann es den Menschen treffen und betreffen. Diese Kundgabe geschieht „für Menschen, die ein bestimmtes geschichtliches Leben haben, die in diesem geschichtlichen Leben schon immer bestimmten Wahrheiten, Idealen, Werten oder wie man das sonst nennen will, dienen; innerlich, in ihrem Gewissen dadurch gebunden. Denn geschichtliches Leben ist ohne solche Bindung nicht möglich. Nur durch sie bleibt es in Ordnung, ohne sie gerät es in selbstzerstörerische Unordnung und Auflösung. Wo diese Bindung zerbricht, wo sie ihre bindende, lenkende, ordnende, bannende Kraft verliert, ist das geschichtliche Leben darum aus seinem elementaren Selbsterhaltungstrieb darauf aus, eine neue Bindung zu finden. Ganz gleich, auf welche Weise solche Bindungen gefunden und wie sie begründet werden, sie sind jedenfalls, insofern sie geschichtsmächtig werden, das heißt insofern sie das geschichtliche Leben in einer bestimmten Ordnung halten, nicht willkürliche Erfindung, sondern wirkliche Findungen, Wahrnehmungen, Ahnungen, Erklärungen der inneren Notwendigkeiten, die sich unerfindbar und unberechenbar in geschichtlichem Kampf aus der geheimnisvollen Tiefe des geschichtlichen Lebens heraus durchsetzen. Durch sie wird ein Zeitabschnitt zu dem, was wir im geschichtlichen Sinne eine Zeit nennen. Das ist eine Zeit, die von bestimmten Wahrheiten, Ideen, usw. beherrscht ist und durch diese Herrschaft so etwas wie ein Reich wird ... Weil es sich bei diesen Wahrheiten, Ideen, usw., die eine Zeit beherrschen, nicht um etwas handelt, was einer willkürlich erfinden oder machen kann, sondern um Notwendigkeiten, um Herrschaft und Macht, die das geschichtliche Leben aus seiner geheimnisvollen Tiefe heraus beherrschen, und weil es dabei um die Ordnung geht, die das Leben erhält und vor seinem Zerfall bewahrt, darum haben sie eine Macht über den Menschen, die ihn bis in die tiefsten Gründe seines Selbsterhaltungstriebes in Anspruch nimmt. Von ihrer Herrschaft erwartet er nicht nur die Erhaltung seines materiellen Lebens, sondern ebensosehr die seiner geistigen Existenz. Sie ist der Bürge seines ganzen Selbstgefühls ... Durch und für Menschen also, die so in ihrem Selbstgefühl geschichtlich bestimmt und gebunden sind, geschieht die christliche Verkündigung. Es kann

---

Hermeneutik und zum Problem der Entmythologisierung sowie von H. Knittermeyer mit der Bemängelung einer unzulässigen Vermischung von Theologie und Ontologie (*Theologisch-politischer Diskurs* 125ff.).

gar nicht anders sein, als daß diese sich so oder so, negativ oder positiv, auf die Bindungen und Verantwortung bezieht, in der die Menschen, durch die und für die sie geschieht, geschichtlich stehen"[40]. Gegenüber solchem „Selbstgefühl", solcher Selbstgestaltung und Selbsterhaltung des Menschen und den in seinen Dienst eingestellten Geschichtsmächten kann das Wort Gottes nur als *Widerspruch* ergehen. Das Wort Gottes ergeht *an* den Menschen im schärfsten Widerspruch *gegen* die natürlichen Tendenzen seines Selbstseins einschließlich der Ordnungsformen, die diesen Tendenzen entspringen. Das Wort Gottes ruft den Menschen aus dem Selbstsein heraus und durchbricht es, zerbricht es mit seinem Geschehen[41]. Anders kann es nicht verstanden werden, wenn es sich aufgrund seines Geschehnischarakters als der souveräne Anspruch Gottes an den Menschen richtet.

Wird aber Gottes Handeln im Geschehnis seines Wortes zum radikalen Widerspruch gegen das menschliche Selbstsein, so schließt das ein, daß das Wort sich in keiner Weise dem Menschen akkomodiert. Es hat im Sinne der Akkomodation keinen *Anknüpfungspunkt* im menschlichen Leben, sondern es steht ganz gegen dieses. Und trotzdem knüpft es paradoxerweise insofern am menschlichen Selbstsein noch an, als es zu ihm doch eben ein Verhältnis, das Verhältnis des Widerspruchs, aufnimmt. In dem Verhältnis erhellt, daß das natürliche Selbstsein in sich bereits fragwürdig ist, daß es auf die faktische, ihm selbst nicht mehr verfügbare Notwendigkeit, sich zu erstreben und zu verwirklichen, seinerseits verwiesen ist, und zwar immer wieder und stets von neuem, daß es also in seinem Vollzug endlich und begrenzt und seiner selbst fortwährend noch ausständig ist, daß es darum auch des immer neuen Verfügens über die Welt, über das Andere, bedürftig ist und diesem Anderen folglich beständig ausgesetzt bleibt, daß es mithin in alledem mit der intendierten Verwirklichung und Verfügungsmacht des Selbstseins nichts ist. Der Mensch kehrt im Vollzug der Selbstverwirklichung, im eigenwilligen Erstreben und Behaupten seines Selbst fort und fort zu nichts anderem zurück als zu dem Faktum, sich in seiner Existenz nicht selbst geschaffen zu haben und in seiner Essenz nicht selbst total bestimmen zu können, dennoch aber dauernd aus sich selbst und für sich selbst sein und verstehen zu wollen, während er in Wahrheit über diese seine Grundbefindlichkeit nicht mehr ver-

---

[40] Gogarten, *Gericht oder Skepsis* 14f.; vgl. auch 17f.
[41] Vgl. dazu *Ich glaube an den dreieinigen* Gott 88.

fügt. Gegenüber dem souveränen Gott und begriffen aus dem Geschehnis des Wortes Gottes ist der Mensch damit nichtig, soweit er trotzdem immer schon über sich selbst befunden hat und immer wieder danach trachtet, dies zu tun. Da es dem Menschen unablässig und ungeachtet der letzten Vergeblichkeit solchen Bemühens aus sich selbst um sich selbst geht, da er sich solchermaßen in seinem Selbstsein zusammenzuschließen sucht und dessen doch immer ausständig bleibt, vollzieht er fort und fort vor Gottes Wort eine nichtige und, sofern er sich darin seiner selbst genug ist und auf die Autonomie seiner Subjektivität pocht, eine sündige Bewegung. Menschsein als Aussichselbstseinwollen und Eigenwille ist Sünde, Sünde nun ihrerseits als Widerspruch des Menschen gegen Gott, weil Leugnung der in das Hören und Gehorchen einfordernden Souveränität und Herrschaft des Wortes Gottes[42]. Diesem Menschsein gilt das radikale Nein Gottes, sein scharfer Angriff in der Offenbarung seines Wortes. Die Offenbarung wird so zum erschließenden und qualifizierenden Hinweis auf die Subjektivität des Menschen, das in ihr ergehende Nein an den sündigen Menschen zu einer, der ersten Seite dieses Hinweises, zur Bekundung der Nichtigkeit der Subjektivität, sofern ihre natürliche Lebenstendenz in den Blick kommt.

Und doch findet das Verhältnis des Widerspruchs seine paradoxen Anknüpfungspunkte im natürlichen Selbstsein. Der Widerspruch ist selbst Anknüpfung und bewirkt damit ein dialektisches Verhältnis. Im Widerspruch enthüllt sich die Anknüpfungsmöglichkeit: Der Widerspruch ist Spruch gegen die natürliche Lebenstendenz und trifft auf die Bedürftigkeit, Ausständigkeit, Endlichkeit, Begrenztheit, Verschlossenheit, Nichtigkeit, Sündigkeit, kurz auf die Fragwürdigkeit des Menschseins, die sich in seinem Geschehnis aber erst als solche qualifi-

[42] R. Hauser, *Autorität und Macht* 130ff. und G. Hillerdal, *Gehorsam gegen Gott und Menschen* 154 wollen speziell Gogarten mit dieser Auffassung in Abhängigkeit von Eberhard Grisebach bringen. Grisebach bezeichnet in der Tat „das menschliche Selbst als den Ursprung alles Bösen, als den wahren Satan" (*Gegenwart* 468; vgl. 467ff.). Doch identifiziert er das Selbst mit der Egoität, mit dem Ich, zu dessen Wesen es gehöre, sich unbegrenzt zu entfalten und damit die Anderen und das Andere zu verneinen. An diesen findet es dann seine Grenze und damit die Wende des Böseseins. Bei Gogarten (und Bultmann) darf das Selbstsein nicht von vornherein auf die Egoität eingeschränkt werden, vielmehr gehören, wie wir sahen, seine mitmenschlichen Bezüge und Ordnungen zunächst mit in das Selbstsein hinein, wenn ihnen auch später (vgl. V. Kap. ff.) ein bestimmter Bedeutungsgehalt zur „Aufhebung" des Selbstseins zukommen wird, der es aber nicht beseitigt und der nicht hindert, daß sie selbst an ihm teilhaben. Vgl. dazu bes. auch R. Weth, *Gott in Jesus* 95ff. Für gänzlich falsch halten wir, wie sich aus unserer Interpretation ergibt, die Auffassung derer, die Gogartens und Bultmanns Existenzverständnis auf die Privatheit festlegen (und damit in aller Regel abqualifizieren wollen; vgl. I. Kap., Anm. 3).

zieren lassen. Und die Anknüpfung an das natürliche Menschsein fordert gerade den Widerspruch gegen es, gegen sein Selbstseinwollen, seine Subjektivität heraus. Die Nichtigkeit und die Sünde des Menschen sind die paradoxen Anknüpfungspunkte für das widersprechende Wort, denen es sich dann in keiner Weise akkomodieren kann, mit denen es gleichwohl in einem dialektischen Verhältnis der Anknüpfung und des Widerspruchs zugleich steht, das sich in ihm außerdem erst erschließt[43].

Das Problem von Anknüpfung und Widerspruch erfährt nun aber eine wesentliche Verschärfung noch dadurch, daß das Wort Gottes immer nur in der Weise der *Antwort* und als Antwort des Menschen ergeht. Die Offenbarung des Wortes Gottes geschieht ja nach Gogarten und Bultmann nicht anders als in seinem Gesprochensein, also in einer Verkündigung, und diese ist bereits eine Sache des auf das ergehende Wort antwortenden Menschen. Somit vollzieht sich das Geschehen des Wortes einerseits als das Ereignis der Offenbarung Gottes durch sein Wort selbst, anderseits und ineins damit als das Geschehen der Antwort und der geschichtlichen Antworten des Menschen auf das je und je an ihn ergehende Wort. Das Wort Gottes geschieht folglich als die innigste und unlöslich *eine* Geschichte zwischen Gott und Mensch, d. h. Gottes mit dem Menschen und des Menschen vor, gegenüber und für Gott. Die Antwort des Menschen ist in das Geschehnis des Wortes mithineingegründet, das Wort ergeht an den Menschen, den es zur Antwort aufruft, den es in die Antwort fordert; und das Wort ist so sehr an den Menschen gerichtet, daß seine Kundgabe, sein Spruch, sein Gesprochensein, also sein Geschehnis selbst bereits Sache des antwortenden Menschen wird, die dem Menschen auferlegt ist, womit sich das Wort der Antwort des Menschen aber auch ausliefert. Als der Antwortende, also in Einheit mit der Geschichtlichkeit des Wortes Gottes und aus ihr begründet, gewinnt der Mensch seine *eigene Geschichtlichkeit* in dem engeren Sinne, den Gogarten und Bultmann zumeist treffen wollen. Und die Geschichtlichkeit des Menschen als des Antwortenden bedingt ihrerseits die Geschichtlichkeit alles Redens von Gott, d. h. des Wortes Gottes als der menschlichen Rede, die es ist[44]. Dieses innigst-einige Geschehen von Wort und Antwort ist gemeint, wenn von der Auf-

---

[43] Diese Thematik von Anknüpfung und Widerspruch hat Bultmann sehr klar herausgestellt in *Glauben und Verstehen* II 119ff.; vgl. außerdem *Das Evangelium des Johannes* 239f. und *Glauben und Verstehen* I 296ff.

[44] Vgl. dazu bes. Bultmann, *Glauben und Verstehen* I 118; Gogarten, *Gericht oder Skepsis* 17f., *Die Verkündigung Jesu Christi* 426ff.

und Übernahme des Wortes durch den Menschen gesprochen wird. Die Auf- und Übernahme des Wortes in der Antwort vollzieht das Wortgeschehen. Die menschliche Antwort ist die Vollzugsweise des göttlichen Wortes. Und dennoch bleibt das Wort Gottes als Anrede, Anspruch und Zuwendung Gottes zugleich aller menschlichen Antwort abgründig entrückt. Es „selbst", rein für sich genommen, zieht sich im Vollzug der Antwort zurück, jedoch so, daß es „als solches" überhaupt nicht antreffbar ist. Es entzieht sich gerade auf die Art, daß es sich der Verkündigung durch menschliche Rede überliefert. Das Wort ereignet sich gar nicht ohne die menschliche Entsprechung, die allerdings nur Entsprechung ist in der Anmessung an das ihr überlieferte Wort und in der Übernahme dieses Wortes. Das göttliche Wort vollbringt sein Geschehen nicht außerhalb des Geschehens und der Geschichte der menschlichen Antworten, sondern nur in ihnen und als diese, womit es aber zugleich solche Geschichte erst als die Geschichte von Antworten konstituiert. Aus ihm wird die menschliche Geschichte zu einer Geschichte der ermöglichten und geforderten Antworten.

In dieser Konstitution der menschlichen Geschichte durch das Wort Gottes und in der damit zusammengehenden Überlieferung des Wortes an die menschliche Geschichte waltet mit der *Offenbarung* nun eine *zweifache Verbergung* des Wortes. Einmal wird sein Geschehnis zur Geschichte der vielen menschlichen Antworten, die sich durch die Zeiten und Epochen immer wieder anders artikulieren. In jeder einzelnen geschichtlichen Antwort kommt dann immer nur ein Ausschnitt und nie das Ganze des Wortes zur Sprache. Die notwendig geschichtliche Antwort wird als Entsprechung zum Wort sofort schon fragwürdig. Das Wort entzieht sich gerade in der Gabe, die es einer jeweiligen Zeit, Situation und Konstellation als Gepräge dieser und nicht anderer Antworten gewährt. Zweitens und vor allem artikulieren sich die Antworten gerade aus dem jeweils geschichtlich geprägten natürlichen Lebensumkreis. Sie bleiben in ihrer je besonderen Sprache und Einstellung den natürlichen Lebenstendenzen, Vorstellungen und Begriffen einer Zeit, einer Region, einer Menschengruppe, auch des einzelnen Menschen in seiner Subjektivität verhaftet, also dem Selbstsein überhaupt, das sich zeitlich-endlich-geschichtlich entfaltet, in und aus einer geschichtlichen Welt lebt und sich versteht, damit aber gerade in Nichtigkeit verharrt. Diese Antworten halten sich als die nichtigen, die sie sind, je und je auch im Widerspruch, und das Wort fordert sie, konstituiert sie und überantwortet sich ihnen seinerseits und vorgängig in der Weise des Widerspruchs. Das Wort wird zur je geschichtlichen Gabe, aber immer auch als Widerspruch, die Antwort zur je geschichtlichen Entsprechung, aber ihrerseits im Widerspruch verharrend. Die Dialektik von Anknüpfung und Widerspruch treibt bis in die so verstandene Geschichtlichkeit von Wort und Antwort als das doppelt-einige Geschehen steter, aber immer wieder anderer Artikulation von sich entziehender Gabe und sich versagender Entsprechung[45].

Bis zu diesem Fazit muß eine Theologie ihre Reflexionen vortreiben, wenn sie sich daran gebunden sieht, jegliches Substanzdenken unter allen Umständen zu vermeiden, also weder Gott noch dem Menschen ein substantiales Wesen zuerkennen zu können, sondern beide „Größen" ausschließlich aus ihrem geschichtlichen Bezug zueinander, aus der Geschichtlichkeit des Geschehens zwischen ihnen zu erfassen, zugleich aber um der Souveränität des Wortes Gottes willen auch die abgrundtiefe Gegensätzlichkeit dieser Größen zu betonen, so daß das geschichtliche Geschehen von Wort und Antwort als Offenbarung und Grund aller Wirklichkeit zugleich an ihm selbst Verbergung und Abgrund ist, das jeder Sicherheit und Gewißheit den Boden entzieht. Wir haben diese Problematik des weiteren zu verfolgen, insbesondere nun im Hinblick auf die Analyse der Geschichtlichkeit der menschlichen Existenz, die jetzt also in die Frage nach der Geschichtlichkeit des Wortes Gottes — diese Frage war zunächst als das einzig mögliche Thema einer Theologie in der Sicht Gogartens und Bultmanns bezeichnet worden — zentral und unablösbar mithineingehört.

[45] Vgl. zu dieser Erörterung auch Gogarten, *Der Mensch zwischen Gott und Welt* 275ff., 281, 290, *Die Verkündigung Jesu Christi* 424ff.; Bultmann, *Das Evangelium des Johannes* 431f., *Theologie des Neuen Testaments* 589.

III. Die Geschichtlichkeit der menschlichen Existenz

1. *Radikale Zeitlichkeit und Kontingenz des Wort-Antwort-Geschehens*

Der Umstand, daß das Antwort erheischende Wort Gottes nicht anders gegeben ist und nicht anders an den Menschen ergeht als im menschlichen Wort, ja in der Antwort des Menschen selbst und von dieser nicht zu trennen ist, verweist darauf, daß es ganz und gar an der Zeitlichkeit und Endlichkeit des geschichtlichen Seins, das der menschlichen Existenz zukommt, teilhat. Das Wort Gottes wird deshalb zufolge seines Geschehnischarakters für die Theologie, die von der Geschichtlichkeit des Wortes ausgeht, „im eminenten Sinne eine Frage der zeitlichen, vergänglichen Existenz des Menschen“[1]. Das gilt in dem doppelten Betracht, als der eigenen Geschichtlichkeit des Wortes Gottes — seinem Geschehen in unlöslichem Zusammengespanntsein mit der Antwort des Menschen — dann selbst die Zeitlichkeit und Endlichkeit menschlicher Geschichtlichkeit eignen muß, so daß sie jeden Ausgriff auf eine zeitlose Allgemeinheit und Übergeschichtlichkeit abweist, und es gilt — damit zusammenhängend — überdies deshalb, weil in diesem Geschehnis die Zeitlichkeit und Endlichkeit der menschlichen Existenz, deren Geschichtlichkeit durch das Ergehen des geschichtlichen Wortes Gottes begründet wird, gerade erst als unaufhebbare erschlossen ist. Die Zeithaftigkeit und damit die jeweilige Begrenztheit und Endlichkeit des Wortes Gottes und der menschlichen Existenz korrespondieren einander so sehr, daß das eine nicht vom anderen abgelöst gedacht zu werden vermag[2]. Wir müssen diese beiden Hinsichten eines einzigen

---

[1] Gogarten, *Ich glaube an den dreieinigen Gott* 12.

[2] Auf die Frage, ob die Geschichtlichkeit der Offenbarung (des Wortes Gottes) und die des Menschen und der Welt (d. h. des menschlichen In-der-Welt-seins) gleich oder verschieden seien, antwortet Gogarten mit allem Nachdruck, sie seien „insofern gleich, als die Geschichtlichkeit der Offenbarung ganz und gar nicht so etwas wie Übergeschichte ist“ (*Theologie und Geschichte* 367), sondern an die Zeitlichkeit der menschlichen Existenz gebunden ist, wenn deren Geschichtlichkeit — als Antwortgeschehnis — auch gerade erst eine Folge ihres Ereignens darstellt, das sich jedoch zugleich nur in der Geschichtlichkeit — als der Lebensbewegung des Menschen in Geschichte — abspielt und eben sie betrifft und

Geschehens im folgenden bei unserer Erörterung Gogartens und Bultmanns zwar auseinanderfalten, aber doch stets in ihrem Zusammengehören sehen.

Was der christliche Glaube verkündet, ist also ein Geschehen, das sich in der Verkündigung erst geschichtlich, und zwar immer nur zeithaft, ereignet. Die Aussagen der Verkündigung kommen aus dieser ihrer ab-soluten, von allem Nichtzeitlichen losgelösten Geschichtlichkeit in keinem Moment heraus. Darin liegt für Gogarten und Bultmann die prinzipielle Andersartigkeit der Verkündigung, des Glaubens und der Theologie im Vergleich zu jeglichem Wesensdenken griechisch-philosophischer Herkunft, das durch alle geschichtlichen Erscheinungen hindurch (die dann eben nur als „Erscheinungen" gefaßt werden) stets einen festen Anhalt im Bereich unwandelbaren Seins, bleibender Zuständlichkeit sucht. „Das griechische Denken kennt keine Geschichte in dem Sinne einer existenten Wirklichkeit; das irdische zeitliche Geschehen bleibt für das griechische, ganz auf das zeitlose und geschichtslose Wesen eingestellte Denken im besten Fall trübes Abbild des zeitlosen selig in seiner zeitlosen Ordnung schwebenden Wesens. Dagegen ist das zeitliche Geschehen als die einzige existente Wirklichkeit der eigentliche und einzige Gegenstand des christlichen Glaubens. Diesem zeitlichen Geschehen, das für den Glauben die einzige existente Wirklichkeit ist, fehlt darum jeder zeitlose Wesenshintergrund. Das heißt, es ist nicht etwa nur zeitliche Erscheinung eines zeitlosen Wesens. Sondern es ist selbst, was es ist, und es gibt in ihm nicht ein ‚durchscheinendes' Anderes. Derjenigen Geschichte gegenüber, die Gegenstand des christlichen Glaubens ist, von ‚durchscheinender Übergeschichtlichkeit' zu sprechen, ist ein fundamentales Mißverständnis des Glaubens und der Geschichte, die ihm Gegenstand ist. Mit einer solchen Anschauung wird das griechische Anliegen, nämlich die zeitlose göttliche Welt, die schließlich doch unvermischt bleibt mit dem zufälligen Durch-

in das Antwortgeschehen einfordert. Darum kann Gogarten (a. a. O. 394) einerseits sagen, die Theologie, die sich auf die Geschichtlichkeit der Offenbarung besinnt, entfalte kein Verständnis der Geschichte, das nur ihr allein zugänglich wäre, womit sie wieder etwas Übergeschichtliches beanspruchte, und anderseits doch von einer besonderen Aufgabe dieser „Theologie der Geschichte" sprechen, da „sie mit der Geschichte zu tun hat, wie sie in dieser Offenbarung und im Glauben daran ursprünglich erschlossen ist und immer wieder neu erschlossen wird". Sie richtet sich also auf den „Ursprung" der Geschichte, sofern die Offenbarung als Geschichtlichkeit des Wort-Antwort-Geschehens die Geschichte (der natürlichen Lebensbewegung) zum Feld des Gefordertseins und der Antworten des Menschen macht und ihr damit erst Bedeutsamkeit verleiht.

einander des zeitlichen vergänglichen Geschehens, in den christlichen Glauben hineingetragen. Das Problem des christlichen Glaubens, daß nämlich das zeitliche Geschehen Werk und Offenbarung des ewigen Gottes ist, kann von dieser griechischen Fragestellung aus niemals gelöst werden, sondern es wird von ihr in ein ganz anderes, ihr völlig fremdes Problem verwandelt. Es entsteht dann, von der griechischen Fragestellung aus, das Problem, wie mit der Relativität geschichtlich und zeitlich bedingten Geschehens absolute Normen zu verbinden sind, oder wie sich Geschichte und Idee, Historisch-Individuelles und Allgemein-Gültiges zu einander verhalten. Damit verschwindet aber von der Fragestellung des christlichen Glaubens alles: weder ist das, was hier als Geschichte erscheint, das existente Geschehen, das der Gegenstand des christlichen Glaubens ist, noch sind die absoluten Normen, die Idee, das Allgemeingültige oder was sonst vom Denken her als Gegensatz des Geschichtlichen aufgestellt wird und mag es auch der Gottesgedanke sein, noch ist das alles der Gott des christlichen Glaubens. Was hier als Geschichte erscheint, ist nicht mehr das existente Geschehen selbst, sondern ist die Deutung eines Geschehens. Und zwar die Deutung eben von einer zeitlosen allgemeinen Wahrheit aus."[3] Im erklärten Gegensatz zu solchen Denkversuchen betont Gogarten, daß der christliche Glaube ein Ereignis meint und es selbst vollzieht, das niemals nur geschichtliches Symbol für etwas Übergeschichtliches ist, das also nicht etwas anderes bezeichnet, als es selbst ist, sondern „das ganz sui generis ist und kein übergeordnetes Allgemeines über sich hat, das ganz an der Zufälligkeit und Einmaligkeit und Vergänglichkeit des echten geschichtlichen Seins teil hat"[4].

An dieser Stelle aber ist nun größte Vorsicht geboten. Es gilt, jede bloße Identifizierung zwischen der Geschichtlichkeit des Wortes Gottes und der Geschichtlichkeit der antwortenden menschlichen Existenz auch wieder zu vermeiden. Sie würde der dialektischen Spannungseinheit nicht gerecht, die hier immer wieder zu beachten ist. Das Mißverständnis einer undialektischen Identität beider Weisen von Geschichtlichkeit bliebe ebenfalls noch eine Form, wie Gott unter die Vorherrschaft der Subjektivität, nun eben unter die Übermacht der Endlichkeit und Zeitlichkeit des Menschen, gebracht würde. Solchem Mißverständnis müssen Gogarten und Bultmann zu wehren suchen. Hier drohte ebenfalls die

---

[3] *Ich glaube* . . . 19f.
[4] a. a. O. 19.

Gefahr der von Gogarten gebrandmarkten „Anmaßung, als könne man mit Gott umgehen wie mit einer Größe der Welt, die einem zugänglich und verfügbar ist“[5]. Um *jede* derartige Versuchung unter allen Umständen zu vermeiden, sieht Gogarten darum in scheinbarem Gegensatz zur Betonung der unbedingten Teilhabe des göttlichen Wortes an der innerweltlichen Geschichtlichkeit der menschlichen Geschichte eine scharfe Warnung und Gegenstimme angebracht, die zu überhören bedeuten würde, sich sowohl an der Geschichtlichkeit des Wortes Gottes wie an der Geschichtlichkeit der menschlichen Geschichte zu versehen. Diese Warnung und Stimme sagt: „Gott aber ist nicht etwas *in* der Welt, sondern er ist immer *über* der Welt. Sonst wäre er nicht Gott. Denn Gott ist der Herr der Welt und des Menschen. Weil er, Er *allein*, in Wahrheit der Herr ist, darum ist er unbegreiflich; ja darum ist er unbekannt. Denn was wäre das für ein Herr, den sein Knecht übersehen könnte? Und was wäre das für ein Herr aller Herren, dessen Denken wir begreifen könnten und dessen Wollen und Tun unser Maß hätte und darum nicht für uns unmeßbar wäre? Er ist unbekannt und uns verborgen . . .“[6]. In der radikal endlichen Geschichtlichkeit des Wortes Gottes äußert sich also doch zugleich das Herrscherliche des Wortes und darin die Herrschaft Gottes, die in keiner Innerweltlichkeit aufgeht, so daß das Wort verfügbar würde, sondern in ihr stets überweltlich bleibt und sie verfügend durchwaltet. Das Wort Gottes ist — so muß mit Gogarten und Bultmann seine paradoxe Geschichtlichkeit zu denken versucht werden — unbedingt *innergeschichtlich* und absolut *überweltlich* zugleich. Das will besagen: Es entzieht sich trotz seiner zeitlich-endlichen Geschichtlichkeit, ja gerade ihretwegen, der welthaften Verfügung und Inbesitznahme, die sich auf Dauer zu stellen trachtet, in das Geheimnis.

Dieses Geheimnis waltet und herrscht aber gerade wieder in und immer nur in der endlichen Geschichtlichkeit des Wortes und nirgendwo sonst. Gottes Herrschaft äußert sich und besteht nicht in etwas anderem als in dem geschichtlichen Anspruch an den Menschen und in der geschichtlichen Antwort des Menschen, die den Anspruch aufnimmt und übernimmt. Sie thront nicht außergeschichtlich in einer lokalisierbaren Transzendenz, der gegenüber sich der Mensch entweder in eine ihm allein vorbehaltene und zueigene Geschichtlichkeit zurück-

---

[5] *Gericht oder Skepsis* 58.

[6] a. a. O.

ziehen und einschließen könnte oder aber auf die er sich wie auf eine letzte überzeitliche, ewig-statische Instanz berufen dürfte, um seine innere Geschichte zu „bewältigen" und ihre Endlichkeit zu übersteigen. Gott zieht sich also nicht in ein irgendwo bestehendes Geheimnis zurück, sondern seine Geheimnishaftigkeit, Unbegreiflichkeit und Unverfügbarkeit geht mit der Offenbarung des Wortes strikt zusammen. Das Wortgeschehen offenbart selbst (genauer: offenbart sich selbst als) die Verhülltheit Gottes, darin seine Herrschermacht ausübend und die Fragwürdigkeit des Menschen entlarvend. Dies alles ist im Geschehnis von Wort und Antwort, also in der Geschichtlichkeit beschlossen. Gerade als unbedingt geschichtliches Geschehen ist darum die Offenbarung „jedem direkten Zugriff des Menschen entzogen. Das ist ihre paradoxe ‚Transzendenz', ihre absolute Jenseitigkeit gegenüber allem menschlichen Begreifen, daß sie nicht, wie man das gewöhnlich denkt, in der Richtung auf die absolute Vollkommenheit und reinste Geistigkeit über alles menschlich noch faßbare Maß hinaus liegt, sondern daß sie auf dem tiefsten Abgrund menschlicher Unvollkommenheit, menschlicher Schmach und Schuld, menschlicher Not und menschlichen Zerbrechens ihren Platz hat. Hierhin gelangt niemand, es sei denn, er gelangt dahin als in den Abgrund seines eigenen Zerbrechens"[7]. Wenn Gogarten also von der paradoxen Transzendenz der Offenbarung redet, so meint das nichts anderes, als was der Zusatz an dieser Stelle besagt: die absolute Jenseitigkeit der Offenbarung, diese wiederum verstanden als den Entzug ihrer selbst für das menschliche Begreifen, einen Entzug, der sich aber gerade mit ihrem Eingang in die menschliche Zeithaftigkeit, Endlichkeit, Nichtigkeit, Sündhaftigkeit und Fragwürdigkeit abspielt, wo er verborgen, aber beherrschend waltet. Der christliche Glaube in der theologischen Auslegung Gogartens „weiß um die Verborgenheit Gottes, die die paradoxe Eigentümlichkeit seiner Offenbarung ist und vor der alle direkte Gotteserkenntnis und Gotteserfahrung ... zerbrechen muß"[8]. Gogarten ordnet sich in diesem Zusammenhang betont der Dialektischen Theologie zu, von der er bezeugt, daß sie das Geheimnis Gottes in seiner Offenbarung nicht aufgelöst, sondern gerade herausgestellt und entborgen sieht, so daß Gott „nirgends tiefer verborgen" ist als in seiner Offenbarung. Offenbarung Gottes ist Offenbarung seiner Herrlichkeit in Niedrigkeit, Gebrochenheit, Endlichkeit

[7] *Der Zerfall des Humanismus und die Gottesfrage* 16.
[8] a. a. O. 15.

und somit in Verhüllung[9] — für Gogarten (und Bultmann) wäre spezifisch hinzuzusetzen: in der Verhüllung ihres geschichtlichen Ereignens, welches sich eben *als* diese Verhüllung und so in absoluter Geschichtlichkeit vollzieht. Die Geschichtlichkeit birgt in sich die Dialektik von Herrlichkeit und Niedrigkeit, von Jenseitigkeit und Zeitlichkeit, von Verhülltheit und Entborgenheit als die eine Dialektik der Spannungseinheit (der Identität *und* der Differenz) des Geschehens zwischen dem Wort Gottes und der menschlichen Antwort, in welchem Zwischen beide unverwechselbar-unlöslich zusammengehören.

Diese Dialektik kommt bei Gogarten am schärfsten in den zuletzt vorwiegend von uns herangezogenen Schriften „Gericht oder Skepsis" und „Der Zerfall des Humanismus und die Gottesfrage" zur Sprache, die Gogarten beide im Jahre 1937 veröffentlicht hat. In den Arbeiten vorher, seit 1921, das heißt seit der Überwindung seines anfänglichen, an Fichte orientierten Kulturidealismus aufgrund der Erfahrung des Weltkrieges und der in ihm sichtbar werdenden Krisis von Politik, Kultur und Theologie, also im Zuge der Begründung der „Dialektischen Theologie", ist zunächst noch ein stärkeres Schwanken bald nach der einen, dann nach der anderen Seite der dialektischen Spannung festzustellen. Allerdings hält sich auch hier schon eine klare Tendenz beherrschend durch: die vehemente Abwehr eines wie auch immer gearteten menschlichen Verfügenwollens über das Wort Gottes und die stets von neuem ansetzende Bewegung, dieses Wollen der Subjektivität kraft der Besinnung auf die Geschichtlichkeit des Wortes zu brechen und zu überwinden. In der ersten größeren Veröffentlichung nach dem Umbruch („Die religiöse Entscheidung", 1921) sieht Gogarten zunächst vor allem die abgrundtiefe Kluft und die undurchlässige Grenze zwischen Gott und dem Menschen. Es verbietet sich, so wird hier betont, jeder Schritt über die Grenze. Unter diesem Aspekt weist Gogarten vorerst auch ein Spekulieren über die Verborgenheit Gottes zurück. Ein Zusatz deutet aber schon an, daß die Rede von der Verborgenheit Gottes gerade im Sinne einer für sich geheimnishaft, doch immer noch lokalisierbar bestehenden Existenz Gottes abgelehnt wird: es soll nicht über Gottes verborgenen Willen spekuliert werden, der hinter äußeren Erscheinungsformen noch irgendwo geheimnisvoll als letzter Urgrund waltete. Nur in einer einzigen Weise ist der Mensch Gott nahe: wenn er sich als den (vor Gott und durch Gott) Sterbenden begreift und

---

[9] Vgl. a. a. O. 16; dazu 17 ff.

wenn er nichts anderes als dies zu begreifen sucht[10]. Das ist die einzige Erkenntnisweise, durch die nichts zwischen Gott und uns gestellt ist, durch die alles Vermittelnde und Verfügbare weggeräumt ist, durch die wir in völliger Nacktheit und Fragwürdigkeit vor ihm stehen, durch die wir in unserer Subjektivität vernichtet sind. In solcher Fraglichmachung und Vernichtung ergeht dann das ewige Ja Gottes zur radikal endlichen Welt[11]. Im Aufreißen der absoluten Kluft zwischen unserer Gottlosigkeit und Gott als dem ganz Anderen ereignet sich die Enthüllung dieser unserer Gottlosigkeit, Nichtigkeit und Fragwürdigkeit unseres vor Gott Unmöglichseins (als Subjektivität) und allein darin zugleich die einzige Art einer Überbrückung der Kluft[12].

Der Spannungseinheit von göttlichem und menschlichem Wort im Offenbarungsgeschehen kommt Gogarten in der Folgezeit näher, wenn er z. B. in der Schrift „Von Glauben und Offenbarung" (1923) die Offenbarung im Wort als die wesentliche, die ganze Offenbarung des Göttlichen, aber „in menschlicher, individueller Auffassung" versteht. Die Dialektik wird angedeutet, wenn er fortfährt, dabei sei aber „gerade diese menschliche Auffassung als ein Gefäß für Unfaßbares nicht das Göttliche, also gerade nicht das, was diese Auffassung meint, sondern gerade das, von dem sie in wachsamster Selbstkontrolle sich immer von neuem lösen muß, um nicht über dieser durchaus unzulänglichen Fassung und Auffassung gerade das zu verlieren, was hier in seiner Unfaßbarkeit aufgefaßt, in seiner Unbegreiflichkeit begriffen werden soll"[13]. Die Offenbarung des Wortes Gottes bedarf also einer Fassung und Auf-fassung, einer Aufnahme und Überlieferung im menschlichen Wort, womit sie immer zeitlich geprägt und geformt ist, doch zugleich müssen die zeitlichen Fassungen und Formen je und je zerbrechen und sich kompromittieren vor dem Anruf und Anspruch des göttlichen Offenbarungswortes. Sie sind ihm notwendig und unangemessen zumal. Steht es so, dann muß die Offenbarung ganz und gar im Sinne des Geoffenbartseins Gottes, also im Sinne ihrer Sichtbarkeit, Endlichkeit und Geschichtlichkeit (und darin aber gerade als Entzug) verstanden werden, wohingegen jede Objektivierung der Gottesfrage, die davon absieht, für Gogarten „ein von Grund auf irres Denken ist"[14]. Offen-

---

[10] Vgl. *Die religiöse Entscheidung* 28f.

[11] Vgl. a. a. O. 30, 50.

[12] Vgl. a. a. O. 81ff.

[13] *Von Glauben und Offenbarung* 3f.

[14] *Illusionen* 4.

barung Gottes ist das Eingehen Gottes in die Gestalt der Endlichkeit, die gerade sub specie aeternitatis unüberwindbar, unauflöslich, nicht transzendierbar ist. Dann bleibt umgekehrt die Offenbarung Gottes in der Gestalt der Endlichkeit, von dieser, also vom Menschen her gesehen, bei aller Sichtbarkeit das Unerkannte, Unerfaßbare, bei aller Notwendigkeit eine Unmöglichkeit[15]. Das ewige, jenseitige Wort Gottes ist ganz und gar geschichtlich, bleibt aber als geschichtliches jenseitig; d. h.: es darf nicht mit dem Diesseitigen, Innerweltlichen, Menschlichen vermischt werden, obwohl es völlig diesseitig im menschlichen Wort ergeht, denn im „Ergehen" bestimmt es das menschliche, weltliche Leben erst zu einem diesseitigen, innerweltlichen, indem es dieses *als* solches, in seiner Beschränkung und Endlichkeit erhellt und bestätigt, damit begründet und zugleich auch sofort aufgrund seines eigenen Entzugs ins Jenseitige, Unverfügbare fragwürdig macht. Darum muß sich das Diesseitige, d. h. das menschliche Wort, wenn es sich als Antwort auf das göttliche Wort versteht, hinsichtlich seiner Gültigkeit vor dem göttlichen Wort immer wieder preisgeben, obwohl es gerade in seiner unaufhebbaren Endlichkeit bekräftigt wird und nur in dieser Endlichkeit dem göttlichen Wort entspricht. Das besagt dann im Fazit: Die Endlichkeit — die menschliche Welt — begreift sich im Geschehnis des offenbarend-entzughaften, zeitlich-jenseitigen Wortes Gottes gerade *als* unübersteigbare Endlichkeit.

Auch Bultmann betont in Auslegung von Joh 1,14 scharf die Verhülltheit Gottes in der Offenbarung seines Wortes, das Fleisch wird. Die Herrlichkeit Gottes, die δόξα, verbirgt sich, indem sie in die Niedrigkeit endlicher Zeitgestalt, in die σάρξ, eingeht und diese ganz und gar annimmt. Aber die Paradoxie, von der Bultmann sagt, sie durchziehe das ganze Johannesevangelium, liegt nun darin, daß die Herrlichkeit Gottes nur in der Zeitgestalt, wennzwar verhüllt, zur Geltung kommt, „daß die δόξα nicht *neben* der σάρξ oder durch sie, als durch ein Transparent, *hindurch* zu sehen ist, sondern nirgends anders als in der σάρξ, und daß der Blick es aushalten muß, auf die σάρξ gerichtet zu sein, ohne sich beirren zu lassen, — wenn er die δόξα sehen will. Die Offenbarung ist also in einer eigentümlichen *Verhülltheit* da"[16]. Der letzte Satz ist in seiner strengen Dialektik zu begreifen. Die Offenbarung ist nur als Verbergung, als diese ist sie aber wirklich da. In ihrer eigentümlichen

---

[15] Vgl. dazu *Von Glauben und Offenbarung* 13ff.

[16] *Das Evangelium des Johannes* 41.

Verhülltheit ist sie Offenbarung Gottes unter den Menschen. Bultmann weist darauf hin, daß Joh 1,14 in Einheit mit der σάρξ zum erstenmal seit V. 1 des Prologs wieder ausdrücklich das Wort, den Λόγος, nennt: die Ewigkeit und Überweltlichkeit Gottes in der Geschichtlichkeit seines Wortes, das Ärgernis, als das der Mensch Gott wollen muß, wenn „er den Anspruch seiner Selbstherrlichkeit aufzugeben bereit ist" und „nicht die Erfüllung der Sehnsüchte und Wünsche" nach dem übergeschichtlichen, ein für allemal gewissen Gott, „die aus dem Menschen emporsteigen", sucht, sondern sich Gottes Souveränität unterstellt[17].

Gott kann also, gerade wenn er als der sich im Wort Offenbarende erfahren wird, niemals eine faßbare, verfügbare Gegebenheit für den Menschen sein und werden, und sei diese noch so transzendent. Gott würde dann zu einem Objekt, das man wie andere Objekte mehr oder weniger erkennen kann. Als wie schwach und geringfügig auch immer die Erkenntnis dieses würdigsten Objekts unter allen Objekten ausgegeben würde, Gott bliebe damit als Objekt immer noch und gerade dadurch dem Maß der Subjektivität des erkennenden Subjekts Mensch aufs nachdrücklichste unterstellt. „Solche Erkenntnis könnte ein Besitz sein, der zwar innerhalb des Lebens seine Wirkungen äußern, der fortschreiten und wachsen kann wie andere Erkenntnisse auch. Aber mit alledem wäre Gott nicht erreicht, der nie etwas Gegebenes sein kann, das der Erkenntnis sozusagen stillhält, sondern der nur erkannt wird, wenn er sich offenbart, und dessen Offenbarung nur kontingentes Geschehen ist, *Tat*, auf den *Menschen* gerichtet, und nicht Erkanntwerden im Sinne des Vernunfterkennens"[18]. Zufolge dieser Kontingenz hat der Mensch mit der Offenbarung Gottes, der ihm im Wort, das heißt aber immer auch: *nur* im menschlichen Wort, im Vollzug der Antwort, begegnet, nichts Substantiales und Absolutes, ein für allemal Greifbares in der Hand. Eben dadurch aber begegnet Gott dem Menschen immer wieder, je und je geschichtlich neu, mit seiner ganzen Souveränität. Gerade in dem kontingenten, stets zeithaften, endlichen, beschränkten und in seiner Jeweiligkeit sofort schon wieder fragwürdigen Wort-Antwort-Geschehen waltet Gottes Jenseitigkeit und Anderssein — im Sinne Bultmanns nun als die Durchstreichung des ganzen (natürlichen) Menschen und der ganzen menschlichen Geschichte (verstanden als Feld der Verwirklichung des menschlichen Selbstseins)[19], welche Durchstreichung aber *in* dieser Geschichte geschieht und damit

[17] Vgl. a. a. O., dazu *Glauben und Verstehen* I 278f.

[18] *Glauben und Verstehen* I 18.

[19] Vgl. a. a. O. 13.

zur „Aufhebung“ dieser Geschichte in die Geschichtlichkeit des Wortgeschehens, so aber in ihr eigenes wahres Wesen, hineinführt[20]. Solche Aufhebung ist dialektischen Charakters. Nein und Ja, Dunkel und Licht, Infragestellung und neue Sinnbestimmung walten zugleich und ineins im Ergehen des Wortes Gottes an den Menschen und durch den Menschen, d. h. so, daß beides sich immer ineinander verschränkt und das eine als das andere und das andere als das eine herrscht und doch beide in Gegensätzlichkeit auseinandergespannt sind. „Gottes Wort bezeichnet Gott so, wie er für den Menschen da und vernehmbar ist. *Gottes Wort ist Gott*, sofern er den Menschen ins Sein ruft, ihn begrenzt und rätselhaft umfängt. Gottes Wort ist Gottes Wirken gerade nicht, sofern es einsichtig ist, sondern sofern es unverständlich ist. Gottes Wort ist aber ferner Gott, sofern er den Menschen in Anspruch nimmt, als verständliche Forderung, unter der der Mensch steht. Gottes Wort stellt den Menschen also ins Dunkel und stellt ihn zugleich in gewisser Weise ins Licht. Beide Bedeutungen hängen innerlich zusammen“[21].

Bultmann vermerkt, ganz wie Gogarten, die Verhülltheit des Offenbarungswortes und insbesondere seine Kontingenz mithin so nachdrücklich, um seinen Anspruchcharakter zu wahren, demgegenüber keine Legitimation gefordert werden kann. „Was Gottes Wort in Menschenrede ist, kann überhaupt nicht von außen her konstatierend wahrge-

---

[20] Aus dem Dargelegten erhellt, daß Bultmann (und dasselbe gilt für Gogarten) Geschichte und Geschichtlichkeit bei allen Schattierungen im einzelnen in prinzipiell zweifachem Sinne versteht. Einmal gilt, daß die menschliche Existenz in ihrer Endlichkeit und Welthaftigkeit geschichtlich ist. Sie hat Geschichte und lebt in der Geschichte. Die Geschichte in diesem Betracht ist der Strom des unaufhörlichen Werdens und Wandels. In ihm sucht sich das natürliche Selbstsein zu halten. Mit seiner Lebensbewegung bestimmt es seinerseits maßgeblich die Geschichte. Es wäre hier geradezu von der Geschichte der Lebensbewegung des Selbstseins zu sprechen. Das Selbstsein ist an ihm selbst durch Geschichtlichkeit bestimmt, da es sich nur aus ihr und in ihr zu entfalten vermag. Anderseits und vorherrschend verstehen Bultmann und Gogarten Geschichtlichkeit als das Wort-Antwort-Geschehen zwischen Gott und Mensch. Diese Geschichtlichkeit kommt dem Wort Gottes und der antwortenden Existenz in Spannungseinheit zu. Ihr Geschehen richtet sich an die Geschichtlichkeit des Selbstseins und gegen sie, wenn es auch nur innerhalb ihrer ergeht. Von ihm ist sie immer schon betroffen. Es wäre sinnvoll, zwischen beiden Verstehensweisen von Geschichtlichkeit terminologisch zu unterscheiden, was unsere beiden Autoren jedoch nicht eindeutig und durchgängig tun. Die eine beträfe das In-Geschichte-sein des Selbstseins, die andere die Geschehnishaftigkeit des Wort-Antwort-Geschehens. Nur die letztere ist das zentrale Thema der Theologie der Geschichtlichkeit Gogartens und Bultmanns. Sie verweist aber auf die andere Bedeutung von Geschichtlichkeit und Geschichte, d. h. darauf, daß es für den Menschen aus dieser kein Ausweichen in ein Übergeschichtliches gibt.

[21] *Glauben und Verstehen* I 271.

nommen werden. Denn *Gottes Wort ist immer Anrede* und wird als solches nur verstanden, wenn die Anrede verstanden, im eigentlichen Sinne *gehört* wird. Eben deshalb hat Gottes Wort keine Legitimation, sondern fordert Anerkennung“[22]. Was an ihm verständlich ist, was es offenlegt, bezieht sich im näheren nicht auf Gott, sondern wirft den Menschen auf sich selbst zurück. Es erschließt sein Gefordertsein in der jeweiligen zeithaften Situation des geschichtlichen Ergehens des Wortes. Es gibt ihm kund, daß er augenblicklich und in jedem Augenblick immer wieder zu hören und zu antworten hat und mit solchem Tun den Augenblick als den einzigen Ort der echten Übernahme seiner Geschichtlichkeit erfüllen kann. Zur Ereignishaftigkeit, Geschichtlichkeit, Zeitlichkeit und Kontingenz des Wort-Antwort-Geschehens gehört auch die Augenblicklichkeit als der Zeitort seines Vollzuges, seiner Erfüllung. Die Offenbarung des Wortes ergeht enthüllend-verhüllend zumal, indem sie gerade im Jetzt des Augenblicks ergeht. Nur in diesem Jetzt ergeht sie ganz, in voller Gegenwart und Enthüllung. Daß sie nur im stets flüchtigen Jetzt ergeht, macht aber auch ihre Verhüllung aus. In diese Augenblicklichkeit der Offenbarung muß dann die antwortende Existenz des Menschen eingeschlossen sein. Bultmann sagt auch, Gottes Wort lehre den Menschen nicht eine (allgemeingültige, Unveränderliches aussprechende und bleibende Lehrgehalte verfügbar machende) θεωρία über sein Wesen sowie über Gott und Welt, sondern „Gottes Wort lehrt ihn je, sein Jetzt zu verstehen“, das in der situationsgemäßen Tat ergriffen werden muß[23]. Auf den damit angedeuteten Zusammenhang gehen wir genauer ein, sobald uns die weitere Erörterung Gogartens an denselben Punkt geführt hat.

2. *Geschöpflichkeit und äußerste Subjektivität der Existenz*

Die Dialektik im Geschehen von Wort Gottes und menschlicher Antwort, von Enthüllung und Verbergung, von Vergeschichtlichung

[22] a. a. O. 282. Der Geschichtlichkeit dieser Anrede korrespondiert darum notwendig die Geschichtlichkeit ihres Verstehens durch den Menschen. Die eine konstituiert die andere, bedarf ihrer aber auch notwendig als eines Vollzuges, der ihr strikt zugehört. So versammelt sich denn für Bultmann das ganze Problem der Geschichtlichkeit und ihres dialektischen Verhältnisses (und damit in seiner Sicht zugleich das Problem der „Dialektischen Theologie“) in der Frage nach der Geschichtlichkeit des menschlichen Seins = der Geschichtlichkeit des Redens von Gott aufgrund der Geschichtlichkeit des Verstehens seines Wortes (vgl. dazu a. a. O. 118).

[23] Vgl. a. a. O. 271 u. ff. sowie 283.

und Entweltlichung ist in der Sicht Gogartens nur dann voll zu wahren, wenn erkannt wird, daß Gott sich in seinem Wort als der *Schöpfer* von Welt und Mensch offenbart, daß er sich aber nur im Geschehnis des Wortes, worin er sich zugleich entzieht, als Schöpfer offenbart. „Es ist kein Zweifel, daß christlicher Glaube damit steht und fällt, daß der Gott, an den er glaubt, nicht ein Stück der Welt, nicht irgendetwas in der Welt ist, sondern der Herr und Schöpfer Himmels und der Erden. Gott ist nicht Welt und er ist nichts, was zur Welt gehört . . . Und es ist kein Zweifel, christlicher Glaube ist nicht, was er ist, wenn ihm nicht vor dem Angesicht dessen, der sein und der Welt Herr ist, diese ganze Welt mit allem, was er in ihr ist und hat, vergeht. Aber — und hier gilt es, dem schlimmsten und verhängnisvollsten Mißverständnis des christlichen Glaubens zu begegnen — christlicher Glaube ist auch nicht, was er ist, wenn ihm nicht, eben indem ihm die Welt vergeht, diese selbe Welt als die Welt Gottes erschlossen wird“[24]. In diesen Sätzen kommt abermals das strenge Zugleich der schärfsten Entgegensetzung von Gott und Welt und der engsten Einheit und Zuordnung beider, nun also des Schöpfers und seiner Schöpfung, zur Sprache. Das Zugleich ist nur aus dem Geschehnis des Offenbarungswortes zu begreifen, also von Gottes Anspruch und Zuwendung selbst her, dann aber eben nur aus dem Geschehen dieses Anspruchs und dieser Zuwendung, nicht aus bestehenden, deutbaren Wesenheiten Gottes. Daß sich der Schöpfungsgedanke und der Glaube an Gott den Schöpfer nur aus dem Wortgeschehen ergeben, daß sie also keinesfalls mit der Vorstellung von einer vernunftgemäß-logisch erschließbaren naturalen oder supranaturalen Schöpfungsursache, auf die als auf den letzten Ursprung und Wesenskern alle Erscheinungen als bloße Folge zu beziehen und von woher sie zu erklären wären, verwechselt werden dürfen, hat Gogarten besonders eingehend im Ersten Teil seines Buches „Ich glaube an den dreieinigen Gott“ (1926), das den bezeichnenden Untertitel „Eine Untersuchung über Glauben und Geschichte“ trägt, mit breiten Ausführungen zum Thema „Schöpfung“ herausgestellt[25]. Hier tritt abermals die dialektische Bewegung seines theologischen Denkens (und gleichzeitig ihr alles bestimmender geschichtstheologischer Grundzug) deutlich zutage.

---

[24] *Gericht oder Skepsis* 126.

[25] Vgl. insbes. das 3. Kap. „Der Glaube an Gott den Schöpfer“, 43ff.; außerdem *Der Glaube an Gott den Schöpfer* ZZ 1926 (6) 451ff.

Gleich zu Beginn des angeführten Kapitels nennt Gogarten die in der Erfahrung des Wortgeschehens vermittelte Grundwahrheit, die nicht weiter diskutierbar sei: Die Welt ist von Gott dem Herrn geschaffen. Mit dieser Wahrheit springt sofort die Zweiheit von Schöpfer und Geschöpf auf, die alle Wirklichkeit durchherrscht. Sie ist unaufhebbar. Würde das Geschöpf in irgendeiner Weise zum Schöpfer, der Schöpfer zum Geschöpf, so hörten sie auf zu sein, was sie sind. Sogar im Schöpfer ist diese Zweiheit nicht aufhebbar. „Meint man, im Schöpfer sei aber doch die Einheit beider, von Geschöpf und Schöpfer gegeben, so ist dagegen zu sagen, daß schon der Versuch, einen solchen Gedanken zu denken, sowohl den Schöpfer nicht mehr Schöpfer sein läßt, als auch den Geschöpfcharakter der Welt aufhebt ... In Wahrheit spricht man dann auch gar nicht von Schöpfer und Geschöpf, sondern man spricht von Idee und Erscheinung, man versucht auch die Schöpfung mit Hilfe der Wesensspekulation zu verstehen und zu denken“[26]. Der absolute Gegensatz von Schöpfer und Geschöpf, der aus dem Geschehnis des Schaffens und Geschaffenwerdens, eines unumkehrbaren Vorgangs, resultiert, welcher seinerseits aus dem Geschehnis des ansprechenden und beanspruchenden, ganz herrscherlichen und ungeschuldeten Wortes Gottes erhellt, ja mit diesem identisch ist, dieser Gegensatz verbietet den Rückgang auf eine letzte Ursache, also auf die Urkausalität Gottes als ein zuhöchst existierendes und allem begründend zugrundeliegendes Seiendes. Die causa prima und das summum ens sind aus der Wesensgesetzlichkeit der menschlichen Vernunft abgeleitet, die nach einem solchen wie auch immer inhaltlich genauer formulierten Ansatz verlangt. Hinter den Gegensatz von Schöpfer und Geschöpf als Grundtatsache der Schöpfung gibt es demgegenüber für den Glauben im Verständnis Gogartens, den Glauben an das Herrsein und die souveräne Geschichtlichkeit Gottes, kein Zurück. Das macht das unaufhebbare Geheimnis der Schöpfung aus, und das Geheimnis liegt dann gerade darin, daß es nicht noch in einem letzten, alles in sich bergenden Grunde aufweisbar ist[27].

Daraus folgt jedoch, daß eben deshalb in den absoluten Gegensatz von Schöpfer und Geschöpf auch eine strikte Zusammengehörigkeit der beiden entgegengesetzten Pole, und zwar eine nicht erst nachfolgende, sondern immer schon gültige Zuordnung der Entgegengesetzten

---

[26] *Ich glaube* ... 43.
[27] Vgl. dazu a. a. O. 44.

hineinspielt. Gerade der Gegensatz, der jedes Erfassenwollen Gottes als Ursache strikt verwehrt, zwingt zu einer Rückwendung des Denkens auf den Menschen in seiner von Gottes Wort erschlossenen Geschichtlichkeit und Geschöpflichkeit, die der radikalen Innergeschichtlichkeit des Wortes des überweltlichen Schöpfers entspricht[28]. Ist jede Spekulation auf ein supranaturales Wesen Gottes verboten, so besagt der Glaube an Schöpfung und Schöpfer im Ernste vor allem dieses und nichts als dieses: „sich in der Furcht des Herrn von Gott dem Schöpfer da hingestellt wissen, wo man sich gerade in der Zeit und im Raum, in den zufällig gegebenen Verhältnissen dieser Welt hingestellt findet, und unter keinen Umständen nach einem absoluten Wesensgrund oder einem absoluten Wesenssinn fragen, der das Stehen gerade an diesem Ort und gerade in diesen Verhältnissen und in dieser Zeit für mich vernünftig und in einem absoluten Sinn, also etwa in bezug auf ein absolutes Ziel sinnvoll macht"[29]. Mein Glaube an Schöpfer und Schöpfung erweist sich also nur in der vorbehaltlosen Übernahme meiner Geschöpflichkeit, und zwar am ehesten dann, wenn ich sie in ihrer ganz und gar zudiktierten, insofern zu-fälligen geschichtlichen Faktizität, Verumständung und Eingrenzung sehe und akzeptiere. Eben dann schicke ich mich, ohne spekulativ meine Grenze transzendieren zu wollen, unter Gottes herrscherliche Schöpfermacht. Diese wird nur in der Geschichtlichkeit und als das Geschehen solcher Geschichtlichkeit erfahren. Dann darf aber gerade an dem Sichtbaren dieser Geschichtlichkeit nicht vorbeigegangen, es darf nicht über das Sichtbare hinweg oder durch es hindurch auf ein ewiges Wesen in oder hinter allen Erscheinungen zurückgegangen werden. Im Gegenteil ist das Sichtbare, allerdings in seiner Vergänglichkeit und Endlichkeit, es ist also die Vergänglichkeit des Sichtbaren als des geschichtlich Eingegrenzten und Endlichen für das gültige und einzige Werk Gottes zu nehmen. Konsequenterweise bezieht sich bei Gogarten der Glaube an Gott den Schöpfer auch niemals auf einen vorräumlichen oder vorzeitlichen Anfang, sondern immer nur auf das Hier und Heute in seiner geschichtlich zudiktierten Räumlichkeit und Zeitlichkeit. Beide sind von Gott als dem Herrn gesetzt und durchherrscht. Nur in ihnen ist Gott gegenwärtig und antreffbar, nur hier begegnet Gott. Ausschließlich in seiner mir hier und jetzt begegnenden Gegenwart, in der ich von Gottes Wort beansprucht bin,

---

[28] Vgl. auch *Was ist Christentum?* 12ff.
[29] *Ich glaube* . . . 45.

waltet auch der „Anfang" Gottes. „Dann weiß ich, daß der Anfang für uns Menschen da liegt und nur da liegen kann, wo Gott durch seine Schöpfung vor uns tritt"[30].

Der so verstandene Anfang ist zugleich immer schon das „Ende". Das heißt für Gogarten: Mit dem formlosen Strömen der Zeit ins Immergleiche und darum Gleichgültige hat es ein Ende. Im Begegnen der Gegenwart Gottes eröffnet sich die Bedeutung, Einmaligkeit und Vergänglichkeit dieses Augenblicks in seinem Anfang und Ende. Gott erweist sich so gerade als Schöpfer des Augenblicks. Die Augenblicklichkeit der Gegenwart Gottes verwehrt alles Ausgreifen ins Unendliche. Stattdessen ist mit ihr und nur mit ihr der Mensch dem Anspruch auf unerbittliche, unausweichliche Antwort unterstellt und insofern in die allein streng geschichtliche, das Geschehen von Wort und Antwort austragende Verantwortung genommen. Der Augenblick ist die umgrenzte, zugeteilte Zeit der Entscheidung zur Antwort. Dadurch ist ihm gerade in seiner Endlichkeit ein ungeheures Schwergewicht gewährt. Er ist der Ort des geschichtlichen Geschehens zwischen Gott und Mensch[31]. Im Augenblick sind Anfang und Ende der Zeitlichkeit versammelt, aber so, daß es kein vom Glauben legitimierbares Auslangen vor diesen Anfang und hinter dieses Ende, in eine die Zeit übergreifende Ewigkeit gibt. Der Glaube an den Schöpfer und die Schöpfung wird also zum Glauben an die unüberwindbare Zeitlichkeit dessen, was in der Schöpfung durch den Schöpfer und als was die Schöpfung geschieht, und umgekehrt wird in der Erfahrung des zeitlichen Geschehens der Zuwendung Gottes im Wort erst der Glaube an den Schöpfer und die Schöpfung möglich. Dann heißt aber von Gott als Schöpfer reden: von der Zeitlichkeit und Geschichtlichkeit der Schöpfung und damit vom Menschen als dem geschichtlichen Wesen der Entsprechung zum

---

[30] a. a. O. 46. R. Hauser (*Autorität und Macht*, 109, Anm. 8) bemängelt, daß Gogarten die Dialektik von Schöpfer und Geschöpf nicht streng durchhalte. Er interpretiert sie jedoch nicht aus der Geschichtlichkeit des Bezuges zwischen Gott und Mensch, wie das im Hinblick auf Gogarten erforderlich wäre. Aus der Geschichtlichkeit begriffen verweist dann zwar die Begegnung des Schöpfers im Wort den Menschen auf seine Geschöpflichkeit als solche, mit der er das Verhältnis von Schöpfer und Geschöpf erfährt und übernimmt, aber eben gerade als das Bezogensein auf den und das Bestimmtsein von dem Schöpfer, demzufolge eine Dialektik von „Sichtbarem" und „Unsichtbarem", Verfügbarem und Unverfügbarem in der Geschöpflichkeit des Menschen selbst herrscht, die ihn an die Fülle und Vergänglichkeit des Augenblicks bindet. Der Bezug von Schöpfer und Geschöpf wird so, wie J. Körner sehr richtig für Bultmann erweist, zum „Existential" (*Eschatologie und Geschichte* 37).

[31] Vgl. dazu *Ich glaube* . . . 46f., im weiteren Zusammenhang unserer Erörterung auch *Der Mensch zwischen Gott und Welt* 322ff.

Schöpferwort reden. Wie sehr schließlich der Mensch dabei in der Abfolge des Gedankens zum Mittelpunkt, zum Bezugsfeld des Erweises und der Wirklichkeit von Schöpfermacht und Schöpfungssinn wird, wenngleich er betont in das Geschehen, das sich in diesem Feld abspielt, verfügt ist, das verrät Gogarten in folgenden Sätzen: „Wenn der christliche Glaube bekennt, daß Gott am Anfang Himmel und Erde geschaffen hat, so bekommt dieses ‚Am Anfang' seinen Sinn nicht von einem mythischen urweltlichen Anfang her — denn das wäre ja nichts anderes als jene ins Allgemeine gehende, ganz unverbindliche Vorstellung, daß ein Götterwesen ‚vor aller Zeit' die Welt gemacht habe —, sondern dieses ‚Am Anfang' erhält seinen Sinn aus der zeitlichen Wirklichkeit meines Lebens, dadurch daß sich ein Anfang und ein verbindlicher Anfang, von dem aus sich rechnen läßt, in meinem Leben ereignete. Ein solcher verbindlicher Anfang, von dem aus sich rechnen läßt, ist nicht eine von ungezählten Stufen in einer unendlichen Entwicklung, er ist auch nicht die Begegnung mit dem Ewigen selbst, nicht die — vermeintliche — Schau in sein ewiges Licht, vor dessen unerträglichem Glanz alles Zeitliche und Endliche vergehen müßte oder zum mindesten zum wesenlosen Schein werden müßte —, ein solcher verbindlicher Anfang ist das alles nicht. Er ist nicht das unmittelbare Schauen von Gottes unsichtbarem Wesen, sondern er ist das Wahrnehmen von Gottes unsichtbarem Wesen, seiner ewigen Kraft und Gottheit, an seinen sichtbaren Werken. Gottes Begegnung macht uns nicht blind. Wir müßten aber blind werden für alles kreatürliche Wesen, würden wir die unverhüllte Majestät des Schöpfers erblicken müssen. Gottes Begegnung macht uns im Gegenteil sehend für das kreatürliche Wesen, in dem wir unser Leben haben. Dieser verbindliche Anfang bedeutet, daß wir unser zeitliches, sichtbares Leben und alles Zeitliche, Sichtbare, das zu ihm gehört, als das nehmen, durch dessen zeitliche, sichtbare Gestalt Gott zu uns redet"[32]. Unsere Zeitlichkeit ist somit das Wohindurch, der Ort des Wortes Gottes, seine einzig mögliche Begegnisart und Seinsweise. Anderseits kann dann das Wesen der menschlichen Zeitlichkeit nur als dieses Wohindurch, als dieser Ort begriffen werden. Die Zeitlichkeit des Menschen erhält jedoch damit bei Gogarten ungewollt von neuem den Rang eines Richtmaßes, von dem aus perspektivisch bestimmt wird, was ihr und wie ihr etwas begegnen kann und was und auf welche Weise nicht.

---

[32] *Ich glaube* . . . 48.

In dem Buch „Ich glaube an den dreieinigen Gott" nimmt Gogarten die schärfste Konzentration der Gottesfrage auf Aussagen über die Geschichtlichkeit, Zeitlichkeit und Endlichkeit des Menschen vor, die dem Geschehnis des Gotteswortes entsprechen, innerhalb dessen es dann überhaupt keine Aussagen *über* Gott geben soll und kann. „Nun wird aber vom Schöpfungsglauben gerade dieser sichtbaren, zeitlichen und räumlichen Welt die entscheidende Wirklichkeit zuerkannt. Hinter ihr eine andere, wirklichere Welt zu suchen, würde nichts anderes bedeuten, als gerade den Entscheidungen und den Ansprüchen, die an uns jetzt und hier, mitten in der Sichtbarkeit und Zeitlichkeit unserer Welt gestellt sind, ausweichen zu wollen"[33]. Um der unbedingten Beachtung der Grenze willen, die dem Geschöpf gegenüber dem Schöpfer gezogen ist, darf in der Sicht Gogartens den Glauben bei allen seinen Aussagen, die den Schöpfer betreffen, fortwährend nur das interessieren, was wir im Worte Gottes sind und tun. Wie die Endlichkeit, so sahen wir früher, die Jenseitigkeit Gottes dadurch und nur dadurch wahrt, daß sie sich *als* Endlichkeit versteht und nur dies versteht, so begreift die Geschöpflichkeit (der Mensch in seiner Geschöpflichkeit) den Schöpfer, indem sie sich *als* Geschöpflichkeit begreift und übernimmt und kein anderes Wissen beansprucht, vielmehr nur in diesem Sinne vom Schöpfer redet. „Daß wir uns als Geschöpfe wissen, das ist unser einziges Wissen vom Schöpfer"[34]. Somit soll in allen Redeweisen von der Ewigkeit, Jenseitigkeit, Überweltlichkeit und Schöpfermacht Gottes nicht eine nähere Bestimmung Gottes gegeben sein, „sondern es ist mit ihnen gerade die Zeitlichkeit und Vergänglichkeit des Menschen bezeichnet und zwar in ihrem, denn darum geht es uns bei dieser Erörterung, durchaus dialektischen Sinn. Gott wäre nicht Gott, wenn es anders wäre, wenn wir ein Wissen von ihm hätten, das nicht zugleich und vor allem ein Wissen von uns selbst wäre. Ein Wissen von uns vor dem Angesichte Gottes oder, was dasselbe heißt, ein Wissen von uns als Geschöpfen Gottes. In diesem Sinne ist allerdings alles Sprechen von Gott dialektisch und nur als dialektisches ist es ein Sprechen von Gott. Das heißt zum Beispiel, daß das Sprechen von Gottes Ewigkeit weder sagen soll, was Ewigkeit ist, noch daß es das Wesen Gottes bestimmen soll, sondern mit ihm ist die Zeitlichkeit des Menschenwesens in ihrem dialektischen Sinn bestimmt."[35]

---

[33] a. a. O. 51.
[34] a. a. O.
[35] a. a. O. 52.

Der dialektische Sinn der Zeitlichkeit gibt an: Zeitlichkeit ist radikale, unaufhebbare, unüberschreitbare Zeitlichkeit aus der Einheit mit der Ewigkeit als ihrem absoluten Gegensatz, der die schlechthinnige Grenze ihrer selbst bezeichnet. Die Zeitlichkeit wird zur Zeitlichkeit aus dieser dialektischen Spannungs-Einheit von Identität und Differenz zur Ewigkeit, zu der es bei aller Zusammengehörigkeit beider Pole, aus der die Zeitlichkeit wird, was sie ist, keinerlei Weg in der Weise der Grenzüberschreitung gibt. Von der Zeitlichkeit aus läßt sich über die Ewigkeit nichts anderes aussagen, als daß sie zum notwendigen Gegenpol der Zeitlichkeit wird, der als solcher die Zeitlichkeit in ihrer Unausweichlichkeit konstituiert, obwohl die Zeitlichkeit bereits als das Grundmaß, als die bestimmende Perspektive, innerhalb deren von Ewigkeit nur geredet werden kann und darf, vorgegeben ist. So wird die Ewigkeit zur Bestätigung der Zeitlichkeit der Zeitlichkeit. Sie ist bei Gogarten schließlich nichts als das Mittel für die Konstituierung der Wesenswirklichkeit der bereits vorweg angesetzten Zeitlichkeit. Ewigkeit, Jenseitigkeit, Überweltlichkeit und Schöpfermacht Gottes haben im Grunde nur noch den Rang, Mittel der Erhellung und Begründung des dialektischen Wesens der Zeitlichkeit, Diesseitigkeit, Endlichkeit und Geschöpflichkeit des Menschen zu sein, der damit aber wieder zum Wesen der Sub-jektivität wird. Die Subjektivität des Menschen läßt sich im Ansatz der radikalen Geschichtlichkeit des Menschen nicht überwinden. Konsequent sagt Gogarten schließlich, daß es nur um die Dialektik der Zeitlichkeit, nicht aber um eine Dialektik des Gottesverhältnisses gehe, die es gar nicht gebe[36]. Diese gibt es allenfalls in der Weise der Vermittlung der Dialektik menschlichen geschichtlichen Daseins, insofern das aus dem Geschehnis von Wort und Antwort ersehene Verhältnis von Gott und Mensch den Hinweis auf die radikale Zeitlichkeit, Endlichkeit und Geschöpflichkeit, aber in ihrer Qualifikation (in ihrer Nichtigkeit und in ihrem Schwergewicht) „vor dem Angesicht“ des Ewigen, des Überweltlichen, des Schöpfers, einem dann nur noch als Mittel der Spiegelung der Geschichtlichkeit vorgestellten und gewürdigten „Angesicht“, abgibt. Die Qualifikation heißt: dialektische „Aufhebung“ der Subjektivität (Verneinung in ihrer Nichtigkeit, Bestätigung in ihrem Schwergewicht, Konstitution in ihrem neuen, entscheidenden Wirklichkeitsanspruch).

Diese neue, äußerste Subjektivität ist nach Gogartens eigenen Worten bzw. sie soll sein: ganz und gar sich selbst unverfügbares Menschsein.

[36] Vgl. a. a. O.

Der Mensch sieht sich auf sie als „auf eine Selbstheit“ zurückgeworfen, „in der er sich schlechterdings, durch nichts mehr objektiv, verfügbar werden kann ...“[37]. Die äußerste, nämlich ihrer Selbstverfügung entäußerte Subjektivität ist selbst Objekt: Gott hat sie geschaffen. Gleichzeitig aber ist an solchem Schaffen und Geschaffensein allein festhaltbar, daß Gott *sie* geschaffen hat, und darin erweist sie sich voll und ganz noch als Subjektivität: als das für alles Wissen und Reden von Gott allein Maß und Grenze Setzende. Gegen Karl Barth betont Gogarten, daß die menschliche Subjektivität solcherart in den Mittelpunkt des Glaubens an den Schöpfer zu rücken sei, denn sie sei in ihm gemeint, angezielt, allerdings als die vom Wort gestellte Subjektivität, der die Welt und das Sein Gottes aufgrund des Wort-Geschehens immer zugleich erschlossen und verschlossen ist[38]. Und diese äußerste Subjektivität sieht sich unabdingbar auf die Faktizität ihres je geschichtlichen In-der-Welt-seins verwiesen und zurückgeworfen. Ihr begegnet immer schon die Wirklichkeit einer geschichtlichen Welt, und es liegt niemals an *ihr*, die Welt im Ganzen oder im einzelnen zu deuten, manches an ihr zu bejahen, anderes zu verneinen, also von sich aus einen Sinn oder Sinngehalte zu konstituieren. Die begegnende geschichtliche Wirklichkeit erschließt sich vielmehr erst aus dem Wort Gottes, wird insofern der Subjektivität vermittelt. Aber anderseits erschließt sie sich eben nur aus einem Wortgeschehen, das allein den Menschen meint und betrifft, also aus der Art seines je und je ereigneten geschichtlichen Betroffenseins. Zu diesem gehört die Faktizität eines jeweiligen Eingefügtseins seiner Geschöpflichkeit in eine geschichtliche Welt, die die Art seiner Entsprechung gegenüber dem Wort immer mitbestimmt, die aber ihrerseits nur aus der Perspektive dieser Entsprechung, der Antwortgabe des Menschen, in den Blick kommt und von Interesse ist. Darin waltet noch der Grundzug der äußersten, entäußerten Subjektivität[39].

Er kommt schließlich und letztlich auch darin gewichtig zur Geltung, daß Gogarten zwar die Konstitution des Menschseins aus dem Wortgeschehen als das Ereignis der Ichwerdung aus dem Anruf des Du Gottes versteht, aber dann wieder die absolute Differenz zwischen menschlichem Ich und göttlichem Du ausspricht. Dieser Differenz zufolge darf Gott in dem Wortgeschehen niemals als Ich gefaßt und erfaßt werden, das

[37] *Gericht oder Skepsis* 127.
[38] Vgl. dazu a. a. O. 129f.
[39] Vgl. zum Problem der Faktizität a. a. O. 97ff.; 130.

analog zum menschlichen Ich begriffen wäre. Es spricht nicht das göttliche Ich zum menschlichen Ich, sondern das ganz andersartige und herrscherliche göttliche Du. Die Rede vom Ich Gottes wäre aus dem menschlichen Ich in analogischem Denken auf Gott übertragen, so sehr Gottes Wort erst das menschliche Ich konstituiert[40]. Aber gerade die Herausarbeitung der Differenz gemäß dieser Vorstellung durch Gogarten ist verräterisch. Sie zeigt eine letzte, äußerste Rückbezüglichkeit auf die Subjektivität des Menschen, hier in seinem Ichsein. Gott als Du wird ja immer und gerade nur vom menschlichen Ich angesprochen und verstanden. Sonst würde umgekehrt das menschliche Ich von Gott, dem eigentlichen und ursprungshaften Ich, zuallererst als Du gerufen und gefordert, zum Beispiel durch die Gebote Gottes, von denen Gogarten nicht spricht, und durch die Antwort auf solchen Ruf und Anspruch würde das menschliche Du seinerseits zum Ich, zum Partner im Dialog mit dem göttlichen Ich. Stattdessen läßt die äußerste Subjektivität des Menschen bei Gogarten nur eine Begegnisweise Gottes in seinem Wort als Du, als das ganz Andere, jenseits aller Analogien, aber auch echter Dia-logizität, nämlich Partnerschaft, zu.

Bei Bultmann wird, ähnlich Gogarten, die Offenbarung Gottes, des Herrn, als des Schöpfers (und des Schöpfers gerade als des Herrn der Geschichte, niemals als der ersten Ursache) vorherrschend zur Möglichkeit der Erleuchtung der Existenz und dadurch zum Heilsgeschehen, in dem das Heil des definitiven Verständnisses der Existenz von sich selbst gegeben ist, und dieses Verständnis ist das der Geschöpflichkeit[41]. Das Licht der Menschen, von dem der Prolog des Johannesevangeliums spricht, ist die Erhelltheit des Daseins, ebenso die Finsternis die Verfassung des Daseins, in der es sich selbst nicht versteht, sich verirrt, seinen Weg nicht kennt. Das Erhelltsein aber liegt im Wissen der Existenz um ihre Geschöpflichkeit, das Verfinstertsein in der Abwendung der Existenz vom Schöpfer aufgrund des menschlichen Wahnes, aus sich selbst sein zu können[42]. Das in dem Erhelltsein eingeschlossene Erkennen vollzieht sich dann nicht im theoretischen Apperzipieren, sondern im Anerkennen des Wortes, und zwar als Annahme des Geschenkes eines echten Sich-Verstehens vom Schöpfer her[43].

---

[40] Vgl. dazu *Von Glauben und Offenbarung* 72ff.

[41] Vgl. *Das Evangelium des Johannes* 25.

[42] Vgl. a. a. O. 27; außerdem *Glauben und Verstehen* I 135f.

[43] Vgl. *Das Evangelium des Johannes* 34; ähnlich *Das Urchristentum im Rahmen der antiken Religionen* 22.

Auch bei Bultmann schlägt das Problem der Entbergung und Verbergung Gottes als des Schöpfers im Wort, das ihn zugleich unzugänglich, unverfügbar macht, zurück in das Problem der Erhelltheit und Verstelltheit der Geschöpflichkeit der menschlichen Existenz. Gott entzieht sich dem objektiven Erfassen und verweist von sich auf die Geschöpflichkeit. „Gott ist nicht mehr Gott, wenn er als Objekt gedacht wird. Und entsprechend ist bei Joh der Mensch als Geschöpf Gottes, als Gott ausgeliefert, als unter Gottes Anspruch stehend gesehen, so daß er schon den echten *Gedanken* Gottes verliert, wenn er, aus der ihm durch Gott gewiesenen Richtung ausbiegend, Gott zum direkten Gegenstand seiner Schau machen will. Die Unzugänglichkeit Gottes bedeutet Gottes Unverfügbarkeit für den Menschen. Das heißt aber nicht die zufällige Unverfügbarkeit eines unerreichbaren Seienden; sondern es bedeutet in Einem die Unverfügbarkeit des Menschen über sich selbst. Das Verlangen, Gott zu sehen, schließt, als das Verlangen, Gott zum Objekt zu machen, das Grundmißverständnis des Menschen von sich selbst ein, als ob er zu solchem Unternehmen je frei, von Gott entlassen, wäre und das ποῦ στῶ finden könne, in dem er für solche Schau selbständig wäre ... *Daß* Gott unsichtbar ist, wird selbst erst durch die Offenbarung verständlich, weil diese den Menschen wieder sich in seiner Menschlichkeit zu verstehen lehrt."[44] Es zeichnet sich mithin folgende Sequenz ab: Offenbarung Gottes als des Schöpfers — Offenbarung der Unzugänglichkeit Gottes — Unverfügbarkeit Gottes für den Menschen — Unverfügbarkeit des Menschen über sich selbst — Erhellung der Geschöpflichkeit des Menschen.

Der Schöpfungsgedanke entwickelt also keine kosmologische Theorie, er enthält auch keine Kausalitätsvorstellung. Alles dies liefe für Bultmann darauf hinaus, den Schöpfer als ein „Weltphänomen" festzulegen, d. h. ihn den Gesetzen dieser Welt zu unterstellen. Wenn sich das verbietet, bleibt nur, den Schöpfungsgedanken als Ausdruck des Abhängigkeitsbewußtseins des Menschen von Gott dem Herrn über alle Vergangenheit, Gegenwart und Zukunft zu verstehen, also auf den Glauben an die Geschöpflichkeit des Menschen im eingegrenzten, endlichen Hier und Jetzt seiner Existenz unter dem Herrsein Gottes zu verlagern[45]. Der Schöpfergott ist nicht Ursache, sondern die den Menschen als geschichtliche Existenz bestimmende Macht. Darum nennt

[44] *Das Evangelium des Johannes* 55.

[45] Vgl. dazu *Jesus* 133ff., *Kerygma und Mythos* II 196ff., *Das Urchristentum im Rahmen der antiken Religionen* 9ff.

Bultmann die Erkenntnis Gottes als Schöpfers eine existentielle Erkenntnis, also eine Erkenntnis des Menschen in bezug auf sich selbst, jedoch so, wie er vor Gott steht und durch Gottes Wort begründet und erhellt ist. Sie ereignet sich nicht (wie bei den Griechen) im Sehen von Gottes Wesen, sondern (biblisch und christlich) im Hören seines Willens, in einem Vorgang also, der sich unmittelbar auf den Menschen zurückbezieht und ihn selbst betrifft[46]. Diese Erkenntnis bedeutet „nicht Erkenntnis Gottes als eines für sich und an sich in einer transzendenten Sphäre jenseits der Welt Seienden. Vielmehr ist die Erkenntnis Gottes existentiell gemeint als die Erkenntnis des Augenblicks, — des Augenblicks, in dessen Begegnung Gottes Gabe und Forderung, Gottes Gericht und Gnade begegnen als Ruf zur Tat, wie als Ruf zur Übernahme des Schicksals im Guten wie im Bösen“[47].

Gibt der zweite Teil des letztzitierten Satzes schon einen Vorblick auf Konsequenzen für die Ethik, die wir in den folgenden Kapiteln zu behandeln haben, so bleibt an dieser Stelle festzuhalten, daß auch für Bultmann, ganz wie bei Gogarten, die Schöpfungstheologie völlig der Theologie der Geschichtlichkeit untergeordnet wird. Auch Bultmann will mit der Rede von Schöpfer, Schöpfung und Geschöpflichkeit lediglich etwas über die Dialektik der existentiellen Geschichtlichkeit ausgesagt wissen. Es geht ihm darum, die Dialektik von Entweltlichung und Weltlichkeit in der Geschichtlichkeit des Menschen zu erfassen. Wenn der Mensch unter dem Herrschaftsanspruch des Schöpfers steht, dann wird sein In-der-Welt-sein, dann werden er und seine geschöpfliche Welt aufgehoben. Der Mensch wird „entweltlicht“, d. h. das Verfügenkönnen seines In-der-Welt-seins wird negiert, seine Geschöpflichkeit erscheint vor dem ganz anderen, jenseitigen Schöpfergott als nichtig, und zugleich damit wird er radikal auf seine Weltlichkeit und deren Unaufhebbarkeit zurückgeführt, denn jegliches Sichtranszendierenwollen schlösse gerade die Unterstellung der Transzendenz unter die Perspektive der Selbstmächtigkeit des Geschöpfes in sich ein. Die Transzendenz kann demgegenüber auch hier nur die innergeschichtliche Funktion der Bestätigung der Weltlichkeit *als* Weltlichkeit, aber zugleich als entweltlichter, als ihrer Sicherheit und Positivität entkleideter, haben. Sie bleibt somit auch bei Bultmann im Grunde rückbezogen auf eine äußerste, entäußerte Subjektivität, auf eine Subjektivität, die dialektisch aufgehoben ist: von Gott aus, durch das Wort Gottes radikal negiert und

[46] Vgl. *Das Urchristentum* ... 20ff.
[47] *Glauben und Verstehen* II 136.

zugleich aufs entschiedenste bestätigt und bekräftigt. In solcher Aufhebung ist das Diesseits der weltlichen Existenz, wie Bultmann ausdrücklich bemerkt, „immer nur von einem Jenseits aufgehoben, nie durch ein Jenseits ersetzt, das ja dann doch wieder zum Diesseits würde . . .“[48]. Darum darf niemals von Gottes Jenseits und des Menschen Diesseits getrennt geredet werden, sondern immer nur von beidem streng zusammen, in einer paradoxen Identität, die die dialektische Spannung der existentiellen, sich aus dem Wortgeschehen begründenden Geschichtlichkeit anzeigen soll. In dieser Identität rückt Gott dem Menschen in der erdenklichsten Weise nahe, insofern der Mensch im Hier und Jetzt seiner Geschöpflichkeit unumgänglich vor Gott, unter Gottes Wort, von diesem in Anspruch genommen und gewürdigt, steht; zugleich rückt Gott in eine äußerste Ferne, insofern der Mensch im Hier und Jetzt seiner Geschöpflichkeit unausweichlich verbleibt, in diesseitiger, aber entweltlichter Existenz, zu der er vor Gott, durch Gottes Wort, wird[49]. Nähe und Ferne Gottes verweisen zusammen auf die dialektisch aufgehobene Subjektivität der menschlichen Existenz zurück. Die existentielle Dialektik von Entweltlichung und Weltlichkeit findet ihre Entsprechung im dialektischen Zugleich von Nähe und Ferne Gottes zur Existenz im Wortgeschehen.

3. *Gogartens Personbegriff*

Friedrich Gogarten gilt als derjenige protestantische Theologe, der — neben Emil Brunner und parallel zu entsprechenden Bemühungen im katholischen Denken seit den zwanziger Jahren unseres Jahrhunderts, wie vor allem bei Ferdinand Ebner, Max Scheler (in seiner „katholischen Periode“), Theodor Steinbüchel, Romano Guardini, später Max Müller, in Frankreich seit Emmanuel Mounier und Maurice Blondel — den überlieferten abendländischen Personbegriff in Auseinandersetzung mit der Existenzphilosophie wiederzubeleben und neu zu entfalten suchte. Es ist jedoch zu beachten, daß Gogarten die Personalität des Menschen in einem ihm unverwechselbar eigenen, mit der Auffassung der genanten Theologen und Philosophen in wesentlichen Zügen inkommen-

---

[48] *Glauben und Verstehen* I 24.

[49] Vgl. dazu insb. *Jesus* 127ff., *Glauben und Verstehen* I 26ff. (Abhandlung *Welchen Sinn hat es, von Gott zu reden?*), 25, 83, *Geschichte und Eschatologie* 107 sowie Karl Jaspers-Rudolf Bultmann, *Zur Frage der Entmythologisierung* 68ff.

surablen Verständnis grundlegt, das sich strikt aus dem bisher explizierten Gehalt der Geschichtlichkeit und der durch sie erschlossenen Geschöpflichkeit des Menschen herleitet. Eine kurze Erörterung des Gogartenschen Personbegriffs vermag diesen Gehalt nach seiner paradoxalen Seite hin verschärft hervorzuheben und damit unmittelbar den Boden und Übergang zur Behandlung der ethischen Problematik in der Sicht Gogartens zu bereiten, einer Problematik, die ihrerseits die Voraussetzung für die Vorstellungen der Theologie der Geschichtlichkeit zu den Phänomenen der Mitmenschlichkeit, der Gesellschaft, der Politik und zur Frage einer politischen Ethik darbietet.

Gogarten will mit dem Personbegriff die besondere Geschöpflichkeit des Menschen in der Abhebung zu allen anderen Geschöpfen bestimmen, die in einer Theologie nicht weiter thematisiert werden, welche allein von der Geschichtlichkeit des Wort-Antwortgeschehens ausgeht und damit vordringlich die menschliche Existenz im Blick hat[50]. Bei der Geschöpflichkeit des Menschen handelt es sich für sie daher um die allein geschichtliche Geschöpflichkeit, die das ausschließliche theologische Interesse beansprucht. Das von Gogarten gemeinte menschliche Personsein hängt folglich engstens mit der Geschichtlichkeit der Existenz im Wort-Antwortgeschehen zusammen. Der Personbegriff soll und kann daher bei Gogarten in keinerlei Hinsicht eine Substantialität des Menschen, dessen geschichtliche Verhaltensweisen dann als akzidentell erscheinen könnten, zur Sprache bringen. Auch Bultmann, der das hier intendierte Personverständnis übernimmt, ohne es so thematisch zu entfalten wie Gogarten, wehrt doch gerade dieses mögliche, sich aus der Denktradition nahelegende Mißverständnis ausdrücklich ab[51]. „Person" bezeichnet in Anlehnung an den ursprünglichen Wortsinn des lateinischen per-sonare, durchtönen, unseren beiden Theologen eine einzige entscheidende Grundbefindlichkeit des Menschen: Er ist Bezug-auf. Der Mensch ist mit seiner ganzen Existenz eingestellt in den Bezug auf Gott, in einen Bezug, der sich nie vom Menschen, sondern immer nur von Gott aus, durch sein Wort und in seinem Wort, herstellt, der aber die Antwort des Menschen erheischt und nur in dieser Antwort geschieht. Dabei fordert das Wort die Ant-

[50] Die Einschränkung der Blickrichtung Gogartens auf den Menschen und sein Verhältnis zum Schöpfer, ohne die Schöpfung insgesamt zum theologischen Thema zu machen, bezeichnet und kritisiert Gerhard Gloege folglich als „Personalismus". Vgl. G. Gloege, *Der theologische Personalismus als dogmatisches Problem*, in: ders., *Heilsgeschehen und Welt* 53—76.

[51] Vgl. *Geschichte und Eschatologie* 175.

wort und gibt zugleich die Möglichkeit zur Antwort. Es ist Forderung und Gabe der Antwort zugleich, die ihm also ganz anheimgegeben ist, die es gleichwohl zu übernehmen, eigens zu vollziehen hat. Aber das Wort ergeht in so herrscherlicher, souveräner Forderung, daß die es übernehmende und vollziehende Antwort immer auch vor ihm *scheitern* und an ihm *zerbrechen* muß. Scheitern und Zerbrechen sind die Weisen, unter denen sich das Wortgeschehen vollzieht. Doch zugleich ist das Antworten dem Wort gegenüber für sein Scheitern vor ihm und Zerbrechen an ihm *verantwortlich*. Denn das Wort gewährt die Antwort und fordert sie in einer Eigenleistung des Entsprechens. Das Entsprechen aber versagt ja gerade deshalb fortwährend, weil es notwendig immer auch diese Eigenleistung des Menschen einschließt, die mit dem Wort nicht schlechthin identifiziert werden darf, sondern im dialektischen Verhältnis von *Identität und Differenz* zum Wort Gottes steht, die sogar dem Wort regelrecht widerstreitet und widerspricht, sofern sie eben ein eigentätiges und damit vom menschlichen Selbstsein bestimmtes Handeln darstellt.

Dies zusammen und ineins macht nun die *Personalität*, die Bezughaftigkeit des antwortenden Menschen aus: seine *Eigenverantwortung* als Adressat und Gegenüber des Wortes und seine restlose *Überantwortung* an das Wort und in das Wortgeschehen hinein, demzufolge der Mensch nichts aus sich selbst ist, ja vor Gottes Wort wie ein Nichts erscheint. Die Eigenverantwortung und die Überantwortung kommen dabei als Forderung und Gabe des Wortes im Personbegriff, im Begriff einer Bezughaftigkeit, die das Zerbrechen einschließt und alle Substantialität ausschließt, zur Sprache. Der Begriff „Person" soll somit verstärkt anzeigen, 1. daß Gott den Menschen ins Leben ruft, daß er dem Menschen die Existenz gibt, und 2. daß der Mensch zugleich mit dieser Gabe Gott gehört und in das Hörigsein gefordert ist. Personsein ist damit bei Gogarten auch, verkürzt gesprochen, gleich *Hörigsein*; in ihm geht sein Gehalt, auch das Moment der Verantwortung in ihm, auf[52]. „Indem mir Gott meine Existenz gibt, indem er mich ich selbst sein läßt, fordert er, daß ich meine Existenz in ihm, das heißt in meinem Hörigsein ihm gegenüber habe und daß ich sie in nichts anderem suche als allein und ausschließlich darin. Dieses Geben und Fordern der Existenz, das Mich-mir-geben und das Mich-von-mir-fordern, ist ein und derselbe Akt. Es ist nicht so zu verstehen, als gäbe Gott mir erst

[52] Vgl. zum Vorstehenden *Politische Ethik* 70f., *Die Verkündigung Jesu Christi* 305ff., 327ff.

meine Existenz und forderte sie dann wieder zurück, sondern er gibt mich mir, indem er mich für sich fordert, und er fordert mich für sich, indem er mich mir gibt. Er schafft mich, indem er mich will, das heißt aber sowohl, indem er will, daß ich bin, wie auch, indem er will, daß ich für ihn bin. Dieses beides, in seinem unaufhebbaren Miteinander, ist bezeichnet mit dem Ausdruck des Hörigseins."[53]

Personalität besagt also jetzt die Partnerschaft des antwortenden Menschen zum Wort Gottes, dem die Antwort zu entsprechen hat. Sie bezeichnet die Bezogenheit des Menschen auf Gott, die sich aber ganz aus dem Bezug ergibt, den Gott zum Menschen im Wort aufnimmt und in dem die menschliche Antwort aufgeht. Partnerschaft und Bezogenheit des Menschen als Person sind folglich etwas, das der Mensch vorweg empfängt — auch wenn er dabei zugleich immer in das Gegenüber und in den Widerstreit zum Wort rückt, was aber nur *im* Bezug aufbricht —, die Person existiert insofern immer nur als empfangende, weshalb die Bezogenheit nicht im Sinne einer Partnerschaft unter Gleichen verstanden werden kann. Die „Partnerschaft" erweist sich also im Grunde als das aktive Bezugsverhältnis des Gebenden und Fordernden zum Empfangenden und Geforderten, der allerdings darin gewürdigt und gebraucht ist, doch jegliche Eigentätigkeit dem Zerbrechen überliefert sieht, obwohl und weil sie beansprucht wird, aber als solche in den Gegensatz zum Bezug gerät und damit in diesem zerbricht. So gilt für Gogartens Personbegriff allem anderen zuvor, daß er den Menschen als den *ausschließlich* Empfangenden (und zwar sich als in die Verantwortung und Überantwortung gefordert Empfangenden) gegenüber dem *ausschließlich* Gebenden erschließen soll.[54] Und wenn sich das Personverständnis traditionsgemäß auf die biblisch begründete Aussage von der Ebenbildichkeit des Menschen im Verhältnis zu Gott zurückbezieht, so legt Gogarten diesen Topos ausdrücklich als Aussage über die bloße Menschlichkeit des Menschen und über nichts als diese aus. D. h.: Die Ebenbildlichkeit = die Göttlichkeit = das Gottgewollte = das von Gott Geschaffene am Menschen liegt gerade in seiner reinen Menschlichkeit: wenn er nichts anderes ist als menschlicher, Gott gehörender und höriger Mensch.[55] Die Gottebenbildlichkeit beruht darum nicht auf vorweisbaren, vor Gott zählenden Eigenschaften und

[53] *Politische Ethik* 70f.

[54] Vgl. *Die Verkündigung Jesu Christi* 327, auch *Der Mensch zwischen Gott und Welt* 62.

[55] Vgl. dazu *Illusionen* 130; außerdem *Ich glaube* ... 54 und *Der Glaube an Gott den Schöpfer* 461. Die Imagolehre wird damit von Gogarten faktisch scharf abgewiesen.

Fähigkeiten, also auf einer besonderen Qualität und Würde der menschlichen Natur, die den Menschen mit unveräußerlichen Rechten ausstatten würden, sondern im Gegenteil ganz allein auf dem unerfindlichen Ratschluß Gottes, ihn zu schaffen, auf den sich kein Besitz- und Rechtsanspruch gründet, der vielmehr umgekehrt als „Heimsuchung" Gottes zu begreifen ist.[56] Der Mensch gewinnt also vor Gott keinerlei Geltung, auf die er pochen könnte, die einklagbar wäre, vielmehr wird ihm in der personalen Partnerschaft und Bezogenheit erst recht alles das noch genommen, worauf er (nämlich gerade außerhalb des Bezuges, außerhalb seiner Personalität) sein Vertrauen setzt: irdische Güter, eigene Kräfte, eigene Gerechtigkeit, sogar eigene Frömmigkeit und dergleichen.[57] Dieses Personsein ist von nichts Eigenem mehr umschlossen; der Personbegriff deutet vielmehr im Gegenteil geradezu das Aufbrechen jeglichen Umschlossenseins an. Mit der Personalität des Menschen wird die reine, vorbehaltlose, aber zerbrechende Hingabe der Entsprechung des Menschen gegenüber dem Wort intendiert, also eine Seinsweise, die nie zur Erfüllung kommt, weil der Mensch nie in die wahre Entsprechung gelangt, so daß er sich in seiner Personalität stets ausständig bleibt, immer wieder an sich selbst vor dem Wort Gottes scheitert und gerade darum die personale Hingabe fort und fort neu zu leisten hat. Die Person ist hier nicht mehr in sich ständiges Selbst-sein als Sich-zueigen-haben, aber weil gleichwohl das natürliche Selbstsein, der Eigenwille, in ihr gerade immer mitspielt und immer wieder durchschlägt, verharrt sie im unaufhörlichen (erst noch) Hin-sein auf das, was sie eigentlich ist, worin sie sich jedoch stets noch bevorsteht: antwortende Entsprechung zum Worte Gottes zu sein.[58]

So zeigt sich, daß das menschliche Personsein im Verständnis der Theologie der Geschichtlichkeit des Wortes Gottes nur parodoxal bestimmbar ist. Wenn der traditionsbelastete Personbegriff dennoch eingeführt wird, so soll er andeuten, daß der Mensch im Personsein gleichwohl sein Leben vor Gott nicht verliert, sondern trotz allem gewinnt. Die Person ist das Wesen, das in der unerfüllbaren, scheiternden, aber immer wieder neu zu leistenden Hingabe in die *ihr gemäße* Bezogenheit und Partnerschaft zu Gott eben doch gelangt. In dem Leben eines Anderen leben, wie Gogarten sagt, d. h. in der Bezogenheit auf Gottes Wort und damit in diesem Wort selbst leben, „ohne dabei seine eigene

[56] Vgl. *Die Verkündigung Jesu Christi* 306.
[57] Vgl. a. a. O. 331.
[58] Vgl. dazu *Der Mensch zwischen Gott und Welt* 133, 239f.

Existenz zu verlieren, das kann allein die Person. Ihr Wesen ist es, daß sie lebt, indem sie einer anderen gehört. Einem anderen gehören, so, wie eben nur eine Person einer anderen gehören kann, das aber heißt, seine Existenz von ihm empfangen und so in dem Leben leben, das der andere lebt. Das Wort also, durch das Gott den Menschen schafft, ruft diesen als Person, die ihm gehört, zum Leben. Gehören kann eine Person einer anderen aber nur, wenn diese sich ihr gibt. Und eben das ist die Leben schaffende Kraft des göttlichen Wortes, daß Gott sich in ihm den Menschen verspricht, daß er uns zusagt, Er sei unser Gott".[59] Gott steht also für die personale Existenz und ihre Möglichkeit ein. Sie macht deshalb das wesenhafte Leben des Menschen aus, so nichtig sie zugleich vor Gott auch ist. Wennzwar der Mensch seine personale Existenz im Vollzug immer sogleich verwirkt und mit ihr scheitert, so muß doch seine Bezogenheit auf Gottes Wort in irgendeiner Weise auch dann noch bestehen bleiben. Im Scheitern kommt nämlich um so ersichtlicher das totale Angewiesensein des Menschen auf Gott zum Ausdruck. Der Bezug zu Gott, der in diesem Angewiesensein besteht, hält sich durch alle existentiellen Vollzüge durch, wie immer diese auch beschaffen seien.

Steht es aber so, dann wird damit nun nochmals ersichtlich, daß der Bezug allein durch das Tun Gottes zustande kommt, daß er sich vermöge des immer neuen Ergehens des Wortes Gottes durch alles Scheitern der menschlichen Antworten hindurch fort und fort konstituiert. Wenn der Mensch als Person im gewährten und geforderten Bezug immer wieder zerbricht, dann gehört zur Bezughaftigkeit des Menschen vor allem, daß er in seiner Personalität stets von neuem und so immer wieder, „ohn' Unterlaß", von Gott geschaffen wird.[60] Als Person gewinnt sich darum der Mensch gerade erst aufgrund des Immerwiederereignens seines Geschaffenseins. Dessen ist der Mensch bedürftig. Darum muß er unaufhörlich bitten. Deshalb bedeutet Personsein schließlich in einer eigentümlich anmutenden Feststellung Gogartens: im bittenden Bezug auf Gott stehen.[61] Der bittende Bezug und das Immerwiedergeschaffenwerden gehören in die Bestimmungen des Personseins als Folge ihrer Ausständigkeit. „Gegenstand" der Bitte aber kann dabei nur sein, was die Person selbst ist, „nämlich die Existenz des Bittenden aus Gott",[62] die im Scheitern fragwürdig werdende, sich

[59] *Die Verkündigung Jesu Christi* 329.
[60] Vgl. a. a. O. 306f.
[61] Vgl. dazu a. a. O. 336f.
[62] a. a. O. 337.

jedoch durch alles Scheitern durchhaltende und in ihm sich noch erweisende, deshalb bleibende Bezogenheit der menschlichen Existenz auf Gott. So nimmt Gott zufolge der Gnade seiner immer neuen Zuwendung im Wort, wodurch er den Menschen als die antwortende, geschichtliche, personale Existenz immer wieder und stets von neuem schafft, nicht das unaufhörliche Scheitern im Bezug hinweg, sondern er gewährt und fordert im Scheitern und Zerbrechen das Bleiben und Fortdauern der Bezogenheit und deshalb die Konstanz der Personalität. Auch diese Konstanz ist aber — da ganz und gar worthaft konstituiert, d. h. geschichtlich bedingt, also aus dem Tun Gottes entspringend, gerade deshalb aber der Zeitlichkeit radikaler Augenblicklichkeit verhaftet — bei Gogarten niemals so etwas wie Selbststand, natürliche Eigenwürde und Wesenhaftigkeit. Dieser Umstand zieht schwerwiegende Konsequenzen für die Stellung dieser Person im sozialen und politischen Leben nach sich, die wir später zu erörtern haben[63].

Die menschliche Personalität entbehrt bei Gogarten also jeder naturhaften, d. h. metaphysischen Sicherung und Begründung. Gogarten gibt darauf einen zusätzlichen Hinweis, wenn er sie wie auch die Geschöpflichkeit des Menschen für im Bereich des Sichtbaren nicht ausweisbar

[63] Die Substanzlosigkeit der Person bei Gogarten und die Problematik dieses Gogartenschen Verständnisses für eine Ausarbeitung der Ethik hat — im Unterschied etwa zu den insgesamt unklaren Ausführungen von R. Weth, *Gott in Jesus* 121ff., 297ff. oder den harmonisierenden von C. Naveillan, *Strukturen der Theologie Friedrich Gogartens* 25f., 52f. — der katholische Theologe R. Hauser bisher als einziger ganz scharf (und zugleich kritisch) erfaßt und knapp angedeutet (vgl. *Autorität und Macht* 98, 127). Seine eigene Korrektur des Personbegriffs von Gogarten sei hier angefügt (128): „... es kann doch nicht übersehen werden, daß die Existenz des Menschen als ‚Her-sein-von' und ‚Bezogen-sein-auf' ein reales Wesen voraussetzt, das her ist von und das auf anderes bezogen ist. Sonst wäre ja der Mensch eine frei schwebende Möglichkeit oder, mit der theologischen Voraussetzung Gogartens, eine Funktion des göttlichen Du. Dazu kommt, daß der Mensch seine Existenz erst verwirklicht und vollendet im aktiven Sichselbstverhalten. Auch wenn Gogarten nur von einem Geschehenlassen und von Hörigkeit spricht, so setzt doch auch dieses Annehmen nicht nur reine Passivität, sondern ein aktives existenzielles Verhalten voraus ... Dieses personhafte, aktive Sichverhalten ist aber erst recht nur möglich, wenn ein reales Wesen vorhanden ist, das sich verhält und das im freien Sichentwerfen seine Freiheit auswirkt. Der Mensch als Geschöpf Gottes, her seiend aus Gottes Schöpfermacht, hat wirkliches reales Sein. Gott stellt ihn neben sich als eigenes, selbständiges Wesen mit der Möglichkeit eigenen, freien Wollens; als kreatürliches Abbild des Schöpfergottes vollendet er sein personales Sein in der dienenden Hingabe an den Willen Gottes." Wir identifizieren uns mit diesem Aufriß eines gegenüber Gogarten abgehobenen Verständnisses des Menschen als Person. Vgl. dazu das Schlußkap. dieser Untersuchung. Grundlegend: Bernhard Langemeyer OFM., *Der dialogische Personalismus in der evangelischen und katholischen Theologie der Gegenwart*, 1963 (darin: *Der konkret-geschichtliche Aktualismus bei Friedrich Gogarten* 145—192).

erklärt. Daß der Mensch in seinem Wesen Bezug-auf ist, resultiert ausschließlich aus dem Geschehen des Wortes Gottes, und in dem Wortgeschehen ist er es bereits, was auch immer sich im einzelnen dabei ereignet. So ist diese Bezogenheit, obwohl im Sichtbaren nicht ausweisbar, doch *die* menschliche Wirklichkeit. In der Bezogenheit und damit in der Personalität waltet deshalb für Gogarten eine Dialektik des „Sichtbaren" und des „Unsichtbaren". Gogarten erläutert das Verständnis beider Worte folgendermaßen: „Sichtbar ist an einer Situation, daß sie das Ergebnis menschlichen Wollens und Tuns ist; unsichtbar ist an ihr, daß sie als das Ergebnis menschlichen Wollens und Tuns das Werk Gottes ist. Sichtbar ist, daß jeder Anspruch eines Du, so lange er nicht vom Ich und seiner Idee aus zu verstehen und zu rechtfertigen ist, unbegründet ist; unsichtbar ist, daß er mich als ein solcher unbegründeter Anspruch eines Du unabweisbar verantwortlich macht."[64] In diesem Sinne ist der Mensch ganz, nicht nur nebenbei, „sichtbar" und „unsichtbar" durch das Personsein bestimmt, aber er vermag es nicht, in dessen Namen (durch Berufung auf das „Sichtbare" am Personsein) seine Natur auszulegen, sein Leben zu führen, seinen Lebensprozeß zu gestalten, seinen Weltbezug zu ordnen, ohne daß das darauf gerichtete Tun sofort (durch das „Unsichtbare" am Personsein) in Frage gestellt würde, was nicht heißt, daß es sich durch ein anderes Tun im Bereich des „Sichtbaren" ersetzt sähe. Vom Personsein als solchem geht kein besonderes, materialiter festlegbares Handeln aus, sondern die mit ihm gemeinte Bezogenheit des Menschen auf Gott qualifiziert nur jegliches Handeln in dialektischer Aufhebung. Im Namen dieser Bezogenheit, und d. h. aufgrund des Offenbarungsgeschehens, geschieht „nichts anderes, als was sonst auch immer und überall geschieht, geschehen ist und geschehen wird. Das Material des Geschehens, wenn es erlaubt ist, sich so auszudrücken, ist immer ein und dasselbe. Äußerlich geschieht nichts anderes, als was sonst auch geschieht. Denn Offenbarungsgeschehen ist kein Zauber, kein Mirakel, bei dem übernatürliche Kräfte eingriffen, die bei anderem Geschehen fehlen. Offenbarung ist nichts anderes, so könnte man sagen, als qualifiziertes Geschehen".[65]

Solche Qualifikation bleibt unsichtbar. Sie stellt eine Qualifikation des sichtbaren Geschehens dar und bezieht sich mit aller Ausschließlichkeit auf dieses, da sie ja gerade kein eigenes supranaturales Geschehen

---

[64] *Ich glaube* . . . 79f.

[65] a. a. O. 111.

ausmacht. Aber die Qualifikation des Sichtbaren ergibt sich aus dem im dialektischen Verhältnis zum Sichtbaren stehenden Einbruch des Unsichtbaren, eines Unsichtbaren sofern es nicht anschaulich und greifbar ist und keine inhaltlichen Kriterien für Erkenntnis, Handeln und Verfügung abgibt. Sie kann und mit ihr können die Geschichtlichkeit, Geschöpflichkeit und Personalität des Menschen wie das sie konstituierende Wort Gottes nur geglaubt werden, und solcher Glaube ist als die Auf- und Übernahme des Wortes das Wortgeschehen und damit auch die unsichtbare Qualifikation des Sichtbaren selbst. Der Glaube gründet seinerseits ganz und gar im worthaften Bezug zwischen Gott und Mensch und in der Bezogenheit des Menschen auf Gott, an die er glaubt und deren ausdrücklicher Vollzug er ist. Er bewegt sich folglich in einem undurchbrechbaren Zirkel, der keinen irgendwie gearteten substantialen und transzendenten Grund hinter sich oder über sich hat, in dem er noch eine Erklärung und Auflösung fände. Insofern ist solcher Glaube wie das Wortgeschehen und die Bezogenheit, in die er gehört, von un-bedingter Grundlosigkeit und Ab-gründigkeit. „Das bedeutet, daß dieser Glauben mitsamt seinem Wissen auf nichts gegründet ist, was es außer ihm und Gott gibt und wovon so etwas wie ein objektives Wissen möglich ist. Denn da dieser Glaube nichts ist als Glaube, so ist er grundlos oder, wie man dasselbe auch sagen kann, er hat keinen anderen Grund als den, den er in sich selbst findet — falls er glaubt . . . Jeder Versuch, den Glauben an Gott und seine Offenbarung auf ein Wissen zu gründen, das man vor dem Glauben, und das kann ja nichts anderes heißen als ohne ihn, von so etwas wie objektiven Heilstatsachen meint haben zu können, denkt an Gott und seiner Offenbarung hoffnungslos vorbei. Jeder Glaube, der es nicht wagt, sich zu seiner Grundlosigkeit zu bekennen, ‚glaubt' an irgendetwas, unter Umständen sogar an eine ‚richtige' Lehre von Gott, aber Gott mit seiner Gottheit bleibt ihm fern".[66]

Der letzte Satz kann nichts anderes sagen wollen, als daß es eine richtige Lehre von Gott, die etwas mit dem Glauben zu tun hat, der dem Worte Gottes entspricht, überhaupt nicht gibt. Jede Lehre von Gott ist menschliche Schöpfung. Der Glaube kann demgegenüber „nur Gottes Schöpfung im Menschen selbst sein; sofern er im Menschen wirklich ist, stellt er sich dar als Gehorsam gegen Gottes Wort".[67] Dies gilt so streng, daß Gogarten sagen kann, die Göttlichkeit der Offen-

[66] *Die Wirklichkeit des Glaubens* 154; vgl. auch Bultmann, *Glauben und Verstehen* I 212f., 180, 37.
[67] Bultmann, *Glauben und Verstehen* I 20.

barung und damit die Wortgemäßheit des Glaubens seien nur gewährt, wenn die Erkenntnis und das Hören der Offenbarung nicht Akte sind, die aus menschlichen Möglichkeiten verstanden werden, sondern wenn sie Akte der Offenbarung selbst sind.[68] Eine solche Äußerung ist abermals dialektisch zu nehmen. Die Erkenntnis und das Hören der Offenbarung (also der Glaube) sind Akte der Offenbarung im Sinne des genitivus subjectivus *und* des genitivus objectivus: sie entspringen der Offenbarung und vollziehen diese selbst. In dieser Weise ist die Offenbarung (einschließlich des Glaubens, der Geschichtlichkeit und des Personseins) bei Gogarten (und Bultmann) jeglicher metaphysischen Sicherung, die auf dem Gedanken an eine von solchem Geschehniszusammenhang nicht erfaßte Substanz beruht, als einem „menschlichen Gemächte" entzogen. Gerade dann und nur dann, wenn die Offenbarung als das unlösliche Geschehnis zwischen Gott und Mensch, Wort und Antwort, Ergehen und Hören begriffen wird, wo das eine im anderen und das andere im einen spielt und doch wechselseitig seinen abgründigen Gegensatz findet, nur dann ist sie ganz un-bedingt und ab-solut. Dann scheint sie aber doch nicht nur das bereits verworfene Spekulieren über Gottes Wesen, sondern auf der anderen Seite auch jede verläßliche Aussage und Bestimmung über den Menschen auszuschließen. Gerade die Erörterungen über das Personsein scheinen doch zu zeigen, daß sich jede eigene Position, die der Mensch einnehmen könnte und wollte, sogleich in eine Bezughaftigkeit aufgelöst sieht, die von ihm die Aufgabe dieser Position fordert, was aber unerfüllbar bleibt, so daß der Mensch seiner selbst als Person ausständig ist, womit er sich nun jedoch um so mehr in den Bezug verwiesen sieht, den Gott ganz und gar von sich aus zu ihm herstellt, in welchem der Mensch nur noch ein Bittender zu sein vermag, der in der Bitte sich auf etwas richtet, worin er mit ihr gerade schon steht. Der Mensch gewinnt also seinen Stand nur im Ausstand, durch die beharrliche Ständigkeit im Entbehren jeden festen Standes. Solche ans Absurde grenzende Paradoxie der personalen Existenz scheint jede Ethik, natürlich dann auch jede Politische Ethik, im Ansatz bereits unmöglich zu machen. Wir haben zu fragen, ob es sich bei Gogarten und Bultmann tatsächlich so verhält.

---

[68] Vgl. *Gericht oder Skepsis* 22, dazu 134.

IV. Die Problematik einer geschichtstheologisch begründeten Ethik

1. *Der „schauerliche Zwiespalt" und das „ethische Problem"*

Nach allem bisher von uns Ausgeführten muß es sonderbar anmuten, daß für Bultmann und in dezidierter Form gerade für Gogarten die personale Existenz in ihrer Totalität als ethische Existenz gilt. Wennzwar festzustellen war, dem Personsein des Menschen eigne kein spezifisches, im „Sichtbaren" vorweisbares Handeln, und wenn überdies auch der Stand der personalen Existenz gerade nur in einer ständigen Ausständigkeit gesehen werden konnte, so soll der Mensch, der hier an den Rand des Absurden zu geraten scheint, dennoch nicht nur mitgängig und nebenbei, sondern zentral im ethischen Verhältnis existieren. Denn das Verhältnis zwischen Gott und Mensch, wie es sich im Offenbarungsgeschehen entbirgt und verhüllt, soll selbst ein durch und durch ethisches Verhältnis und damit das ethische Verhältnis schlechthin sein. Wie ist dies zu denken? Es muß daran erinnert werden, daß es bei dem für das menschliche Personsein konstitutiven Geschehen von Wort und Antwort ja immer um das Wechselspiel von Anspruch und Entsprechung geht. Die Entsprechung ist dabei einerseits das, worin der Mensch immer schon existiert, was seine Existenz ausmacht. Sie ist gleichsam der durch die Offenbarung des Wortes eröffnete Wesensort des Menschen, insofern sein ἦθος, der zuerkannte Aufenthaltsbereich des Vollzugs seiner Existenz. Aber anderseits wird diese Entsprechung, sofern sie als Leistung vom Menschen aufgebracht werden muß, niemals zur sicheren Habe, zum verfügbaren Besitz, sie gelangt niemals in den Stand der Erfüllung, wo es für den Menschen Vollendung, Ruhe und selbstgewisses In-sich-stehen gäbe. Vielmehr bleibt sie, weil unablässig scheiternd, dauernd gefordert. Sie ist immer noch und erst Aufgabe, ein immer wieder von neuem Aufzubringendes, das als solches stets bevorsteht. Sie bedarf der ausdauernden Übung ihres Vollzuges, der nie an ein Ende gelangt. Insofern ist sie ἔθος. Und gerade dieses als das immer noch Bevorstehende, Aufgegebene füllt auf die einzig denkbare Art wiederum den eigentümlichen Wesensort des Menschen, sein ἦθος, aus[1]. Der Wesensort ist durch die Offenbarung als ein Aufgegebenes eingeräumt, als das Eingeräumte aufgegeben. „Gott ist dem Menschen gegenüber der Fordernde, und der Mensch muß das, was er über Gott auch immer sagen mag, in seinem Tun, wie es von Gott gefordert wird, bewähren.“ Darin liegt das Ethische des Verhältnisses zwischen Gott und Mensch.[2] In ihm geht es zentral um ein Tun des Menschen, allerdings strikt in der Sicht „religiöser Ethik“, weil das Tun, seine Möglichkeiten und Nowendigkeiten, ganz von der Offenbarung des Wortes her konstituiert und erschlossen sind, wobei umgekehrt aber dieses Tun erst das Geschehnis der Wortoffenbarung trägt und vollendet.

Durch diese Sicht dessen, worum es in einer Ethik geht, beansprucht Gogarten, einen Bruch mit der bisherigen Ethik sowie ihren Sollens- und Ordnungsvorstellungen herbeizuführen. „Uns ist diese Ordnung mehr als zweifelhaft geworden. Ethik, so wie wir sie bisher verstanden haben, meint die Selbstmächtigkeit des Menschen, meint den Menschen, der schlechthin frei über sich verfügen soll. Gewiß, nicht willkürlich und nicht nach zufälligen Einfällen, sondern in der Unterordnung unter ewige Wahrheiten und Ideale. Aber diese Wahrheiten sind Wahrheiten, die zur Humanitas gehören ... Religion aber, zum mindesten christlicher Glaube, so wie wir ihn heute neu verstehen lernen, meint nicht die Selbstmächtigkeit des Menschen, sondern sie meint den Menschen, über den schlechthin verfügt wird ...“[3], der solchem Verfügen zu entsprechen hat, welche Entsprechung an der verfügenden Forderung immer scheitern muß, so daß sie zerbricht, mit solchem Zerbrechen aber gleichwohl integrales Moment des verfügenden Geschehens ist und bleibt. Die hier in Betracht genommene Ethik muß einen tiefen, wie Bultmann sagt, „schauerlichen“ Zwiespalt[4] aufdecken.

Gogarten sieht mit Bultmann und den anderen Dialektischen Theologen das die bisherige Ethik tragende menschliche Selbstver-

---

[1] Die strenge Zusammengehörigkeit von ἦθος und ἔθος für die Ausarbeitung der Ethik hat Aristoteles in den Büchern II—V seiner *Nikomachischen Ethik* herausgestellt, allerdings in einer durch seine Metaphysik bestimmten grundverschiedenen Zuordnung, verglichen mit dem ethischen Denken der Theologie der Geschichtlichkeit, die wir hier behandeln. Vgl. dazu Verf., *Politik als „Werk der Wahrheit“. Einheit und Differenz von Ethik und Politik bei Aristoteles.* In: Paulus Engelhardt OP. (Hrsg.), *Sein und Ethos*, 1963, 69—110, (wieder abgedruckt in: *Wahrheit — Pluralität — Freiheit*).

[2] Gogarten, *Gericht oder Skepsis* 36.

[3] *Politische Ethik* 2.

[4] *Glauben und Verstehen* II 74.

trauen von außen durch den großen Krieg, den Ersten Weltkrieg, und seine Folgen zerbrochen. Unter die Folgen, das sei schon an dieser Stelle vorweg angemerkt, rechnet Gogarten insbesondere und namentlich den Versailler Vertrag und zumal seine Kriegsschulderklärung. Er schreibt im Jahre 1932: „Es gibt in der ganzen Menschengeschichte kein Dokument so wahnwitzigen Vertrauens auf die Humanitas wie den Versailler Friedensvertrag: die Humanitas gilt als souveräne Herrin über die Geschichte; sie kann die Geschicke der Einzelnen und der Völker vernünftig lenken; bricht ein Krieg aus, so muß einer daran schuldig sein; es muß einer frevelnd die Allmächtigkeit der Humanitas mißbraucht haben".[5] Die „neue" Ethik ist dem entgegen nur aus der Erkenntnis zu begründen, daß der Mensch selbst nicht mehr über Schuld und Unschuld verfügt, sondern radikal unter der fremden Macht des ganz anderen Gottes steht, aus deren Erweis sich eine menschliche Schuldigkeit bestimmt, die ihrerseits aber zum Feld dieses Erweises der fremden Macht Gottes wird. Was ergibt sich aus solch paradoxalem ethischen Sachverhalt? Gogarten legt in seiner „Politischen Ethik" dar, daß jede ethische Forderung immer einen zweifachen Sinn enthalten kann. Erstens sagt sie: „Man tut das und das". In dieser Form fordert sie das Einverständnis des Angesprochenen mit den in einer Zeit herrschenden Sitten, Konventionen und Gesetzen, auf deren absichernder Basis „man" zusammen mit anderen Menschen lebt und sich mit ihnen sowie sich selbst natürlicherweise versteht. Zweitens formuliert die ethische Forderung ein „Du sollst": als Forderung an den Einzelnen, einem Anruf nachzukommen, in dem er auf sich als Einzelnen zurückgeworfen und zur eigenen Entscheidung gezwungen wird. Diese Forderung nimmt ihn heraus aus dem schützenden, absichernden Kreis der Konventionen und Selbstverständlichkeiten, was nicht immer einen Gegensatz zu ihnen zu beinhalten braucht. Der Einzelne kann ihnen auch, wie wir noch sehen werden, unter der Dusollst-Forderung neu, d. h. bewußt, willentlich und entschieden zugeeignet werden.[6]

Die das personale Menschsein konstituierende Forderung Gottes nun kann nur radikalen Du-sollst-Charakter haben. Sie durchbricht und zerbricht alles natürliche menschliche Selbstverständnis, das Sichverstehen auf das, was man gemeinhin tut. Sie nimmt den Menschen in eine unbedingte Hörigkeit gegenüber einem infragestellenden Anderen.

---

[5] *Politische Ethik* 3.

[6] Vgl. dazu a. a. O. 8f.: über das „man" auch Bultmann, *Glauben und Verstehen* I 136f.

Dadurch gewinnt das ethische Problem im Glauben eine grundlegend andere Gestalt als das natürliche ethische Problem, bei dem es Gogarten zufolge letztlich immer um die Selbstbehauptung des menschlichen Lebens in Sitte und Konvention gegenüber Welt und Umwelt geht.[7] Wie auch immer eine natürliche Ethik sich im einzelnen artikulieren mag, ihr innerstes Anliegen und Ziel richtet sich auf die Selbständigkeit, den Selbstand, das In-sich-stehen und In-sich-ruhen des Menschen, auf sein richtiges Zu-sich-kommen und Bei-sich-sein. So orientiert sie sich gemäß natürlichem Verständnis auch völlig richtig, denn nur so kann sie sagen, wie der Mensch verantwortlich, pflichtgemäß, gewissenhaft usw. zu handeln vermag. Und auch unter der Forderung Gottes muß der Mensch seine Handlungen, das Gesamt seiner Entsprechungsleistungen gegenüber dem fordernden Wort, verantwortlich übernehmen. Das gehört zum Personsein. Unter diesem Aspekt besagt Personsein jetzt: „um sich selbst wissen, und zwar verantwortlich um sich selbst wissen, das heißt so, daß ich als ich selbst zu verantworten habe, wie ich bin und was ich tue". Aber nach „der unter uns üblichen Auffassung", im Verständnis der natürlichen Ethik, „ist der Mensch dieser Selbst, um den er als Person seiend weiß, aus sich selbst und vor sich selbst",[8] womit diese Auffassung dem von Gogarten gemeinten Personsein diametral entgegensteht.

Nun aber wird der Mensch unter der radikalen Du-sollst-Forderung des Wortes aus solcher Verfügungsmacht über sein Selbst herausgenommen. Das Wort enthüllt, daß die eigene Verantwortlichkeit des Menschen sich durch und durch auf die gebieterische und alles übermächtigende Forderung des ganz Anderen bezieht. Verantwortung ist zugleich restlose Überantwortung in die Bindung an das Antworten auf diese Forderung. „Hier bin ich nicht mir verantwortlich für mein Selbst. Sondern hier bin ich dem Andern verantwortlich für mich selbst. Das ist beide Male ein völlig anderer Begriff des Selbst."[9] Das Selbst hat sich in die Antwort und damit in die Hingabe an den Anderen zu verfügen. Es existiert nicht mehr als ein Aus-sich-seiendes und Für-sich-seiendes, sondern als das vom ganz Anderen her Begründete und ihm Antwort Gebende, insofern ihm ganz als Antwort Hingegebene. Menschsein in diesem Verständnis ist darum in einer weiteren Festlegung Gogartens *Vom-Andern-her-sein*.[10] Eigentliche Verantwortung

[7] Vgl. Gogarten, *Politische Ethik* 13ff. [8] a. a. O. 16.
[9] a. a. O. 18.
[10] Vgl. a. a. O. 19.

liegt dann im hingebenden Vollzug des Vom-Andern-her-seins, im Für-den-Andern-da-sein. „In diese Verantwortung kann ich mich darum auch nicht aus freiwilligem Entschluß, das heißt nicht als der, der ich aus und vor mir bin, begeben. Sondern in dieser Verantwortung finde ich mich als der selbst, der ich bin, vor; ich bin in ihr als dieser Selbst wesenhaft und ursprünglich. Denn dieser selbst, der ich bin, bin ich vor dem Andern und von ihm her, nicht vor mir und von mir her."[11] Die Übernahme solcher Verantwortung verlangt dann die Aufgabe aller Selbstverfügung und jener Denkweise des Menschen, in der er sich selbst gegenständlich wird, sich verfügend mit sich selbst beschäftigt. Die ver-antwortliche Person muß in dem, was sie für sich ist, zerbrechen in den Bezug der Forderung Gottes und ihrer Antwort auf diese Forderung, damit der Bezug ganz und gar Bezug und somit die Person durch und durch Person sei.

An diesem Punkte beginnt für Gogarten und ebenso für Bultmann eine schwierige Problematik, die eigentlich ethische Problematik, der „schauerliche Zwiespalt". Wir deuteten sie im letzten Kapitel bereits kurz an und müssen nun näher auf sie eingehen. Hingabe, Antwort und Verantwortung sind in ihrem Sinn zwar eindeutig, im Vollzug geraten sie jedoch notwendigerweise in eine Zweideutigkeit. Sie sind jedoch nur, was sie sind, im Vollzug und als Vollzug. Sie müssen also eigens vollzogen werden, sie müssen sich im Vollzug bewähren, sie sind als Leistungen vom Menschen aufzubringen. Dazu gehört aber eine Art Selbständigkeit, ein Maß an Freiheit seitens des Menschen. Gogarten versteht auch diese Freiheit sofort im Sinne des Frei-seins-für die Forderung, und er hebt diesen Freiheitsbegriff scharf ab von der Ungebundenheit, als die er die Freiheit-von-etwas begreift. In der Terminologie Bultmanns ist die gemeinte Freiheit des Offenstehen für eine Zukunft, ein auf den Menschen Zukommendes und ihn Einforderndes,

---

[11] a. a. O. Das Tun, das in der Hingabe an die Verantwortung, im Sichverfügen in die Verantwortung liegt, ist deshalb stets Vollzug eines Seins, das dem Menschen zufolge seiner Geschichtlichkeit zukommt. Er ist zufolge des Worts-Antwortgeschehens immer schon in die Verantwortung gestellt, ob er sich ihr fügt oder entzieht. Ihr ἔϑος gehört somit in ihr ἦϑος hinein und gehört diesem zugleich notwendig zu. Vgl. dazu bes. *Entmythologisierung und Kirche* 54f., *Theologie und Geschichte* 346f. Bultmann spricht in diesem Zusammenhang von der Einheit von Imperativ und Indikativ. Die Verantwortung des Menschen besteht, und dennoch ist sie immer auch aufgegeben als ein zu Leistendes, das nur vollzieht, was schon ist. Und dieses Sein schlägt auch in der Verweigerung des Vollzuges durch. Ja, es wird sich erweisen, daß in ihr Sein Verweigerung und Nichterfüllung immer mithineingehören. Vgl. dazu *Glauben und Verstehen* I 230, III 43, 203, 174f., *Theologie des Neuen Testaments* 103, 334ff., 432, *Exegetica* 43.

kraft dessen der Mensch gerade nicht mehr sich selbst gehört.[12] Die mit solchem Frei-sein-für gleichwohl notwendig einhergehende Selbständigkeit, derzufolge ich mein Handeln verantwortlich übernehme, wird erst konstituiert aus dem Anspruch vom Anderen, von Gott, her. „Vor ihm stehe ich als der selbst, der ich bin: das heißt hier Selbständigkeit . . . Mein ‚ich selbst sein' ist nichts anderes als mein ‚dem Andern verantwortlich sein'. Ich bin ihm in Verantwortung hörig. Und dieses dem Andern in Verantwortung hörig sein ist mein Frei-sein. Denn in Verantwortung sein, das heißt frei sein. Ich bin dem Andern verantwortlich für mich. Nämlich dafür, ob ich ihm hörig bin in der Weise der Liebe oder des Hasses, des Vertrauens oder des Mißtrauens, des Gehorsams oder des Ungehorsams usw."[13] Diese Hörigkeit und Gebundenheit ist der Gehalt der Entsprechung, aber die Entsprechung steht zur Entscheidung, die in dem Oder liegt. Um solche Entscheidung zugunsten der oder gegen die Hörigkeit kommt der Mensch nicht herum. Sie muß übernommen werden. Gerade das Geheiß der Übernahme schließt die Selbständigkeit des Aktes der Übernahme ein, eine Selbständigkeit, die ganz in der Hörigkeit gründet und um ihretwillen eingeräumt ist. So machen Hörigkeit und Selbständigkeit im Vollzug der Übernahme zusammen erst „das Phänomen des Ethischen" aus.[14]

2. Unaufhebbares Schuldigsein der Existenz

Indem die Forderung des Du-sollst seitens des Wortes Gottes die Entsprechung als die Zusammennahme von Hörigkeit und Selbständigkeit verlangt, legt sie das *Schuldigsein* des Menschen offen. Mit dem Aufweis dieses Schuldigseins gelangt die Ethik Gogartens und Bultmanns zu ihrer zentralen Aussage. Auch sie ist wiederum streng aus dem Geschehen der Geschichte zwischen Wort und Antwort und insofern aus der Geschichtlichkeit der Existenz zu begreifen, wenn man den Theologen hier in ihrem spezifischen Verständnis folgen will. Das Wortgeschehen, das die ethische Forderung des Du-sollst an den Menschen erbringt, deckt das Schuldigsein des Menschen zufolge seines Geschehnischarakters in einem doppelten Betracht auf. Erstens

---

[12] Vgl. dazu bes. *Glauben und Verstehen* II 57, 70f., *Theologie des Neuen Testaments* 332ff. sowie bes. *Geschichte und Eschatologie* 178ff.

[13] Gogarten, *Politische Ethik* 32f.

[14] Vgl. a. a. O. 33.

enthüllt die Forderung als Forderung in ihrem Geschehen schon, daß der Mensch von vornherein im Widerspruch zu ihr lebt. Er muß eigens gefordert, aus seiner Lage herausgerufen und zur Entsprechung aufgerufen werden. Zweitens und zugleich damit sagt sie, daß der Mensch ihr frei und verantwortlich entsprechen soll. In solcher Entsprechung gewinnt der Mensch die dem Wortgeschehen und damit seiner eigenen Geschichtlichkeit, also seinem Wesen, adäquate Existenz, seine eigentliche Existenz, in der er sich seinem Wesen gemäß zueigen ist. Und darauf muß es ihm unter der Forderung immer ankommen. Indem der Mensch der Forderung zu entsprechen sucht, geht es ihm zugleich notwendigerweise um seine Eigentlichkeit, um sein wesensgerechtes Selbstsein. Die Eigentlichkeit bezeichnet den Status des Menschen, in dem er sich zueigen wird. Sichzueigensein und vor allem das Streben danach, das Sichzueigenseinwollen, der Wille des Menschen, der sich auf sich selbst richtet, sind aber Modi des Verfehlens des Wortes Gottes und seines herrscherlichen Anspruchs. Die Tendenz nach Erfüllung der geschichtlichen Forderung, sofern sie sich zugleich auf die Erfüllung der wesensmäßigen Geschichtlichkeit des Menschen selbst richtet, verkehrt sich folglich immer sofort auch in das Versagen, ein Sichversagen gegenüber dem Anspruch der Forderung. Der Mensch versagt sich der Forderung, indem er ihr zu entsprechen sucht.[15]

---

[15] Vgl. dazu *Politische Ethik* 208, *Illusionen* 131ff., *Verhängnis und Hoffnung der Neuzeit* 35ff. Damit befindet sich einerseits der Mensch im Widerspruch mit sich selber, sofern sein geschichtliches Wesen durch Hörigkeit bestimmt ist. Anderseits entspricht er aber gerade seinem Wesen, sofern dieses den Widerspruch und Gegensatz gegen die Forderung des Wortes ja bereits aufgrund dessen Geschehnischarakters einschließt. Dies kommt eben dadurch zum Ausdruck, daß der Mensch, indem er sein Hörigsein erfüllen will, nach seiner Eigentlichkeit streben muß, daß es ihm dabei also um sich selbst geht, was dem Hörigsein widerspricht, was sich aber aus dem Hörigsein bzw. dem es enthüllenden Wort-Antwort-Geschehen zugleich erklärt. Hier waltet also eine strikte Gegenwendigkeit, ein dialektischer Zwiespalt im Wesen des Menschen. Ihn deutet R. Hauser (*Autorität und Macht* 101) an, wenn er — allerdings ohne die hier sich scharf durchsetzende Dialektik und Paradoxie der Geschichtlichkeit der Existenz streng genug zu fassen — formuliert: „Tatsächlich befindet sich der Mensch in einem Widerspruch mit sich selber. Er ist in Abhängigkeit, in Hörigkeit geschaffen und kann doch nicht aufhören, er selbst sein zu wollen in Eigenständigkeit. Dadurch kommt notwendig die Lüge in sein Leben; er verneint sein eigentliches Sein, das nur in der Abhängigkeit sich verwirklicht. Er bleibt sich, wie Gogarten sagt, dem Anderen schuldig ... Diese Schuld ist eine Grundtatsache des menschlichen Seins, ja sogar die eigentliche Grundlage aller ethischen Erkenntnis". Hierzu muß festgehalten werden: Der Mensch verneint sein „eigentliches" Sein gerade dadurch, daß er nach seiner Eigentlichkeit strebt. Damit kommt die Lüge (der Widerspruch gegen sein Hörigsein) in sein Leben, die aber einen wichtigen, untilgbaren Bestandteil der Wahrheit seines geschichtlichen Wesens ausmacht.

Mit gleich scharfer Betonung stellt Bultmann in Auslegung vor allem der paulinischen und johanneischen Theologie das Schuldigsein des Menschen unter und vor der Forderung Gottes heraus. So heilig und unverbrüchlich Gottes Forderung ist, sie dient dem Menschen dazu, mit ihrer Hilfe sich selbst zu gewinnen. Paulus wendet sich deshalb gegen das jüdische Gesetz, weil mit ihm die göttliche Forderung geradezu zum Mittel der Befriedigung des menschlichen Geltungsbedürfnisses wird. Dieses „Geltungsbedürfnis" richtet sich auf den Gewinn der richtigen Stellung vor Gott, der richtigen Entsprechung gegenüber der Forderung Gottes, der eigentlichen Existenz. Als Leistung des Menschen ist dies sofort Verfehlung des Anspruchs Gottes. Menschliche Leistung und menschlicher Leistungswille handeln grundsätzlich gegen Gott, wohingegen die direkte Übertretung der Forderung Gottes im einzelnen sekundäres Gewicht hat. Nur der Leistungswille einer möglichst richtigen Erfüllung der Forderung Gottes versteigt sich zu einer Gerechtigkeit, bei der es um die Stellung des Selbstseins vor Gott geht, die deshalb zur Selbstgerechtigkeit, zum Selbstruhm vor Gott wird und damit der Ursünde verfällt. Denn hier wird gerade die Ehre des allein gerechten Gottes angetastet.[16] Eben im Erfüllungswillen des Menschen bricht somit der Zwiespalt auf, daß der Mensch der Forderung Gottes nachkommen will, doch so, daß er sich dabei auch immer selbst gewinnen will und deshalb vor Gott schuldig wird, Gottes Forderung die Antwort der reinen Hingabe schuldig bleibt. „Der Mensch ist also, mag er das Gesetz erfüllen oder übertreten, ein Sünder. Denn erfüllt er es, so tritt er damit doch nicht aus der Bestimmtheit seines Lebens heraus, die charakterisiert ist durch den Willen, die eigene Gerechtigkeit aufzurichten."[17] In diesem Schuldigsein also und nicht etwa in einer minderwertigen Moral liegt die Ursünde des Menschen, die durch alles, was der Mensch tut und um solchen Tuns willen will, nicht aufzuheben ist.[18] Deshalb betont Bultmann pointiert, daß gerade das (gegenüber der Forderung) pflichtgemäße und ehrenwerte Tun „kein christliches Tun"[19] sei, d. h. kein in Wahrheit rechtes Tun vor Gott. „Christlich" daran ist vielmehr zunächst allein das radikale Sündigsein dieses Tuns bzw. das Bewußtsein solcher Sündigkeit und

---

[16] Vgl. dazu *Glauben und Verstehen* II 40f.

[17] a. a. O. 47.

[18] Vgl. *Glauben und Verstehen* III 24, 42; zum Ganzen auch *Theologie des Neuen Testaments* 187ff., bes. 249ff., 260ff., *Exegetica* 208f.

[19] *Glauben und Verstehen* I 15.

ihrer Unabtrennbarkeit von diesem Tun.[20] Im Widerstand und im Entsprechenwollen herrschen also für Gogarten und Bultmann gleichermaßen das Schuldigbleiben gegenüber der Forderung, das Schuldigsein innerhalb des Wortgeschehens, das Verschuldetsein der Geschichtlichkeit des Menschen. Somit wird durch die Forderung das Schuldigsein als das Zugleich von anthropologischer „Wahrheit" und „Lüge" erschlossen.[21] Das Schuldigsein erweist sich als Lüge gegen die Wahrheit und erweist damit doch zugleich diese Lüge als die Wahrheit des Menschen.

Auch hier kommt wieder die Rückbezüglichkeit eines theologischen Denkens, das die Wahrheit ganz aus dem Vom-Andern-her-sein begreifen will, auf die Subjektivität des Menschen zum Ausdruck. Zwar soll das Vom-Andern-her-sein eine Wahrheit nennen, die gleichsam auf den Menschen herabkommt, die ihn überkommt, konstituiert gerade aus einem Geschehnis, das vom Wort Gottes ausgeht und die Antwort des Menschen in sich einbehält, aber es verweist doch immer ineins damit auf das Selbstsein des Menschen, das es betrifft und auf das es trifft, von dem es nicht zu abstrahieren ist. So betont denn Gogarten ausdrücklich, man habe mit der Frage der Wahrheit (der menschlichen Existenz als des Vom-Andern-her-seins) noch nicht zu tun, „wenn man sie stellen wollte in Absehung davon, daß je ich ich selbst bin".[22] Die Wahrheit, nach der gefragt wird, ist immer auch die Wahrheit meines Selbstseins, zuerst die Wahrheit *über* mein Selbstsein, die dieses betrifft, aber dann zugleich auch immer mitbeinhaltet. Einerseits kann Gogarten sagen: Die Antwort, die ich der Forderung des Wortes zu geben habe, hat zum Inhalt, ob ich in Wahrheit ich selbst bin vor und für Gott gemäß dem Wesen meiner Geschichtlichkeit oder nicht. Doch zugleich gilt, daß mit der Frage die Wahrheit bereits geschieht, ob ich der Forderung nun wissentlich und willentlich entspreche oder nicht, ob ich ihr gehorche oder nicht. Denn im Gehorchen wie im Nichtgehorchen bin ich auf die Forderung bezogen, und zwar so, daß es dabei jedesmal um mein Selbstsein vor der Forderung, entweder für oder gegen sie, geht. Auch das Nichtgehorchen wird zu einer — negativen — Weise der Entsprechung des Selbstseins gegenüber der Forderung, und die positive Entsprechung stellt umgekehrt noch immer ein Sichversagen gegenüber der Forderung dar, weil es mir auch in allem Gehorchen um mich selbst geht.

[20] Vgl. *Theologie des Neuen Testaments* 432.

[21] Vgl. dazu Gogarten, *Politische Ethik* 34ff.

[22] a. a. O. 37.

Die Wahrheit, von der hier die Rede ist, ist also in sich widersprüchlichen Charakters, zufolge dessen sich die ethischen Aussagen über sie bei Gogarten gegenseitig in den Wirbel einer Unterschiedslosigkeit aufheben und auflösen, welche in der unauflösbaren Spannungseinheit von Geschichtlichkeit und Subjektivität im Wesen des Menschen gründet. Ganz ebenso wie der Gebrauch des Wortes „Geschichtlichkeit" verliert die Rede von der „Wahrheit" zufolge ihres dialektischen Rückbezugs auf die Subjektivität ihren eindeutigen Sinn. Sie schließt das, wogegen sie sich zunächst richtet, in seiner Faktizität als einen ihr selbst zugehörigen, von ihr als solchen entborgenen und bestätigten Gehalt integral mit ein. Zunächst ist die Wahrheit die Wahrheit der ethischen Forderung des Du-sollst, die die Antwort auf das Wort erheischt als Aufgabe des Selbstseinwollens. Zugleich aber ist sie doch nur die Wahrheit des Selbstseins selbst, sofern dieses im Entsprechen und Verfehlen der Forderung zentral im Spiel ist. Die Wahrheit wendet sich gegen die „Lüge" des Selbstseins und ist dennoch auch wieder nur Decouvrierung der Faktizität dieser Lüge, die damit selbst zur Wahrheit wird. Die „Lüge" erhält in ihrer Unaufhebbarkeit gewichtigen Anteil an der Wahrheit. Deshalb entzieht sich die Wahrheit zugleich in die Verborgenheit. Sie verweist von sich auf die Lüge, diese als Lüge decouvrierend und ihr zugleich den Wahrheitsanteil einräumend. Aufgrund solchen Wahrheitswesens der Lüge gibt es dann aber keine reine Wahrheit jenseits der Lüge, des Schuldigseins. Das Schuldigsein (die „Lüge") *als* unaufhebbares Schuldigbleiben vor der Forderung Gottes: dies ist die einzige offenbare und zugleich verborgene Wahrheit. „Daß diese Wahrheit geschieht, trotz meines Widerspruches und meiner Lüge, und daß ich durch und in ihrem Geschehen ich selbst bin, das ist es, was mir im Vernehmen des ‚Du sollst' offenbar wird. Und zwar nicht als eine an und für sich seiende Wahrheit, sondern in meinem Selbstsein; darin nämlich, daß ich, indem ich das ‚Du sollst' vernehme, um mich selbst weiß, der ich in Wahrheit bin. Zugleich aber wird mir darin offenbar, daß ich mich dieser Wahrheit, durch deren Geschehen ich ich selbst bin, widersetze, daß ich also in der Lüge bin. Die Wahrheit hört darum nicht auf zu geschehen. Denn ich kann nicht aufhören ich selbst zu sein, und insofern geschieht die Wahrheit, und sie ist durch gar nichts, was ich auch tun mag, aufzuheben."[23]

Die Wahrheit als Wahrheit der Forderung des Du-sollst gilt Gogarten auch als das „Gute"; sie ist das Gute für den Menschen. Zufolge

[23] a. a. O. 38.

ihrer Verschränkung mit der Lüge, da sie zugleich die Wahrheit des Selbstseins ist, ist dann auch das Gute nicht ohne das „Böse“, das die Lüge für den Menschen ist. Das Gute geschieht ebenfalls gegen das Böse und doch nicht ohne es, nicht ohne daß es im Bösen geschieht und das Böse im Guten. Es geschieht einerseits *nicht* im Bösen, sofern es dieses *als* das Böse offenlegt. Es geschieht anderseits *durchaus* im Bösen, sofern dieses immer schon *herrscht*. „In welchem bestimmten Sinn geschieht nun aber das Gute nicht? Es geschieht ... in dem Sinne nicht, daß dann, wenn ich böse bin, mein Selbst-sein zur Schuld wird. Ich bin auch dann, wenn ich böse bin, wenn ich in Haß, Mißtrauen, Ungehorsam usw. gegen den Andern ich selbst von mir her sein will — ich bin auch dann, so gewiß ich bin, vom Andern her. Aber ich bin es dann in Schuld. Ich schulde mich ihm dann.“[24] „Dann“ — diese Redewendung besagt hier nicht eine beliebige, wählbare Möglichkeit des Verhaltens unter anderen, sondern eine notwendige Seinsweise der Existenz, die ihr immer schon mitgeht. Das Bösesein der Existenz ist als das notwendige Insichstehen des Selbstseins zu begreifen, vermöge dessen die Existenz die von ihr geforderte Entsprechung aufzubringen sucht und mit der Forderung zugleich immer in Widerstreit liegt. Die Existenz wird in solchem Bösesein schuldig vor dem Andern. Dieses Schuldigsein begreift sich überhaupt nur aus dem Verhältnis zum Andern. Es bestätigt und besiegelt insofern dieses Verhältnis. Zugleich stellt es die Weise dar, wie dieses Verhältnis geschieht. Insofern bildet es doch die eigentümliche Art der Entsprechung des Menschen gegenüber dem Andern in dem Verhältnis, eine Entsprechung allerdings, die der geforderten Entsprechung stets unangemessen bleibt und sie gerade verfehlt. Die Forderung fordert eine unmögliche Entsprechung und zeitigt die Entsprechung im Schuldigsein. Diese ist noch Gabe und Gewähr des Verhältnisses vom Andern her und darum als das Böse noch das Gute, was aber nicht am Menschen liegt — der von ihm selbst her schlechthin böse bleibt —, was sich vielmehr nur aus dem Verhältnis, also aus der Gewähr des Guten ergibt. So kann Gogarten kurz sagen, in dem Schuldigsein des Menschen herrsche gerade die Hörigkeit, die Gebundenheit,[25] jedoch so, daß Schuldigsein und Hörigsein zugleich im Widerstreit liegen. Die Wahrheit, die über die menschliche Existenz aus dem Wortgeschehen ausgesagt wird, zeigt die Existenz im Widerspruch zu dieser Wahrheit, als das Mitteninnestehen im Widerstreit

[24] a. a. O. 44.
[25] Vgl. a. a. O. 45.

von Gut und Böse, Hörigsein und Schuldigsein, worin beide Seiten in der einzig denkbaren — die Geschichtlichkeit des Geschehens berücksichtigenden Weise — übereinkommen. Der Existenz kommt somit ein Stand im Streit oder ein Ausstand in der Übereinkunft zu.[26]

Solche Paradoxie scheint die Absurdität des Lebens hinsichtlich seiner Stellung gegenüber Gott, also aus der Sicht der „religiösen Ethik“ betrachtet, zu besiegeln. Das Schuldigsein steht im Verhältnis des Guten, und dieses enthüllt als Forderung zugleich das Bösesein des Schuldigseins. „Der Mensch ..., der die Forderung eines ‚Du sollst‘ vernimmt, und der darum von seiner Schuld weiß, hat sein Leben im Guten ... solange er ist, ist er er selbst, und er ist er selbst darum, weil das Gute geschieht, und es gibt kein Böses ohne das Geschehen des Guten, und darum ist dieser Mensch er selbst. Als dieser, der er selbst ist, vernimmt er das ‚Du sollst‘. Aber dieser selbe Mensch ist böse, er ist im Bösen. Ist das Böse als das Böse, als das Nichtige enthüllt, das es ist, so kann der Mensch, der um sich selbst als einen bösen weiß, nicht mehr leben. Er kann weder das eine noch das andere, weder leben noch nicht leben“[27]. Zufolge des Verhältnisses also, in dem die Geschichtlichkeit der Existenz gegründet und gegeben ist, wird ihr der Boden auch wieder entzogen. Ihr Sein erweist sich als Nichtseinkönnen (vor der Forderung des Wortes), und ihr Nichseinkönnen zeigt sich als ihr einziges Sein (aus der Gabe des Wortes). Die Nichtigkeit wird zu der die Existenz durchherrschenden, insofern seinshaften „Macht“. Sie entspringt der Wahrheit und ihrem Widerstreit von Gut und Böse, in dem das Böse die geraubte Existenz des Guten ist und als solche noch das Gute bleibt, aber im Modus der Privation, als das Böse. Aus der Nichtigkeit des Schuldigseins in Hörigkeit und als privativer Hörigkeit folgt: „ich kann weder ich selbst sein noch kann ich nicht ich selbst sein. Und die Macht, von der wir sprechen, ist die Macht, die mich in dieser Nichtigkeit meiner selbst festhält, der ich in dieser Nichtigkeit hörig bin, von der her ich ich selbst bin und von der her ich doch zugleich gerade nicht ich selbst sein kann. Und insofern ist sie die Macht des Guten und zugleich die Macht des Bösen, beides in einem zusammen“.[28] Meine Existenz ist mir durch das Wortgeschehen folglich immer gerade nur als aussichtslose und vergebliche gegeben, und zwar kraft der Forderung, doch bleibt sie darin noch als die Gabe gewährt.[29]

---

[26] Vgl. dazu a. a. O. 46. [27] a. a. O. 47.
[28] a. a. O. 50.
[29] Vgl. a. a. O. 50f.; dazu Bultmann, *Glauben und Verstehen* I 30.

Steht es so, dann gelangt aber nun die Existenz doch noch in eine letzte, äußerste Entsprechung gegenüber der Forderung und Gabe des Wortes: wenn sie nämlich ihr unaufhebbares Bösesein und ihre sie zutiefst durchherrschende Nichtigkeit als Gegebenheiten, insofern als „positive Wirklichkeit" anerkennt und übernimmt, wenn sie mithin zur bewußten und willentlichen Einsicht in den schauerlichen Abgrund des eigenen Böse- und Schuldigseins kommt.[30] In solcher Einsicht und in solchem Bekenntnis entäußert sie sich dann gerade aller positiven Qualitäten des Selbstseins, sie versichert sich aber nocht ihres Seins (ihres Gesetzt- und Gewährtseins) in dessen Negativität und in deren Unaufhebbarkeit. Das Selbstsein hat die Erkenntnis der schuldhaften Nichtigkeit seiner selbst als etwas Unausweichliches zu übernehmen und im Bekenntnis sich dazu, d. h. zu sich selbst, zu dem Gut dieser Gabe in der Forderung, vor der sie als das Nichtige erscheint, zu bekennen. Aber auch noch diese Erkenntnis und dieses Bekenntnis sind nur denkbar als Gaben der Offenbarung des Wortes, und zwar als Gaben, die ja wiederum eine Forderung auf Erfüllung einschließen, vor der auch sie abermals schuldig werden. Die Erkenntnis und das Bekenntnis des unaufhebbaren Schuldigseins als Gabe zu empfangen, sich gewähren zu lassen und zu übernehmen — darin liegt die letzte, äußerste Forderung, die an den Menschen ergeht.[31] Sie hebt seine Subjektivität auf, indem sie den Menschen seines Aus-sich-seins radikal entäußert und zugleich gerade die Unaufhebbarkeit des Selbstseins aussagt, ja als Gabe bezeugt. Die Existenz kehrt in solcher Erkenntnis und in solchem Bekenntnis in ihr Selbstsein ein, doch ist dieses nicht mehr ihr Eigentum, vielmehr empfängt sie es als Gabe, kraft deren ihr Böses gut und zugleich doch unaufhebbar böse ist.

Wenn es sich so verhält, dann gehört zur Erkenntnis und zum Bekenntnis des Schuldigseins mithin ein unverrückbares „Bleiben in der Sünde" und nur so ein Bleiben in der Hörigkeit gegenüber Gott. Umgekehrt betrachtet geht folglich aber in der Sünde das Personsein des Menschen nicht verloren, im Gegenteil, seine Bezughaftigkeit, auf die sich der Personenbegriff bei Gogarten ja einschränkt, erweist sich hier am stärksten. Dieser Umstand hat zur Folge, daß der Mensch bei aller Unvermeidbarkeit des Schuldigseins und der Subjektivität für sie doch verantwortlich bleibt. Er muß für seine Sünde, für sein Bösesein, für seine Nichtigkeit vor Gott, durch dessen Wort er so dasteht, als für etwas

[30] Vgl. Gogarten, *Politische Ethik* 50ff., außerdem 148.
[31] Vgl. dazu *Die Verkündigung Jesu Christi* 481f.

Verschuldetes einstehen. Sie ergeben sich ja daraus, daß der Mensch Gott gegenüber etwas schuldig bleibt, so unausweichlich sich das auch mit dem Wortgeschehen, also mit seiner Geschichtlichkeit, mit seinem Wesen schon ereignet. Trotz dieses Sachverhaltes lehnt Gogarten es scharf ab, die Sünde im Sinne der theologischen Erbsündevorstellung als kausale Verursachung und insofern als einen festen Zustand für den Menschen zu verstehen.[32] Er versucht auch die Erbsünde in sein geschichtliches Denken einzubeziehen. „Sünde ist also das, was man herkömmlicher Weise Erbsünde nennt. Man darf diesen Begriff nur nicht so verstehen, als solle mit ihm in der kausalen Zurückführung auf den Fall Adams eine Erklärung für die allgemeine Sündigkeit des Menschen gegeben werden. Damit würde der Sünde ja gerade das für sie konstitutive Element der Verantwortlichkeit genommen. Sie wäre dann keine Sünde mehr. Das Wort ‚Erbsünde' soll die Totalität des Sündigseins des Menschen ausdrücken".[33]

Stattdessen soll, so schwierig es sich darstellt, in dem rein geschehnishaft konstituierten und verstandenen Schuldigsein die Verantwortung des Menschen gewahrt sein. Mit Luther sucht Gogarten hier „zwei Gedanken in eins" zu denken, „die für ein oberflächliches Denken unvereinbar sind. Nämlich einerseits die schlechthinnige Verantwortlichkeit des Menschen für seine Sünde. Andererseits die Unausweichlichkeit der Sünde. Die Sünde liegt wie ein Verhängnis auf dem Menschen, dem er sich auf gar keine Weise entziehen kann. Dieser scheinbare Widerspruch ist der Ausdruck dafür, wie hart, wie eng und unausweichlich der Mensch von Gott umstellt ist. In dieser Enge, in diesem Gestelltsein, das aufs Ganze geht, ist es ihm unmöglich, sich von seiner Sünde zu unterscheiden. Sie ist ein Faktum, das ununterscheidbar zu ihm gehört. Er selbst ist seine Sünde".[34] Aber das Schuldigsein verweist auf sein Umstelltsein, und das Umstelltsein enthüllt das Schuldigsein. Der Mensch lebt in einer äußersten Fremdheit gegenüber dem Anspruch und der vernichtenden Gewalt des verborgenden Gottes,[35] zugleich aber doch auch in einer letzten Geborgenheit, die das fordernde, stellende und umstellende Sichzuwenden Gottes gewährt.[36] Die Geborgenheit und das Gute widerfahren dem Menschen eben noch dadurch, daß Gott sein

---

[32] Vgl. dazu bes. *Der Mensch zwischen Gott und Welt* 365ff., *Die Verkündigung Jesu Christi* 300ff.
[33] Die *Verkündigung Jesu Christi* 300.
[34] a. a. O. 302.
[35] Vgl. a. a. O.
[36] Vgl. dazu a. a. O. 481ff.

Selbstsein stellend umstellt, zwar in die Enge treibt, jedoch auch in ihr umfängt, so daß der Mensch aus ihr gerade nicht herauskommt. Forderung und Gabe des Selbstseins der menschlichen Existenz in ihrem Schuldigsein sind eins. Gottes Mich-mir-geben und Mich-von-mir-fordern sind ein und dasselbe Geschehnis.[37] Ihm entspricht von seiten des Menschen die Haltung, die sich — den schuldigen Menschen — Gott gut sein läßt, sich ihm hörig weiß, ihm immer auch schuldig bleibt, sich also als das Böse erkennt und weiß, daß es gerade das Schuldigsein ist, das sich Gott gut sein läßt, so daß es ihm auch damit noch die Entsprechung versagt. Es kommt für den Menschen darauf an, seine Existenz von Gott hinzunehmen und sich ihm zu geben, aber gerade als eine schuldige, die nicht mehr glaubt, damit von sich aus gut zu werden, „gerechtfertigt" zu sein. In solchem Verzicht auf alles Eigene liegt dann die Übernahme der letzten noch denkbaren, von Gogarten aber um so entschiedener festgehaltenen, jedoch rein formal verstandenen Verantwortung. Sie ist als Akt des Menschen ja ihrerseits wieder schuldig und böse und gereicht insofern abermals nur zum „Fluch" und zur „Verdammnis".[38] Dennoch stellt sie die bestmögliche Antwort auf die Forderung des Wortes innerhalb der Möglichkeiten des Schuldigseins dar. Sie überläßt sich *im* Schuldigsein der Verwiesenheit des Menschen an das Gericht und die Gnade Gottes.

Die Konsequenz, die in diesem Stadium der Entwicklung der Ethik Gogartens[39] zu ziehen ist, lautet: Der Anspruch des Wortes gibt wohl die Erkenntnis des Bösen und die Fähigkeit zum Bekenntnis des Bösen, aber nicht die Möglichkeit, das Gute zu tun.[40] Der böse Mensch erkennt die Macht des Bösen über sich, die zwar der Macht des Guten entstammt, ihn aber auf sein Bösesein immer wieder zurückwirft und fordert, die Erkenntnis des Böseseins als eines solchen zu vollziehen. Die alles tragende und gewährende Macht des Guten enthüllt die Macht des Bösen und treibt die Existenz, da das übermächtige Bösesein nur durch eine entzughaft waltende Macht des Guten enthüllt und qualifiziert wird, in die Verzweiflung, in die verzweifelte Sinnlosigkeit des

---

[37] Vgl. dazu *Politische Ethik* 70f.

[38] Vgl. a. a. O. 72f.

[39] auf den wir uns im letzten Abschnitt, der die Verantwortung des Menschen als Verzichthaltung beschrieb, im großen Ganzen beschränken mußten, während wir auf die genaueren ethischen Vorstellungen Bultmanns im folgenden Kap. (vgl. 2. Abschn.) mit der Erörterung der Christologie eingehen, mit der sie bei ihm im engsten Zusammenhang stehen.

[40] Vgl. aber z. B. auch Bultmann, *Theologie des Neuen Testaments* 376ff., *Glauben und Verstehen* I 138f.

Böseseins vor dem Guten. Die Existenz wird des Guten nicht habhaft und kommt aus dem Bösen nicht heraus. Sie weiß zugleich darum, sie weiß also um ihren Tod, wie Gogarten sagt, und um diesen — um die Vernichtung aller Ansprüche auf ein Gutsein, auf „Rechtfertigung" — als das einzige „Positive", die einzig gewisse „Gabe", die einzig denkbare „Geborgenheit".[41]

Somit ergibt sich eine totale Krisis des Sittlichen, des menschlichen Handelns, zufolge der Geschichtlichkeit des Wortes Gottes. Der Mensch sieht sich des Guten wie des Bösen nicht mehr mächtig, des Guten nicht, weil es sich stets in der Gabe entzieht, des Bösen nicht, weil es übermächtig in seinem Leben herrscht.[42] Die Problematik der Ethik beruht darin, daß sie vom Guten und Bösen reden muß, und zwar so, daß mit der Rede vom Bösen immer bereits auch vom Guten zu sprechen ist und daß sich nur aus der Spannung zum Guten vom Bösen reden läßt.[43] Wenn der Mensch aber über beide nicht mehr als über eigene Möglichkeiten verfügt, zwischen denen er sich entscheiden kann, dann wird seine ethische Existenz fragwürdig. Der Frage, was er tun kann, um die an ihn ergehende Forderung zu erfüllen, dem Anspruch des Wortes und damit seiner eigenen Geschichtlichkeit zu entsprechen, wird die Antwort zuteil, daß er selbst nichts tun könne, daß er es vielmehr bei einem von der Haltung des Verzichts auf das eigene Tun bestimmten Nicht-tun bewenden lassen müsse, welches aber *als* Haltung und insofern auch noch *als* Tun selbst seinerseits vor dem Wort fragwürdig werde. Nun handelt aber der Mensch in seinem natürlichen täglichen Leben unablässig. Alles, was er hier tut, tut er, aus dem Wortgeschehen begriffen, dann zum „Tode". Und nur *im* Tode, sofern er alles *als* „Sterbender" tut, der mit seinem Tun nicht mehr das „Leben" zu erlangen trachtet, gewinnt er dieses „Leben"[44], und zwar dann niemals als Eigen-

[41] Vgl. dazu Gogarten, *Politische Ethik* 73ff. Auch Bultmann betont im Anschluß an Paulus die Verzweiflung des Böseseins in der Verantwortung vor dem Guten. „... Paulus sagt, daß der Mensch, wenn er das Böse tut, nicht tut, was er will. Aber er meint nicht, daß das auf einem Irrtum beruhe, meint vielmehr, daß der Mensch gar nicht das tun *kann*, was er eigentlich will, da sein Wille schon pervertiert ist, verführt und vergewaltigt vom Bösen, so daß keine vernünftige Belehrung ihm hilft ... Daß er sich ... selbst übernehmen muß, führt ihn gerade in die Verzweiflung, und die Freiheit kann er nur als Freiheit von sich selbst, und das heißt als geschenkte, erhalten" (*Das Urchristentum im Rahmen der antiken Religionen* 161).

[42] Vgl. dazu auch Gogarten, *Der Zerfall des Humanismus und die Gottesfrage* 26f.

[43] Vgl. *Wider die Ächtung der Autorität* 18.

[44] Zur Dialektik von „Tod" und „Leben" (sowie parallel von „Altem und Neuem Leben", „Altem und Neuem Äon", „Altem und Neuem Menschen"), die wir hier nicht weiter erörtern, weil diese Thematik in Aufnahme des biblischen Sprachgebrauchs im großen

tum, sondern als Gabe im Entzug. An seinem sichtbaren, konkreten, alltäglichen Tun ändert sich dadurch gar nichts[45]. Infolgedessen könnte es ganz gleichgültig werden, was er hier tut.

Mit dieser Auskunft wäre die Ethik am Ende. Soweit wir ihren Gang und ihre Problematik bei Gogarten bis jetzt verfolgt haben, muß sich ein solcher Schluß aufdrängen. Wir hörten jedoch zu Beginn dieses Kapitels, daß sie nach Auffassung Bultmanns und namentlich Gogartens zentral in die Theologie der Geschichtlichkeit hineingehöre. Mit einer Erledigung der Ethik wäre mithin diese selbst ad absurdum geführt. Es erhebt sich deshalb die Frage, ob und wie die Theologie der Geschichtlichkeit eine solche Schlußfolgerung vermeiden kann, ob und wie sie sich und ihre Ethik bei aller Fragwürdigkeit durch neue theologische Denkversuche noch einmal rettet bzw. zu retten bemüht. Indem wir im Folgenden dieser Fragestellung nachgehen, haben wir eine neue, allerdings mitgängig von Anfang an einbezogene Dimension der Theologie der Geschichtlichkeit zu betreten, ihre Christologie, von der wir früher sagten, daß sie als das Dritte und Vermittelnde in die offenbarungstheologischen und anthropologischen Aussagen der Theologie zentral hineingehört. Erst von der Christologie aus wird sich der Gehalt dieser Theologie und ihrer Ethik endgültig ermessen lassen; erst dann kann sich auch zeigen, ob und wie die Theologie der Geschichtlichkeit eine zureichende Politische Ethik zu begründen vermag und wie sich in ihr das Verhältnis von Geschichtlichkeit und Politik darstellt. Wir folgen mithin Gogarten aus dem derzeit aporetisch erscheinenden Stand seines theologisch-ethischen Denkens in den Bereich seiner christologischen Aussagen, innerhalb dessen wir dann auch der neutestamentlichen Theologie Bultmanns wiederbegegnen werden. Alles, was der Exeget Bultmann zu Fragen der Ethik und in der Folge zur Politischen Ethik darzutun hat, wird überhaupt erst hier formulierbar sein.[46]

Ganzen nur Wiederholungen des bis jetzt behandelten Sachverhalts erbringen würde, vgl. bes. *Politische Ethik* 76ff., *Die Verkündigung Jesu Christi* 204ff., *Die Kirche in der Welt* 161ff., *Der Mensch zwischen Gott und Welt* 182ff.; Bultmann, *Glauben und Verstehen* II 17ff.

[45] Vgl. dazu Gogarten, *Politische Ethik* 95ff., *Der Zerfall des Humanismus und die Gottesfrage* 29ff.; Bultmann, *Glauben und Verstehen* II 150ff.

[46] Zum Beschluß dieses Kapitels sei darauf verwiesen, daß H. Eklund (*Theologie der Entscheidung* 5f.) als Exposition seiner auf das Phänomen der Entscheidung (vgl. dazu das folgende Kap.) konzentrierten Untersuchung der Ethik der gesamten Dialektischen Theologie, wie sie sich bis in die dreißiger Jahre entwickelt hatte, in einigen Punkten die Paradoxien dieser Ethik freilegt, und zwar im Hinblick auf das gespannte Verhältnis von „Positivität“ und „Negativität“, „Aktivität“ und „Passivität“. Dabei wird aber an dieser Stelle bei Eklund noch nicht zwischen den einzelnen Theologen unterschieden.

V. Die Bedeutsamkeit des Christusgeschehens und die Eröffnung eines neuen Ansatzes für die Ethik

1. *Der exemplarische Charakter des Christusgeschehens*

Mit der Christologie haben wir uns noch einmal auf das grundlegende und zentrale Thema der Theologie der Geschichtlichkeit, wie sie bei Gogarten und Bultmann vorliegt, zurückzubesinnen, auf das Geschehnis des Wortes Gottes. Es erhebt sich die Frage nach der Bedeutsamkeit des Christusgeschehens im Verhältnis zum Wortgeschehen, und es wird sich zeigen, daß für Gogarten wie für Bultmann das Christusgeschehen *das* exemplarische Wortgeschehen schlechthin ist. Was aber bedeutet das Christusgeschehen dann für den aus dem Wortgeschehen existierenden Menschen oder — wie Gogarten und Bultmann die Frage nach der Bedeutsamkeit formulieren — was bedeutet das Christusgeschehen (nicht: mir, sondern:) mich, *den* Menschen, wenn sich in ihm exemplarisch das Wort Gottes ereignet, so sehr, daß der Inhalt des Evangeliums der Mensch Jesus von Nazareth als der Sohn Gottes ist?[1] Wir versuchen, im Folgenden eine vierfache Antwort auf diese Frage herauszuarbeiten, indem wir die vielfältig verstreuten christologischen Aussagen unserer Autoren daraufhin systematisch zusammenfassen. Die Antwort sei vorweg bereits kurz formuliert: 1. In Jesus Christus ergeht das Wort Gottes in der *personalen Einheit* von Sohn Gottes und menschlicher Existenz[2] und deshalb in exemplarischer Offenbarung und Verhüllung. An Jesus Christus erweist sich, daß das Wort *und* die Antwort in Einheit Gottes Tun sind. 2. In Jesu Kreuz und Auferstehung geschieht das exempla-

[1] Vgl. Gogarten, *Ich glaube an den dreieinigen Gott* 130. Zum Folgenden vgl. bes. auch *Jesus Christus Wende der Welt* passim.

[2] Die „personale Einheit" besagt gemäß dem Personverständnis Gogartens und Bultmanns Einheit, Erfülltheit der Bezogenheit von Gott und Mensch, dagegen nicht (wie nach überlieferter Vorstellung) eine Aussage über die göttliche und menschliche „Natur" Jesu Christi. In dieser Hinsicht interessiert Jesus Christus unsere Autoren nicht, wie wir sehen werden. Bezeichnenderweise spricht insbesondere Bultmann dezidiert vom „Christusgeschehen", nicht so sehr von der Person Christi.

rische und *endgültige* Sterben und Zum-Leben-kommen des Menschen. 3. In dieser Endgültigkeit ist das Christusgeschehen *eschatologisches Geschehen.* Es enthüllt das Handeln Gottes als radikal geschichtliches, augenblickliches und kontingentes und so als die Fülle der Zeit. Ihm entspricht ein Gehorsam gegenüber den Ansprüchen des Augenblicks von seiten des Menschen, der nun den positiven Gehalt der Ethik Gogartens und insbesondere Bultmanns ausmacht, womit ihre Ethik zu einer „*eschatologischen*" *Ethik* wird (als Ausprägung ihrer Geschichtstheologie). 4. Der schlechthin neue Anfang, den Jesus Christus im Ende, in der Fülle der Zeit, eschatologisch setzt, heißt: *Liebe zum Nächsten.* In ihm, und erst in ihm, ist für die Theologie Gogartens und Bultmanns die wesenhafte menschliche *Sozialität*, die Mitmenschlichkeit, erschlossen, die unserer Erörterung einen neuen Boden bereitet, auf dem dann die Probleme der Politischen Ethik zu behandeln sind. Gehen wir diese Bestimmungen also im einzelnen durch.

Die zentrale und grundlegende Wahrheit des Christusgeschehnisses beruht nach Gogarten und Bultmann darin, daß Jesus Christus der Sohn Gottes und zugleich Mensch ist. Strenger wäre zu sagen: Jesus ist *als* Sohn Gottes Mensch, und er ist der Sohn Gottes *als* Mensch. Und in dieser Einheit von Göttlichkeit und Menschlichkeit ist er *das* Wort Gottes schlechthin; er ist *das* Wortgeschehen, das die Antwort des Menschen mitenthält und erheischt, die Antwort aber als Tun Gottes. Die Existenz Jesu bedeutet die gehorsame Erfüllung der geforderten Antwort seitens des Menschen *durch Gott selbst.* In ihm verkörpert sich daher das Wort Gottes nicht mehr als Forderung, sondern als die Gnade des Evangeliums. Hier wird das Wort ganz und gar zur Wirklichkeit und Wirksamkeit der göttlichen Güte, die sich „eben da schenkt, wo die Welt mit ihren Möglichkeiten ... zu Ende ist".[3] Nun ereignet sich aber die Zuwendung Gottes in seinem Sohn, welcher der Mensch Jesus ist. Wir haben zu fragen, was diese Sohnschaft bei Gogarten und Bultmann besagt, auf die sie so viel Betonung legen. Die „Sohnschaft" Jesu meint vor allem: sein Gesendetsein vom Vater. Die Funktion des Sohnes liegt ganz und gar in der Sendung durch den Vater, sie ist Leistung, Werk und Verdienst des Vaters, nicht des Sohnes selbst. „Daß man Sohn ist, hat man nicht aus sich selbst, sondern allein vom Vater"[4]. Wenn also Jesus als der Sohn Gottes verkündet wird, so demonstriert dieser Mensch

---

[3] Gogarten, *Die Verkündigung Jesu Christi* 138f.; vgl. dazu 127ff., 143.

[4] a. a. O. 237. Vgl. zur Funktion und zum Sinn der Sohnschaft besonders die gedrängten Ausführungen Gogartens in *Theologie und Geschichte* 353ff. Sie dürften die prägnanteste

— für Gogarten und Bultmann ist Jesus in seiner historischen Antreffbarkeit zuerst und einzig Mensch — seine totale Abhängigkeit von Gott, dem Vater. Gerade dadurch offenbart er Gott, ist er Gottes Wort selbst, ist er dann Gott in seiner Offenbarung, Gott, sofern er sich *durch* Jesus offenbart: seine „Gottgleichheit", die in diesem Geschehnis der Vermittlung des Wortes gründet, demzufolge Jesus *das* Wort Gottes selbst *ist*, kann für unsere Theologen nicht etwa in irgendeiner Art Unabhängigkeit von Gott, so als wäre er zweiter Gott neben Gott Vater, sondern gerade nur in seiner Unterordnung unter den Willen des Vaters, des souveränen Herrn, als welcher Gott sich im Wortgeschehen kundtut, beruhen.[5] In solcher Unterordnung gehört Jesus zu dem einen Gott, der in ihm selbst handelnd und redend begegnet, so daß Jesus zu *dem* Offenbarer wird, zum sich offenbarenden Gott. Und da sich von Gott nur reden läßt, sofern und soweit er sich offenbart, können Vater und Sohn überhaupt nicht als zwei getrennte Personen betrachtet werden, deren Tun einander ergänzte, sondern sie sind im Geschehnis der Offenbarung, in ihrem Wirken, miteinander identisch[6]. Der Sohn ist mithin Gottes eigenes Werk im spezifischen Sinn: Er ist das Werk der Selbstoffenbarung Gottes, er ist Geschehnis des Sichoffenbarens Gottes. Und dies ist er in seiner menschlichen Existenz, durchaus in seinem eigenen menschlichen Leben. Darin liegt das große Paradox, das „Ärgernis" der Person Jesu Christi. Seine menschliche Existenz ist Verwirklichung des Offenbarungsgeschehens und gewinnt als solche göttliche Bedeutsamkeit für den Menschen, anderseits bedeutet sie außerhalb der Beziehung auf die Offenbarung, die sie selbst ist, nichts, d. h. hier verbietet sich jegliche Reflexion über göttliche und menschliche Natur an sich bei Jesus.[7]

Wenn Jesus ganz und gar Mensch ist, dann muß er, so sehr in ihm das Wort sich ereignet, zugleich das Wort hören, er muß ein Hörender und Antwortender sein. In ihm ereignen sich Wort und Antwort zugleich. Er ist somit exemplarisch das Geschehnis von Wort und Antwort. Er ist als Mensch ganz Sohn Gottes, aber zugleich als Sohn Gottes völlig Mensch. In ihm wird Gott Mensch, „Fleisch". Das heißt aber: Auch die Antwort ist noch Tat und Gabe Gottes, zwar menschlicher

Fassung enthalten. Die Sohnschaft Jesu wird von Gogarten in sämtlichen Schriften aus der Zeit nach dem Zweiten Weltkrieg in ähnlich lautenden Formulierungen immer wieder des längeren erörtert.

[5] Vgl. Bultmann, *Das Evangelium des Johannes* 183; Gogarten, *Die Verkündigung Jesu Christi* 229.

[6] Vgl. *Das Evangelium des Johannes* 88ff.; *Die Verkündigung Jesu Christi* a. a. O.

[7] Vgl. *Die Verkündigung Jesu Christi* 230f.

Vollzug, aber zufolge der und als die Gabe Gottes. Diese Gabe Gottes wird im Menschsein Jesu unmittelbar gewährt, und doch bleibt Jesus, sofern er wirklich ganz und gar Mensch ist, auch immer in der Distanz zu Gott, in der Distanz vom Sohn zum Vater, die eine absolute Identität auch wieder verwehrt. „In diesem eigentümlichen zwiefachen Verhältnis Jesu zu der Offenbarung oder, was dasselbe heißt, zu dem Wort Gottes, nämlich daß er es selbst ist und daß er es wie die andern hört, haben wir wieder den Sachverhalt, daß der, durch und in dem Gott sein Wort zu uns Menschen spricht, Gott und Mensch ist . . . Die Aussage, daß er, insofern er selbst das Wort Gottes ist, Gott ist, darf nicht und kann ja auch nicht im Sinne einer einfachen Identität verstanden werden".[8] Diese Sätze sind nicht dahingehend zu mißdeuten, als sei nun doch Jesus von Gott getrennt, als sei er nur Mundstück und Durchgangsstation, ein Offenbarungsmittel für das Wort Gottes. Im Unterschied zu den Propheten und Aposteln, die das Wort nur verkünden, indem sie ein Gehörtes weitergeben, ist er vielmehr dieses Wort selbst. Alle Aussagen Jesu sind Offenbarung Gottes und zugleich Selbstaussagen Jesu. Jesus wird als der Verkündiger zum Verkündigten selbst und ist somit *das* Geschehnis der Verkündigung des Wortes Gottes, des Wortes Gottes, das Verkündigung, Offenbarung *ist*. Jesus als der Offenbarer Gottes offenbart nichts anderes, als daß er, das Wort, die Offenbarung selbst ist. In *seiner* Verkündigung wird verkündet, *daß* hier *die* Verkündigung geschieht. Sie ist also nicht Verkündigung über etwas, sondern die Verkündigung seiner selbst und dies als die Offenbarung Gottes.[9] Als Offenbarung Gottes wird also Jesus selbst, d. h. sein Gesendetsein, die Fleischwerdung Gottes in ihm, das Handeln Gottes in Wort und Antwort, in Identität und Nichtidentität, in Göttlichkeit und Menschlichkeit geoffenbart. Wenn mithin in der Identität doch eine Nichtidentität waltet, wenn Jesus und Gott dennoch voneinander unterschieden werden konnten, so besagt dies dann nichts anderes, nicht mehr und nicht weniger, als daß zwar Jesus Christus als das Wort Gottes die ganze Offenbarung

---

[8] Gogarten, *Der Mensch zwischen Gott und Welt* 246.

[9] Vgl. dazu Gogarten, *Ich glaube* . . . 146, *Die Verkündigung Jesu Christi* 229ff.; Bultmann, *Theologie des Neuen Testaments* 400ff., 414ff., *Glauben und Verstehen* I 260ff. Die Identität von Jesus Christus und Verkündigung ist konsequent für ein theologisches Denken, dessen Ausgangs- und Zentralthema *das Wort Gottes im Geschehnis seines Gesprochenseins* bildet. Ebenso folgerichtig muß gegen sie der Theologe polemisieren, der sich gegen eine solche Verengung der auch von ihm begründeten Wort-Gottes-Theologie auf eine Theologie der Geschichtlichkeit wendet, weil er darin eine neue Form zutiefst subjektivistischen Denkens erblicken muß, nämlich Karl Barth (vgl. *Rudolf Bultmann. Ein Versuch, ihn zu verstehen* 17).

Gottes ist, außerhalb derer von Gott nicht zu reden ist, daß Gott sich *in* seiner Offenbarung aber auch fort und fort entzieht und verbirgt. In seiner Offenbarung, die ungeteilt und ganz in Jesus erfolgt, zieht sich Gott, so sehr er ganz als der Fordernde und sich Zuwendende geschichtlich-worthaft begegnet, in seine ewige Verborgenheit, d. h. in eine bleibende Unverfügbarkeit zurück.[10] Jesus Christus als das Wort Gottes ist ineins Offenbarung und Verbergung Gottes, und er ist beides in endgültiger Besiegelung.

Dies spricht Gogarten etwas mißverständlich auch so aus, daß er sagt, Jesus sei der Gott-für-uns, aber gerade umgeben und gehalten vom Geheimnis des Für-sich-seins Gottes.[11] Solches Geheimnis durchwaltet und durchherrscht aber das Für-uns-sein Gottes, so daß dieses zwar Zuwendung zum Menschen, aber eben nicht Besitz für den Menschen bedeutet. Man darf aus der Scheidung des Für-uns-seins und des Für-sich-seins Gottes nicht schließen, das Für-uns-sein sei in Absehung vom Für-sich-sein um so mehr ein verfügbares Gut des Menschen. Vielmehr waltet des Für-sich-sein nur als das An-sich-halten und Sich-zurückhalten Gottes *im* Für-uns-sein, als das Geheimnis, der dauernde Entzug *im* Offenbaren. Es wäre daher verfehlt, immerhin noch das Für-sich-sein als Substanz und Wesenheit, wenn auch ins Geheimnis verlegt, anzusetzen. Mit Gogarten und Bultmann ist es im Gegenteil nur als das geschichtliche Ereignis des Entzugs in der Offenbarung des Wortes zu fassen.

Das versucht Gogarten dadurch zum Ausdruck zu bringen, daß er auch und gerade die Gott-Menschlichkeit Jesu betont in ihrer Geschichtlichkeit, in ihrer geschehnishaften Struktur, zu begreifen sucht.[12] Das gott-menschliche Geschehen in Jesus „bedeutet zweierlei und doch eines. Einmal, daß es in der Ewigkeit zwischen Gott und Jesus geschieht; zum andern, daß es in der Zeit zwischen Jesus und der Welt geschieht".[13]

---

[10] Vgl. Gogarten, *Der Mensch zwischen Gott und Welt* 246.

[11] Vgl. a. a. O. 246f.

[12] Nicht nur die Menschlichkeit Jesu also ist geschichtlich, sondern seine ganze Gott-menschlichkeit, mithin gerade auch seine Göttlichkeit. Für die Theologie der Geschichtlichkeit ergibt sich diese Auffassung aus ihrem grundlegenden Ansatz ganz stringent. Gogarten nimmt für sein radikal geschichtliches Christusverständnis die biblische Theologie in Anspruch und führt sie gegen die noch nicht hinreichend streng erscheinende Geschichtstheologie Martin Kählers ins Feld: „Die Ausschließlichkeit, in der die biblische Theologie sich mit der Geschichte befaßt, besagt . . ., daß die Gottheit Christi selbst, die *Kähler* als den ‚übergeschichtlichen Wert des geschichtlichen Christus' bezeichnet, eben seine Geschichtlichkeit ist" (*Theologie und Geschichte* 343).

[13] *Entmythologisierung und Kirche* 72.

Damit sind jedoch wiederum nicht zweierlei Geschehnisse und mithin Ewigkeit und Zeit voneinander getrennt, sondern es geschieht „das Eine Geheimnis der Zuwendung Gottes zu uns in Jesus Christus".[14] Dieses Geschehen ereignet sich aber nie anders als so, daß ein Geschehen zwischen Vater und Sohn in einem Geschehen zwischen Jesus und der Welt und dieses in jenem geschieht. In dem ewigen Geschehen zwischen dem Vater und dem Sohn, dem Sendenden und dem Gesendeten, ist immer die Welt, sind wir Menschen gemeint, „und nur insofern geht es uns an".[15] Das heißt: Insofern ist im Geschehen zwischen Vater und Sohn die Welt „gemeint", als in diesem Geschehen die Offenbarung Gottes im Wort, die Zuwendung Gottes an die Menschen geschieht und wir Gott in seinem Wort begegnen. In dieser Begegnung mit Gott im Wort erfahren wir jedoch nie, wer und was Gott *ist*, sondern jeweils nur, was er an uns *tut*, und deshalb geht uns das Geschehen zwischen Vater und Sohn nur an, sofern darin die Welt gemeint und in den Anspruch genommen ist. Gott begegnet in seiner Sendung, im Verweis auf den von ihm Gesendeten und im Abweis von „sich selbst", d. h. von etwas, das nicht gedacht, auf das nicht spekuliert werden soll. Das Wesen Gottes entzieht sich in seinem offenbarenden Wort, indem das ewige Geschehen zwischen Vater und Sohn auf das zeitliche Geschehen zwischen Jesus und der Welt hinweist. In dem zeitlichen Geschehen zwischen Jesus und der Welt umgekehrt ist die ewige Einheit von Vater und Sohn gemeint. D. h.: Das irdische Geschick und der irdische Wandel Jesu, seine menschliche Existenz deuten auf den Vater, auf Gott, hin. Diese Existenz ist Sendung, ist das Wort-Antwort-Geschehen aus der Gabe Gottes und vollzieht so das menschliche Hörigsein in Gehorsam. Sie verweist den Menschen als geschichtliches Wesen in die radikale Abhängigkeit von Gott und ist in der Sohnschaft Gottes die Übernahme dieser Abhängigkeit. Das besagt dann zugleich die unbedingte Verfügtheit des Menschen in seine Zeitlichkeit, und zwar gerade deshalb, weil sie vom ewigen Geschehen zwischen Vater und Sohn angegangen ist und umgekehrt in dieses Geschehen hineingenommen ist. Jesus stellt Gottes „Herrlichkeit" in seiner Offenbarung dar, aber doch als die „Fleischwerdung" dieser Herrlichkeit in der „Hilflosigkeit", „Vergänglichkeit" und „Bedeutungslosigkeit" des Menschseins. Die ganze Herrlichkeit Gottes kann nur in der Vergänglichkeit der menschlichen Existenz offenbar werden, und zwar nicht etwa trotz, sondern wegen dieser Vergänglich-

[14] a. a. O.
[15] a. a. O.

keit[16]. Dieser Sachverhalt schließt eine doppelte Konsequenz ein. „Erstens wird dadurch ein Gericht über alle menschlichen Offenbarungserwartungen und damit überhaupt über alles Menschliche vollzogen. Denn diese meinen, Gott müsse sich in einer Überhöhung menschlicher Möglichkeiten offenbaren. Damit aber urteilen sie, das Menschliche sei des Göttlichen mächtig. Gewiß nur in einer Überhöhung des Menschlichen ... Solange der Mensch sich von diesen Wünschen leiten läßt, wird er die Offenbarung des ‚Fleisch'gewordenen verfehlen. Und so besagt die Offenbarung der Herrlichkeit im ‚Fleisch' zum andern, daß Gott nicht der menschlichen Überhöhungen bedarf, um sich zu offenbaren, sondern daß er die Herrlichkeit seiner Gottheit gerade da offenbar werden läßt und werden lassen kann, wo, menschlich gesehen, gar nichts Göttliches festzustellen ist, wo darum das nach Offenbarung in seinem Sinn lüsterne Denken des Menschen nichts anderes zu entdecken vermag als einen gewöhnlichen Menschen, der von sich selbst nichts ist. Gerade dieses ‚nicht von sich selbst', das von dem johanneischen Jesus immer wieder und nach jeder Hinsicht ausgesagt wird, ist Ausdruck seiner Göttlichkeit ...“.[17]

Gogarten bezieht sich mit dieser Interpretation der johanneischen Theologie auf Bultmanns Exegese in dessen Kommentar zum Johannesevangelium. Beide Theologen legen die Anfangssätze des Prologs dieses Evangeliums, die besagen, daß der Logos (das Wort = der Sohn = der Gesendete) im Anfang war und daß er bei Gott war und daß Gott der Logos war (Joh 1,1), gerade nicht als Spekulation über die Präexistenz Jesu Christi aus,[18] sondern genau umgekehrt, mit Gogartens Worten: „Der Evangelist spricht nicht und will nicht sprechen von Gott, wie er an und für sich ist, sondern nur, wie er sich der Welt offenbart“[19]. Hinter das Wort und seine Geschichtlichkeit in der Fleischwerdung zurückzufragen, hat demnach keinen Sinn. Gottes wahres Gottsein, seine „unverminderte“ Gottheit kann vielmehr nur kraft der und in der Inkarnation als Zuwendung und Entzug erfahren werden. Alles andere und weitere Fragen verstellt dagegen die (hörend-gehorsame) Begegnung mit Gottes Gottsein, Herrlichkeit und Vaterschaft. Es degradiert die Wortoffenbarung in Jesus zu etwas Nachfolgendem, Beiläufigem und

---

[16] Vgl. *Der Mensch zwischen Gott und Welt* 247f.

[17] a. a. O. 248.

[18] Vgl. *Die Kirche in der Welt* 71, *Der Mensch zwischen Gott und Welt* 248; dazu Bultmann, *Das Evangelium des Johannes* 5ff.

[19] *Die Kirche in der Welt* 66.

Gelegentlichem.[20] Gott würde als supranaturale Ursache, über sein geschichtliches Begegnen im Wort hinaus, gerade ein Teil unserer Welt. Wenn im Prolog des Johannesevangeliums jedoch von Gott und dem Logos die Rede ist, in Identität und Nichtidentität, so besagt dies, „daß Gott sich mit seiner Offenbarung in gar keiner Weise in die Verfügung der Welt gibt". Im Gegenteil: Jesus als Gott-*für-uns* nennt gerade die Bezugnahme Gottes *auf uns*, durch die wir ganz *die Seinen* sind.[21] Gott braucht also die Kontingenz der zeitlichen Fleischwerdung, um sich in ihr der Welt zu entziehen, und dies um seiner souveränen Zukehr zur Welt willen. Mit der Fleischwerdung des Wortes Gottes gehört Gott nicht der Welt, sondern die Welt gehört mit und in ihr gerade Gott. Die Fleischwerdung ist infolgedessen *als* menschliche Wirklichkeit ganz und gar göttliche Wahrheit und Wirklichkeit, Wahrheit und Wirklichkeit des Geheimnisses Gottes: seine Offenbarung und seine Verbergung zumal.

Was in der *Fleischwerdung* des Wortes Gottes geschieht, das vollendet sich in *Kreuz* und *Auferstehung* Jesu. Bultmann versteht wie Gogarten das Kreuz und die Auferstehung Jesu als ein einheitliches Geschehen — innerhalb dessen nur dem Kreuzestod faktische Historizität zukomme, während die Auferstehung als Interpretation des Sinnes dieses Kreuzestodes gilt —,[22] und dieses eine Geschehen ist endgültiger Vollzug und

---

[20] Mit der Ablehnung einer Spekulation über die Präexistenz Christi zugunsten einer Konzentration der Theologie auf die Geschichtlichkeit der Menschwerdung Gottes in Jesus versuchen Gogarten und Bultmann also gerade die unbedingte „Notwendigkeit" Jesu Christi herauszustellen. Daß dies ihnen gelungen bzw. überhaupt ihr Anliegen sei, ist ihnen häufig bestritten worden, insbesondere Bultmann in der sog. Entmythologisierungsdebatte. Wir können hier auf die vielfachen Stimmen zu diesem Problem nicht eingehen. Vgl. dazu bes. H.-W. Bartsch (Hrsg.), *Kerygma und Mythos* I—VI, 6. Zumindest die Intention Bultmanns (desgleichen Gogartens) trifft die Denkschrift der Ev. theol. Fakultät der Universität Tübingen *Für und wider die Theologie Bultmanns*, wenn sie ihm trotz unterschiedlicher Beurteilung seitens der einzelnen Verfasser einhellig zugute hält: „Auch die strengste Kritik wird zugestehen müssen, daß alle von Bultmann angerührten Probleme mit einer bezwingenden Strenge auf die eine Frage zulaufen, die in das Zentrum einer evangelischen Theologie wirklich hineingehört, auf die Frage: ‚Was heißt Glaube an Jesus Christus?'" (30). Als frühen Hinweis dafür, daß der Dialektischen Theologie insgesamt der Vorwurf gemacht wurde, die Christologie trete in ihr ganz zurück und könne ihre theologische Notwendigkeit nicht mehr erweisen, vgl. den Bericht von A. Keller, *Der Weg der dialektischen Theologie durch die kirchliche Welt* (1931), bes. 79. Sowohl Barth wie Gogarten und Bultmann als auch Brunner haben durch ihr nachfolgendes Schrifttum den Gegenbeweis angetreten.

[21] Gogarten, *Die Kirche in der Welt* 68.

[22] Auch dieses Problem ist bekanntlich ein Hauptthema der Auseinandersetzungen in der „Entmythologisierungsdebatte" sowie in daran anknüpfenden exegetischen und bibeltheologischen Arbeiten, worüber zu handeln hier nicht unsere Aufgabe sein kann. Vgl. dazu ebenfalls *Kerygma und Mythos* I—VI, 6.

insofern Demonstration der Fleischwerdung, nicht tragisches Schicksal oder kosmologisches Drama, sondern innere Konsequenz des ganzen und einen Christusgeschehens.[23] Gogarten führt dazu Bultmann unterstützend[24] aus: „Die ,Fleisch'werdung erfährt ihre Vollendung in dem Kreuzestod Jesu. Dieser kommt nicht zu ihr als etwas Neues hinzu. Er ist vielmehr von allem Anfang an in ihr enthalten. Er ist ihre Vollendung in dem doppelten, durchaus zweideutigen Sinn, den der Begriff des ,Fleisches' in diesem Zusammenhang hat. Nämlich sowohl in dem Sinn, als in ihm die Erniedrigung des Offenbarers, seine scheinbare Ferne von allem Göttlichen und seiner Herrlichkeit ihren höchsten Grad erreicht. Aber auch in dem anderen Sinn, daß im Tod am Kreuz sich die Offenbarung vollendet, die die ,Fleisch'werdung ist. Denn hier, dem Gekreuzigten gegenüber, ist gar keine Möglichkeit mehr, ihn nach der Weise der Welt als den Offenbarer zu verstehen. Hier kann er als der vom Vater Gesendete nur noch der sein, von dem der Satz gilt: Darum liebt mich der Vater, weil ich mein Leben lasse ([Joh] 10,17).“[25] Mit dem Kreuzestod Jesu wird das Wort Gottes in die tiefste Tiefe des Menschseins hinabgestoßen. In ihm wird Jesu Existenz zur exemplarischen gehorsamen Übernahme des Menschseins vor Gott kraft Gottes Zuwendung, und d. h. jetzt: zur Übernahme der menschlichen Antwort aufs Wort Gottes *in ihrem Sein-zum-Tode, also in ihrer Nichtigkeit und in ihrem Schuldigsein.*[26] Der gekreuzigte Jesus ist der Mensch in seiner äußersten, entäußerten Menschlichkeit, der sich keiner Leistung mehr „rühmen“ kann, dessen menschliches Selbstbewußtsein, dessen aus dem Wesen der Subjektivität zur Vorherrschaft drängende Macht zerbrochen und der auf sein nacktes, bloßes Menschsein zurückgeworfen ist. Dieser Mensch gerade wird zum Christus. Umgekehrt wird damit von unseren Theologen ganz konsequent auch die gott-menschliche Existenz Jesu Christi noch an das Wesen der Subjektivität des menschlichen Selbstseins gebunden und in die Subjektivität hineingenommen, wenn auch

[23] Vgl. *Das Evangelium des Johannes* 356, 483, *Glauben und Verstehen* I 182.

[24] Zum Verhältnis von Historizität und geschichtlicher Bedeutsamkeit des Kreuzes bei Bultmann vgl. J. Körner, *Eschatologie und Geschichte* 105, 119.

[25] *Die Kirche in der Welt* 75.

[26] In Jesu Existenz ereignet sich mithin die vor Gott und durch Gott vollzogene Übernahme der Geschöpflichkeit *mit allem, was sie impliziert* (vgl. dazu *Theologie und Geschichte* 358ff. sowie 352ff.). Dieses immer schon Implizierte ist aber die Sünde, das Schuldigsein. Hier war also der ungünstigste Ort, mit Gogarten zu polemisieren, wie H. Thielecke (*Geschichte und Existenz* 142f.) es versuchte, indem er Geschichtlichkeit und Geschöpflichkeit vom Schuldigsein bei Gogarten trennte und ihm vorhielt, er kenne nicht die Verfallenheit der Geschichte, die eigentümliche Geschichtssündigkeit (vgl. auch 126ff.).

im dialektischen Spannungsverhältnis, innerhalb dessen diese sich aber eben immer wieder durchsetzt und gerade nicht überwunden, sondern nur als die sich ihrer selbst zu entäußernde Negativität qualifiziert werden kann, so sich aber noch in disqualifizierter äußerster Positivität erhält. Das Prädikat des „Christus" erhält hier, wie Gogarten beansprucht, „neuen Sinn". „Das ist nach der ‚geheimnisvollen' Weisheit Gottes der, daß dieser Mensch Jesus aus Nazareth mit seinem nackten, bloßen Menschsein im Gehorsam gegen Gott die Nichtigkeit und Verlorenheit der ganzen Menschenwelt als sein Geschick auf sich nahm, indem er sich kreuzigen ließ und so den Fluch auf sich zog, der auf dieser lag, und daß er, indem er dies tat, die Welt von dem auf ihr liegenden Fluch erlöste (Gal. 3,13)."[27]

Jesus vollbringt als der Christus die Erlösung, indem er am Kreuz durch die Sünde der Sünde stirbt und so das neue Leben schafft, das das Schuldigsein dialektisch „aufhebt": als das Böse entlarvt und in diesem Modus seines Aufgedecktseins als solches bestehen, ja in gewisser Weise allererst erstehen läßt. Das Lebendigmachen des Menschen *als* eines Sterbenden, der nun nicht mehr nur im Leben (das er für sich selbst erstrebt) den Tod, sondern *im* Tod das Leben (eines in seinem Selbstsein Sterbenden) empfängt, ist der Sinn der Rede von der erlösenden Auferstehung, besser: Auferweckung Jesu.[28] In dem Tod, den Jesus als das Wort Gottes von der Welt kraft der Sünde des Menschen erleidet, hat das menschliche Schuldigsein seine höchste denkbare Macht erreicht. Insofern kann Gogarten zugespitzt mit Paulus sagen, „daß Christus von Gott zur Sünde gemacht worden ist".[29] Indem Jesus dieses Schuldigsein im Tod auf sich nimmt, nimmt er den „Fluch" Gottes gegen die Sünde auf sich, enthüllt er die Gerechtigkeit, den Zorn und die Zuwendung, damit auch die Liebe Gottes, erlöst er das Menschsein vom Schuldigsein, insofern es „aufgehoben", nicht aufgelöst wird. In seinem Schuldigsein lebt der Mensch sterbend nun für Gott und aus Gott. „An Christus straft Gott die Sünde der Menschen und läßt ihn den Tod und die Hölle erleiden; Christus aber gibt Gott Recht und läßt sich bis in die tiefste Tiefe der Gottverlassenheit des verdammten Sünders erniedrigen; indem er, so im Gehorsam gegen Gott bleibend, Gott gibt, was Gottes ist, gibt Gott ihm das Seine, nämlich sich selbst",[30]

---

[27] *Die Wirklichkeit des Glaubens* 26f.

[28] Vgl. dazu *Die Verkündigung Jesu Christi* 147ff., 199ff., 217ff., 239, 321ff., *Die Wirklichkeit des Glaubens* 28f., 128f.

[29] *Die Verkündigung Jesu Christi* 199.

[30] a. a. O. 323.

und zwar gerade in seiner zum *Tode* lebenden, im Tode aber *lebenden* Existenz. Die Erhöhung Jesu ans Kreuz, die als Todesstrafe ja zunächst tiefste Erniedrigung bedeutet, ist in dem johanneischen Sinne, den Gogarten und Bultmann betont herausstellen,[31] zugleich Erhöhung als Verherrlichung: Verherrlichung Jesu als des vom Vater Gesendeten und seinen Willen im Gehorsam Vollbringenden, damit aber die Verherrlichung des Vaters und seines Werkes und hierin eingeschlossen dann die Erlösung des Menschen als „Aufhebung" seines Schuldigseins, als Gericht und Gnade über dieses Schuldigsein.

Das Sterben des Menschen in der Übernahme seines Schuldigseins und sein Zum-Leben-kommen in der Verherrlichung Gottes gehen in Jesus ineins. Darin ereignet sich die Versöhnung zwischen Gott und Mensch. Diese vollbringt Jesus als Mensch nur sterbend, doch als Sohn Gottes mit lebenschaffender, göttlicher, nicht menschlicher Kraft. Er verkündet sie infolgedessen nicht als Lehre, als zeitlose Idee, sondern er lebt sie in seiner eigenen Existenz als geschichtliches Faktum, sofern er diese als Gesendetsein vom Vater in das Schuldigsein des Menschseins übernimmt.[32] So können Gogarten und Bultmann behaupten, daß Jesu Kreuz und Auferstehung dem Menschsein „neue" Möglichkeiten des Verhaltens erschließen, und zwar dasjenige Verhalten, „das ihm Gott gegenüber zukommt und wodurch er vor diesem gerecht wird", daß dieses neue Verhalten aber zunächst nichts anderes besage als eine „neue Erkenntnis Gottes", die Gott verherrlicht, indem sie sieht und anerkennt, wie sehr alles neue Leben des Menschen nicht mehr menschliches Werk, sondern Gottes Handeln ist[33]. Darin ist dann wiederum zunächst für den Menschen nur die ausdrückliche Erkenntnis und Anerkenntnis seiner Nichtigkeit, vermöge deren er nichts aus sich tun kann und doch um seiner selbst willen handeln muß, also schuldig wird, eingeschlossen. Über das solcher Einsicht und Übernahme angemessene Nicht-tun scheint es abermals keinen Weg hinaus zu geben. Im Bekenntnis zur eigenen Nichtigkeit soll das neue Leben der Verherrlichung des Vaters, soll die neue Existenz der gehorsamen Sohnschaft ergriffen werden[34]. Dennoch eröffnet sich hier nun der erste Ausblick auf eine

---

[31] Vgl. Gogarten, *Die Kirche in der Welt* 76; Bultmann *Das Evangelium des Johannes* 111, 266.

[32] Vgl. *Die Verkündigung Jesu Christi* 217, 355; *Glauben und Verstehen* I 206ff., *Das Evangelium des Johannes* 328f.

[33] *Die Verkündigung Jesu Christi* 238; vgl. *Glauben und Verstehen* III 27ff.

[34] Vgl. dazu Gogarten, *Verhängnis und Hoffnung der Neuzeit* 59f., *Die Wirklichkeit des Glaubens* 121ff., *Die Kirche in der Welt* 55ff.

positive und aktive Orientierung menschlichen Verhaltens in der Sicht Gogartens und Bultmanns.

2. *Eschatologie, Augenblicklichkeit und Zukünftigkeit*

Wenn Gott Mensch wird, dann heißt das, daß die Ewigkeit in die Zeit eingeht und Zeit wird. In solcher Begegnung mit der Ewigkeit muß die Zeit dann einerseits zutiefst fragwürdig werden, anderseits zu höchster Bedeutsamkeit gesteigert sein. Ihr wird ewige Bedeutung zuteil. Dies ereignet sich in dem einmaligen *Augenblick*, in dem die Zeit als Dauer zugleich am schäfsten in Frage gestellt ist. In diesem Augenblick wird die Zeit „aufgehoben“. „Denn im Augenblick, in ihrer Gegenwärtigkeit ist die Zeit in Frage gestellt, ist sie ständig von ihrer Aufhebung bedroht ... Also: daß Ewigkeit Zeit wird, geschieht im Augenblick, oder nein, wir müssen genauer sagen: geschieht in einem bestimmten Augenblick. Denn nur ein bestimmter, vereinzelter Augenblick ist Zeit in ihrer ganzen Fraglichkeit. Und dann erst wird Ewigkeit Zeit, wenn sie ein bestimmter, vereinzelter Augenblick, eine bestimmte, von ihrer Vergangenheit und Zukunft beständig bedrohte Gegenwart wird. Aber wird die Ewigkeit Zeit, dann wird dieser bestimmte, vereinzelte Augenblick Der Augenblick, neben dem es keinen anderen, keinen zweiten und dritten mehr gibt. Dann wird diese bestimmte Gegenwart Die Gegenwart, die Vergangenheit und Zukunft, die Anfang, Mitte und Ende in einem zugleich, die eben Ewigkeit ist. Darum: wird Ewigkeit Zeit, so ist sie die Aufhebung der Zeit. Aber was da geschieht, geschieht in der Zeit, geschieht als Zeit. Denn nur dann geschieht, was hier geschehen soll, nämlich daß Ewigkeit Zeit wird und so die Ewigkeit zur Zeit macht“.[35]

Die hier angeschlagene Thematik gilt es im weiteren Verlauf des Kapitels zu entfalten. Der bestimmte, ausgezeichnete, qualifizierte Augenblick ist der geschichtliche Augenblick Jesu Christi. Dieser Augenblick macht das geschichtliche Geschehen zwischen Gott und Mensch zu einem eschatologischen. Gogarten und Bultmann begreifen die Geschichtlichkeit des Wortes Gottes, die Geschichtlichkeit Jesu Christi und demzufolge auch die Geschichtlichkeit der menschlichen Existenz in ihrer Bedeutsamkeit als *eschatologische*, und die Ethik, die schließlich

[35] Gogarten, *Von Glauben und Offenbarung* 36f.

auf dem Boden solch zugespitzten geschichtlichen Verständnisses begründbar wird, darf ebenfalls als eschatologische Ethik bezeichnet werden. Ihre Möglichkeit gründet in dem eschatologischen Ereignis schlechthin, das das Christusgeschehen darstellt. Was aber ist an diesem eschatologisch?

Das Skandalon des Christusgeschehens, zufolge dessen es den Juden zum Ärgernis, den Griechen zur Torheit gereicht, liegt für Gogarten und Bultmann ganz entscheidend darin, daß sich mit ihm Gott in seinem Wort an eine einmalige Situation, an einen historischen Augenblick bindet. In Jesus ergeht das Wort Gottes *einmal*, und in dieser Einmaligkeit *ein für allemal*. Dies ist der Doppelsinn des neutestamentlichen ἅπαξ, ἐφάπαξ (Röm 6,10; Hebr 9,28; 1. Petr3, 18), den Gogarten und Bultmann scharf herausstellen.[36] Die einmal und ein für allemal geschehende Tat Gottes aber ist eschatologische Tat. Denn gerade in ihr richtet Gott die Gottesherrschaft in der entschiedensten Weise, in endgültiger Form über die Zeit und in der Zeit auf, ohne ihr dauerhaft verfügbar zu werden, also so, daß sie die Zeit ganz und gar bestimmt und ihr doch zugleich ausständig, insofern zu-künftig bleibt.[37] Dieses Zusammen einer unausweichlichen Gegenwärtigkeit und einer immer noch vorbehaltenen Zukünftigkeit der Gottesherrschaft macht für Gogarten und Bultmann das Eschatologische an ihr aus. Es ereignet sich im Geschehnis Christi, in dessen Einmaligkeit die Ewigkeit dieser Herrschaft ganz und gar in der Zeit erscheint. Damit bricht das Ende dieser Zeit, das Ende aller Geschichte an, mit der Herrschaft und Zuwendung Gottes in der Zeit und als Zeit (als Wortgeschehen) ergeht das Gericht über die Welt.

Die traditionelle theologische Rede von den ἔσχατα, von den letzten Dingen und vom Weltgericht, die den Inhalt der Eschatologie ausmacht, beziehen Gogarten und Bultmann also auf das Christusgeschehen selbst zurück, wobei sie vor allem den Intentionen des Johannesevangeliums zu folgen trachten. Demnach vollzieht sich im gegenwärtigen, einmaligen, augenblicklichen Offenbarungswirken Jesu schon das eschatologische Gericht. Jesus wird hier und jetzt, mit seiner geschichtlichen Existenz, zum eschatologischen Richter. Das Ende der Welt ereignet sich nicht an einem (wenn auch jetzt noch nicht, aber im gegebenen Moment) feststellbaren Schlußpunkt der Geschichte, sondern

[36] Vgl. z. B. *Entmythologisierung und Kirche* 70; *Theologie des Neuen Testaments* 289, *Kerygma und Mythos* II 204ff.

[37] Vgl. dazu Bultmann, *Jesus* 46f.

mit Jesu zeitlicher Existenz. Diese und das mit ihr ergehende Wort Gottes geben keinen kosmischen Grund für irgendeine spätere Zuständlichkeit der Welt und des Menschen ab, sie bilden vielmehr den geschichtlichen, geschehnishaften Grund für die gegenwärtige menschliche Existenz, für das Geschehnis der Antwort des Menschen. Sie eröffnen die Möglichkeit dieser Antwort, bedingen ihre Notwendigkeit und offenbaren mit ihrem ständigen Schuldigsein zugleich das Ende aller menschlichen Möglichkeiten. Der Mensch wird damit vor einen neuen Anfang und zugleich vor sein endgültiges Ende gestellt, im Anfang ist das Ende, im Ende der Anfang, der Gottes Zukunft ist, beschlossen. Unbedingtes Verwiesensein an die Gegenwart und Ausgesetztsein in eine vorbehaltene Zukunft: das ist es, was sich im Christusgeschehnis als eschatologisch andeutet.[38] Dessen Endgültigkeit verschlingt förmlich, wie Bultmann sagt, die ganze Geschichte, nimmt sie in sich auf.[39] Das eschatologische Ereignis Jesus macht auch alle Geschichte zu einer eschatologischen. Um dies näherhin zu verstehen, gilt es zu beachten, was das Christusgeschehnis als historisches, einmaliges, zeitliches Geschehen in der Sicht Gogartens und Bultmanns bedeutet, d. h. den Menschen und seine Existenz zu bedeuten gibt. Was besagt die historische Faktizität der Existenz Jesu als des Wortes Gottes?

Wenn Gogarten und insbesondere Bultmann auch scharf das (Selbst-) Mißverständnis des Glaubens zurückweisen, das ihn als das Für-wahrhalten eines historischen Faktums, nämlich Jesu Christi, definiert oder von dorther in sichernder Absicht begründet, so arbeiten doch beide ausdrücklich die Notwendigkeit der Historizität Jesu als des Offenbarers heraus. Nur daß diese in ihrer geschichtlichen Bedeutsamkeit begriffen werden soll. Zufolge seiner Historizität wird Jesus als das Wort Gottes zu *dem* historischen Menschen schlechthin in seiner ganzen Fragwürdigkeit. Nur in ihm kann sich das Wort Gottes und seine Herrschaft ganz als das offenbaren, was sie ist, als Anrede, die Antwort erheischt, und so sich zugleich in dieser Geschichtlichkeit verbergen. Nur im vereinzelten historischen Moment kann sie das Ende der Zeit und die Endgültigkeit der Zeit, also die Zeitlichkeit der Zeit als dasjenige, worin sich das Wort-Antwort-Geschehen abspielt, prägnant enthüllen. Die Zeit gelangt hier an ihr Ende und in ihre Fülle. Aber diese

[38] Vgl. dazu Gogarten, *Die Verkündigung Jesu Christi* 145f.; Bultmann, *Jesus* 46f., 176f., 180ff., *Kerygma und Mythos* I 46, *Das Evangelium des Johannes* 192ff., 376, *Glauben und Verstehen* I 64, 79f.

[39] Vgl. *Glauben und Verstehen* III 105f.

Fülle wird nur dem vereinzelten Augenblick zuteil. Bei aller ihrer Endgültigkeit ist es damit der Zeit verwehrt, sich auf Dauer zu stellen.[40] Es kommt also bei dem Christusgeschehen nicht so sehr auf das in der Vergangenheit liegende historische Faktum als solches an, das feststellbar ist und auf das sich die Sicherheit solcher Feststellbarkeit gründet, sondern im Gegenteil auf die ärgerliche Unsicherheit, die sich aus der Historizität Jesu ergibt, aus dem Umstand, daß in einem vereinzelten, ganz beschränkten historischen Phänomen mit seiner Relativität das Wort Gottes ergangen sein soll und nur so mit souveräner Endgültigkeit ergehen kann, daß Gott sich hier in Verborgenheit, als der rätselhafte Gott und so doch gerade als mein Gott, als der Herr der Geschichte, offenbart. Gerade in dem relativen, kontingenten vereinzelten Phänomen, das die historische Existenz Jesu darstellt, enthüllt sich die Paradoxie, daß Gott sich ganz und gar innergeschichtlich offenbart und doch außergeschichtlich bleibt, daß es gegenüber seinem geschichtlichen Anspruch keinerlei Ausweichen aus der Augenblicklichkeit des Hier und Jetzt dieses Anspruchs gibt und daß doch und eben damit der Anspruch nie zum verfügbaren Besitz für den Menschen wird, da er immer nur dem Augenblick hier und jetzt geschenkt ist.[41] Daß die Offenbarung in einem kontingenten historischen Moment ergeht, weist darauf hin, daß die Zeit der Offenbarung, daß infolgedessen alle Zeit — als von der Offenbarung geschehnishaft konstituierte — von Gott gewählte, gesetzte Zeit ist. Zufolge solchen Gesetztseins der Zeit durch Gott wird dann jeder ihrer Augenblicke vom Anspruch Gottes erfüllt, gegenüber welchem je und je hier und jetzt eine Antwort gefordert ist, deren Verweigerung dann irreversibel sein muß, der deshalb immer bereits das Zu-spät droht. Von Jesus Christus her wird somit im Lichte der Offenbarung für unsere Theologen die gesamte Zeit in ihrer Zeitlichkeit augenblickshaft. Sie verliert alle Dauer und Erstreckung, in deren Horizont der Mensch immer noch einen Ausweg vor dem hier und jetzt ergehenden Anspruch des Wortes zu finden vermöchte. Stattdessen zwingt nun die Zeitlichkeit der Zeit selbst die zeitliche Existenz des Menschen in die geschichtliche Entscheidung, d. h. in die je augenblickliche und eschatologische Entsprechung gegenüber dem Wort[42]. Gerade die Historizität der Offenbarung im Christusgeschehen besagt somit, wird sie

---

[40] Vgl. dazu Gogarten, *Von Glauben und Offenbarung* 37ff.

[41] Vgl. dazu Bultmann, *Glauben und Verstehen* II 11, 15ff., III 127, 202ff.; Jaspers-Bultmann, *Die Frage der Entmythologisierung* 72.

[42] Vgl. *Das Evangelium des Johannes* 232f.

richtig — gemäß der Deutung Gogartens und Bultmanns — verstanden, daß von Gottes Handeln im Sinne der Betroffenheit des Menschen von ihm geredet werden muß und daß nur so Gottes Handeln als ein wahrhaft souveränes verstanden werden kann.

Im erfüllten, aber dennoch flüchtigen Jetzt des historischen Augenblicks ereignet sich mit dem Kommen zugleich auch immer bereits das Gehen, der Abschied Gottes, seines Wortes, seines souveränen Handelns. Im Kommen liegt das Gehen, in der Offenbarung der Entzug beschlossen. Umgekehrt erschließt sich im Gehen erst der Sinn seines Kommens als eschatologischer. „Seine Begegnung macht das Jetzt zur eschatologischen Zeit. Würde sie Dauer gewinnen, so wäre sie nicht mehr eschatologische, sondern weltliche Zeit. Eben das gibt dem Jetzt, da er (sc. Jesus) begegnet, die Last der Verantwortung, macht es zum Augenblick der Entscheidung über Leben und Tod.“[43] Die Einheit des Kommens und Gehens des Wortes Gottes in der Kontingenz der historischen Existenz Jesu will also besagen: Das Wort Gottes ergeht einmal, es ergeht in dieser Einmaligkeit ein für allemal, aber es läßt den historischen Augenblick seines Ergehens nicht fixierbar festhalten, sondern zwingt zur Vergegenwärtigung dieses Augenblicks in der je neuen Situation der menschlichen Existenz, die sich von dem augenblickshaften Geschehnis des Wortes Gottes anrufen lassen muß und damit ihre eigene Augenblicklichkeit erfährt. Insofern kommt die einmalige und ein für allemal erscheinende Historizität Jesu gerade wegen ihrer Kontingenz und des darin sich ereignenden Entzugs der Offenbarung immer wieder. Dieses notwendige Immer-wieder-kommen erfolgt in der Verkündigung Jesu, die dem sie Hörenden die Augenblicklichkeit seiner, jeder menschlichen Existenz erschließt. „*Die echte Form der Vergegenwärtigung* des geschichtlichen Faktums Jesus ist also nicht die historische Erinnerung und Rekonstruktion, sondern *die Verkündigung*. In ihr wird Jesus gleichsam verdoppelt: er kommt wieder, und er kommt immer wieder.“[44] Insofern gilt, daß das historische Faktum Jesus nicht „zu einem vorfindlichen Ereignis in der Vergangenheit werden“ darf, auch dann nicht, wenn ihm die „größten kosmischen Dimensionen“ zugeschrieben werden, „sondern so sehr es in der Zweideutigkeit steht, als ein solches verstanden zu werden, so sehr man nach dem ‚historischen Jesus‘ fragen kann, nach dem ‚Christus dem Fleische nach‘ (2. Kor. 5,16),

[43] *Das Evangelium des Johannes* 270f.; vgl. außerdem 484f., *Glauben und Verstehen* III 204.
[44] *Glauben und Verstehen* I 146; ähnlich Gogarten, Bultmann zitierend und unterstützend, in *Entmythologisierung und Kirche* 77, 91.

so sehr man seine natürliche Herkunft feststellen kann (Joh. 6,42; 7,27f.), — so sehr ist es in seinem eigentlichen Charakter nur verstanden, wenn es *als in der Gegenwart, je meiner Gegenwart, sich vollziehendes* verstanden wird. Die Art seiner Vergegenwärtigung aber ist die Predigt, die aber nicht vergegenwärtigt in der Weise des Mitteilens von etwas Vergangenem, des Erinnerns daran, sondern als Anrede."[45]

Wenn Kommen und Gehen, Gehen und Kommen des Wortes Gottes in Jesus eins sind, dann wird, wie Gogarten in einem Verständnis formuliert, das in gleicher Weise auch für Bultmann gilt, darin zugleich die Zu-künftigkeit Gottes als seine geschichtlich-eschatologische Begegnisart ausgesagt. Diese Aussage unterstützt die These, daß die gesamte Verkündigung des Wortes Gottes im Neuen Testament Eschatologie sei, aber eine Eschatologie, die keinen künftigen Weltzustand prophezeie, sondern die Geschichtlichkeit des Wort-Antwort-Geschehens in seiner Augenblicklichkeit hier und jetzt betreffe[46]. Die Zu-künftigkeit Gottes bedeutet Gottes Auf-uns-zu-kommen, mit dem er uns einfordert und sich uns zuwendet, und zugleich Gottes Entzug für alle Greifbarkeit von unserer Seite. Diese Zukünftigkeit durchbricht alle Geschlossenheit und Umschlossenheit der Welt, die auch dann noch erhalten bliebe, wenn sie eine Zukunft nach ihrem Sinn, ihrer Erstreckung, ihrem Bedürfnis erwartete. Deshalb verheißt die Zukünftigkeit Gottes keinen besonderen Weltzustand, weshalb auch die Verkündigung ihrer, sowenig sie historischer Bericht ist, keineswegs stattdessen als „eine in allgemeinen Wahrheiten verlaufende, aufklärende Weltanschauung" verstanden werden kann, vielmehr „Kerygma im eigentlichen Sinne, autorisierte, verfügende Verkündigung, herrscherlicher Erlaß" ist[47]. Die Zukünftigkeit Gottes ist auf keine Weise zu bemächtigen, sie ist umgekehrt stets der Welt und des Menschen mächtig. In seiner Zukünftigkeit gerade erweist sich Gott als Herr, erweist er die Souveränität, die Unberechenbarkeit seines Kommens, demgegenüber sich der Mensch niemals so oder so einzurichten vermag. Dann ist aber diese Zukünftig-

---

[45] *Glauben und Verstehen* III 22; vgl. hier (Anm. 7) sowie besonders auch in *Theologie des Neuen Testaments* 300ff., 478ff., *Glauben und Verstehen* I 8f., 54ff., II 178f. BultmannsAuseinandersetzung mit dem historischen und kosmologischen Verständnis des Christusgeschehens bei Paulus und Johannes und die Tendenz zur Umprägung dieses Verständnisses in ein geschichtlich-eschatologisches, das laut Bultmann bei diesen beiden neutestamentlichen Schriftstellern trotz ihrer mythologisierenden Redeweise und in Durchbrechung dieser schon beginnt.

[46] Vgl. *Verhängnis und Hoffnung der Neuzeit* 170.

[47] Bultmann, *Theologie des Neuen Testaments* 308; vgl. außerdem *Das Evangelium des Johannes* 452, *Glauben und Verstehen* III 32; Gogarten, *Verhängnis und Hoffnung der Neuzeit* 171.

keit bei aller ihrer Auständigkeit, aber Herrscherlichkeit auch wieder ganz und gar Gegenwart, souveräne, ewige, unverfügbare, jedoch geschichtlich anwesende und beanspruchende Gegenwart. Mit dieser Gegenwart ist gleichwohl von seiten des Menschen nicht zu rechnen, sie ist nicht einzuplanen, sondern als zu-künftiger gilt ihr gegenüber nur die gehorsame Unterstellung des Menschen[48]. Es handelt sich hier um eine die bisherige Wirklichkeit der Welt infragestellende, entschränkende und wendende Gegenwart Gottes. Unter ihr wandelt sich die Welt nur insofern — und dies allerdings radikal — in einen neuen „Weltzustand", als ihr von nun an jede rechtmäßige Zuständlichkeit, in der sie ihre Sicherheit finden könnte, abgeht. Stattdessen ist sie in bleibendem Ausharren und Warten auf das Kommen Gottes ausgerichtet, das ausständig ist und *in* solcher Ausständigkeit schon geschieht, gegenwärtig ist. In Jesus Christus, in seinem Gekommensein, geschieht diese Zukünftigkeit Gottes[49].

Dieser Zukünftigkeit hat sich der Mensch als einer zu-künftigen Zukunft auszusetzen, er darf sie nicht als vorwegnehmbare Zukunft verstehen und in sein Denken und Handeln einbeziehen wollen, womit er sich ihr verstellte und versagte. In der Gefahr solcher Verstellung der Zukunft steht der Mensch jedoch schon immer. Im Zuge seines Selbsterstrebens sieht sich der Mensch gezwungen, unablässig in die Zukunft hineinzuplanen. Indem er planvoll handelt, nimmt er die Zukunft vorweg. „Ohne das wäre menschliches Leben nicht möglich. Geschähe es nicht, so könnten wir nur planlos von Augenblick zu Augenblick handeln. Das aber wäre nur möglich, wenn uns wie der Pflanze und dem Tier von der Natur ‚eingegeben' würde, was von Augenblick zu Augenblick zu tun nötig ist. Menschliches Leben aber wird nicht so ‚von Natur' gelebt. Weil es ein Leben mit Sachen ist, die mit Werkzeugen im weitesten Sinn hergestellt werden müssen, muß es über kleinere und größere Zusammenhänge hin geplant werden. Der Mensch muß vorher wissen, was er will. Das ist die Zukunft, die er jeweils vorwegnehmen muß, um leben zu können. Sie kann und darf er nicht abwarten."[50] Die Vorwegnahme der Zukunft gehört somit in den Lebensprozeß seines Selbstseins unabdingbar hinein. Sie ist ein Merkmal der Subjektivität des Menschen.

---

[48] Vgl. Gogarten, *Der Schatz in irdenen Gefäßen* 291ff., dazu *Verhängnis und Hoffnung der Neuzeit* 170ff., *Der Mensch zwischen Gott und Welt* 433ff.
[49] Vgl. *Verhängnis und Hoffnung der Neuzeit* 176.
[50] *Der Mensch zwischen Gott und Welt* 433.

In solch vorweggenommener Zukunft kann Gott nicht begegnen. Seine Zukunft soll im Gegensatz zu ihr als streng zu-künftige begriffen werden, die nie einplanbar ist und willentlich angestrebt werden kann. Sie „kommt" ohne Zutun des Menschen, und zwar so, daß sie im Kommen immer schon wieder geht, d. h. sich dem menschlichen Wollen und Planen entzieht. Im Entzug bleibt sie bei aller bestimmenden Gegenwärtigkeit reine Zukünftigkeit. „Die reine Zukünftigkeit dieser Zukunft wäre darum in demselben Augenblick verloren, man hätte sich ihr versagt, wenn man meinte, man könne sich ihrer in irgendeiner Weise bemächtigen. Das tun wir, wenn wir die planend in die Gegenwart vorweggenommene Zukunft für die ganze Zukunft halten oder für die, die uns allein angeht, während wir meinen, was es sonst noch an Zukunft geben mag, auf sich beruhen lassen zu können. Was aber mit solcher Vorwegnahme geschieht, ist keineswegs eine Bemächtigung der Zukunft. Es geschieht vielmehr etwas ganz anderes. Wir versagen uns mit ihr gerade der Zukünftigkeit der Zukunft. Damit versagen wir uns aber auch unserer Geschichte. Denn die Zukunft ist nicht in ihrer reinen Zukünftigkeit verstanden, wir haben es mit ihr nur noch als vorweggenommener und darum nicht mehr zukünftiger zu tun, wenn wir sie nicht als die Zukünftigkeit verstehen, die uns selbst angeht. Auch dies darf nicht in dem Sinn verstanden werden, daß wir in dieser Zukünftigkeit uns selbst vorwegnehmen. Wir erfahren die Zukünftigkeit als die, die uns angeht, nur, indem wir uns ihr aussetzen, wie sie unsrer mächtig ist. Der Geschichte also öffnen wir uns, in ihr bleiben wir, geschichtlich sind wir nur, indem wir uns in dem Vorwegnehmen der Zukunft, ohne das menschliches Leben nicht möglich ist, nicht gegen die Zukünftigkeit der Zukunft zu sichern suchen, sondern uns mitsamt unserem Vorwegnehmen der Zukunft ihr aussetzen"[51].

Es kommt also darauf an, die vorweggenommene Zukunft nicht für die einzige und eigentliche Zukunft zu halten. Dies bedeutete auch nach Bultmann, über die Zukunft verfügen zu wollen, anstatt sich der Zukünftigkeit Gottes auszusetzen, und das ist Sünde. Sünde, Schuldigsein, kann somit auch als Sünde, Versündigung gegen die Zukunft bezeichnet werden.[52] In ihr steckt der Mensch gemäß seiner natürlichen Lebenstendenz dauernd. Gegen sie kehrt sich die sie übermächtigende und zugleich entziehend-freigebende Macht der zukünf-

---

[51] a. a. O. 436f.

[52] Vgl. *Geschichte und Eschatologie* 110.

tigen Zukunft Gottes, die das Schuldigsein und seine Vorwegnahme der Zukunft solcherart aufhebt. Sie bricht und durchbricht es, ohne es zu beseitigen. Dieser Bruch vollzieht sich immer, wie sich auch das Schuldigsein immer durchhält. In scharfer Gegenwendigkeit, aber zugleich im Ineinander „ist nun ein ‚Altes', das zu Ende ist, und ein ‚Neues', das beginnt. Das ‚Alte' ist das, was die Menschen betreiben in ihrem planenden Vorwegnehmen der Zukunft. Denn da ist zwar noch Vergangenheit und Gegenwart, aber sie sind mit der aus ihnen stammenden Zukunft, weil diese ohne Zukünftigkeit ist, von vornherein dem Verderben und Vergehen verfallen. Das ‚Neue' ist das schlechthin Zukünftige. Es ist das einzig und allein in und aus seiner eigenen Zukünftigkeit. Es ist auch nie anders da als zukünftig; es hört darum nie auf, das Zukünftige zu sein. Aus diesem Grund ist es auch nicht mit einer noch so verwegenen apokalyptischen Zeitrechnung zu erfassen. Es läßt sich vom Menschen nicht fassen, aber es faßt diesen und überfällt ihn, ihm und allem das Ende setzend mit seiner Zukünftigkeit, was er sich auch, die Zukunft mit seiner Phantasie oder Ratio planend vorwegnehmend, ausdenken mag. Dieses ‚Neue' bleibt immer neu. Ebenso ist darum auch das einfache ‚Alte', das ihm entspricht, nie in dem Sinn nicht mehr da, daß man mit seiner Vergangenheit rechnen kann. Genau wie das ‚Neue' nicht anders da ist als zukünftig, so ist das ‚Alte' nie anders da als vergehend. Man kann nie darauf zurückblicken als auf etwas, das uns als ein ein für allemal Vergangenes nicht mehr anzufechten brauchte. Vielmehr vergeht es einem unaufhörlich unter den Füßen. Es ist das ‚Alte' mit genau derselben nie aufhörenden Neuigkeit, mit der das ‚Neue' neu bleibt."[53]

Die Tendenz, die Zukunft wollend und planend vorwegzunehmen, ergibt sich also für Gogarten, ebenso für Bultmann, aus der Vergangenheit, aus der der Mensch immer schon herkommt und an die er immer verhaftet bleibt. Die Vergangenheit gilt dabei als das Gesamt der Widerfahrnisse und Handlungen, aus denen der Mensch lebt und sich je und je verwirklicht, die sein natürliches Selbstsein bestimmen. Wenn er um seiner Selbstverwirklichung willen die Zukunft für sich vorwegzunehmen und einzustellen sucht, so besagt das zugleich, daß seine Vergangenheit, das „Alte", das Schuldigsein die Zukunft, das „Neue", die Gabe und Forderung Gottes übermächtigt und verstellt. Andernfalls aber öffnet er sich der Zu-kunft, dem „Neuen", um vor ihr

[53] Gogarten, *Der Mensch zwischen Gott und Welt* 438f.

sein Verhaftetsein an die Vergangenheit zu erkennen und als sein Schicksal zu übernehmen, jedoch so, daß er sich nun in dieser Verhaftetheit an die Vergangenheit doch von ihr nicht mehr, sondern von der Zukunft Gottes, von seinem Herrsein bestimmt sein läßt. Er übernimmt dann aus dem Geheiß und Anspruch der Zukunft die Verantwortung für seine Vergangenheit im Sinne des Sich-schuldig-Wissens, er bleibt zwar durch seine Vergangenheit qualifiziert (insofern ist sie als das „Alte" immer wieder neu), versteht jedoch seine Existenz in solcher Qualifikation als ein Harren und Warten auf jene Zukunft, die als das Gericht über diese Vergangenheit und als die Vergebung ihrer Schuld auf ihn zukommt. Solcherart existiert er im Zwischen zwischen Vergangenheit und Zukunft, in der Antwort gegenüber der Zukunft die Verantwortung für seine Vergangenheit übernehmend, und hat darin seine Gegenwart. Diese Existenz im Zwischen und die darin erreichte Gegenwart sind es, die auf seiten des Menschen der ewigen Gegenwart Gottes, die sich aus seiner Zukünftigkeit versteht, korrespondieren.[54]

3. Die ethische Bindung der Existenz an die Begegnung im Augenblick

Der Mensch, der zwischen den Zeiten lebt, ist durch ein beständiges Unterwegssein bestimmt. Das heißt: sein Leben findet in keiner Zeit, weder Vergangenheit, Gegenwart noch Zukunft, einen festen Halt. Die echte Zu-kunft verweist ihn in die Verantwortung für die Vergangenheit, diese aber setzt sich der Zukunft aus. Die Gegenwärtigkeit, die das Leben in der Spannung zwischen den Zeiten gewinnt, ist daher eine eschatologische: sie bedeutet das Ende aller kontinuierlichen Lebenssicherheit. Sie verbürgt keinen erreichbaren und festzuhaltenden Zustand. Vielmehr bestimmt Bultmann[55] die menschliche Existenz, ihr Sein, wie es sich im eschatologischen Ereignis des Wortes Gottes erschließt, nun pointiert als Sein-können: als die immer noch zu ergreifende Möglichkeit seiner selbst, vermöge deren es Zu-kunft hat, d. h. aber immer noch bevorsteht. Es ist im Harren, Warten und Wachen

---

[54] Vgl. dazu Bultmann, *Geschichte und Eschatologie* 111, 122, 166ff., 178ff., *Das Evangelium des Johannes* 403f., *Glauben und Verstehen* II 56f., III 39f., *Das Urchristentum im Rahmen der antiken Reiligionen* 162, 204ff.; Gogarten, *Der Mensch zwischen Gott und Welt* 439, *Der Schatz in irdenen Gefäßen* 291ff., 333ff.

[55] auf den im Folgenden vorwiegend Bezug genommen wird, weil hier das Zentrum seiner ethischen Aussagen liegt.

in die Zukunft erstreckt, die immer neu zu wählen ist, der es sich immer neu zu öffnen gilt, um alle feste Zuständlichkeit zu zerbrechen. Doch soll damit dennoch kein freies und unverbindliches, konturlos zerfließendes Schweben der Existenz zwischen den Zeiten, im weiten Raum oder Niemandsland der Geschichte ausgesagt sein, sondern das Unterwegssein im Zwischen bindet die Existenz im Gegenteil paradoxerweise eben an das Jetzt des jeweiligen Augenblicks, allerdings an ein qualifiziertes, nämlich eschatologisches Jetzt, das in der Erfüllung auch schon das Ende, in der Bindung auch schon die Entschränkung, in seiner Jeweiligkeit auch schon seine Vorläufigkeit beinhaltet und so von sich fort an das nächste, an ein je neues Jetzt verweist. In der Bindung an das so verstandene Jetzt findet die Geschichtlichkeit der menschlichen Existenz nun ihre eschatologische Wirklichkeit, die ihrem Zwischencharakter, ihrem Unterwegssein, nicht widerstreitet, sondern entspricht. „Geschichtlichkeit ist das Wesen des Menschen, der in keinem Jetzt in der Erfüllung seines eigentlichen Seins steht, sondern der immer unterwegs ist, aber nicht dem von ihm unabhängigen Gang der Geschichte ausgeliefert, sondern in jedem Jetzt in der Entscheidung, verantwortlich in Einem für die Vergangenheit und für die Zukunft.“[56] Die Struktur solcher Entscheidung in jedem Jetzt, in der entschränkten Bindung an das jeweilige, aber vorläufige Jetzt, gilt es im folgenden näher herauszuheben. Bultmann und Gogarten sehen diese Struktur gleichermaßen, Bultmann allerdings schärfer. Sie bildet den Kern der Ethik beider Theologen, wobei zumal der Neutestamentler Bultmann von der These ausgeht, daß die eschatologische und die ethische Predigt Jesu nur zwei Seiten der einen Verkündigung darstellen, die zusammen und ineins zu sehen sind.[57]

Schwergewicht und Vorläufigkeit des Jetzt zugleich vermögen wir zu erfassen, wenn wir (zunächst mit Gogarten) von dem Gedanken ausgehen, daß jeder Augenblick vergeht und daß alles menschliche Handeln, alle Taten des Menschen in ihrer Zeithaftigkeit, so sehr sie auch wollend und planend auszugreifen und die Zukunft vorwegzunehmen versuchen, an den Augenblick gebunden sind und ebenfalls unwiderruflich vergehen. Jegliches Handeln ist mit seinem Vollzug bereits der Vergänglichkeit ausgesetzt. Trotzdem ist es damit, daß es je und je

---

[56] *Geschichte und Eschatologie* 172; vgl. dazu *Glauben und Verstehen* I 46, 58, 140f., 145ff., 172, *Theologie des Neuen Testaments* 320; Bornkamm-Bultmann-Schumann, *Die christliche Hoffnung und das Problem der Entmythologisierung* 31f.

[57] Vgl. dazu *Die Erforschung der synoptischen Evangelien* 50f.

bereits vergangen ist, nicht erledigt. Es entspringt jeweils einer Entscheidung, zu der zweierlei gehört: „einmal dieses, daß sie, einmal gefällt, nicht zurückzurufen ist, wie alles, was in der Zeit geschieht. Das heißt: auch sie gehört ganz und gar der Vergänglichkeit an. Dann aber gehört als Zweites dieses zur Entscheidung, daß sie, gerade weil sie als Geschehnis in der Zeit unwiderrufbar vergangen ist, doch als Entscheidung bleibt und nicht wieder aufzuheben ist. Hier bleibt ein Unvergängliches gerade im Vergänglichen. Die Vergänglichkeit wird aber dadurch nicht im geringsten aufgehoben. Die Vergänglichkeit der Tat wird nicht dadurch aufgehoben, daß sie als Entscheidung bleibt. Sondern im Gegenteil, sie wird erst dadurch in ihrem ganzen Ernst, in ihrer Unentrinnbarkeit deutlich. Dieses Unvergängliche ist nicht ein unvergängliches Wesen, sondern es ist nichts anderes als die jeweilige Einmaligkeit in ihrem unaufhebbaren Geschehensein".[58]

Gerade daß die Entscheidung und die aus ihr entspringende Tat irreversibel sind und sofort mit ihrem Vollzug der Vergangenheit anheimfallen, macht sie unaufhebbar. Damit erfüllen sie je und je ein Jetzt, das sie aber seinerseits sogleich auch beendet. Sie bestimmen den Augenblick und gehören ihm zugleich. Dann sind sie aber auch immer schon an eine augenblickliche Situation gebunden, aus der der menschlichen Existenz dasjenige begegnet, gegenüber dem sie sich zu entscheiden und zu handeln hat. Schwergewicht und Endlichkeit des Augenblicks, des Jetzt, in dem die Existenz je und je steht und handelt, bedeuten ihr, daß sie auf Begegnendes hin angelegt ist und daß ihr eine Situation als Gabe und Forderung zufällt und zudiktiert ist, worüber sie nicht verfügt. Ihr ist damit eine Wirklichkeit je und je vorweggegeben, die sie nicht von sich aus hervorruft. Und wenn sie gleichwohl zufolge ihrer natürlichen Lebenstendenz das Jetzt, den Augenblick, die Situation glaubt wählen und beherrschen zu können, so macht ihr das eschatologische Wort Gottes kund, daß über sie immer schon verfügt ist und daß sie diese Verfügung in der Begegnung des jeweiligen Augenblicks anzunehmen hat. Gehorsam gegenüber dieser Verfügung, Antwort auf das Wort Gottes ist jetzt also die Annahme des Zu-falls eines jeden Augenblicks und dessen, was in ihm begegnet, ist die Aufgeschlossenheit für das Schwergewicht und zugleich die Vergänglichkeit des jeweiligen Jetzt.[59] Nach der Art, wie sich der Mensch gegenüber der Forderung des Augenblicks verhält, bemißt sich folglich sein

[58] Gogarten, *Ich glaube an den dreieinigen Gott* 56.
[59] Vgl. dazu a. a. O. 57, 69, 82ff.; Bultmann, *Glauben und Verstehen* I 143ff., III 30f.

„Wert", nicht aus einer naturhaften, wesensgemäßen Qualität, und die Frage nach der Wahrheit, die „für den Griechen die Frage nach der Aufgedecktheit des Seienden in seiner Gesamtheit" ist, ist im geschichtstheologischen Verständnis nun „die Frage nach der Forderung bzw. nach der Gabe des Augenblicks".[60]

Sofern die Verkündigung des Wortes Gottes in Jesus Christus den Menschen solcherart auf das entschiedenste in den jeweiligen Augenblick, den er existierend erlebt, verweist, beschließt sie sich als eschatologische Predigt. Mit Bultmanns Jesusbuch sieht Gogarten den Appell Jesu darin, daß der Mensch das Jetzt seiner je konkreten Situation, in der er den Anruf des Wortes hört, als die Stunde der jeweils endgültigen Entscheidung erfährt und ergreift. Jesu Verkündigung richtet sich gegen das Warten auf ein Ende der Zeit. In jedem Augenblick kommt das Ende der Zeit, und alles Warten im Unterwegssein und Zwischen bezieht sich gerade darauf und nur darauf, dieses Ende anzunehmen, das die Existenz mit Unerbittlichkeit einfordert, ohne ihr einen verfügbaren welthaften Besitz ihrer selbst zu erlauben, so daß jede Situation gerade immer zu-künftig, zu-fällig für sie ist. Der letzte Sinn der eschatologischen Predigt Jesu liegt darin zu bedeuten, daß der Mensch immer *jetzt* in der Situation der Entscheidung steht, daß immer das Jetzt die letzte Stunde für ihn ist, durch die er ganz gefordert ist, in der Begegnung, im Begegnenlassen des Begegnenden, seine eigenen Ansprüche aufzugeben. Das Leben des Menschen ist so ganz und gar auf jeweilige Entscheidung gestellt. Es ist nichts Allgemeines, sondern etwas je und je Einmaliges, das sich der vergleichenden und objektiven Betrachtung entzieht.[61] „Es gibt keine metaphysische oder rationale Sicherung oder Orientierung des Menschenlebens, sondern es gibt nur die Zufälligkeit der Situation, in die man gerade gestellt ist und in dieser Situation die Entscheidung, die nie zum Voraus auszudenken ist. Auch der Glaube an Gott ist keine Sicherung des Lebens und Tuns des Menschen, so wie man sich mit Hilfe einer deutenden Weltanschauung sein Leben und die Ansprüche, die man an Gott, Welt und Menschen stellt, zu sichern gewöhnt ist. Sondern der Glaube an Gott ist nach der Verkündigung Jesu gerade die völlige Entsicherung des eigenen Lebens, ein Verzichten auf jegliche Ansprüche."[62] Der Zu-fall der Situation, des Augenblicks, widerstreitet gerade diesen Ansprüchen.

---

[60] Bultmann, *Glauben und Verstehen* II 73; vgl. *Jesus* 49.
[61] Vgl. *Ich glaube* . . . 140, dazu *Von Glauben und Offenbarung* 35ff.; Bultmann, *Jesus* 112f.
[62] Gogarten, *Ich glaube* . . . 140.

Gemeint sind die Ansprüche, die aus der natürlichen Lebenstendenz des Menschen erwachsen. Dazu gehören insbesondere das Erstreben geschichtlicher Dauer und eines festen existentiellen Habitus sowie — in der Form theoretischer Absicherung solchen Strebens — das Ringen um eine allgemeine, objektive Geschichtsdeutung, verbunden mit einer objektiven Wesenserkenntnis Gottes, und um einen Katalog materialer ethischer Kategorien, die der Existenz einen sicheren Weg weisen. Diese Bestrebungen und Tendenzen sehen sich vom Ereignen des Augenblicks in die Schranken gewiesen. Das Jetzt des Augenblicks bedeutet dem Menschen, daß seine Existenz keinen rechtmäßigen Habitus gewinnt, sondern vor Gott nur zählt hinsichtlich der Art, wie sie im aktuellen Moment hier und jetzt handelt. Zwar handelt sie im Jetzt des Augenblicks immer aus der Vergangenheit für eine Zukunft. Sie bringt ihre zurückliegende Geschichte immer mit ein in die Entscheidung des Jetzt. Das Gepräge, das ihr diese Geschichte mitgegeben hat, beeinflußt diese Entscheidung. Sie tut dies so sehr, daß sie vor der Forderung des Augenblicks auf vorbehaltlose Preisgabe des Eigenen zugunsten der hier eröffneten Zu-kunft auch fort und fort versagt und so schuldig wird. Aber auch dieses Schuldigsein erweist sich im Geschehnis des Jetzt. Durch dessen Begegnung enthüllt sich das Schuldigsein als solches. Zugleich wird das Ende über die Vergangenheit der Existenz gesprochen. Diese ist zwar unwiderrufbar und unaufhebbar, wird aber unter das Gericht gestellt, das ihre Sicherheit in Frage stellt und die Existenz wieder ganz neu fordert. Jegliche geschichtliche Entwicklung, etwa gar ein denkbarer Fortschritt, wird damit unterbrochen. Die menschliche Geschichte ist somit nicht durch Kontinuität und Ganzheit ausgezeichnet, sie ist vielmehr allein durch den Augenblick geprägt, in dem die Vergangenheit der Existenz ihrer Zukunft ausgesetzt wird und diese Zukunft auf das Schuldigsein der Vergangenheit der Existenz verweist. In jedem ganz neuen Jetzt des Augenblicks wird zugleich die Schuld der Vergangenheit beendet und vergeben, es gewährt sich in ihm die Gnade seiner Neuartigkeit und Einmaligkeit, eines Eröffnens der Zu-kunft. Diese Vergebung hebt die Schuld auf in die neue Hingabe und Preisgabe, die die Entscheidung, die Bejahung des Augenblicks, vollzieht, worin das Schuldigsein immer noch mitspielt, also nicht getilgt ist.

Wenn im Jetzt des Augenblicks dies sich ereignen soll, dann muß es zwar in der ganzen Entschiedenheit seines Anspruchs, aber zugleich in seiner Vorläufigkeit und Vergänglichkeit begegnen. So unmittelbar und unausweichlich die Begegnung dieses einmaligen Augenblicks hier und jetzt die Existenz betrifft, so daß sie ihn geradezu als ihre letzte Stunde versteht, so darf er sich in ihren Augen doch nicht zu seiner Einmaligkeit versteifen und absolut setzen. Vielmehr muß er zugleich offen sein für seine Übergängigkeit in den anderen, den nächsten Augenblick. Nur dann eröffnet sich in ihm im vollen Sinne Zu-kunft: das Zugleich von Anspruch und Ausstand, von Einforderung und Offenheit. Nur wenn jeder Augenblick zwar entscheidend und endgültig ist, aber in seiner Jeweiligkeit und Neuheit auf andere Jeweiligkeit und Neuheit verweist, die ebenso entscheidend und je endgültig wird, wenn also der Augenblick sich selbst transzendiert und so das Moment geschichtlicher Bewegtheit in sich trägt, wird die Existenz von ihm in einer Weise beansprucht, die ihre Sicherheit entgrenzt, die sie der Zukunft offenhält, aus welcher sie ihre Vergangenheit als schuldige erfährt, weiß und übernimmt. Dann erst auch ist jeder Augenblick eschatologisch: in ihm ereignet sich jeweils die Vollendung und das Ende der Geschichte, aber unter dem Vorbehalt seines eigenen Endes, so daß nicht einmal in ihm die Geschichte zu einer Einheit und Ganzheit gelangt, deren Geschlossenheit gerade ihr Wesen, das je und je sich ereignende Geschehen von Anspruch und Entsprechung, von Wort und Antwort zu sein, verstellte. Die Geschichte darf nicht in ihrer Ganzheit gedeutet und in einen systematischen Zusammenhang, in das System einer Weltanschauung und Weltauslegung, gebracht werden. Vielmehr geht sie ganz in das Geschehnis ihrer Augenblicke ein, aber dies immer wieder und unaufhörlich neu. Nur insoweit ist dann noch bei Gogarten und Bultmann von „der" Geschichte zu reden: als dem Immer-wieder des augenblicklichen Geschehens. Ansonsten wäre nur von diesem Geschehen und der Geschichtlichkeit seines Ereignens, die sich aus dem Worte Gottes konstituiert, zu sprechen.[63] Dieses Geschehnis fordert die Existenz in die immer neu zu vollziehende Entscheidung, d. h. in das Tun der Hingabe an den Augenblick und an das, was in ihm begegnet, zugleich der Preisgabe der eigenen Ansprüche.

Vom Menschen sind damit Taten, die Taten dieser Entscheidung, zufolge seiner Geschichtlichkeit verlangt, die sich aber nicht in objektivierbare Werke der Geschichte verwandeln dürfen. Genauer gesagt:

[63] Vgl. zum Vorstehenden besonders Gogarten a. a. O. 66ff., 82ff., 103f., *Was ist Christentum?* 18; Bultmann, *Jesus* 74ff., *Das Evangelium des Johannes* 115, *Theologie des Neuen Testaments* 324ff., *Glauben und Verstehen* II 70f., 139f., III 28, 54, 71ff., 117 ff.,182f., *Geschichte und Eschatologie* 169f., *Exegetica* 198ff.

Wenn sie sich gerade dahin auch immer entwickeln, d. h. von den Taten der Hingabe und Preisgabe im Augenblick zu den Werken der Kultur und Zivilisation, zu denen auch Religion, Sittlichkeit und Politik zählen, so „rechtfertigt" sie dies aber nicht, so geraten sie damit nicht ins Recht vor Gott, in die Entsprechung, sondern im Gegenteil aus der geforderten Entsprechung heraus und in das Schuldigsein. Solches Schuldigsein ist ihnen notwendig miteingestiftet. Insofern läßt sich von den objektivierenden Werken der Geschichte niemals abstrahieren. Doch sind diese dann niemals „christlich". So gibt es in den Augen Bultmanns wie Gogartens keine materiale christliche Kultur, Bildung, Pädagogik, Sittlichkeit, Kunst, Politik usw. Die hier genannten Bereiche kann die Existenz (und sie muß es in ihrem natürlichen Selbstsein) nur gestalten unter dem eschatologischen Vorbehalt des Wortes Gottes und der von ihm eröffneten Geschichtlichkeit des Augenblicks, der diese Gestaltungen in ihrem geschichtlichen Recht zunichtemacht. Und doch ist das Ereignen des Augenblicks an diese Werke gebunden. Es ergibt sich nur auf ihrem Boden, aus dem von ihnen vermittelten Zusammenhang. Deshalb können sie auch nicht einfach abgewertet werden. Innerhalb ihrer kann immer augenblicklich eine Begegnung wichtig werden. Darum gilt es, in und aus ihnen zu leben, aber in der Weise, als lebte man nicht in und aus ihnen, sondern in der gleichzeitigen Preisgabe ihres Zusammenhangs um der Hingabe an die Begegnung des Augenblicks willen. Die Daseinsweise der eschatologischen Existenz ist darum für Bultmann die der entweltlichten Innerweltlichkeit, der innerweltlichen Entweltlichung, eines Als-ob-nicht (ὡς μή)[64], wie es Paulus umschreibt: „Die Zeit ist kurz. Darum sollen die, die eine Frau haben, sich so halten, als hätten sie keine; die Weinenden, als weinten sie nicht; die Frohen, als freuten sie sich nicht; die diese Welt nutzen, als hätten sie nichts davon (als verkehrten sie nicht mit ihr). Denn die Gestalt dieser Welt vergeht" (1. Kor 7,29ff.). So verbindet sich mit der Entschiedenheit der Zuwendung zum Augenblick eine Entschlossenheit als Aufgeschlossenheit und Offenheit für die Entgrenzung dieses Augenblicks. Beides gehört zur jeweiligen Entscheidung, die sich nie als Besitz festhalten kann, sondern der immer wieder auf sie zu-kommenden, ihr zufallenden, somit zufälligen Begegnung überliefert ist. Ihr steht eine materiale Theorie des Handelns nicht zur Verfügung.

---

[64] Vgl. dazu *Glauben und Verstehen* II 75f., 116, 155ff., III 183.

Dennoch sehen Gogarten und Bultmann die Möglichkeit, aus der Besinnung auf den eschatologischen Charakter des Christusgeschehens und also der Geschichtlichkeit ein positives Tun der Existenz abzuleiten. Es muß sich nämlich nun zeigen, was präzise im Jetzt des Augenblicks der Existenz konkret jeweils begegnet und sie in Anspruch nimmt bzw. durch welche Art und Gestalt der Begegnung Forderung und Gabe des Wortes Gottes an den Menschen ergehen. Dieses Begegnende aber ist für die menschliche Existenz nicht ein beliebiges Etwas, sondern *der Andere als Nächster*; die Begegnung hat die Art und Gestalt der *Mitmenschlichkeit*. Das ihr entsprechende entschieden-entschlossene Handeln, das eschatologische Tun ist mitmenschliches Tun, Handeln im Verhältnis zum Anderen als Nächsten. Aus dieser Zuordnung empfängt dann die Ethik ihren positiven Bereich. Die eschatologische Ethik der Geschichtstheologie Gogartens und Bultmanns ist strikt Ethik der Mitmenschlichkeit, ist insofern soziale Ethik.

VI. Mitmenschlichkeit als geschichtliche Wirklichkeit der Existenz und der Übergang zur Politik

1. Die christologische Begründung der Sozialität

Gogarten insbesondere hat in mehreren Ansätzen versucht, vom geschichtlichen Verständnis des Wortes Gottes in Jesus Christus an die soziale Dimension der Ethik und zuvor an die Sozialität, die mitmenschliche Struktur der Existenz selbst, heranzuführen. Sie seien vorweg kurz skizziert. Wir werden finden, daß Bultmannsche Gedanken diesen Ansätzen entsprechen. Der wichtigste und grundlegende Ausgang ist der der Geschichtlichkeit, einschließlich der Historizität, des Christusgeschehens selbst. Die Historizität des Ergehens des Wortes Gottes in Jesus Christus, die es braucht, in der es gleichwohl nicht auf- und untergeht, bedingt die Notwendigkeit seiner Verkündigung. Das in Jesus Christus einmal und ein für allemal ergangene Wort bedarf der Übermittlung, der Weitergabe, der Überlieferung. In diesen Vorgang aber ist der Bezug von Mensch zu Mensch notwendig eingeschlossen. Das Wort Gottes, das als Menschenwort ergeht, geschieht faktisch in der mitmenschlichen Begegnung. Nur im Wort eines anderen Menschen und als dieses kann mich das Wort Gottes treffen, und ich antworte diesem Wort und seinem begegnenden Anspruch. Umgekehrt sage ich jeweils einem anderen Menschen das Wort verkündigend zu und rufe ihn in die Antwort. Das Wort-Antwort-Geschehen, das, wie wir sahen, ganz und gar menschliches Geschehen ist, entfaltet sich konkret als zwischenmenschlicher Bezug. Es konstituiert die Geschichte zwischenmenschlicher Beziehungen in ihrem Sinn als begegnishafte Mitmenschlichkeit. „Immer ist dieses Wort, wenn es in Wahrheit das Wort Jesu Christi ist, ein ‚äußeres‘, ‚mündliches‘ Wort; immer ist da noch einer, der es zu mir spricht. Dieses Wort ist auch insofern das fleischgewordene Wort, als es nicht für sich allein existieren kann, sondern immer ist es, wenn es das Wort Jesu Christi bleibt, ein Wort, das von einem Menschen zu einem anderen gesprochen wird ... Dieses Wort, das Jesus Christus nicht nur spricht, sondern das er ist, und das darum nichts anderes ist als Beziehung, kann darum auch immer nur als Beziehung zwischen Menschen sein; das heißt: es kann sein, was es ist, nur wenn es von einem Menschen zum Anderen gesprochen wird. Nur auf diese Weise behält dieses Wort seinen Inhalt, der ja kein anderer ist als der, daß es als das Wort, das Jesus Christus selbst ist, in der ausschließlichsten Weise zum Andern gesprochen wird.“[1]

Zugleich und zweitens beinhaltet die Anrede des Wortes Gottes in der Totalität ihres Anspruchs, daß der Mensch in seiner ganzen Existenz mit allen ihren Beziehungen, also auch den zwischenmenschlichen, von ihr gemeint ist, und dies gilt dann von jedem Menschen, von allen Menschen in der Totalität ihrer Beziehungen. *Der* Mensch, jeder Mensch, alle Menschen sind gerade hinsichtlich dessen beansprucht, was ihnen als Menschen gemeinsam ist. Dieser Anspruch und damit die Geschichtlichkeit des Menschen aktualisiert sich in der eschatologischen Situation, in der konkreten Begegnung. Die konkrete Begegnung aber spricht im Geschehnis worthaften Anspruchs, dem allein ich antworten kann. Wenn alle Wirklichkeit im Geschehen eines worthaften Anspruchs und einer antwortenden Entsprechung gesehen wird, wie Gogarten und Bultmann dies tun, dann kann die geschichtliche Begegnung sich nur im Bezug von Mensch zu Mensch, als Mitmenschlichkeit, abspielen, nicht aber in einem Verhältnis von Mensch zu Ding und Sache. Begegnung ist für beide Theologen eindeutig zwischenmenschliche Begegnung, nicht sachliches Verhältnis. In solcher Begegnung erfüllt sich die Bezughaftigkeit der Person. Sie kann insofern personale Begegnung genannt werden.

Das Wortgeschehen, also meine eigene Geschichtlichkeit, bindet mich völlig und unbeliebig und ganz zentral, nicht nebenbei und zu vielem anderen auch noch zusätzlich, an den anderen Menschen, der in der Begegnung zum Mitmenschen, zum Nächsten, zu dem mir zunächst Begegnenden, wird. „Denn durch ihn, durch seinen Anspruch, der hier der Anspruch ist, mir mit dem Worte Jesu Christi das Wort des Lebens sagen zu können und zu müssen, ist die gegenwärtige Situation bestimmt. Dadurch nun, daß das Wort Jesu Christi immer von einem Anderen als ‚äußeres‘, ‚mündliches‘ (sc. geäußertes, anredendes) Wort zu mir gesprochen werden muß, ist jene Freiheit von der Knechtschaft unter die eigenen Ansprüche, die mir das Wort Jesu

---

[1] *Ich glaube an den dreieinigen Gott* 177f.

Christi schenkt, von Anfang an nicht eine Freiheit überhaupt, sondern eine konkrete Freiheit. Sie ist hier die Möglichkeit, den Anspruch des Anderen, der mir das Wort Jesu Christi sagt, deutungslos und verantwortlich zu hören."[2] Das eschatologische Zunichte- und Neuwerden der menschlichen Existenz ist also ein mitmenschliches Geschehnis, es bewährt sich konkret als dieses und ausschließlich als dieses. In ihm ereignet sich positiv diejenige Antwort des Menschen auf das Wort, die das Verhältnis von Gott zum Menschen, vom Menschen zu Gott zu einem wahrhaft gegenseitigen macht, so sehr in ihm Gott der souverän beanspruchende, erwählende und begnadende Teil ist. Im konkreten Jetzt der Begegnung von Mensch zu Mensch, in der sich die positive Gerichtetheit des Menschen auf die Zu-kunft erschließt und erfüllt, nur hier gelangt der Bezug von Gott zum Menschen in das Partnerschaftsverhältnis, als das es zufolge des Wort-Antwortgeschehens zu begreifen ist.[3]

Wenn somit das vom anderen Menschen gesprochene Wort — und dieses als das Wort Jesu — und meine Antwort darauf das eigentliche Geschehnis der Geschichtlichkeit Gottes und der Geschichtlichkeit des Menschen ausmachen, wenn diese Geschichtlichkeit also, und zwar zufolge ihres christologischen und eschatologischen Gehaltes, ganz und gar mitmenschliche Geschichtlichkeit ist, dann gibt es jetzt im Grunde genommen nur noch „eine einzige Entscheidung" — und diese begründet und beinhaltet *das* ethische Tun der Existenz —, „nämlich diese: ob ich oder du. Wenn wir von der Predigt Jesu sagen, daß sie den Menschen in die Entscheidung stellt, so kann das also nur heißen, daß sie, wo sie gehört wird, den Menschen eben in diese Entscheidung stellt: ob ich oder du. Und umgekehrt können wir auch sagen: nur wo der Mensch von der Predigt Jesu in diese Entscheidung, ob ich oder du, gestellt wird, wird diese Predigt in ihrem entscheidenden Sinne gehört. Es wird hierdurch deutlich, was es heißt, daß die Predigt Jesu, wo sie gehört wird, dem Menschen zur Entscheidung wird. Es heißt, daß das Wort dieser Verkündigung im prägnanten Sinne ein Wort ist, daß es in der verantwortlichen Beziehung gesprochen ist, die ein Wort erst in Wahrheit zum Wort macht".[4] Das eschatologische Ende, das die Predigt Jesu der menschlichen Existenz kundtut, richtet sich dann gegen

---

[2] a. a. O. 178.

[3] Vgl. dazu auch Gogarten, *Die Verkündigung Jesu Christi* 221; Bultmann, *Das Evangelium des Johannes* 421, *Glauben und Verstehen* I 150f., III 28f.

[4] *Ich glaube* . . . 142.

den Einzelnen in der Isoliertheit seines Selbstseins, der eschatologische Anfang des neuen Menschen aber erscheint nun als das Aufgenommensein aller Menschen in ihrer Gebundenheit aneinander durch Gott. Und die wechselweise Gebundenheit aneinander, die Verbundenheit und Bindung der Mitmenschlichkeit hebt jetzt das verborgene Geschehnis der Zuwendung Gottes im Wort in die Sichtbarkeit.[5]

Mit der Inkarnation des Wortes Gottes in dem historischen Menschen Jesus kommt Gottes Liebe zum Menschen, in Jesu gehorsamer Übernahme des Kreuzes, also unseres Schuldigseins, kommt des menschgewordenen Gottes Liebe zu allen Menschen zur Geltung[6]. Die hier Ereignis werdende Liebe des Gott-menschen, des Gottes- und Menschensohnes zu den Menschen wird konstitutiv für die Menschenliebe, und diese wird umgekehrt ihr sichtbarer Vollzug. Jesus hat „das Verhältnis der Menschen zueinander als den Ort erkannt . . ., an dem das Gottesverhältnis sich entscheidet. Dort und nirgends sonst versagt oder ererschließt sich der Mensch der Wirklichkeit Gottes. Empfängt Jesus seine Existenz, die er als der Verkünder von Gottes Wort hat, von Gott, so heißt das gemäß jener unlöslichen Verbundenheit von Gottes- und Nächstenliebe, daß er dieser Empfangende, als der er vor Gott lebt, in seinem Verhältnis zu den Menschen ist, denen er seine Botschaft verkündet. Das besagt zweierlei: erstens, daß Jesus den Menschen in eben der Offenheit zugewendet ist, in der er seine Existenz aus der Güte Gottes empfängt; zweitens, daß es Gottes Güte selbst ist, die in dieser Offenheit Jesu sich den Menschen zuwendet“.[7] Die Mitmenschlichkeit, übernommen in der Nächstenliebe, ergibt sich hier aus dem Wesen der Güte Gottes oder aus dem Begriff von Gottes Gutsein. Wir sahen, daß Gottes Gutsein nicht als ein abstraktes An-und-für-sichgutsein, sondern als die Zuwendung zum Menschen, somit als konkretes Geschehnis zwischen zweien, als das Dem-Anderen-gutsein zu verstehen ist. Gottes Uns-gut-sein und unser Gottes-uns-gut-sein-an-unsgeschehenlassen gehören in das eine Geschehnis des Gutseins, das dennoch ganz Gnade und Gewähr Gottes bleibt, zusammen.[8] Auch dieses Geschehnis erhält seine Konkretion und unser darin eingeschlossenes Lassen gestaltet sich zu einem positiven Tun, indem ich dem anderen Menschen gut bin, der mir begegnet, dem Gottes Gutsein wie mir gilt

[5] Vgl. dazu *Von Glauben und Offenbarung* 38f.
[6] Vgl. *Verhängnis und Hoffnung der Neuzeit* 183.
[7] Die *Verkündigung Jesu Christi* 130.
[8] Vgl. dazu *Politische Ethik* 98.

und durch den Gottes Gutsein mir sich zuspricht und mich zum Geschehenlassen des Gutseins auffordert. Sich Gott völlig ergeben, ihn sich gutsein lassen, heißt: den Menschen, mit denen man lebt, gut sein.[9] Das menschliche Vom-Andern-her-sein und Für-den Andern-da-sein, das sich zunächst auf Gott bezog, bezieht sich nun, daraus abgeleitet, aber jetzt endgültig und daher vollinhaltlich, also total und absolut auf den anderen Menschen, den Mitmenschen, den Nächsten. Das Für-den-Andern-da-sein des Menschen gegenüber Gott findet seinen Vollzug im Für-einander-da-sein.[10]

2. *Mitmenschlichkeit als Vom-Andern-her-sein und als Nächstenschaft*

Der Bereich der Mitmenschlichkeit eröffnet sich also für die Geschichtstheologie Gogartens wie Bultmanns als der Ort, innerhalb dessen der Mensch seine geschichtliche Existenz gewinnt und entsprechend ethisch zu handeln vermag. Durch die Ansprüche, die an die Existenz in diesem Bereich ergehen, ist sie in ihrem geschichtlichen Sein und Sollen zugleich bestimmt. Die geschichtliche, ethische und eschatologische Existenz ist soziale Existenz. Es kann folglich für sie nie darum gehen, zur anderen Existenz, zum Du, eine Beziehung erst aufzunehmen, sondern immer nur darum, sie zu erfüllen. Die Beziehung besteht also immer schon, aber wiederum nicht als verfügbarer Besitz, sondern sie kommt auf die Existenz immer als die noch einzulösende, noch zu erfüllende, noch zu vollziehende zu. Sie enthält folglich selbst noch einmal die gleiche Spannung, die auch das Gottesverhältnis für die geschichtliche Existenz enthält: sie ist Bestehendes und Bevorstehendes zugleich und in der Einheit beider verpflichtend Aufgegebenes. Mit dem Verhältnis zum anderen Menschen wird der Existenz somit kein Ausweg in eine ruhige, heile Sicherheit des Lebens eröffnet, vielmehr hält sich in diesem Verhältnis das Gottesverhältnis als das es konstituierende durch, zugleich wird es aber zum konkreten und ersichtlichen Austrag des Gottesverhältnisses. Die Existenz empfängt hier als Gabe und Forderung aus dem geheimnishaften Geschehnis des Wortes das Feld ihres Seins und ihrer Betätigung klar zugemessen. Es wird zum ausschließlichen Ort ihrer Wirklichkeit und Wirksamkeit als

[9] Vgl. a. a. O. 99.
[10] Vgl. dazu a. a. O. 100f.; zum Ganzen auch *Theologie und Geschichte* 362f.

des Wesens der Geschichtlichkeit, an dem sich auch das Gottesverhältnis „entscheidet".[11] Das Heil des Einzelnen verwirklicht sich allein im Heil des Anderen und im Heil der Gemeinschaft.[12] Steht es so, dann sind die „Maßstäbe" des ethischen Handelns der Existenz, wie Gogarten in der Schrift „Wider die Ächtung der Autorität" scharf erklärt, nirgendwo anders mehr herzunehmen „als aus den Notwendigkeiten und Gesetzen" des Miteinanderseins. „Die Aufgabe des ethischen Denkens wäre demnach, grundsätzlich alle ethischen Maßstäbe und Normen aus dem als das Mit-einander-sein verstandenen ursprünglichen Sein (sc. der geschichtlichen Existenz) zu verstehen." In dieser Auskunft beschließt sich vorerst für Gogarten die Frage nach dem, was das Gute ist und was der Mensch tun soll.[13]

In der geschichtstheologischen Ableitung, die Gogarten und Bultmann bei der Entfaltung ihres Denkens vornehmen, verlagert sich das „Gute", das sich im und als Wort Gottes geheimnishaft enthüllt und entzieht, in den Hinweis auf das mitmenschliche Verhältnis, wo es seine Sichtbarkeit gewinnt. Hier ist es wirklich und wirksam. Umgekehrt erfährt zufolge solcher Ableitung das mitmenschliche Leben seine Wirklichkeit und Wirksamkeit nicht aus seinen natürlichen Gegebenheiten und Umständen, sondern sofern es seinerseits auf das Geheimnis des Wortgeschehens verweist und für es Bedeutungsträger wird. Alle konkreten sozialen — und wie sich zeigen wird — politischen Beziehungen und Verhältnisse sind dann daran zu messen, inwieweit sie fähig sind, diese Bedeutsamkeit zu übernehmen und an sich zu tragen. Wenn sie dies beanspruchen, so müssen sie generell Beziehungen und Verhältnisse der Liebe sein. Liebe meint dabei für unsere Theologen nicht die gefühlsmäßige „verliebte" Liebe zum Anderen, die ihnen lediglich als eine Form der Selbstliebe gilt, sondern die Gesinnung und Haltung des radikalen Verzichts auf alles Eigene zugunsten der Bindung an den Anderen in der Übernahme des Vom-Andern-her-seins der eigenen Existenz. Liebe ist die Preisgabe jeglichen An-und-für-sich-seins um der Beziehung als solcher willen, in der mir der Andere begegnet. In dieser Liebe realisiere ich daher — und in ihr allein — die Gottes-

---

[11] Vgl. dazu in bezug auf Gogarten kritisch H. Eklund, *Theologie der Entscheidung* 39ff.; J. Cullberg, *Das Du und die Wirklichkeit* 74; E. Reiser, *Das Recht auf Geschichtsphilosophie* 133f.

[12] Vgl. Gogarten, *Ich glaube* ... 149, *Die Verkündigung Jesu Christi* 115ff., 221, 265f., *Der Schatz in irdenen Gefäßen* 353ff.; Bultmann, *Glauben und Verstehen* I 81, *Theologie des Neuen Testaments* 95f., *Das Urchristentum im Rahmen der antiken Religionen* 102.

[13] *Wider die Ächtung der Autorität* 37f.

liebe, die Preisgabe an den mich fordernden und sich mir zuwendenden Gott, dessen Kommen jedoch im Bevorstand verbleibt. Die Liebe zum anderen Menschen ist somit die Wirklichkeit der Gottesliebe, wie das Verhältnis zu ihm überhaupt die Wirklichkeit des Gottesverhältnisses ausmacht. In der Zuwendung zum Anderen erweist sich die Bereitschaft der Existenz, die Selbstmacht ihrer Subjektivität aufzugeben und jemand Anderem hörig zu werden, damit aber überhaupt ihr aus dem Wort Gottes konstituiertes Vom-Andern-her-sein anzuerkennen und somit auf Gottes Wort zu hören.[14] So vermitteln sich das Vom-Andern-her-sein als das Vom-ganz-anderen-Gott-her-sein und das Vom-Andern-her-sein als das Vom-anderen-Menschen-her-sein wechselweise: Jenes begründet und durchwaltet dieses, dieses trägt jenes aus und verweist damit zugleich auf es, das sich der unmittelbaren Bemächtigung entzieht.[15]

Soll nun aber auch noch das Vom-anderen-Menschen-her-sein davor bewahrt bleiben, zu einem festen und sicheren Habitus der Existenz zu werden, womit es ihrer Verfügungsmacht bereits wieder unterstellt wäre — und dies möchten unsere Theologen ja unbedingt vermieden sehen —, so muß auch es wiederum streng geschichtlich verstanden werden. Es darf dann also keine Wesensqualität der Existenz bezeichnen, deren sie habhaft zu werden vermöchte, sondern es ist ganz als die Bestimmtheit der Augenblicklichkeit der eschatologischen Existenz zu nehmen. Es wurde ja eingeführt, um die Rede vom eschatologischen Augenblick zu präzisieren, und ist seinerseits darum ganz mit dieser Rede verbunden. Aus dieser Relation begreift Gogarten das Verhältnis und die Liebe zum Anderen,[16] aber nur Bultmann hat dazu einige konkretere Ausführungen gemacht. Für ihn wird die Mitmenschlichkeit

---

[14] Vgl. *Politische Ethik* 96ff., 148ff., *Die Verkündigung Jesu Christi* 107ff., 506ff., *Der Schatz in irdenen Gefäßen* 197ff.; Bultmann, *Jesus* 96f., *Das Evangelium des Johannes* 421, *Theologie des Neuen Testaments* 20f., 26, 570f., *Geschichte und Eschatologie* 51f., *Das Urchristentum im Rahmen der antiken Religionen* 82.

[15] In dieser Vermittlung herrscht also ein strenges Wechselverhältnis der beiden Seiten des Vom-Andern-her-seins. Sie bedingen sich gegenseitig. Wird nur eine Richtung des Bedingens und Bedingtseins gesehen, so müssen Gogarten und Bultmann einer Kritik aus der jeweils entgegengesetzten Richtung verfallen. So wirft Karl Barth (*Das Gesetz und seine Erfüllung in Jesus Christus* 376) Gogarten vor, daß das Gottesverhältnis und die Gottesliebe in der mitmenschlichen Ich-Du-Bezogenheit unterzugehen drohe, während P. Althaus (*Grundriß der Ethik* 26) und H. Thielicke (*Geschichte und Existenz* VI u. 4, Anm.) zugleich umgekehrt beanstanden, daß der Mensch total in das Vom-anderen-Menschen-her-sein eingespannt sei, weil nur dies in der Totalität des Gottesverhältnisses gründet.

[16] Vgl. bes. *Ich glaube* . . . 37, 46.

zur situationshaft artikulierten Nächstenschaft. Der Andere, dem ich mich zuzuwenden habe, ist weder der abstrakt-allgemeine Andere noch jener, den ich mir auswähle, sondern der Nächste, der begegnishaft auf micht trifft. Wer jeweils mein Nächster ist und wird, ist nicht in mein Belieben und in meine Wahl gestellt, mag ich mich dabei auf der einen Seite von einer Idee oder von einem Sachinteresse oder auf der anderen Seite vom persönlichen Gefühl oder Nutzen leiten lassen. Im Begriff des Nächsten liegt vielmehr: mein Nächster kann prinzipiell jeder Mensch sein, aber er muß es im Geschehnis der Begegnung werden. Zum vollen Begriff des Anderen als Nächsten gehört also, daß er mir konkret in einer Situation begegnet, von der wir beide betroffen sind, die uns als die gemeinsam von ihr Betroffenen, die in ihr aufeinander angewiesen und verwiesen sind, zusammenschließt. Der Nächste ist mir folglich unbeschadet meiner Zustimmung vorweg immer schon zugeordnet, welche Zuordnung sich aber nur begegnishaft in Situationen erschließt.

Beide Momente zusammen bewirken, daß hier nichts planbar und berechenbar ist. Denn die Situationen und ihre Anforderungen (und im Konflikt der möglichen Anforderungen einer Situation der Vorrang einzelner oder einer einzigen von ihnen) ändern sich unablässig. Demgemäß ist die Art, in der mir der oder die Nächsten begegnen, nicht ein für allemal feststellbar. Intensität und Form der Begegnung sind in einem dauernden Wechsel begriffen. Mit ihnen hat sich die Nächstenliebe immer wieder anders zu erweisen. Sie hat sich dem konkreten einer Begegnung innewohnenden sachlichen Sinn und Zweck anzumessen, jedoch durchgängig so, daß in jeder sachbedingten Zuordnung die Zuwendung zum Anderen als dem Nächsten und die Abwendung des Ichs vom Eigeninteresse zum Ereignis wird. Inhaltliche Aussagen darüber, wie die Nächstenliebe sich in einzelnen Situationen und Verhältnissen gezielt auszurichten habe, glaubt auch Bultmann nicht machen zu dürfen, da sie dann immer einem Programm folgte, das vorweg festgelegt wird und gerade verhindert, daß mir der Andere als je und je Nächster mit *seinen* Ansprüchen begegnet. Diese Ansprüche müssen somit prinzipiell unvoraussehbar bleiben, damit sich die Existenz sie in aller Zufälligkeit und Betroffenheit begegnen lassen kann[17]. Eine solche radikal von der isolierten Augenblicklichkeit eines begegnishaften

[17] Vgl. zum Ganzen *Glauben und Verstehen* I 229ff. (*Das christliche Gebot der Nächstenliebe*), außerdem bes. II 13ff., 53, 68ff., 111, 136f., 242, *Jesus* 102.

Geschehens her denkende Auffassung verwehrt es der Theologie der Geschichtlichkeit trotz ihrer scharfen Betonung der Mitmenschlichkeit der Existenz (und obwohl Bultmann diese positiv als Nächstenschaft auslegt und artikulieren möchte), daß sie soziale Strukturen des menschlichen Lebens eingehend daraufhin untersucht, wie sich innerhalb ihrer die gedachten Begegnungen jeweils abspielen und spezifisch ausformen, wie sie die jeweilige Begegnisart bedingen und wie sie ihrerseits durch den Vollzug solcher Begegnung im Geiste der Nächstenschaft geformt werden[18]. Stattdessen richtet sich das Interesse der Theologie der Geschichtlichkeit nur auf die geschichtliche Bedeutsamkeit solcher Begegnungen, und es wird sich zufolge dieses Interesses die Eigentümlichkeit ergeben, daß nur die aus dem geschichtlichen Leben herausragende Institution des Staates seitens der Geschichtstheologie Gogartens und Bultmanns eine Würdigung findet, weil in ihr eine vorzügliche geschichtliche Bedeutungsfunktion, ein manifester Bedeutungssinn gegeben scheint.[19]

Alle anderen natürlichen mitmenschlichen Verhältnisse fallen nicht nur einer Mißachtung, sondern geradezu einer Disqualifizierung seitens der Theologie der Geschichtlichkeit anheim. Das gilt dezidiert für Gogarten, ist aber auch bei Bultmann an einzelnen Stellen nachweisbar. Das naturhafte Sein, auch der Mitmenschlichkeit, soll ja gerade aufhören, für sich da zu sein und in sich zu bestehen. Es wäre, wie Gogarten betont, doch immer nur rückführbar auf das Ich und sein Verhältnis zur Natur als dem Vermittelnden seines Verhältnisses dann auch zum Anderen, zum Nächsten. Hier waltet immer nur eine abgeleitete, sekundäre Beziehung, die deshalb als „uneigentlich" abzuqualifizieren ist, nicht aber die Beziehung *als* Beziehung und insofern als „eigentliche" Beziehung.[20] Diese kann und darf nicht als eine

---

[18] Vgl. *Glauben und Verstehen* II 262ff. (*Formen menschlicher Gemeinschaft*), wo Bultmann vier Formen der Gemeinschaft unterscheidet und kurz analysiert (die aus der Natur vermittelte Gemeinschaft, die aus der Geschichte erwachsende Gemeinschaft, die durch Kunst und Wissenschaft begründete Gemeinschaft und die durch die Religion gestiftete Gemeinde), aber auch hier nicht aufzeigt, wie in diesen Gemeinschaften die „Gemeinschaft der Liebe" gestaltend und gestaltet wirkt. Der Leser sieht sich auf die Auskunft verwiesen, die Nächstenliebe sei „einfach als die Offenheit für den jeweils Begegnenden" zu begreifen. Sie bringe dann im Vollzug jeweiliger Begegnung „die verborgene Gemeinschaft aller Menschen zur Erscheinung" (a. a. O. 272f.). Damit ist strukturell nichts über das Wechselverhältnis der natürlichen menschlichen Gemeinschaften und der „Gemeinschaft der Liebe" ausgesagt.

[19] Dieses Mißverhältnis deutet H. Thielicke, *Geschichte und Existenz* 121f. kritisch an.

[20] Vgl. *Ich glaube* . . . 63, *Politische Ethik* 14f, auch *Glaube und Wirklichkeit* 94ff.

Wirklichkeit verstanden sein, die das Ich durch sein natürliches Leben mit sich führt und dann im Grunde von sich aus hervorruft, sondern sie soll als etwas gelten, was im Gegenteil das geschichtliche Gerufensein und die Verantwortlichkeit der Existenz zum Ausdruck bringt.[21] Der damit herausgestellte bestimmende Gesichtspunkt der Geschichtstheologie für die Beurteilung der Phänomene des mitmenschlichen Lebens zeitigt eine schwerwiegende Konsequenz für die Sicht des Ich-Du-Verhältnisses bereits im Ansatz. Aus ihm folgt, daß es unseren Theologen im Grunde gar nicht auf eine wirklich mitmenschliche, nämlich partnerschaftliche Begegnung von Mensch zu Mensch ankommen kann, sondern lediglich auf die Bestimmtheit der Existenz durch den Anderen, durch das Du, durch den Nächsten. Dabei ist nicht der Andere, das Du, der Nächste als Mensch, in seinem Menschsein, das Entscheidende, sondern das Gerufensein und Vom-Andern-her-sein meiner Existenz einschließlich der Funktion, die der Andere darin ausübt. Der Andere für sich, in seinem eigenen Menschsein, wäre ja auch nur wieder ein Ich, das von sich her einen Bezug zu meinem Ich aufnimmt. Dieser Bezug wäre wiederum natürlich verstanden. „Geschichtlich" gewürdigt wird er aber nur, wenn in ihm nicht ein Ich zu einem anderen Ich kommt, sondern ein Du das Ich bestimmt. Dann begegnet das Du aber gerade nicht mit seinen eigenen ichhaften Ansprüchen, die als solche mitteilbar, verstehbar und deutbar wären, sondern in der Ferne und Fremdheit seiner Duhaftigkeit, seiner Andersartigkeit, die mich in die Anerkennung zwingt. Dieses Du entzieht sich der Verwandlung in das Ich. Es steht und bleibt in der schroffen Gegensätzlichkeit des Du. Ich und Du sind sich so zutiefst ungleich, und zwar gerade dann, wenn unbeachtet bleibt, was das Du als Ich ist. Die Ich-Du-Beziehung wird also nur zur „echten" Beziehung, wenn in ihr eine unaufhebbare Gegensätzlichkeit, ein tiefes Getrenntsein herrscht und sich durchhält.[22] Das heißt, hier gibt es keine Dialogizität zweier und mehrerer Partner, sondern nur das Geschehnis meines In-Anspruch-genommenseins durch den Anderen. Das Eigentümliche an diesem Verhältnis liegt dann aber gerade wieder darin, daß es ganz und gar auf mich rückbezüglich ist, daß es allein von mir spricht, daß in ihm folglich die Subjektivität der Existenz alles beherrschend durchschlägt, wenn auch abermals nur als entäußerte Subjektivität. Es geht in der von der Geschichtstheologie

---

[21] Vgl. dazu *Ich glaube* . . . 68ff.

[22] Vgl. dazu *Von Glauben und Offenbarung* 74ff., *Glaube und Wirklichkeit* 31ff., *Politische Ethik* 18ff., *Ich glaube* . . . 68ff., 108ff.

gedachten geschichtlichen Ich-Du-Beziehung letztlich immer nur um meine Existenz, um mein Vom-Andern-her-sein, ungeachtet dessen, was der Andere, das Du, der Nächste für sich selbst ist. Der Andere bleibt *als* Anderer, das Du *als* Du, der Nächste *als* Nächster ein Sein für mich, in Bezug auf mich, begriffen aus der Bezogenheit, in der ich stehe. Auch der Begriff des „Nächsten" und das Verständnis der Nächstenschaft ändern daran nichts, da sie sich ausschließlich im Zusammenhang mit der konkreten Situation, in der ich stehe, ergeben: Der Nächste ist der nahe, je und je am nächsten an mich in einer Situation Herankommende. Sein Nächster-sein bleibt ganz und gar auf die situations- und augenblickshafte Art der geschichtlichen Eingrenzung meines natürlichen Selbstseins bezogen und entbehrt jeder eigenen Qualität, die den Augenblick der Begegnung überdauerte.

Das mitmenschliche Verhältnis und alle seine Formen bis in die Politik hinein sind also in der Theologie der Geschichtlichkeit zugunsten einer Bedeutungsfunktion, in der und als die sie konstituiert werden, denaturiert. Deshalb ergibt sich mit und in ihrer geschichtstheologisch spezifischen Konstitution zugleich eine Destruktion ihrer natürlichen Qualität. Diese Destruktion und jene Konstitution sind ein und derselbe Vorgang zufolge ihrer gemeinsamen Wurzel, der Theologie der Geschichtlichkeit. Charakteristisch ist, wie Gogarten das Sich-dem-Andern-hörig-wissen der Existenz, das der Geschichtlichkeit des mitmenschlichen Verhältnisses entsprechen soll, auslegt: „. . . ich weiß da nicht um mich als um den, der ich für mich bin, und ich weiß da nicht um den Andern als um den, der er für sich ist. Sondern ich weiß da um mich als um den, der ich von dem Andern her bin, und ich weiß um den Andern als um den, der er für mich ist. Erst indem ich so um mich weiß, weiß ich um mich als Person, weiß ich — so kann ich auch sagen — um mich selbst, der ich bin, und weiß ich um den Andern als Person, als den selbst, der er ist. Alles andere Wissen um mich und um den Andern ist nur ein Wissen um das Selbst, das ich habe."[23] Zwar ist hier die gemeinsame Personalität meiner und des Anderen ausgesagt, aber diese bezeichnet ja nichts anderes als die Bezughaftigkeit, in der beide stehen, die allein von Interesse ist und in der sie grundverschiedene Funktionen übernehmen, in denen sie mit ihrem natürlichen Menschsein aufgehen. Die Menschen selbst, die eine solche Beziehung von Du und Ich, von Anspruch und Antwort austragen, „haben" je für sich davon

---

[23] *Politische Ethik* 20f.

nichts. Ihr natürliches Verhältnis wird lediglich zum Mittel, aktuelle Begegnungen herzustellen, in denen die Endlichkeit, Begrenztheit, Hörigkeit und Geschichtlichkeit der Existenz auf sinnfällige Art bedeutet wird. Und nur soweit es dies zu bedeuten gilt, kommt gerade der konkrete, einzelne, endliche Andere hier und jetzt im Unterschied zu einem abstrakten Anderen, Du und Nächsten in Betracht, wie unsere Theologen fordern. Doch sofern am konkreten Anderen, Du und Nächsten doch nur seine Anders-, Du- und Nächstenhaftigkeit in ihrer Gegensätzlichkeit zur Ichhaftigkeit meines Selbstseins interessiert, verbannt die Theologie der Geschichtlichkeit alle mitmenschlichen Verhältnisse durchaus wieder in eine ganz extreme Abstraktheit, die es ihr unmöglich macht, das mitmenschlich-soziale Leben und seine politische Gestaltung in ihrer natürlichen Zuordnung zu sehen.

Auch die Liebe zum Nächsten als der ethische Vollzug des Vom-Andern-her-seins der Existenz richtet sich konsequenterweise nicht auf etwas *am* anderen Menschen, auf die Erfüllung irgendwelcher aus seinem natürlichen Menschsein sich ergebender Bedürfnisse und Wünsche, sondern auf den Menschen selbst in der Totalität seiner Existenz, und zwar *als* das Du, als das er mir begegnet und einen Anspruch zu bedeuten gibt. Sie richtet sich also auf das Dusein, weil allein dieses mich einzufordern und mir die Preisgabe meines Selbstseins abzuverlangen vermag. Im Grunde liebe ich damit aber wiederum nur die Vermittlung einer Existenzweise meiner selbst. Gogarten spricht diesen Sachverhalt damit aus, daß er sagt, es gehe in der Liebe um die *Tatsache* der Existenz des Anderen, nicht aber um das, was „zwischen" uns ist.[24] Eine derartige Liebe bezeichnet er als hart, weil sie alles Dingliche durchbricht, zudem immer auch wieder scheitert und sich anderseits fortwährend zurückgestoßen sieht, da sowohl ich als auch der Andere in ihrem Selbstsein und damit in einer natürlichen Isolierung verharren, die die Beziehung zugleich verstellt.[25]

Hier nun ist der Ort, wo sich parallele Gedanken Bultmanns, wenn auch in milderer Form, feststellen lassen. Der Exeget legt die Liebesforderung Jesu dahingehend aus, daß sie nicht in einer persönlichen Eigenschaft oder Würde des anderen Menschen, sondern im Gedanken des Gehorsams, des Verzichts auf den eigenen Anspruch gründe, damit aber doch in einer Haltung meiner Existenz, die der Andere kraft

[24] Vgl. *Glaube und Wirklichkeit* 124f.

[25] Vgl. dazu a. a. O. 101ff., *Weltanschauung und Glaube* 62ff.

seiner Andersheit vermittelt; und die Feindesliebe, die Jesus fordert, ist nicht der Höhepunkt einer allgemeinen Menschheitsliebe, sondern ebenfalls der eigenen Selbstüberwindung, des Verzichts auf den eigenen Anspruch.[26] „Für Jesus ist also die Liebe weder als Tugend gedacht, die zur Vollkommenheit des Menschen gehört, noch als Hilfe für das Wohl der Gemeinschaft, sondern als die Selbstüberwindung des Willens in der konkreten Lebenssituation, in der der Mensch dem andern Menschen gegenübersteht. Deshalb kann die Liebesforderung Jesu auch nicht in ihrem Inhalt näher bestimmt werden oder als ein ethisches Prinzip angesehen werden, aus dem man einzelne konkrete Forderungen ableiten kann, wie das möglich wäre für das humanistische Liebesgebot, das auf einem bestimmten Ideal vom Menschen beruht. *Was* man tun muß, um den Nächsten, um den Feind zu lieben, wird nicht gesagt."[27] Entsprechend konstituieren nicht „persönliche Sympathien oder gemeinsame Zwecke" die Einheit der von Jesus gestifteten Gemeinde, sondern der Anspruch, den jeder an den anderen Menschen zufolge des Geheißes und der Gabe des Wortes Gottes richtet und von ihm hört, und zwar strikt als das Glied einer Gemeinschaft, nicht zufolge einer geschätzten oder kritisierten Individualität.[28] Die so gestiftete Beziehung überholt alle Verhältnisse und Ordnungen, die auf der Sicherung des Rechtes von Einzelnen wie einer Gesamtheit beruhen.[29] Allerdings wird sich zeigen, daß sie dadurch mit diesen in den Augen Bultmanns nicht in einen prinzipiellen Widerspruch geraten muß, sondern sich mit ihnen unter bestimmten Bedingungen durchaus versöhnen kann. Die Möglichkeit dazu gründet darin, daß bei Bultmann die aus dem Worte Gottes gestiftete geschichtliche Bezogenheit meiner Existenz zum anderen Menschen nicht in der scharfen Form Gogartens als ein einseitiges Ich-Du-Verhältnis, sondern von vornherein stärker als ein Wechselbezug begriffen wird. Auch dieser Wechselbezug ist denaturiert und radikal vergeschichtlicht, aber immerhin gestattet er die Vorstellung, daß sowohl ich als auch der Andere als Künder des Wortes Gottes einander beanspruchen und in das Hören einfordern, daß sich also hier und nur hier das Vom-Andern-her-sein zur partnerschaftlichen

---

[26] Vgl. *Jesus* 96f.

[27] a. a. O. 97, vgl. dazu *Theologie des Neuen Testaments* 570, *Geschichte und Eschatologie* 51f., *Das Urchristentum im Rahmen der antiken Religionen* 50f., *Glauben und Verstehen* I 234ff., 241f.; Gogarten, *Ich glaube* ... 193ff., *Ist Volksgesetz Gottesgesetz?* 15f., *Die Verkündigung Jesu Christi* 506ff.

[28] Vgl. *Das Evangelium des Johannes* 393.

[29] Vgl. dazu *Das Urchristentum im Rahmen der antiken Religionen* 83.

Nächstenschaft einer wechselseitigen Vermittlung von Anspruch und Entsprechung im Wortgeschehen entwickelt. Die Mitmenschlichkeit wird damit, da sie Partnerschaft besagt, wenn auch die Partnerschaft einer geschichtlichen Bedeutsamkeit, gleichsam doch eigenwesentlicher als in der Sicht Gogartens. Die Folge davon für das Problem einer Politischen Ethik bei Bultmann wird die wechselseitige Zuerkennung eines Freiheitsrechtes der Einzelnen als Glieder der Nächstenschaft, die in ihr einander begegnen und frei entsprechen sollen, sein, eines Freiheitsrechtes, das Gogarten nicht kennt.

Wenn aber der „eigentliche" Bezug des Ich zum Anderen und die Liebe als der Austrag dieses Bezuges nur das Vom-Andern-her-sein bzw. das wechselseitige Nächstersein zu bedeuten geben und hierin das Gutsein für die Existenz liegt, dann heißt das schließlich für unsere beiden Theologen, daß sich im natürlichen zwischenmenschlichen Leben nichts anderes abspielt als das fortwährende Scheitern dieses Bezuges und dieser Liebe. Im natürlichen sozialen Leben treffen die Bedürfnisse, Interessen und Rechtsansprüche des Selbstseins aufeinander, partikularisiert im Verkehr der Individuen untereinander. Es ist daher vom Schuldigsein und vom Bösen beherrscht. Das Schuldigsein der Existenz kann jetzt als ein soziales gefaßt werden. Es schlägt immer gerade dann durch, wenn ich im mitmenschlichen Leben den Anderen noch als etwas vorstelle und nehme, was über seine Rolle hinausgeht, mir meine Augenblicklichkeit, Endlichkeit und Verwiesenheit zu bedeuten, eine Rolle, die nur im Glauben an und Hören auf das Wort Gottes zu sehen ist. Darum gibt es die Liebe zum Anderen gemäß diesem Verständnis für Gogarten und Bultmann auch nicht anders als im Glauben, und umgekehrt aktualisiert sich der Glaube in der so verstandenen Liebe. Das natürlich soziale Leben aber erscheint von diesem Bezug und dieser Liebe nicht gestaltbar. Es ist in die Sphäre des Selbst- und Schuldigseins verwiesen. In ihm geschieht auch im Lichte des Vom-Andern-her-seins und der Nächstenschaft das, was immer geschieht, es ändert sich in ihm nichts. Es bietet allerdings das notwendige Feld für das Geschehenkönnen des Vom-Andern-her-seins und der Nächstenschaft. Innerhalb seiner und nur seiner spielen sich die Situationen und Begegnungen ab, die mir mein Vom-Andern-her-sein und mein Eingefügtsein in die Nächstenschaft zu bedeuten geben können. Mit seinen natürlichen Tendenzen verstellt es aber diese Möglichkeit auch fortwährend. Gogarten und Bultmann sehen es als das Geflecht der miteinander konkurrierenden je partikularen Bestrebungen des Selbstseins. Dieses Geflecht macht die Gesellschaft aus. Sie ist der mögliche Boden für die Begegnung mich einfordernden Anspruchs, also des Guten; in ihrem natürlichen Sosein dagegen bleibt sie vom Bösen und von der Sünde beherrscht.[30]

3. Die geschichtstheologische Bewertung der Funktion und der Gestalt des Staates in typologischer Zusammenfassung

Wenn es so steht, dann kann die Theologie der Geschichtlichkeit ihre Ethik nicht mit dem Hinweis auf den Bedeutsamkeitsgehalt der Mitmenschlichkeit schlechthin bereits ans Ende gelangt sehen. Sie muß vielmehr danach trachten, im sozialen Leben eine Instanz und Autorität aufzuspüren und zu benennen, die die Bedeutungsfunktion nachweislich an sich trägt. Dazu muß eine solche Instanz und Autorität diese Funktion institutionalisiert haben und als Institution auf Dauer stellen. Eine derartige Institution muß gegenüber anderen, zweitrangigen gesellschaftlichen Instanzen umfassend und durchgreifend sein. Diese Institution sehen Gogarten und Bultmann im Staat gegeben, in der autoritativen Ordnungsmacht der Gesellschaft schlechthin. Der Staat als die bestimmende Ordnungsinstitution ist folglich von der Geschichtstheologie daraufhin anzusehen und zu prüfen, ob und wie er der menschlichen Existenz ihre Geschichtlichkeit als Hörigkeit in Schuldigkeit zu bedeuten vermag. Unter dieser theologischen Fragestellung kommt er in den Blick und wird er bewertet. Mit ihr entfaltet und vollendet sich die geschichtstheologische, eschatologische und soziale Ethik zur politischen Ethik. In der Politischen Ethik sollen sich die Aporien der geschichtstheologisch begründeten Ethik auflösen. Sie lebt aber noch insofern aus ihnen, als sie selbst von der Paradoxie ausgeht, daß gerade die machtvollste, umfassendste, durchgreifendste und auf möglichst lange Dauer gestellte gesellschaftliche Institution, also der Staat in der Sicht unserer Theologen, der Existenz zur Anzeige ihres geheimnishaften Gefordert- und Verwiesenseins werden soll, das ihre Subjektivität aufhebt. Diese Zumutung ergibt sich aus dem Bedürfnis der Geschichtstheologie, das Geheimnis der Geschichtlichkeit der Existenz, das sie aus

[30] Vgl. dazu Gogarten, *Ich glaube . . .* 108ff., 148ff., 185ff., *Wider die Ächtung der Autorität* 29ff., *Glaube und Wirklichkeit* 35ff., *Die Schuld der Kirche gegen die Welt* 30ff., *Ist Volksgesetz Gottesgesetz?* 19ff., *Die Kirche in der Welt* 85ff., *Die Verkündigung Jesu Christi* 506ff., 514ff.; Bultmann, *Glauben und Verstehen* I 239ff., II 12ff.

dem Wort-Antwort-Geschehen bedenkt, in der menschlichen Wirklichkeit manifestiert zu sehen und nachzuweisen. Aus solchem Bedürfnis wird natürlichen Gegebenheiten des menschlichen und mitmenschlichen Lebens, hier dem Staat, eine Bedeutsamkeit konstitutiv zugeschrieben, die ihre Natürlichkeit transzendiert und zugleich destruiert. Auch und gerade die Rolle des Staates wird zugunsten seiner „geschichtlichen" Funktion denaturiert. Daraus erwächst eine eigentümliche Schwierigkeit, ja bisweilen Unfähigkeit, die politische Wirklichkeit einer gegebenen Zeit, d. h. vor allem bestimmte politische Tendenzen gemäß ihrem eigenen Selbstverständnis, absichtslos zu sehen und vorbehaltlos einzuschätzen.

Im näheren erwächst das Problem der geschichtstheologischen Politischen Ethik aus dem Umstand, daß der Staat kraft Institution und Autorität in eine Rolle gerät, die doch nach den bisherigen ethischen Bestimmungen immer nur augenblickshaft, situationshaft wahrzunehmen ist. Nur im jeweiligen Augenblick einer Begegnung soll sich doch das Vom-Andern-her-sein und das nächstenschaftliche Verhältnis der Existenz aktualisieren. Nun aber wird infolge der Unmöglichkeit, dieses Ereignen im natürlichen mitmenschlichen Leben anders aufzuweisen, nach der sichtbaren Autorität gerufen, die institutionell an sich das demonstriert, was ansonsten im Geheimnis verbleibt. Die Institution kann dann nur auf paradoxale Art das demonstrieren, was sich nur im Augenblick ereignet. Sie entspricht damit jedoch gerade der Entzogenheit des Geheimnisses, für das sie zeugt. Und da sie umgekehrt für das Geheimnis zeugt, das sich nur verbergend enthüllt, hier aber als Enthülltes manifest wird, kann sich die Geschichtstheologie darauf berufen, daß solche Paradoxien notwendig und geradezu ein Beweis für die Richtigkeit ihrer Politischen Ethik seien. Und dies, obwohl die Spannung zwischen Augenblicklichkeit und Institution, die das geschichtstheologisch begründete Staatsdenken enthält, konsequentermaßen zu einer Variabilität in der Zuordnung beider Komponenten führt, die es erlaubt, verschiedene Phasen der Ausarbeitung der Politischen Ethik innerhalb der Theologie der Geschichtlichkeit zu unterscheiden und sie typologisch nebeneinander zu stellen. Sie seien hier angedeutet und im folgenden Teil unserer Untersuchung einzeln behandelt.

Eine erste Möglichkeit liegt darin, daß die Bedeutungsfunktion des Staates darauf verweist, wie sehr er als auf Dauer gestellte Institution einem Bedürfnis des natürlichen Selbstseins entgegenkommt, mit dem dieses sich gegen die Forderungen des Augenblicks gerade abzusichern sucht. Der Staat nimmt den Menschen zwar in eine Hörigkeit, in der aber das Selbstsein sich in bestmöglicher Lebenssicherheit einzurichten sucht. Der Anspruch, den das Wort Gottes auf den Menschen erhebt, wird mit solcher Art von Hörigkeit gerade verstellt. Der Staat wird damit zur Anzeige für die eigentliche Hörigkeit des Menschen gegenüber Gott und für die verborgene, ganz andere Autorität Gottes, aber in der Weise des Gegensatzes und des Widerstreites, wie sie allen natürlichen Gegebenheiten des menschlichen Lebens eignen, dem Staat als seiner beherrschenden Ordnungsmacht in ausgezeichnetem Sinne. Gilt dies, dann ist der Staat im Lichte des Wortes Gottes in seiner Bedeutsamkeit gewürdigt, im übrigen in allen seinen konkreten Äußerungsformen einem Verdikt überliefert. Seine Gestalten und seine Handlungen sind vor dem Worte Gottes einerlei und gleichgültig: Sie sind, wie sie auch im einzelnen aussehen und sich voneinander unterscheiden mögen, insofern von gleicher, und zwar negativer Gültigkeit. Diese Möglichkeit geschichtstheologisch begründeter Staatsauffassung führt in eine Vergleichgültigung der staatlichen Autorität und der politischen Ordnungsformen. Sie wurde von Gogarten in einer kurzen Anfangsphase seines eigenständigen theologischen Denkens ergriffen, in der Zeit unmittelbar nach dem Ersten Weltkrieg (bis knapp in die Mitte der zwanziger Jahre), als die „Theologie der Krisis" bei allen Dialektischen Theologen noch im Vordergrund stand.

Die deutlichere Entfaltung des besonderen geschichtstheologischen Ansatzes innerhalb der Dialektischen Theologie durch Gogarten mußte jedoch, wie wir sahen, zu einer stärkeren Betonung des Sozialen und dann eben vor allem des Politischen als der umgrenzbaren Stätte der existentiellen Geschichtlichkeit führen. Die Bedeutungsfunktion der Institution Staat mußte damit in eine schärfere Spannung zur Augenblicklichkeit der geschichtlichen Existenz geraten. Diese Spannung kann dadurch auszutragen versucht werden, daß nach der Forderung der Geschichtstheologie die höchste menschliche Autorität und Institution, der Staat, mit der denkbar stärksten Form der Ausübung ihrer Gewalt den Menschen immer wieder, von Augenblick zu Augenblick und in jedem Augenblick total, in die Hörigkeit zwingen soll, um ihm dadurch, indem sie seine ganze Existenz beansprucht, die letzte, absolute Hörigkeit und Gehörigkeit in den geheimnishaften Anspruch des Wortes Gottes zu bedeuten zu geben. Die geschichtstheologisch begründete Politische Ethik schlägt damit — von ihrer ersten zu ihrer zweiten Möglichkeit — diametral (aber theologisch konsequent) um in die Forderung nach dem autoritären, ja totalen Staat. Eine solche Forderung hat wiederum Gogarten erhoben, und zwar seit Mitte der zwanziger und vor allem seit Beginn der dreißiger Jahre. Wir werden alle einschlägigen Äußerungen des Theologen in dieser Phase der genaueren Ausarbeitung seiner „Politischen Ehtik" (mit dem Hauptwerk, das diesen Titel trägt, aber auch mit verschiedenen anderen Schriften) heranzuziehen haben. Die damit umschriebene Periode verdient die breiteste Würdigung, da sie naturgemäß die entschiedensten Äußerungen der Geschichtstheologie zur Politik zu verzeichnen hat. In dieser Periode hat Gogarten auch seine Gesellschaftsauffassung dahingehend ausgeweitet, daß er die richtig geordnete, von der staatlichen Autorität aus konstituierte Gesellschaft als ständische Gesellschaft versteht. In ihr begegnet mir der Andere als Anderer und damit in seiner (in einer vom höchsten Bedeutungsträger, dem Staat, abgeleiteten) Bedeutsamkeit immer nur in einem Stand, als der Vertreter eines Standes und als der Träger eines Amtes und eben nicht als das individuelle Selbst, das er auch noch ist. Soziales Sein ist somit In-einem-Stande-sein (als Vater, als Lehrer, als Richter, als König usw.). Begegnend in einem Stand gelangt der Andere in seine Anders-haftigkeit und damit in die Rolle, mir mein Vom-Andern-her-sein zu bedeuten.[31] Das geschieht jedoch nur, wenn eine autoritativ sich durchsetzende Ordnung vorhanden ist und die ständische Gliederung verbürgt. Dieses soziale Sein muß also aufgenommen werden in das politische Sein der Existenz, das sie nur unter staatlicher Autorität findet.

Die so entwickelte Gesellschafts- und Staatssicht hat Gogarten zu einer scharfen Kritik am liberalen Freiheits- und sozialistischen Gleichheitsideal geführt, die sich insbesondere auch gegen den Staat der Weimarer Republik richtete. Seine Bejahung des nationalsozialistischen Führerstaates war dann konsequent. Sie stellt eine Spielart der vorgenannten Möglichkeit und Phase dar, sofern der jetzt etablierten autoritären, ja totalitären politischen Macht konzediert wurde, mit ihrer Gewalt und ihrem Anspruch in der gültigsten Art den geschichtlichen Augenblick, die „Stunde Gottes", zu erfüllen. Die stärkste sich betätigende staatliche Gewalt gelangt in den Rang der adäquaten Anzeige der geheimnisvollen Hörigkeit der geschichtlichen Existenz gegenüber dem Wort Gottes. Gogarten hat so selbst den Totalitarismus des nationalsozialistischen Regimes geraume Zeit gebilligt und theologisch sank-

---

[31] Vgl. dazu *Die Schuld der Kirche gegen die Welt* 28f., *Politische Ethik* 198ff. Den rein formalen Charakter von Stand und Amt bei Gogarten hebt sehr gut R. Hauser (*Autorität und Macht* 104ff.) hervor.

tioniert. Er blieb dabei immerhin gerade noch so viel christlicher Theologe — minim genug —, um schließlich, wenn auch spät — allzu spät —, die Grenzüberschreitung dieser Herrschaft wahrnehmen zu können, nämlich das Verbrecherische und Zerstörerische ihrer Gewalt. Seit etwa 1940 übt Gogarten zunächst in vorsichtiger, alsbald in deutlicher vernehmbarer Form Kritik an dem moralischen und materiellen Chaos, das diese Gewalt mit ihrer Kriegs- und Vernichtungspolitik heraufbeschwört. Sie kann dann für ihn nicht mehr als Autorität und Ordnungsmacht gelten. Folglich büßt sie auch die in seiner theologischen Sicht sinngebende Bedeutungsfunktion ein. Die geschichtstheologische Reflexion wendet sich nunmehr — und sie gelangt damit in eine dritte grundsätzliche Möglichkeit und Phase — stärker der Vorläufigkeit und Übergängigkeit in allem augenblickshaft-geschichtlichen Geschehen zu, soweit es innermenschliches Geschehen ist und sich als solches gerade offenzuhalten hat für das Geheimnis des Wortes Gottes, deshalb niemals mit eigener Kraft und eigenem Recht die allein Gott vorbehaltene Fülle des Augenblicks für sich usurpieren kann. Die Bedeutung der politischen Ordnung wird jetzt darein verlegt, diese Vorläufigkeit alles innerweltlichen Geschehens zugunsten der geheimnishaften Hörigkeit der Existenz gegenüber dem Wort Gottes zu demonstrieren. Das schließt ein, daß zum säkularen Geschehen Freiheit gehört. Diese wird als Weltoffenheit, als Offenheit für die verschiedenen geschichtlichen innerweltlichen Möglichkeiten, verstanden. Sie bringt also vor allem eine Relativität jedes einzelnen innerweltlichen Geschehens und jeder einzelnen menschlichen Autorität und Institution zum Ausdruck. Die Geschichtstheologie Gogartens findet sich jetzt zu einer Anerkennung der säkularen Freiheit bereit und schreibt dem Staat die Aufgabe zu, sie zu schützen und so an sich selbst zu erweisen.

Von hier aus geht der nächste und letzte Schritt, der im Bereich der ausgearbeitet vorfindlichen Geschichtstheologie feststellbar ist und den Bultmann tut, um Gogartens Schwanken zwischen Vergleichgültigung, Totalisierung und Relativierung der staatlichen Ordnung und ihrer Formen zu vermeiden, dazu über, die Dialektik von politischer Freiheit und politischer Bindung im Staat zu bedenken. Bultmann findet solche dialektische Reflexion im antiken Staatsdenken vor und sucht sie mit dem christlichen Geschichtsdenken zu vermitteln. Vor hier aus erscheint ihm in der Moderne nur der freiheitliche Rechtsstaat Garant für den Austrag dieser Dialektik und dann Schutzraum, ja seinerseits sogar ein Austragsmodus für die partnerschaftliche Nächstenschaft zu sein, die

die Geschichtstheologie Bultmanns in den Mittelpunkt ihrer ethischen Aussagen stellt. Der freiheitliche Rechtsstaat wird als Feld und Modus des Austrags der Dialektik von Freiheit und Bindung und somit freier mitmenschlicher Verbundenheit bei und in aller Eingrenzung auf rein politische Funktionen zur Demonstration des geschichtlichen Bezuges, in den die Existenz als Adressat und Partner des Wortgeschehens verfügt ist. Da hier der Staat aus der so gesehenen Bedeutungsfunktion auf strikt politische Aufgaben beschränkt wird und damit eine eingeengte Sachhaltigkeit zurückerlangt, glaubt aber nun Bultmann als Theologe über die Einzelformen der institutionellen Ausübung der staatlichen Funktionen keine ins Detail gehenden Aussagen machen zu können und zu dürfen. Wir werden deshalb fragen müssen, ob diese Selbstbescheidung notwendig und angemessen ist oder ob sich nicht konkretere Überlegungen zur Gestalt und zum Aufbau der politischen Ordnung vom Ansatz Bultmanns her nahelegen. Im Blick auf die gesamte geschichtstheologische Begründung Politischer Ethik wird allerdings zugleich kritisch zu prüfen sein, ob dieser Ansatz schließlich genügt und inwiefern er in entscheidenden Elementen einer Korrektur bedarf, um einer Theorie der Politik angemessenere Aussagen in geschichtstheologischer Fundierung zu erlauben.

Wir erörtern im Folgenden also des näheren die typologisch herausgestellten Möglichkeiten und Phasen der Politischen Ethik in der Theologie der Geschichtlichkeit: 1. ihre Vergleichgültigung der politischen Ordnungsformen (VII. Kap.), 2. ihre Forderung nach dem autoritären Staat (VIII. Kap.) und im Zusammenhang damit ihre Legitimierung der nationalsozialistischen Herrschaft (IX. Kap.), 3. ihre Anerkennung der säkularisierten Freiheit (X. Kap.) — diese drei Phasen bei Gogarten — und 4. ihr Bekenntnis zum freiheitlichen Rechtsstaat bei Bultmann (XI. Kap.). Das XII. und abschließende Kapitel unserer Untersuchung soll die Kritik an diesen Phasen geschichtstheologischer Politischer Ethik systematisch zusammenfassen und die partiell vorgefundenen positiven Ansätze modifizierend weiterführen. — Zunächst haben wir uns Gogarten zuzuwenden.

C. Zweiter Hauptteil:

Typologie geschichtstheologischer Ansätze zur Politischen Ethik

VII. Die geschichtstheologische Vergleichgültigung von Ordnung und Autorität

Friedrich Gogarten hat, als er im Jahre 1920 mit seinem aufsehenerregenden Aufsatz „Zwischen den Zeiten“ an die Öffentlichkeit trat, der dem publizistischen Organ der Dialektischen Theologie dann bis 1933 den Namen gab, einen scharfen Gerichtsspruch über alle menschlichen Ordnungen und Werke und über alle optimistischen Theorien, einschließlich der theologischen, die zu ihrer Sanktionierung und Förderung gedient hatten, gefällt: „Wir sehen heute rund um die Erde herum keine Formung des Lebens, die nicht zersetzt wäre. Habt Ihr uns nicht gelehrt, in allem und jedem das Menschenwerk zu sehen? Habt Ihr uns nicht selbst die Augen für das Menschliche geschärft, indem Ihr uns alles in die Geschichte und in die Entwicklung einstelltet? Wir danken Euch, daß Ihr es tatet. Ihr schufet uns das Werkzeug, laßt es uns nun gebrauchen. Nun ziehen wir den Schluß: Alles, was irgendwie Menschenwerk ist, entsteht nicht nur, er vergeht auch wieder. Und es vergeht dann, wenn das Menschenwerk alles Andere überwuchs ... Heute ist eine Stunde des Unterganges. Wir sehen die Zersetzung in Allem. Das bedeutet dies: wir haben das feinste Gefühl für das Menschliche bekommen. Wir spüren, wie es sich heute in Allem durchgesetzt hat. Bis in den feinsten Gottesgedanken hinein. Und wir bewegen in allem Ernst den Gedanken bei uns, ob es heute überhaupt Menschen gibt, die wirklich Gott denken können ... Wir sind alle so tief in das Menschsein hineingeraten, daß wir Gott darüber verloren. Ihn verloren. Ja, wirklich verloren; es ist kein Gedanke mehr in uns, der bis zu ihm reicht. Sie reichen alle nicht über den menschlichen Kreis hinaus ... Ist es ein Wunder, daß wir bis in die Fingerspitzen hinein mißtrauisch geworden sind gegen alles, was irgendwie Menschenwerk ist? Ja, uns selber ist es ein Wunder. Denn wenn das Mißtrauen gegen das Menschliche auch noch das ist, was unser Gefühl am meisten bestimmt, so ist dieses Mißtrauen, das vor nichts zurückscheut, doch nur möglich, weil ein Keim von Wissen des Anderen, des Nicht-Menschlichen in uns sein muß.“[1] Die sichere, heile

---

[1] *Zwischen den Zeiten*, in: Christliche Welt 1920 (34), 376.

Menschenwelt samt ihrer Ordnung ist im großen Krieg zusammengebrochen. Ihre trügerische Sicherheit und ihr schließliches Verhängnis entsprangen der Selbstsucht der Subjektivität. So sieht Gogarten die Situation, den geschichtlichen Augenblick. Wenn dessen Zeichen verstanden werden sollen, dann bedarf es der Besinnung auf die sich im Zusammenbruch der Ordnungen kundgebende Herrschaft einer ganz anderen Autorität, die den Menschen in die Hörigkeit ruft.

Aus der Situation heraus wird verständlich, daß Gogarten diese Autorität zunächst in den schärfsten Gegensatz zu aller menschlichen Autorität rückt. Für die wichtigste Aufgabe in der gegenwärtigen Weltstunde erklärt er, angesichts des Chaos und der Zerrüttung wieder auf eine Autorität zu hören und zuvor die Frage nach der Autorität als die dringlichste aller Fragen zu stellen. In dieser Situation kommt es darauf an, „Gesetze zu geben, Normen aufzuweisen, Befehle auszusprechen, Autorität zu sein."[2] Aber solche Autorität kann keine Autorität von Menschen mehr sein. Sie würde aus dem Zusammenbruch nicht herausführen. Deshalb hält Gogarten den allgemein sich geltend machenden Einwand gegen neue Autoritätsforderungen für teilweise berechtigt. Es kann sich in der Tat nicht mehr darum handeln, daß Menschen als solche, aus menschlicher Legitimation, über Menschen Autorität ausüben. Das gilt auch von der Autorität, die eine Gemeinschaft von Menschen über sich für sich in Anspruch nimmt, also für die staatliche Autorität im humanistisch-liberalen Verständnis.[3] Mithin ist die Lage auch nicht anders, „wenn ein Mensch nicht etwa von sich aus, aus seiner individuellen persönlichen Absicht, sondern etwa von Amtswegen, also im Auftrag der Gesellschaft oder des Staates Autorität für andere sein wollte. Denn auch die Gesellschaft, auch der Staat als eine Veranstaltung von Menschen hat keine legitime Macht über das Gewissen eines Menschen, weil kein Mensch und keine Menschengemeinschaft diese Macht hat und sie sich anmaßen darf. Hier handelt es sich allerdings, wenn man so will, um ein ewiges Menschenrecht, das unter allen Umständen zu wahren ist, und ohne dessen Behauptung und Achtung kein Leben der Menschen untereinander und das bedeutet: überhaupt kein menschliches Leben möglich ist."[4] Demgegenüber kann und muß die einzig wahre, absolut verpflichtende und damit rettende Autorität in der Sicht Gogartens die Bindung durch und an den Höchsten sein.[5] Sie allerdings wird dann sowohl den Subjektivismus rein menschlichen Autoritäts-

[2] *Illusionen* 78.
[3] Vgl. dazu a. a. O. 78f.
[4] a. a. O. 80.
[5] Vgl. a. a. O.

anspruchs wie auch den anderen Subjektivismus des autonomen Gewissens und der in ihm begründeten Menschenrechte nach der später deutlich werdenden Vorstellung unseres Theologen radikal durchbrechen, in Frage stellen und aufheben.

Jedoch der „Höchste", Gott, wird ja nur als der schlechthin Andere erfahrbar. Er ist kaum mehr und kaum erst wieder denkbar. Zwar will die Theologie des Wortes Gottes sich wieder auf den autoritativen Anspruch Gottes an die Existenz in der Selbstoffenbarung seines Wortes besinnen, aber dabei entziehen sich gerade solcher Anspruch und die in ihm herrschende Autorität schlechthin jeder menschlichen Verfügung. Eine solche läge auch noch in dem Vorweis dieser Autorität, in jeder Art eines Pochens auf sie, eines Argumentierens mit ihr. Auf sie kann nur als auf das geheimnishaft Entzogene, im Entzug aber gerade Anwesende und Beanspruchende *hin*gewiesen werden. Und dies vermag nun doch eben jene Autorität, die sich ganz der menschlichen Subjektivität und Ichhaftigkeit zu entkleiden sucht und der Existenz den Anspruch eines Anderen, eines Fremden, insofern eines Du zu bedeuten gibt. Sie vermittelt dann indirekt, hinweisartig, von sich abweisend den Anspruch des schlechthin anderen Gottes. Diese Autorität ist die institutionalisierte Autorität des Staates. Als menschliche, dem Sicherheitsbedürfnis des Lebens, also der Subjektivität entspringende Institution ist der Staat ganz und gar sündig, dem Schuldigsein verfallen, in Widerstreit zur absolut nicht-menschlichen Autorität Gottes tretend. Wie für jede andere Gestaltung des gemeinsamen menschlichen Lebens (Recht, Ehe, Familie, Arbeit, Kunst, Schule, Kirche werden von Gogarten genannt) ist auch für den Staat die totale Sündhaftigkeit des natürlichen Menschseins konstitutiv. Aber als der obersten, abgeschlossenen und umgreifenden, deshalb in der Vorstellung Gogartens herausgehobenen und allein souveränen Ordnungsmacht kann ihm die Bedeutsamkeit der Anzeige der wahren und eigentlichen, aber entzogenen Autorität Gottes zugemessen werden. Mit solcher Anzeige transzendiert die staatliche Autorität sich selbst. Und sofern und nur sofern sie das tut, gebührt ihr die restlose und bedingungslose Unterwerfung. Als rein menschliche Institution dagegen ist sie nicht besser und schlechter als alle anderen Phänomene des menschlichen Lebens. Der Träger staatlicher Autorität, der Amtsträger, soll dann seinerseits nach der Forderung Gogartens bei der Ausübung seines Amtes seinen eigenen, persönlichen Willen, seine Individualität und alles, was nur ihn meint und auf ihn weist, Eigenschaften, Einflußnahme und Rechte, „mit großer Rigorosität" ausschalten. „Es müßte dann jedenfalls der Andere, wo er der Autorität begegnete, gerade nicht mehr diesem Menschen gegenüber stehen. Dieser Mensch müßte, trotzdem er der Träger der Autorität ist oder vielmehr gerade weil er das ist, als einer, der als Mensch von sich aus Autorität ausüben wollte, auf das nachdrücklichste beiseite gestellt sein."[6]

Gogarten fordert damit Unmögliches vom Staatshandeln in allen seinen Äußerungsweisen, sei es seitens der Amtsträger, sei es seitens der Bürger. Er weiß dies auch. Es kommt ihm aber im Interesse seiner geschichtstheologischen Grundlegung nur auf die Anzeigefunktion, nicht aber auf den natürlichen Ablauf staatlichen Handelns an. Dieser bleibt als solcher, vor allem im Hinblick auf die Frage nach den Formen, unter denen er sich abspielt, auch nach der Grundgestalt der Staatsverfassung, innerhalb deren er sich vollzieht, für Gogarten in der jetzt behandelten Phase seines Denkens vollständig gleichgültig. Die Formen, die die staatliche Autorität konkret annehmen und in denen sie sich äußern kann, sind vor der ganz anderen, allein wahren Autorität Gottes von gleicher Gültigkeit. Sie sind vor dieser Autorität unterschiedslos in gleicher Weise und in prinzipiell gleichem Maße nichtig. Alle menschlichen Leistungen, Werke und Ordnungen sinken mit allen ihren Unterschieden an Wert und Rang in die Einerleiheit ihrer Fragwürdigkeit vor Gott zurück. Allenfalls sind die größten Leistungen und die besten Ordnungen vor Gott am fragwürdigsten. Mit Rücksicht auf spätere Äußerungen des Theologen verdient es Beachtung, daß er im frühen Stadium seines geschichtstheologischen Denkens gerade auch alle nationalen Tugenden und Tüchtigkeiten in Acht und Bann des Wortes Gottes verweist. Gottes Wort ist die absolute Frage, vor der alle menschlichen Differenzierungen gleichgültig werden. Alle menschlichen Bedingungen, darunter Volkstum, Nation und Staat (d. h. hier nationaler Staat), werden *als* menschliche Bedingungen vor dem einzig Unbedingten weggezogen. Sie unterstehen dem Gericht Gottes, und dieses Verständnis duldet in den Augen Gogartens keinen erhitzten, eifersüchtigen, womöglich religiös aufgestachelten Nationalismus, auf der anderen Seite jedoch auch keine Resignation angesichts des Zusammenbruchs des Deutschtums und der deutschen Weltgeltung als Folge des Weltkrieges, da das Gericht Gottes alle rein menschliche Geltung und alle rein menschliche Kritik durch eine viel tiefer greifende Infragestellung sämtlicher menschlichen Bestrebungen, Erfolge und Niederlagen bereits immer

[6] a. a. O. 83; vgl. dazu 84ff., *Von Glauben und Offenbarung* 76ff.

schon überholt hat.[7] So mahnt der Theologe hier seine Zeit, während er sich kaum anderthalb Jahrzehnte später vorübergehend selbst einer sogenannten „nationalen Theologie" anschließt.

In der Tat führt seine jetzige Haltung auch in eine Paradoxie, die es verständlich macht, daß kurze Zeit später eine Tendenz nach Befreiung aus ihr zugunsten einer entschiedeneren theologisch-politischen Position einsetzt. Denn einerseits kann die eine wahre und höchste Autorität Gottes, weil als die absolute Autorität des ganz Anderen und damit zugleich als Geheimnis, das gleichwohl alle menschliche Wirklichkeit durchherrschen soll, gefaßt, zufolge Gogartens geschichtstheologischem Denken nicht anders geltend gemacht werden als durch die Vermittlung einer innerweltlichen Anzeige, die menschlich-irdische Autoritäten und Institutionen erbringen sollen. Das menschliche Vom-Andern-her-sein bedarf so der Vermittlung durch Autorität. Anderseits muß Gogarten von der Absolutheit der ganz anderen und schlechthin souveränen Autorität Gottes her, die sich im Wortgeschehen kundgibt, die radikale, uneingeschränkte Nichtigkeit aller menschlichen Autoritäten, Institutionen und Ordnungen betonen. Sie enthüllen sich unter dem Wort Gottes als ganz und gar weltlich. Weltlichkeit aber besagt immer auch: Schuld gegen Gott, Gott-losigkeit. Alles menschliche Tun und alle menschlichen Einrichtungen verharren als solche in der Sphäre des Widerspruchs, des Gegensatzes, der Sünde. Sie eröffnen, wie Gogarten in dieser Zeit besonders scharf unterstreicht, keinerlei Weg zu einer civitas Dei, zu einer den Bann der Schuld durchbrechenden Ordnung und Kultur.[8] Darum vermittelt die Autorität nur eine gerade durch die Schuld qualifizierte Anzeige der Autorität Gottes. Gottes Wirklichkeit spiegelt sich in der menschlichen Wirklichkeit, aber nur in der Weise des absoluten Gegenbildes. Die menschliche Wirklichkeit wird damit bewertet und total abgewertet zugleich.[9] Sie ist eben als die nichtige vor Gott Anzeige für Gott. Und dies gilt in repräsentativer Weise für ihre höchste, die staatliche Autorität und Ordnung.

Wenn es aber so steht, dann kann diese Ordnung niemals in einer idealen Form ausgestaltet werden, denn ihre Formen sind immer

---

[7] Vgl. dazu *Die religiöse Entscheidung* 19ff.; bemerkenswert auch *Theologische Tradition und theologische Arbeit* 53f., wo Gogarten noch den *deutsch*-evangelischen Kampf gegen die Katholische Kirche als Weltanschauungsstreit (des Nationalen gegen das Internationale) verurteilt, der sich nur evangelisch (d. h. theologisch) verbräme. Hierzu befindet sich Gogartens Stellung nach 1933 im klaren Gegensatz, wie wir im IX. Kap. zu zeigen haben.

[8] Vgl. *Illusionen* 139ff.

[9] Vgl. dazu *Die Krisis unserer Kultur*, in: Christliche Welt 1920 (34) 774.

nichtswürdig und mithin von gleicher Würde bzw. Unwürde. So vermag nur gerade im Verzicht auf eine bessere Welt und auf bessere Gestalten staatlicher Ordnung und Autorität die Anerkennung der ganz anderen und schlechthin größeren Autorität Gottes durchzuscheinen. Dann ergibt sich aber, daß eine bestehende Welt und Ordnung gerade so hinzunehmen ist, wie sie sich jeweils darbietet. Diese Sicht hat also zur Folge, die herrschenden Gewalten trotz, ja wegen ihrer Nichtigkeit rückhaltlos anzuerkennen. Sie kann sich zwar gegen eine Staatsomnipotenz wehren, sobald diese mit eigenem religiösem Heilsanspruch oder auch säkularisiertem Weltverbesserungswillen auftritt. Insoweit wendet sich Gogarten in der Frühphase seines theologisch-politischen Denkens gegen sie.[10] Im besonderen protestiert er in dieser Zeit gegen Arthur Moeller van den Brucks Konzeption eines „Dritten Reiches" als den Entwurf einer vollkommenen, idealen Welt.[11] Darüber hinaus aber liefert sich die Theologie allen politischen Mächten unterschiedslos aus, indem sie sie gleichermaßen aus der ihnen zugeschriebenen nichtigen Gleich-gültigkeit noch sanktioniert. Sie müssen gerade als innerweltliche und damit schuldhafte Mächte in ihrem Sosein, das alles Bessermachenwollen zurückstellt, erhalten werden.[12]

Die geschichtstheologisch wertende Entwertung der weltlichen Autorität und Ordnung führt mithin zur Anerkennung ihrer Faktizität. Ineins damit geht jedoch eine Vergleichgültigung ihrer Formen und Gehalte, die die Anerkennung ihres Bestandes auch wieder untergräbt. Jede neue, eine alte Ordnung ablösende, vielleicht gar umstürzende Form muß ebenfalls wieder sanktioniert werden, sobald sie sich nur durchgesetzt hat. Damit wird die theologische Stützung des Bestehenden im letzten fraglich, obwohl sie zunächst als der vorherrschende Zug erscheint. Die jeweilige, augenblickliche Autorität wird total bejaht und doch wieder nicht ganz ernst genommen. Sie gilt im gegebenen Moment unbedingt und sieht sich zugleich doch vom nächsten Augenblick schon wieder eingeschränkt. Die geschichtstheologisch entwertende Wertung und wertende Entwertung bestehender Autoritäten und Ordnungen trägt so ihren Teil bei zu der Unsicherheit der Ordnung und zum Wirbel eines dauernd sich in der Geschichte abspielenden Wechsels, den die zu Anfang dieses Kapitels zitierten Sätze Gogartens als Verhängnis allen Menschenwerkes bloßzustellen suchen. Das Fazit des Bei-

---

[10] Vgl. dazu *Illusionen* 80ff.
[11] Vgl. a. a. O. 143.
[12] Vgl. dazu a. a. O. 144.

trags der Theologie zur Politik in diesem Stadium heißt Einebnung aller Maßstäbe und Kriterien für die Beurteilung einer Ordnungsgestalt und damit Vergleichgültigung von Ordnung und Autorität überhaupt. Die Politische Ethik der Theologie der Geschichtlichkeit in ihrer ersten Phase ist somit ganz negativ. Konsequenterweise zeigt sie sich an Einzelfragen des politischen Handelns wie allen menschlichen Handelns uninteressiert. Sie bleibt in einer ganz elementaren (negativen) Aussage stecken. Gogartens Aufsatz „Zwischen den Zeiten" schließt mit folgenden, in ihrem barsch abweisenden Charakter geradezu überheblich wirkenden, wenn auch nicht so gemeinten Sätzen: „Hüten wir uns in dieser Stunde vor nichts so sehr, wie davor, zu überlegen, was wir nun tun sollen. Wir stehen in ihr nicht vor unserer Wahrheit, sondern wir stehen vor Gott. Diese Stunde ist nicht unsere Sunde. *Wir* haben jetzt keine Zeit. *Wir* stehen zwischen den Zeiten."[13]

Der Theologe mußte sich sehr bald selbst mit der Frage konfrontiert sehen, ob die Vergleichgültigung der Autorität zufolge solch entwertender Wertungsweise der Dialektik ganz gerecht werden konnte, die im entzughaft anwesenden Anspruch der Autorität Gottes zu denken war. Es mußte strenger von der Grundvoraussetzung der Dialektischen Theologie ausgegangen werden, daß sich Gott als der ganz Andere einzig und allein im Wort seiner Selbstoffenbarung kundgibt und gerade *im* Wort und *als* Wort entzieht. Die eigene geschichtstheologische Ausprägung solcher Theologie des Wortes bei Gogarten (und Bultmann) hatte radikal und ausschließlich an das unlösliche Ineinander von Wort Gottes und menschlicher Antwort im Ereignen des Wortgeschehens zu denken. Wir sind den Stufen der Entfaltung dieses theologischen Denkens in den vorstehenden Kapiteln unserer Untersuchung nachgegangen. Sie führten bis zur Eröffnung der Dimension des mitmenschlichen und zumal des politischen Lebens als Feld der Anzeige für das geheimnishafte Begegnen des Anspruchs Gottes im jeweiligen Augenblick. Im Zuge der Ausarbeitung der Theologie, die Gogarten seit seinem großen Werk „Ich glaube an den dreieinigen Gott. Eine Untersuchung über Glauben und Geschichte" von 1926 unternommen hat, sucht dann das zweite Hauptwerk, die „Politische Ethik" von 1932, dieses Feld der Sozialität und Politik prägnanter in seiner Bedeutsamkeit zu bestimmen.

Hier eröffnet sich eine neue Phase des theologisch-politischen Denkens Gogartens und zugleich eine — typologisch gesehen — weitere

---

[13] *Zwischen den Zeiten*, a. a. O. 378.

Möglichkeit Politischer Ethik in der Theologie der Geschichtlichkeit, d. h. der Zuordnung von Geschichtlichkeit und Politik. Mit ihr wird die machtvollste Äußerung weltlich-staatlicher Autorität unter dem Gesichtspunkt der angemessensten Entsprechung zur Forderung Gottes im geschichtlichen Augenblick und also der legitimsten Art, Gottes geheimnishafte „Stunde" anzuzeigen, theologische Sanktion, ja Grundlegung finden. Auch hier wird sich die Theologie der Geschichtlichkeit in die paradoxe Lage bringen, von ihrem dialektischen Ansatz her nun in eine Identifizierung von göttlicher und menschlicher Autorität zu führen, welche die Dialektik abermals gefährdet. Diese mißliche Situation hat Gogarten nicht abzuwenden vermocht, wie sein Verhalten in der Zeit der nationalsozialistischen Herrschaft erweist. Das theologisch-politische Denken Gogartens geht aus seiner Frühphase in das andere Extrem über, doch ein derartiger Versuch erscheint konsequent, wenn eine Theologie mit ihrem „einzigen" Thema, dem Wortgeschehen, die Spannungseinheit von absolutem Gegensatz und unbedingter Verendlichung im Verhältnis von Gott und Mensch zu bedenken hat und deshalb alle sicheren metageschichtlichen Kategorien zur Beurteilung geschichtlicher Vorgänge fallen lassen muß, gleichwohl aber auch diese Vorgänge nicht in ihrer natürlichen Erscheinungsweise, sondern nur in einem als geheimnishaft, aber doch ganz und gar innergeschichtlich ausgegebenen Bedeutungsgehalt erfassen kann. Im Folgenden ist der damit angedeutete Zusammenhang genauer zu erörtern.

VIII. Die geschichtstheologische Forderung nach dem autoritären Staat

1. Der geschichtliche Sinn der Staatsgewalt

Die Überlegungen der „Politischen Ethik“ Gogartens aus dem Jahre 1932, ja seiner gesamten Theologie in der neuen Phase, deren Hauptwerk sie darstellt, münden in die Aussage, daß das „Urphänomen der menschlichen Existenz“, nämlich das mitmenschliche Hörigsein, das „je in einem bestimmten Stande sein“, identisch sei mit dem „politischen Sein“ des Menschen. Infolgedessen sieht Gogarten nun auch die Grundfrage Ich-Du identisch mit der Frage nach dem politischen Sein des Menschen.[1] Er kann jetzt so weit gehen, im Hinblick auf die Ausarbeitung seiner Theologie überhaupt, nicht etwa nur seiner „Politischen Ethik“ pointiert zu erklären: „Diese Frage liegt unserer ganzen Arbeit zugrunde. Wir haben im Grunde von der ersten Seite an von nichts anderem gesprochen und nichts anderes sichtbar zu machen versucht.“[2] Gogarten betont weiter, die Bestimmung des Guten als Vom-Andern-her-seins, als Verwerfung jeglichen An-und-für-sich-gut-seins sei Rede vom politischen Sein gewesen. Das Geschehnis zwischen zwei Menschen sei stets und jeweils bereits politisches Geschehnis. Folglich sei das politische Sein für die menschliche Existenz zentral, nicht beiläufig. Es *ist* das menschliche Sein, es ist sein ganzes Sein, nicht nur ein Ausschnitt, nicht nur eine besondere Modifikation der Existenz.[3] Wenn die menschliche Existenz in ihrem Wesen geschichtliche Existenz ist und als diese dann, wie wir sahen, gleichwesentlich und zentral ethische, eschatologische und mitmenschliche Existenz, dann gilt sie Gogarten jetzt schließlch und beschließend, alle diese Entfaltungsweisen ihres Wesens in sich aufnehmend, auch als ganz und gar politische Existenz. „Unsere Geschichte, das ist nicht zuerst — wie man heute allerdings, wenn von ethischen Dingen die Rede ist, zumeist meint — unsere individuelle Entwicklung, die Entfaltung unserer Individualität, sondern unsere

[1] Vgl. *Politische Ethik* 170. [2] a. a. O. 173. [3] Vgl. dazu a. a. O.

Geschichte ist unser Hörig- und Nichthörigsein, unsere politische Existenz. So haben unsere politische Existenz, das heißt unser Sein und Tun in den politischen Ordnungen einerseits und die Rechtfertigung allein aus dem Glauben andererseits auf das intensivste miteinander zu tun."[4]

Dieses politische Sein muß dann über das rein soziale, gesellschaftliche Sein der Mitmenschlichkeit hinausreichen, bei dem es in der Definition Gogartens um die Gestaltung von Verhältnissen und Gegenständen geht, deren eine Gesellschaft von Menschen zu ihrer Erhaltung bedarf, die daher die Produkte gesellschaftlicher Bedürfnisse und von ihnen bestimmten gesellschaftlichen Tuns sind, wie Kunst, Wissenschaft, Technik, Wirtschaft und andere zivilisatorische oder kulturelle Prozesse.[5] Sie bleiben für Gogarten bei aller mitmenschlichen Bedingtheit noch aus dem Lebensbedürfnis des Menschen als des Wesens der Subjektivität, damit aber aus der menschlichen Selbstmächtigkeit und so auch noch aus der jeweiligen Individuiertheit des Menschen, d. h. vom Menschen als Individuum, direkt abgeleitet und konstituiert. Das politische Sein soll demgegenüber ganz andere Qualität besitzen. „Das politische Sein des Menschen dagegen liegt vor diesem (sc. gesellschaftlichen) Tun wie vor allem Tun des Menschen. Das heißt einerseits, daß kein menschliches Tun am politischen Sein etwas ändern kann. Ein Mensch kann seinem politischen Sein zuwiderhandeln, aber er kann es durch kein Tun aufheben, so wenig wie ein Mensch durch irgendein Tun aufhören kann, ein Mensch zu sein ... Und wenn wir sagen, das politische Sein liege vor allem Tun des Menschen, so heißt das andererseits, daß alles andere Tun des Menschen, unbeschadet seiner Freiheit, unbeschadet seines so oder so Handelns und Handeln-Könnens politisch ist. Insofern nämlich, als es von dem Menschen, der ein politisches Wesen ist, getan wird."[6] Warum aber und inwiefern, so haben wir zu fragen, ist für Gogarten menschliche Existenz als geschichtliche, ethische, eschatologische und mitmenschliche Existenz durch und durch, in ihrem ganzen Sein, politische Existenz, so daß in die Theologie des Wortes Gottes, genauer: in die Theologie der Geschichtlichkeit, die sich zugleich als Anthropologie, Christologie und Ethik entfalten muß, die Politische Ethik nun als das sie vollendende Schlußstück integral hineingehört?[7]

---

[4] a. a. O. 167. [5] Vgl. dazu a. a. O. 173.

[6] a. a. O. 174.

[7] Etwas ausführlicher und zugleich angemessen gewürdigt wurde die Politische Ethik Gogartens, wenn auch nicht auf der Basis einer Erörterung seiner Geschichtstheologie, die

Gogarten führt zu unserer Frage aus: „Es ist natürlich nicht willkürlich, daß gerade dieser Terminus ‚politisches' Sein gewählt ist. Man versteht darunter dasjenige, was zum Staat gehört, was irgendwie in Beziehung zum Staat steht, wofür der Staat zuständig und verantwortlich ist. Wir verstehen es heute gewöhnlich in einem verengten Sinn, nämlich etwa so, daß dasjenige gemeint ist, was unmittelbar mit dem Bestand des Staates oder mit der Herrschaft über den Staat oder dem Einfluß im Staat zu tun hat. Man hat dann nur die Staatsregierung als eine besondere Institution im Sinn. Aber Staat ist ja nicht nur die Staatsregierung, sondern auch das Volk, das zu diesem Staat gehört. Staat ist de facto immer ein Doppeltes: Regierung und Regierte, Obrigkeit und Untertanen. Mag man in der Theorie auch die Identität der Regierung mit den Regierten behaupten. Man muß also auch den Begriff ‚politisch' in dem Sinne verstehen, daß nicht nur die Staatsregierung als eine Institution und auch nicht nur das Regieren etwas Politisches ist, sondern politisch sind auch die Menschen, insofern sie vom Staat regiert werden, insofern sie der staatlichen Ordnung, das heißt insbesondere dem Recht, der Rechtsordnung untertan sind. Ich kann auch sagen:

ihre Stellung und ihre Aussagen erst begründet und verständlich macht, durch R. Hauser, *Autorität und Macht* 89ff. Hauser versteht die Darlegungen der „Politischen Ethik" und der übrigen Schriften der zweiten Hälfte der zwanziger sowie der dreißiger Jahre nicht als *eine* Phase und als *eine* Möglichkeit in der Entfaltung der Theologie der Geschichtlichkeit, sondern hat sie allein im Blickfeld seiner Untersuchung. Anderseits verfolgt er ihre Aussagen nicht bis zu jenen Konsequenzen, die sie in der Zeit der nationalsozialistischen Herrschaft für das Denken und die Haltung Gogartens mit sich brachten, worauf wir im folgenden Kap. einzugehen haben. — G. Hillerdals Behandlung der Politischen Ethik Gogartens ist zu knapp und sporadisch ausgefallen, um Wichtiges zu ihrer Erhellung beibringen zu können (vgl. *Gehorsam gegen Gott und Menschen* 154ff., 303ff.). Prägnanter im Ansatz H. Eklund, *Theologie der Entscheidung* 158ff., der aber die Erörterung der politischen Vorstellungen Gogartens zugunsten einer Rückkehr zu einer vermeintlichen Überordnung der religiösen Entscheidung über den Bereich der politischen Existenz noch beim Gogarten der dreißiger Jahre abbricht (vgl. 177ff.). Die Schriften Gogartens von 1937, d. h. aus dem Jahr der Veröffentlichung von Eklunds Arbeit, bes. *Weltanschauung und Glaube* zeigen, daß Eklunds Einschätzung der politischen Haltung unseres Theologen in dieser Zeit fehlging. Vgl. dazu das folgende Kap. Die neueren großen theologischen Werke zu Gogarten sparen das Thema fast ganz aus (z. B. H. Fischer und R. Weth) oder widmen ihm nur kurze Exkurse (so A. V. Bauer, *Freiheit zur Welt* 176—183; C. Naveillan, *Strukturen der Theologie Friedrich Gogartens* 285—291; K.-W. Thyssen, *Begegnung und Verantwortung* 217—226). Auch die soziologisch-ideologiekritische Auseinandersetzung von Th. Strohm, *Theologie im Schatten politischer Romantik* oder von Eckhard Lessing, *Das Problem der Gesellschaft in der Theologie Karl Barths und Friedrich Gogartens* begnügt sich mit einem ganz knappen systematischen Aufriß (vgl. Strohm 115ff., Lessing 207ff.). — Eine Spezialstudie ist die Münchener Dissertation von H. Platz, *Vom Wesen der politischen Macht*, 1968. Wichtig unter besonderem thematischen wie allgemeinem historischen Aspekt W. Tilgner, *Volksnomostheologie und Schöpfungsglaube. Ein Beitrag zur Geschichte des Kirchenkampfes*, 1966.

insofern sie öffentlich sind."[8] Indem Gogarten also ein eindeutig institutionelles Verständnis des Staates und eine rein verfahrensmäßige Festlegung des politischen Handelns vermeiden will, weitet er den Begriff des Politischen zunächst aus. Er soll eine Grundbefindlichkeit der menschlichen Existenz überhaupt erfassen. Darum spricht Gogarten in der jetzigen Phase seines theologisch-politischen Denkens betont vom Volk. Er sieht die Existenz in ihrer Vergemeinschaftung im Volk und versteht so ihr politisches Sein. Aber charakteristischer Weise ist das Volk doch zugleich rückbezogen ausschließlich auf den Staat. Vom Volk ist die Rede, sofern es im Staat geeint ist und erst kraft solcher Einigung zu einer Einheit wird, vermöge deren überhaupt einfach und schlechthin vom Volk gesprochen werden kann. Das Volk ist darum niemals mit der Gesellschaft gleichzusetzen, denn die Gesellschaft gilt in der Sicht Gogartens lediglich als eine Ansammlung von Individuen, die darin nicht zu einer neuen, sie übergreifenden Qualität gelangen. Dies geschieht erst im Staat. Mit dem Staat tritt dem Individuum eine es beherrschende und seine Vereinzelung aufsprengende Macht gegenüber. Und darum geht es Gogarten. Hierin liegt für ihn der Sinn des Staates.

Folgerichtig ergibt sich dadurch nun auch eine Verengung des Begriffs des Politischen: er soll die Duplizität von Regierung und Regierten, von Obrigkeit und Untertanen enthalten. Es ist also nach der Vorstellung Gogartens nicht etwa so, daß das Volk den Staat trüge und sich zum verfaßten Gemeinwesen bildete, wenn ihm schon eine solche Wichtigkeit für den Gehalt des politischen Seins zukommen soll. Gogarten versteht vielmehr das Volk im Sinne der Untertanenschaft unter einer Obrigkeit. Nicht aus sich, sondern von dieser empfängt es seine Ordnung. Damit wird die Gefahr heraufbeschworen, daß doch wieder der Staat als Institution dem Volk entgegen- und gegenübergestellt wird. Jedoch nicht um die Herrschafts- und Ordnungsfunktionen des Staates als solche in ihrem Mechanismus kümmert sich Gogarten, sein Anliegen zielt vielmehr darauf, aus solcher strengen Doppelsicht des Politischen die Bedeutsamkeit des Staates und des auf ihn also doch wieder verengten Begriffs des Politischen für die Existenz zu erheben: Das im Staat, in der Obrigkeit, in der Autorität bzw. im Verhältnis von Obrigkeit und Untertanenschaft, Autorität und Gehorsam sich manifestierende politische Sein ist die ausdrückliche und sichtbare An-

---

[8] *Politische Ethik* 175f.

zeige des geschichtlichen und eschatologischen Gefordertseins und Hörigseins des Menschen in seiner Mitmenschlichkeit.[9]

Wenn das geschichtliche Wesen des Menschen als das Vom-Andern-her-sein immer und immer wieder in das Schuldigsein zurückfällt, vom natürlichen Selbstsein der Subjektivität also dauernd übermächtigt wird, dann ist das politische Sein die ausgeprägte, sich bis ins Institutionelle ausprägende Gewalt über dieses Selbst- und Schuldigsein und gelangt insofern jetzt in die Rolle des vom geschichtstheologischen Denken gesuchten konkreten und gefestigten Machterweises des Vom-Andern-her- und Hörig-seins, also der Geschichtlichkeit des Menschen. Unter der Macht des Staates, in der das „politische Sein" kulminiert, erweist sich die Existenz vollends und endgültig als geschichtliche. Der Staat, das politische Sein, gewinnt folglich den Rang einer — und zwar ganz wesentlichen und unverzichtbaren — eschatologischen Größe bei Gogarten.

Um den Staat als eine solche Größe sehen zu können, muß Gogarten konsequentermaßen dann umgekehrt verlangen, daß er die ihm sinnverleihende souveräne Gewalt auch so machtvoll wie möglich demonstriert und ausübt. Im Staat darf es den Menschen nur als den geben, der er ist, was ihm gerade hier bedeutet wird: als hörigen. Der Mensch ist dann ganz als Glied dieses Staates und nicht mehr als selbstmächtiges, eigenständiges Individuum zu verstehen und zu würdigen. Wie gegen den weltanschaulichen, so wendet sich Gogarten folglich auch scharf gegen den politischen Liberalismus, der den Staat mit der Gesellschaft verwechselte. Erfolgt eine derartige Verwechslung, dann ist das eigentliche „ethische Phänomen" an ihm, das ihm seine Sinngebung verleiht, die Hörigkeit, aus dem Blick verloren. „Staat und Gesellschaft, Politisches und Soziales unterscheiden sich so voneinander, daß mit dem einen der Bezirk des menschlichen Lebens gemeint ist, in dem der Mensch einer Macht untertan ist, während mit dem anderen der Bezirk gemeint ist, in dem der Mensch seiner selbst mächtig ist. Staat meint den Menschen als einen Hörigen, als einen, der nicht seiner selbst mächtig ist; Gesellschaft meint den Menschen in der Mächtigkeit seiner selbst. Dabei verstehe ich unter Gesellschaft das ganze weite Gebiet freien menschlichen Handelns

---

[9] Sehr richtig stellt R. Hauser (*Autorität und Macht* 139) fest, daß Gogarten Staat mit Autorität und Obrigkeit gleichsetzt und daß umgekehrt Autorität und Obrigkeit für ihn paradigmatisch im Staat verkörpert sind, weil sie sich in ihm am deutlichsten und schärfsten ausprägen. Der Grund für solche Ineinssetzung liegt in der Sinnbestimmung für Staat wie Autorität und Obrigkeit: Sie haben geschichtlichen Anzeige- und Hinweischarakter und gewinnen darin ihr eigentliches Wesen.

von der Sitte an bis zur Technik. Also alles das, was der Franzose mit dem einen Wort civilisation benennt und wofür wir die zwei Wörter Zivilisation und Kultur gebrauchen. Dabei ist freilich zu bedenken, daß es sich da nicht um zwei getrennte Bezirke handelt. Sie gehen ineinander über. Es gibt den Staat nicht ohne Gesellschaft, und umgekehrt, die Gesellschaft nicht ohne den Staat. Vieles, ja das meiste gehört beiden an. Aber soweit es dem Staat angehört, betrifft es den Menschen in seiner Hörigkeit; soweit es der Gesellschaft angehört, betrifft es den Menschen in seiner freien Gestaltungsfähigkeit."[10]

Wie und warum jedoch gelangt nun gerade der Staat in die Rolle, der Existenz ihre Hörigkeit zu bedeuten? Gogarten übernimmt die überlieferte Vorstellung, daß das Staatswesen die umfassendste und grundlegendste Ordnungsmacht des menschlichen Lebens darstellt (societas completa et perfecta). Im Unterschied zu Familie, Recht, Sitte, Wirtschaft usw. gewährleistet es die umschließende und durchgreifende Ordnung, die garantiert, daß das menschliche Zusammenleben nicht auseinanderbricht und dem Chaos anheimfällt. In dieser Gefahr steht das Leben und Zusammenleben dauernd, und zwar wegen der natürlichen Tendenz des Selbsterstrebens und der Selbstbehauptung jedes Individuums. Das Selbstsein ist in Gogartens Augen von seinem Wesen her im Prinzip gemeinschaftssprengend und unordnungstiftend, es tendiert zur Betonung und Behauptung der Individualität des je Einzelnen. Darum schlägt das mitmenschliche Leben fort und fort in das Gegeneinander, in den Haß, in die Rivalität, in das Fürsichseinwollen der Individuen um. Die Schranke dagegen bildet die Ordnungsmacht des Staates. Sie verweist den Menschen auf sein Vom-Andern-her-sein, und zwar kraft der Autorität und Obrigkeit, die sie ihm vorstellt. Charakteristischerweise sieht Gogarten im Staat nicht so sehr die innere Ordnungsmacht, die die Existenz aus dem Gegeneinander in das Füreinander des Mitseins umgestalten würde, sondern vor allem die äußere Anzeige der Bestimmung der Existenz. Darum bildet er kein echtes Gemeinwesen von Bürgern, sondern die Zweiheit von Obrigkeit und Untertanen, einen sichtbaren Ausdruck des Geschehnisses von Anspruch und Gehorsam. Daß aber gerade das Staatswesen das Gebilde ist, das dieses Geschehnis austrägt, gründet sich bei Gogarten dennoch auf die überlieferte Anschauung, daß der Staat die einzige abschließende und durchgreifende Ordnungsmacht mit souveräner Gewalt darbietet. „Da Gott den Menschen so geschaffen

[10] *Politische Ethik* 149f.

hat, daß er sein Leben im Vom-Andern-her- und Für-den-Andern-dasein hat, so ist es schon um des äußeren, zeitlichen Bestandes des Menschen willen nötig, daß dieses Vom-Andern-her-sein und Für-den-Andern-da-sein wenigstens äußerlich gewahrt bleibt. Oder anders herum gesehen, daß dem Haß und dem Gegeneinandersein der Menschen Schranken errichtet werden, so daß es nicht zum Äußersten kommt und die Menschen sich gegenseitig zerstören und verzehren (Gal. 5,15). Diese Schranken werden aufgerichtet im Staat. Besser und deutlicher würde man sagen: in der Obrigkeit, und zwar in jeglicher Obrigkeit. Das heißt überall da, wo einer über den anderen gestellt ist. Und zwar nicht als Individuum, sondern als Träger eines Amtes.“[11]

Gogarten erläutert die von ihm gemeinte umfassende und durchgreifende, dennoch äußerliche und in dieser Weise anzeigend-hinweisende Funktion des Staates am Beispiel seines Verhältnisses zur Institution der Ehe. Der Staat bindet die Ehepartner unter die Gewalt der Hörigkeit. Er kümmert sich jedoch nicht darum, wie, aufgrund welcher Qualitäten und Umstände, die Partner ihre Ehe führen. Dagegen greift er ein, wenn die Hörigkeit, die er nicht nur bekräftigt, sondern nach Gogarten auch kraft Amtes gestiftet hat, gefährdet oder gebrochen ist, z. B. durch grobe Mißhandlung oder durch Ehebruch. Er bewährt sich damit als das zwar äußerliche, aber entscheidende und mit legitimer Zwangsgewalt ausgestattete Institut zur Durchsetzung der Hörigkeit gegen die Unordnung, den Ungehorsam, die Eigensucht des Selbstseins. Er wird zum Notinstitut angesichts des immer wieder durchschlagenden Schuldigseins des Selbstseins. Gerade in dieser äußeren Zwangsfunktion aber erfüllt er den Sinn, auf den allein es der Theologie Gogartens ankommt: Anzeige der Geschichtlichkeit der Existenz und in dieser Bedeutsamkeit dann seinerseits institutioneller Austrag dieser Geschichtlichkeit zu sein. „So handelt es sich bei dieser, wenn denn auch ganz äußerlichen Hörigkeit, bei diesem rein legalen, gesetzmäßigen, nach dem Buchstaben des staatlichen Gesetzes beurteilten Hörigsein, um die Hörigkeit meiner selbst, der ich ja immer nur als der Hörigkeit in der Weise des Ungehorsams, des Hasses oder des Mißtrauens gewahr werden kann, das will sagen, aus dem Wissen um mich als einen Bösen. Wo nicht das Wissen um das Böse ist, und zwar um das Böse als eine alles menschliche Leben bis in den Grund bedrohende Macht, da gibt es auch kein Wissen um den Staat. Wo es kein Wissen mehr um den

[11] a. a. O. 108f.

Staat gibt und wo darum keine echte Staatsgewalt mehr ist, da versucht man des menschlichen Lebens Herr zu werden aus der Selbstmächtigkeit des Menschen, aus der Freiheit. Dann sieht man nicht mehr darin die Aufgabe des Staates, daß er die Hörigkeit garantiert; sondern es soll dann seine Aufgabe sein, die Freiheit zu garantieren, und zwar die Freiheit im Sinne der Souveränität des Individuums oder, was dasselbe ist, die Volkssouveränität ... Das Tragische, wenn man nicht richtiger sagen muß, das Teuflische ist dabei, daß Staat und Staatsgewalt auf diese Weise zugrunde gehen und daß die Menschen unter einen schauerlichen Despotismus geraten. Statt einander in Verantwortung zu gehören, werden sie die Sklaven der Dinge und so zwangsläufig verantwortungslos gegeneinander."[12]

Ebenso wie das Prinzip der individuellen Freiheit lehnt Gogarten die Behauptung der Gleichheit aller Menschen ab. Auch sie gerät in die Nähe des „Teuflischen", weil sie der Existenz ihre Verantwortung, das Beanspruchtsein vom geschichtlichen Anspruch, der zur Antwort aufruft, verstellt. Nur die Ungleichheit der Menschen vermag der Existenz ihre Angewiesenheit auf den Anderen und somit das Vom-Andern-her-sein sinnfällig und verbindlich zu bedeuten. Darum verbürgt gerade und nur das Staatswesen dieses Bedeuten, das in sich eine Ordnung von abgestuften Autoritäten, Ämtern und Ständen darstellt. Gogarten kann aus dieser Sicht jetzt einen autoritären und hierarchisch durchgestalteten Obrigkeitsstaat fordern[13]. Zu dessen sinnfälligem und wirksamem Zeichen erklärt Gogarten das Schwert. Das aber soll heißen, daß der mit Zwangsgewalt nach innen und außen ausgestattete Staat dann, wenn seine obrigkeitliche Funktion bedroht ist, das Recht hat, unter Umständen selbst das Leben seiner Untertanen zu fordern[14]. Darin bekundet sich die Möglichkeit, ja die Notwendigkeit des Staates, in seiner geschichtlichen Bedeutsamkeit die Existenz total zu beanspruchen. Die Totalität seines Autoritätsanspruchs widerstreitet der Äußerlichkeit seiner Gewalt nicht, sie kommt mit ihr durchaus überein, denn beide Male geht es Gogarten darum, daß der Staat mit möglichst großem Nachdruck die Hörigkeit der Existenz anzuzeigen hat, wozu allein er kraft seiner fest gefügten Institution und Autorität angesichts der Verborgenheit des Guten im Bösen noch die Fähigkeit besitzt.

Immerhin wird somit der staatlichen Autorität ein hohes Maß an Gewaltausübung konzediert. Die Paradoxie dieses Ergebnisses versucht

[12] a. a. O. 151 f. [13] Vgl. dazu *Wider die Ächtung der Autorität* 28 ff.
[14] Vgl. *Politische Ethik* 109.

Gogarten selbst zu sehen. Die von ihm angesetzte, behauptete und geforderte souveräne Gewalt des Staates über den Menschen soll ihre tiefste, aber auch wieder eingrenzende Begründung aus dem Wissen des Glaubens um das radikale Bedrohtsein des Menschen als des Wesens der Subjektivität durch sein Schuldigsein erfahren. Dann erscheint der Staat als die Ordnungsmacht, die den Menschen vor den zerstörenden Gewalten, die aus seinem Wesen selbst kommen, sichern soll. Sie schützt den Menschen vor solchen Gewalten und befreit ihn zur Verantwortung des Hörigseins, sofern sie diese Gewalt in sich aufnimmt und institutionalisiert. Sie tritt als Institution legitimer und sanktionierter Gewalt kraft äußeren Zwanges auf. Damit waltet in ihr selbst die Dialektik der menschlichen Geschichtlichkeit, deren manifesten Ausdruck sie darstellt. Sie ist Gewalt gegen das Bösesein, das Schuldigsein des Menschen, insofern ist sie ein Gut, ja das einzige dem bösen Menschen noch mögliche und sichtbare Gute, wie Gogarten sagt; als Äußerung und Ausübung von Gewalt bleibt sie aber umgekehrt ihrerseits dem Bösen doch anteilig verhaftet, zumal, wie früher gesehen wurde, das Gute nur in der immer erneuten Erkenntnis des Bösen offenbar werden kann, weshalb aber auch, wie Gogarten nun betont, die politische Gewalt „die ständige Drohung dieser Erkenntnis nicht zu fürchten nötig hat“[15].

Immerhin steht der Staat solcherart inmitten der Wesensgefahr des menschlichen Lebens, seines konstitutiven Bedrohtseins durch das Böse, durch das Schuldigsein. Ihn kennzeichnet zufolge dieses Standes ein eigentümlicher Spannungsreichtum seines eigenen Wesens. Mit seiner Gewalt bricht und bannt er die „Gewalten“, die natürlichen Tendenzen des Selbstseins, aber sofern er selbst das Instrument der Sicherung gegen diese Gewalten und der gewaltsamen Durchsetzung solcher Sicherung ist, läßt er sie auch wieder los. Der Staat steht somit in der fortwährenden Gefahr zu entarten, selbst der Nichtigkeit der Tendenzen des Selbstseins zu verfallen. Er muß sich mit dieser Gefahr auseinandersetzen und die Auseinandersetzung wiederum in sich austragen. Das besagt für Gogarten keineswegs, er solle auf seine Gewalt verzichten, im Gegenteil, er muß sie mit ganzem Anspruch ausüben, aber nicht als subjektive Gewalt im Dienste individueller Interessen oder des Prinzips der Freiheit, der Gleichheit und der Volkssouveränität, sondern als objektive, amtliche, obrigkeitliche Gewalt, die die Hörigkeit der ge-

[15] a. a. O. 57.

schichtlichen Existenz anzeigt und ihren Gehorsam total, dann aber auch den Gehorsam, das Sichfügen und Sichunterstellen aller beansprucht. Das Wagnis solcher Gewaltausübung muß das Staatswesen bewußt eingehen[16]. Gogarten äußert dazu polemisch im Jahre 1932: „Die heute verbreitete Auffassung vom Staat sieht freilich dieses Wagnishafte und die aus ihr selbst kommende Bedrohtheit der menschlichen Existenz nicht. Auf eine kurze Formel gebracht will diese Auffassung vom Staat, daß er jedermann die Existenz garantieren soll, daß man ihm aber das Recht abspricht, über jedermanns Existenz zu verfügen. Aber was wir heute politisch erleben, bedeutet ja nichts anderes als den Zusammenbruch dieser Staatsauffassung."[17]

Als Herrscherin über das Leben und Eigentum der menschlichen Existenz wird die Ordnungsmacht des Staates immer auch zur „Sachwalterin" jener Macht der Nichtigkeit, der der Mensch anheimgegeben ist. Doch bewahrt sie ihn zugleich davor, sie bewahrt ihn „vor dem Abgrund seines Verfallenseins". Sie zwingt ihn in seinem Schuldigsein — und selbst zu ihrem Teil mit solcher Zwangsanwendung schuldig werdend — immer wieder in die Hörigkeit. Die Macht, die sich damit der Staat in „heiligem Recht" aneignet, bezeichnet Gogarten auch als geradezu dämonische Macht[18]. Sie hat ein doppeltes Gesicht: Als menschlicher Machterweis bleibt auch sie, ja sie ganz ausdrücklich, zutiefst sündig und böse, gereicht sie deshalb zum Tode. Sofern sie aber das einzige noch verbleibende geschickhafte Instrument darstellt, das das Bösesein des Menschen demonstrativ immer wieder an die Hörigkeit bindet, diese ihm vorstellt und auferlegt, wird sie zur manifesten Konkretion des Guten, kann sie damit nichts anderes als Gottes eigenes Werk sein, ist sie folglich kraft ihrer Funktion heilig und gerecht und gereicht sie zum Leben[19]. Wenn so aber das Staatswesen als Gottes eigenes Werk gelten muß, erfährt der Mensch auch in ihm noch, ja in ihm erst faktisch und konkret Gottes Liebe und sein eigenes Zum-Leben-kommen. Doch dieses Gute und dieses Leben bleiben, wie sich früher zeigte, der Existenz immer zukünftig. Darum erfährt sich der Mensch unter der Staatsgewalt zugleich immer statt auf das Leben,

---

[16] Vgl. dazu a. a. O. 57ff. sowie *Staat und Kirche* 390ff.

[17] *Politische Ethik* 58f.

[18] Vgl. a. a. O. 59f.

[19] Vgl. dazu a. a. O. 108ff. Zur Identifizierung von Recht und Macht bei Gogarten, die aber zugleich als böse charakterisiert wird, so daß das „heilige" Recht immer nur relatives — auf das verborgene Gutsein Gottes relationales — Recht, aber als das einzig manifeste Recht eben doch „heiliges" Recht ist, vgl. R. Hauser, *Autorität und Macht* 147ff.

das er aus eigener Kraft bestreiten will, zum Tode hingerichtet. Als Zwangsinstrument wird sie ihm so zum Gericht, in ihrer Bedeutsamkeit, als Anzeige seiner Nichtigkeit, Angewiesenheit und Hörigkeit aber auch zur Gnade. Der Staat ist poena et remedium peccati.

Die staatlichen Akte und Institutionen sind dann einerseits menschliche Vollzüge, menschliche Werke, die dem Gesetz der Welt unterliegen, das um der Sünde willen gegeben ist und nicht „rechtfertigt", d. h. das Schuldigsein nicht beseitigt, sondern enthüllt und damit zugleich bestätigt. Anderseits sind sie Werke Gottes, als letzter und sichtbarer Ausdruck von Gottes Dem-bösen-Menschen-gut-sein. Einerseits also stellt die staatliche Ordnung ein ganz und gar weltliches Gesetz dar. Ja, sie stellt dieses weltliche Gesetz in aller Ausdrücklichkeit dar. Sie ist die eigentliche Verkörperung und zugleich Garantie dieses Gesetzes. Aber anderseits entspringt sie als Anzeige der Geschichtlichkeit der Existenz dem worthaft sich aussprechenden Willen Gottes, so daß sich durch sie Gottes Forderung in nachdrücklichster Form an den Menschen richtet. Insofern ist sie Manifestation des Gesetzes Gottes, ist sie Gottes Gesetz selbst, vor dem alles menschliche Tun (in ihr) nichtig und bedeutungslos wird, so sehr es von ihr beansprucht ist. Insofern ist sie also Gottes Werk und als Gottes eigenes Werk auch Gnade, Gnade aber, die als gesetzter Anspruch ergeht, daher zum Gesetz für den Menschen wird. Dieses staatliche Gesetz ist dann gottwohlgefällig, heilig und gut, aber als Gottes Schöpfung, nicht soweit es menschlichem Handeln entspringt. Als dieses bleibt es sündig, bleibt es das selbst sündige Notinstitut der Ordnungsgewalt gegen Sünde und Chaos. Dabei gilt aber die Sünde des Chaos (nämlich der Neigungen des Selbstseins als Individualität) in den Augen Gogartens immer als das überaus größere Übel, das es durch das kleinere Übel (der noch so dämonischen Zwangsgewalt des Staates) einzuschränken, zu bannen und zu wenden gilt. Der Staat gewinnt hier eine eigentümliche Doppelgesichtigkeit, da er zugleich sündig und heilig ist, und gilt doch als das einzige manifest Gute in der und für die Geschichtlichkeit der Existenz[20].

2. *Ethische Uneigentlichkeit und politische Eigentlichkeit*

An dieser Stelle erscheint es angebracht, uns auf die früher erwähnte Unterscheidung zurückzubesinnen, die Gogarten in seiner „Politischen

---

[20] Vgl. zum Vorstehenden a. a. O. 113ff. sowie 147ff.

Ethik" zwischen den „Man-tut-das-und-das"-Forderungen und den „Du-sollst"-Forderungen trifft, zwischen zwei Grundarten von Ansprüchen und ihr zugehörigen Verhaltensweisen, die die ethische Existenz kennzeichnen[21]. Gemäß dieser Unterscheidung und Bestimmung verstehen sich Menschen im Man-tut-das-und-das und unter den entsprechenden Forderungen, die die natürliche Ethik ihnen vorstellt, hinsichtlich der Verwirklichung, Gestaltung und Sicherung ihres jeweiligen Selbstseins im Zusammenleben. Die Man-tut-das-und-das-Forderungen sind Postulate und Normen des mitmenschlichen Lebens, wie sie sich aus dem Interesse der Individualität, der Persönlichkeit, damit der Subjektivität des Subjekts ergeben. Denn mit ihnen und unter ihnen verfügen Menschen einer Gesellschaft und einer Zeit über die herkömmlichen und auskömmlichen Hinsichten des Lebens und der selbstgenügsamen Einrichtung in ihm. Den Anspruch des „Du sollst", ergehend im herrscherlichen Wort Gottes an den Menschen, bestimmt Gogarten dagegen als die Offenbarung der Hörigkeit des Menschseins. Es zeigte sich, daß diese Offenbarung zugleich immer eine Kundgabe der wesenhaften Nichtigkeit und des dauernden Schuldigseins der Existenz vor Gott einschließt, eines Scheiterns der menschlichen Entsprechung, das der Geschichtlichkeit des Wort-Antwort-Geschehens und seinem Geheimnischarakter selbst entspringt. Der damit nochmals angedeutete Zusammenhang führte die Geschichtstheologie Gogartens und Bultmanns dahin, das Ereignis von Anspruch und Entsprechung ganz in das innermenschliche Mitsein zu verlegen, und Gogarten behauptet nun, dieses Mitsein sei ganz und gar politisches Sein. Der einzig noch artikuliert vernehmbare geschichtliche Anspruch, der in die Hörigkeit verweist, komme auf die Existenz aus der institutionellen Ordnungsmacht des Staates zu. Muß nicht aber der Ordnungs- und Machtanspruch des Staates eindeutig gerade als eine Man-tut-das-und-das-Forderung verstanden werden, mit der die Existenz lediglich ihr Selbstsein sichert? Fügt nicht die Ordnung des Staates in der entschiedensten Weise die Menschen einer Gesellschaft unter Regeln, aufgrund deren sie wissen, was man tut und zu tun hat? Geht nicht also die im Staat sich manifestierende geschichtliche Beanspruchung der Existenz zur Hörigkeit darin auf, das Selbstsein im Man-tut-das-und-das, im sozialen Leben zu binden, aber damit auch zu sichern und zu bestätigen? Die Fragestellung zeigt, in welche Zwielichtigkeit das poli-

[21] Vgl. Kap. IV, 1 unserer Untersuchung.

tische Sein der Existenz, die letzte Auskunft der geschichtstheologischen Ethik Gogartens in ihrer jetzt erörterten Phase, gerät. Sie führt in die Gefahr einer Umkehrung aller Positionen, die Gogarten abzuwenden sucht, die er gleichwohl letzten Endes nicht umgehen kann, und wir vertreten die These, daß sich diese Umkehrung und Verkehrung folgerichtig aufgrund einer zutiefst fragwürdigen Ausgangslage ergibt.

Gogarten schreibt nun den Man-Forderungen die Möglichkeit und Aufgabe zu, den Anspruch des Du-sollst, der Hörigkeit, offenzuhalten und nicht zu verdecken. Dies wird dann möglich, wenn sie sich in aller Deutlichkeit von dem Du abheben, als das der Anspruch Gottes im Wort dem Menschen begegnet und sich zugleich im Geheimnis der schlechthinnigen Andersartigkeit im Vergleich zur innerweltlichen Existenz entzieht. Die Man-Forderungen müssen jegliche Verwechselung mit diesem Du ausschließen. Dann dürfen sie gerade nicht den Sinn für sich usurpieren, die unter dem Du-sollst kundgemachte Nichtigkeit und Schuldigkeit der Existenz, das Bösesein des Menschen, zu beseitigen, ins Gute zu wenden, sondern allein dahin wirken, daß der Mensch trotz seines Nichtig-, Schuldig- und Böse-seins, ja mit diesem und allein in diesem der Hörigkeit überantwortet bleibt, in der Hörigkeit gehalten wird. Solchen Sinn können sie erfüllen, wenn sie gerade und nur eine äußere Hörigkeit anzeigen, d. h. in äußerlicher, institutioneller Form die Hörigkeit der Existenz manifest machen. Sie müssen also gewährleisten, daß die äußeren Ordnungen erhalten werden, in denen der Existenz noch eine letzte Hörigkeit abverlangt ist[22]. In dieser Weise unterstellen sich die Man-Forderungen noch dem Anspruch des Du-sollst auf Hörigkeit, ohne sich mit ihm zu vermischen. Sie bringen ihn, der sich dem Zugriff des Verstehens und Befolgens notwendig entzieht, noch zum sichtbaren Ausdruck. Mit solcher Vermittlung treten sie dann an seine Stelle, stellvertretend wahren sie sein ungreifbares Geschehen. Es liegt auf der Hand, daß mit einer derartigen Vermittlungs- und Stellvertretungsfunktion die Gefahr des Mißbrauchs heraufbeschworen ist (was Gogarten kaum sieht). Diese Man-Forderungen können und müssen sich auf eine Vermittlungsfunktion berufen, deren Auftrag nicht mehr ausweisbar ist, weil dann gerade die Differenz zwischen Man- und Du-sollst-Forderungen nicht mehr offenbliebe. Weil aber hier kein Ausweis und Beweis mehr denkbar ist, vermag dann auch dasjenige, was zu vermitteln und eine Stelle zu vertreten hat, sich

[22] Vgl. dazu *Politische Ethik* 62.

um so mehr an die Stelle des Vertretenen zu setzen, auf das es sich notgedrungen berufen muß. So empfangen diese Man-tut-das-und-das-Forderungen schließlich die höchste, wenn auch dialektische, aber darum um so gewichtigere geschichtstheologische Sanktion.

Als die Man-Forderungen, die diese Funktion und diesen Sinn erfüllen und folglich mit der entsprechenden Sanktion ausgestattet sind, erkennt Gogarten nun eben und ausschließlich die politischen Forderungen, Normen, Regeln, Ordnungsformen. Das Man der Man-Forderungen so zu verstehen, wie wir es skizziert haben, bezeichnet er nur als möglich, wenn es als politisches Man, als repräsentiert von der Polis, vom Staat, verstanden wird[23]. Damit empfängt der Staat eine neuerliche dialektische Begründung, die ihn begrenzt und zugleich sanktioniert. Er gehört in den existentiellen Bereich des Man-tut-das-und-das, aber als die hier noch mögliche äußerliche Anzeige der unter dem Du-sollst-Anspruch des Wortes Gottes stehenden Hörigkeit der Existenz. Er also verbürgt die Hörigkeit, zwar nur äußerlich, aber als durchgreifender, mit legitimer Gewalt ausgestatteter Garant. Er verkörpert das Man, das aus dem Du-sollst begriffen ist. Er ist damit die Folge und der Ausdruck der menschlichen, sich durchhaltenden Nichtigkeit und Schuldigkeit, des Böseseins der Existenz, und bannt diese doch zugleich noch unter eine letzte, äußere Hörigkeit. Mit seiner sichtbaren Institution repräsentiert, überhöht und bändigt er solcherart das Man, die soziale Artikulation des natürlichen Selbstseins. Die staatliche Ordnung kommt ohne dieses niemals aus, d. h. sie kann ohne das natürliche gesellschaftliche Leben mit seinen Sitten und Konventionen, in denen das Selbstsein sich sozial sichert, behauptet und gestaltet, überhaupt nicht bestehen. Zugleich aber muß sie es unter ihre Botmäßigkeit zwingen und ordnen, um seinen selbstsüchtigen, zerstörerischen Tendenzen zu wehren. Dazu bedarf es der Gewaltanwendung.

Die Ordnungsfunktion des Staates gegenüber dem natürlichen und gesellschaftlichen Leben hält sich somit bei der Vermeidung des Chaos im Bereich der Anwendung natürlicher Kräfte, transzendiert diese aber zugleich sinnhaft, indem sie innerhalb ihrer auf ihre Zerstörungsgewalt verweist und mit seiner eigenen Gegengewalt die Schranke gegen sie überhaupt aufrichtet. Deshalb nimmt sie rechtmäßig höhere Gewalt gegen diese natürliche, zerstörerische Gewalt für sich in Anspruch. Und

[23] Vgl. a. a. O. 62. Gogarten nennt den Staat an einigen Stellen der „Politischen Ethik', auch „Polis", in der Absicht, seinen die Existenz umschließenden und durchherrschenden Charakter und Anspruch zum Ausdruck zu bringen.

Gogarten verlangt, daß sie diese auch vernehmlich ausübt. Die Existenz im Man-tut-das-und-das muß so nachdrücklich wie nur möglich der Ordnungsgewalt des Staates unterstellt werden, um gerade dadurch dem Geheimnis des Du-sollst offenbleiben und ihre eigene Geschichtlichkeit, ihr Wesen, zu wahren. In solch paradoxer Lage allein entspricht sie der Paradoxie des Geheimnisses selbst, das nur in totaler Verstelltheit offenbar wird. Und umgekehrt: Wenn die Offenbartheit des Geheimnisses sich, wie Gogarten es denkt, nur im Geschick seiner Verbergung erweist, dann kann und muß eine Offenheit der Existenz für das Geheimnis gerade in der totalen existentiellen Unterstellung unter eine manifeste, das Geheimnis in der entschiedensten Weise verstellende und so noch auf es hinweisende und es vertretende Gewalt wie die Staatsgewalt gesucht und gesehen werden. Eben indem die Staatsmacht nicht das Geheimnis, das Gute, die göttliche Autorität zu sein beansprucht, verweist sie auf alles dies als auf etwas Ungreifbares. Um so mehr vertritt sie „mit heiligem Recht" ihre Stelle und empfängt so doch noch einen — den einzigen dann greifbaren und folglich desto sicheren — Anteil an Gutheit und Göttlichkeit. Gilt aber dies, dann ist der ungehinderten und hemmungslosen Ausübung ihrer Macht Tür und Tor geöffnet. Sie hat sich vor nichts mehr zu rechtfertigen als vor dem Geheimnis des Geschicks, welches ungreifbar, folglich durch die stärkste und sichtbarste Macht — im Maße ihrer Stärke und Sichtbarkeit — jederzeit für sich beanspruchbar ist. Diese paradoxale Denkstruktur stellt eine mögliche, durchaus logische Konsequenz der radikalen Vergeschichtlichung der letzten, für alles Weitere konstitutiven Wahrheit dar, wie sie die Theologie Gogartens sieht: des Verhältnisses von Gott zum Menschen und des Menschen vor Gott.

Unterstellt sich also die Existenz dem politischen Man, der äußeren, stellvertretenden Vermittlung des Du-sollst-Anspruchs, dann lebt sie, wie Gogarten sich ausdrückt, zwar immer noch in ethischer Uneigentlichkeit, aber nun doch in politischer Eigentlichkeit[24]. Das soll heißen: Die Existenz wird dadurch niemals an und für sich gut, ihr Handeln empfängt nicht eine besondere sittliche Qualität, aber sie erfährt dadurch das Gute, ihre Einforderung in die Hörigkeit. Dies ist gemeint, wenn Gogarten sagt, den politischen Man-Forderungen, also den Gesetzen und Regeln einer politischen Ordnung, komme keine ethische, sondern nur politische Relevanz zu[25]. Solche widersprüchlich an-

[24] Vgl. a. a. O. 119. [25] Vgl. a. a. O.

mutende Redeweise steht keineswegs im Gegensatz zu Gogartens Festlegung, daß die geschichtliche Existenz die ihr einzig mögliche ethische Form als politische, staatlich gebundene Existenz findet, weil allein so die ihr aufgetragene Hörigkeit wirksam wird, die sie nicht an und für sich gut macht, ihr aber ermöglicht, daß sie das Gute im mitmenschlichen Zusammenleben, wo es allein seinen möglichen Ort hat, geschehen läßt und so aktualisiert. Insofern hat die politische Existenz und hat primär der Staat als die Ordnungsgewalt, welche erst die politische Existenz des Menschen verbürgt, doch ethische Qualität, ja die einzig denkbare, weil einzig wirksame ethische Qualität der geschichtlichen Existenz, die sie aber gerade nicht in ihrem Selbstsein gut macht, die sie vielmehr in ihrem Bösesein repräsentiert, bannt und transzendiert. Der Staat „hat eigentliche ethische Qualität, weil er der ist, der die Macht des Bösen bannt. Freilich wird der Staat auch nur dann richtig verstanden, wenn er aus dem radikalen Verfallensein des Menschen an die Macht des Bösen verstanden wird"[26]. Diese Macht übt der Staat kraft seiner Zwangsgewalt selbst aus, aber in der Weise der Eindämmung und Zucht der subjektiven, sich im mitmenschlichen Leben gegeneinander richtenden und das Chaos der allseitigen Willkür heraufbeschwörenden Tendenzen des Selbstseins. Der Staat kann somit eine bedingte, eingeschränkte, aber die allein wirksame ethische „Relevanz" und „Eigentlichkeit" aufgrund seiner unbedingten politischen „Relevanz" und „Eigentlichkeit" für sich in Anspruch nehmen. „Politische Eigentlichkeit, das heißt, daß diese Forderungen (sc. die der Staat an seine Untertanen richtet) nicht darauf ausgehen, daß der Mensch selbst gut und aus der Gewalt des Bösen erlöst werde, sondern lediglich darauf, daß der böse Mensch das tue, was nötig ist, damit die äußere, wenn man will, die uneigentliche Hörigkeit der Menschen gegeneinander gewahrt bleibt, die nötig ist, damit das menschliche Leben in Ordnung gehalten und so erhalten bleibt. Diese Forderungen sind die Forderungen der Polis, durch die sie zugleich sich erhält, und nur, wenn sie in ihrem, der Polis, Namen ergehen, haben sie ethische Qualität; eben die, die der Staat hat."[27]

Diese ethische Qualität des Staates und seine politische Relevanz äußern sich konkret dadurch, daß er mit Souveränität und Gewalt über Leben und Eigentum seiner Untertanen verfügt. Und nur wenn er das tut und in dem Maße, als er es tut, manifestiert er seine ethische

---

[26] a. a. O. 116f. [27] a. a. O. 117.

Qualität, die mit seiner „politischen Relevanz" einhergeht. Nur dann bekundet er wahrhaft, daß das Menschsein dem Bösen, der Nichtigkeit, dem Schuldigsein verfallen ist, er bekundet es gegen dessen innere und äußere Zerstörungskraft, er bekundet es zugleich an seiner eigenen Ordnungsgewalt. Er wehrt dem Bösen, indem er es ordnend in seine Gewalt bannt und dann aber auch mit dieser Gewalt wieder loslassen kann, indem er Leben und Eigentum der Untertanen zur Erhaltung der Ordnung, etwa im Kampf gegen andere Staatswesen, einfordern und gegebenenfalls zerstören kann. Diese Gewalt aber ist als die Ordnungsgewalt, als das kleinere Übel, das zudem die Hörigkeit der Existenz wirksam, wenn auch äußerlich und notfalls mit zerstörender Kraft manifestiert, gegenüber der rein willkürlichen Gewalt der natürlichen Tendenz des Selbstseins, genommen als Individualität, in den Augen Gogartens voll gerechtfertigt.

Unser Theologe betont, daß es ganz falsch wäre, den solcherart ethisch qualifizierten Staat, die einzige angesichts der Übermacht des Bösen für die geschichtliche Existenz noch Geltung behaltende und gewinne ethische Größe, sich „ideal" vorzustellen. Solche Vorstellung beziehe ihre Gehalte aus einer Vollkommenheitsethik individualistischer und humanistischer Prägung, die vor dem unaufhebbaren geschichtlichen Schuldigsein der Existenz versagt[28]. Die individualistisch-humanistische Staatsauffassung, die nach Gogarten in den „amerikanischen Erklärungen der Menschenrechte" ihren klassischen Ausdruck und durch die Französische Revolution weltgeschichtliche Bedeutung gefunden hat, verfällt mit diesen Vorgängen und mit den historischen Folgeerscheinungen, die bis zu ihrer nur vordergründigen Umkehrung im Sozialismus reicht, einem scharfen Verdikt. Sie postuliert das Gutsein der menschlichen Existenz und begründet sie in ihrer an und für sich guten Jeeinmaligkeit, also Individualität. Sie mißachtet, daß jegliches An-und-für-sich-gut-sein des Menschen sofort und immer ein Wider-den-Andern-sein, somit ein Gegen-Gott-sein und folglich ein Verfehlen des eigenen Wesens, d. h. der Geschichtlichkeit — und darum der Mitmenschlichkeit in Hörigkeit und Schuldigsein — bedeutet. Wenn sie eine Sozial- und Staatsethik ausarbeitet und hinter die Individualethik schaltet, so bleibt auch diese aus der Subjektivität des Selbstseins konstituiert und ihrem Interesse unterstellt. Für Gogarten hingegen gibt es keine eigene Individual-, Sozial- und Staatsethik,

---

[28] Vgl. dazu a. a. O. 117f.

sondern die einzig denkbare, der Geschichtlichkeit des Wortes Gottes wie der menschlichen Existenz angemessene Ethik ist jetzt Staatsethik, politische Ethik, denn der Staat, als souveräne Obrigkeit verstanden, ist der höchste und konzentrierteste Ausdruck für die Hörigkeit und das Schuldigsein der geschichtlichen Existenz. Darum kommt ihm das „heilige Recht" über Leben und Eigentum seiner Untertanen zu, und nur wenn er in diesem Recht und in der dem entsprechenden Gestalt eines autoritären, hierarchisch strukturierten Amts- und Obrigkeitsstaates konzipiert wird, wird man seinem Sinn und seiner Funktion gerecht[29].

3. *Freiheit, Autorität und Ehre*

Das Problem von ethischer Uneigentlichkeit und politischer Eigentlichkeit findet seine Weiterführung in der Frage nach dem Verhältnis von Freiheit und Autorität. Wie bei Gogarten Freiheit und Autorität begriffen sind, verdient besondere Beachtung. Zunächst heißt es, der Mensch sei nur Mensch in der Freiheit, doch legt Gogarten diese Aussage sogleich in einer besonderen Weise fest, die die weiteren Aussagen determiniert. Er meint jene Freiheit, die ihre Basis in der Gebundenheit habe. Sie artikuliert dann ihrerseits die Gebundenheit zu verantwortlicher Gebundenheit. Das bedeutet nach dem, was wir früher dazu darlegten, daß sich die Gebundenheit in der Antwort auf einen Anspruch vollzieht. Und dieser Geschehnischarakter der Gebundenheit, demgemäß ich immer eine verbindliche Antwort auf einen bindenden Anspruch aufzubringen habe, macht das Moment der Freiheit in ihr aus. Freiheit ist somit nichts anderes als die Übernahme und der Vollzug der Hörigkeit, der Hörigkeit gegenüber Gott und gegenüber dem anderen Menschen[30]. Sie meint also bei Gogarten nicht die eigenständige Verfügung der Existenz über sich selbst, sondern ihr verantwortliches Verhältnis zum Anderen, in dem sie zufolge ihrer Geschichtlichkeit immer schon steht. Sie intendiert eine Verantwortung der Existenz nicht sich selbst, sondern dem Anderen gegenüber. Diese schließt insofern Freiheit ein, als ich dem Anderen nicht gleich einer Sache zum Besitz werden kann, sondern ihm als der Antwortende stets

---

[29] Vgl. dazu auch a. a. O. 118ff., 177, *Die Schuld der Kirche gegen die Welt* 31ff.

[30] Vgl. dazu *Politische Ethik* 182ff.

gegenüber bleibe, jedoch als der, der ihm hörig ist, der ganz von ihm her ist, der allerdings diese Hörigkeit und dieses Vom-Andern-her-sein immer wieder erst aktualisieren muß (da es ja gerade als der Anspruch auf Antwort geschieht und nur so geschichtlich *ist*), der in solcher Aktualisierung sofort auch scheitert und schuldig wird (weil er in diesem Geschehnis immer auch er selbst bleibt). Die Rede von der Freiheit schließt gerade diesen Vorbehalt des Eigenseins und der Schuldigkeit ein, jedoch nur im Zusammenhang mit der Sicht auf die sie so erst ermöglichende Gebundenheit. Dann besagt Freiheit aber zuvor und wesentlich: Freisein-für, nicht Freisein-von. Gogarten versteht sie nicht als Freiheit der Persönlichkeit von der (und dann auch über die) Natur und Gesellschaft — ein Freiheitsbegriff, den er im Humanismus und im Deutschen Idealismus gegeben sieht und verurteilt —, sondern als die Freiheit der Person in ihrer strengen Bezughaftigkeit auf und für die andere Person; nicht als Freiheit eines An-und-für-sich-seins, sondern als Freiheit des Für-den-Andern-da-seins, mit dem die Existenz ihr Vom-Andern-her-sein aktualisiert; folglich nicht als Herrschaft und Autonomie über sich selbst, sondern als ein Sich-fügen[31].

Der humanistische, idealistische und individualistische Freiheitsbegriff — er stellt für Gogarten eine Einheit dar — wird als abstrakt bezeichnet. Er entspricht der ethischen Uneigentlichkeit. „Denn derjenige, der sich durch eine Forderung des ‚Man-tut-das-und-das' angesprochen weiß, weiß um sich als einen, der über sich verfügen kann und soll, das heißt, der frei ist bzw. frei sein soll. Und zwar im souveränen Sinn. Denn Forderungen einer solchen Art setzen ja voraus, daß sie nur das Gesetz aussprechen, das ich mir grundsätzlich selbst gegeben habe; sie reden den Menschen an als autonomes Wesen."[32] Hier geht es also wieder um das entscheidende Problem der Subjektivität des Menschen. Ich habe mir, die Existenz in ihrem Selbstsein hat sich die Gesetze, die Man-tut-das-und-das-Forderungen, die scheinbar als Ansprüche, als schon bestehende Sitten und Konventionen begegnen, im Grunde selbst gegeben, da ich mich, da die Existenz sich aus ihnen zu verstehen, zu verhalten und zu sichern suchen. Basiert der Freiheitsgedanke auf dieser ethischen Uneigentlichkeit, dann geht er für Gogarten fälschlich von der abstrakten und zudem verwerflichen Vorstellung eines Gut-seins des Menschen aus. Der freie, sich selbst bestimmende

---

[31] Vgl. a. a. O. 184f., *Die Verkündigung Jesu Christi* 78ff.
[32] *Politische Ethik* 186.

Mensch, die Subjektivität, ist der prinzipiell gute Mensch, der Mensch, der gut werden kann und soll. Damit wird der Mensch zum Gott: Ihm kommt ein An-und-für-sich-sein zu. Muß Gogarten schon diese Konsequenz verwerfen, so ergibt sich ihm ihre Möglichkeit überdies aus einer falschen Gottes- und Seinsvorstellung. Denn nicht ein wie auch immer näherhin ausgelegtes An-und-für-sich-sein Gottes kann als Vorbild für den Menschen gelten, sondern, wie wir darlegten, in der geschichtstheologischen Sicht immer nur Gottes recht verstandenes Für-uns-sein, das heißt: ausschließlich der Gott, der sich und wie er sich offenbart und im Offenbaren entzieht. Der Mensch ist daher nicht gut, indem er das Gute tut, sondern das Gute kommt auf ihn als Tat des sich offenbarend-verbergenden Gottes zu. Darum gibt es das Gute nicht in einem An-und-für-sich-sein, sondern nur im Geschehnis und Vollzug des Vom-Andern-her-seins, in dem Geschehnis der so verstandenen Freiheit, deren Vollzug dann das Scheitern, das Nichtigsein, die Schuldigkeit und also das Böse von seiten des Menschen sofort wieder miteinschließt.[33]

Es bleibt also nur die Freiheit der äußersten, entäußerten Subjektivität, die in Hörigkeit und Schuldigkeit, in Verantwortung und Nichtigkeit, im Guten und Bösen zugleich existiert. Diese Freiheit ist folglich nicht „abstrakt", sondern „konkret", d. h. bei Gogarten nicht vom Gedanken der Autonomie, sondern der geschichtlichen Gebundenheit bestimmt. „Bei dem eigentlichen ethischen Phänomen liegt die Sache ganz anders. Es könnte so scheinen, als ob da die Freiheit schlechthin ausgeschlossen wäre. Denn derjenige, der sich von einer ‚Du-sollst'-Forderung angesprochen weiß, weiß ja um sich als einen, der in schuldhafter Nichtigkeit der Macht des Bösen verfallen ist. Damit ist dann freilich auch seine Freiheit verfallen."[34] Sie ist vom Bösesein verbraucht. Sie ist in dem Verfallensein selbst enthalten. Sie scheitert immer, begreift man sie als den ausdrücklichen, eigens übernommenen Vollzug der Hörigkeit. Doch zugleich hält sich die Hörigkeit in diesem Scheitern durch und ermöglicht das Freisein-für der Existenz als ihre immer schon bestehende Gebundenheit. Diese Freiheit ist von Gott, im Geschehnis seines Wortes, gestiftet. Sie besagt von seiten des Menschen, aber als Gabe dieses Wortes, letztlich das freie An-sich-geschehen-lassen des Tuns Gottes, das sich dann ausspricht im Anspruch des anderen

---

[33] Vgl. dazu *Wider die Ächtung der Autorität* 29ff.

[34] *Politische Ethik* 187.

Menschen. „Die Freiheit, in der die, die an Jesus Christus glauben, Gott ihren Herrn sein lassen können, ist ein *für* Gott frei Sein. Es heißt, daß das, was Gott an den Menschen tut, frei an ihnen geschehen kann. Es ist ein freies, ungehindertes, ungehemmtes, unwidersprochenes Geschehen zwischen Gott und Mensch ... Indem dieses Geschehen frei, ungehindert, unwidersprochen geschieht, ist der Mensch frei er selbst. Er ist, heißt das, frei er selbst, indem er unwidersprochen Gott hörig ist.“[35] Gogarten führt in diesem Zusammenhang vom widerspruchslosen Freisein, das allerdings im menschlichen Tun vom Widerspruch des Eigenseins ständig durchbrochen ist, bezeichnenderweise die paulinische Rede von den Kindern Gottes an: „Denn es gibt im Sinne dieser Freiheit keine freieren Wesen, als Kinder es sind. Zugleich aber gibt es auch keine Freiheit, von der es so klar ist, daß sie eine Freiheit in der Hörigkeit ist, wie die Freiheit, die ein Kind hat.“[36]

Die andere Freiheit, die Freiheit-von, dagegen ist paulinisch „knechtische Unfreiheit“, nämlich das pure Verfallensein an Nichtigkeit und Schuldigkeit. Sie ist sogar mit der Nichtigkeit und dem Schuldigsein gleich; insofern bleibt sie auch in das Frei-sein-für, die Hörigkeit, immer eingeschlossen. Von einem Verfallen an die Nichtigkeit und an das Schuldigsein ist Gogarten zufolge dann zu reden, wenn diese Freiheit-von zum Prinzip der Ethik erhoben wird. Dann wird das unaufhebbare Bösesein in dieser Freiheit nicht eingesehen und anerkannt. Dies kann erst im Hören der Du-sollst-Forderung geschehen, die das Bösesein aufdeckt. Von hierher gesehen kommt der Freiheit-von immer nur ethische Uneigentlichkeit zu.[37] „Böses tun, das heißt, wie wir früher sahen, vor mir ich selbst sein wollen. Also nicht ich selbst sein wollen vor Gott, in freier Hörigkeit vor Gott, meinem Herrn. Weil diese Hörigkeit vor Gott eine freie Hörigkeit ist, eine Hörigkeit, in der ich frei bin, darum hat sie die Möglichkeit in sich, daß ihr widersprochen wird. Die Freiheit, die ich in der Hörigkeit brauche zum freien Hörigsein, hat die Möglichkeit, daß ich sie mißbrauche. Tue ich das aber, dann bin ich nicht mehr frei für Gott und bin darum überhaupt nicht mehr frei. Ich habe dann meine Freiheit *ver*braucht.“[38] Die Freiheit-von wird also von der Freiheit-für erst ermöglicht, und sie ereignet sich immer innerhalb dieser, aber zugleich steht sie im schärfsten Widerstreit zu ihr, als ihr Mißbrauch und als ihre Vernutzung. Isoliert genommen gilt sie daher Gogarten als

[35] a. a. O. 191. [36] a. a. O. 192. [37] Vgl. dazu a. a. O.
[38] a. a. O. 192f.

abstrakt, zum Prinzip gesetzt darüberhinaus als verderblich und verwerflich. Dann wird das Böse als das Gute selbst gesetzt.

Das Freisein-für nun soll die politische Freiheit begründen, die Gogarten meint, deren Zerstörung er im Jahre 1932 beklagt und deren Wiedergewinnung er als die entscheidende aktuelle Aufgabe der Politik ansieht, während die uneigentliche Freiheit-von in seiner Sicht nur das Zusammenleben zu atomisieren vermag und alle Ordnung zerstören muß. Den Beweis dafür sieht er in der Lage des demokratischen Staates dieser Zeit gegeben. Die Freiheit-für muß gegen die allein anerkannte Freiheit-von gestärkt werden. Sie muß sich politisch akzentuieren. „Die wichtigste Aufgabe ist demnach, zu zeigen, wie die Gemeinschaft oder sagen wir lieber wie die politischen Ordnungen aus dieser Freiheit verstanden werden können".[39] Die Auskunft, die Gogarten für diese Aufgabe gibt, lautet dahingehend, daß erst der Staat, die politische Ordnungsmacht, diese Freiheit gewährt und garantiert, indem sie den Menschen vor der Freiheit-von, der uneigentlichen Freiheit, der Macht des Bösen, bewahrt. Der Staat als Garant der Freiheit für seine Untertanen richtet sich also gerade mit aller Schärfe gegen die individuelle, gegen die Persönlichkeits-Freiheit. Der Staat kann die Freiheit, die hier allein gemeint ist, nur garantieren und vor der Übermacht des Bösen bewahren, indem durch ihn diese Macht gebändigt und gebannt sichtbar wird. Dazu muß er sie an sich ziehen und institutionalisieren.[40] Darum bedarf der Staat einer unbezweifelten Souveränität nach innen und nach außen, einer starken, in ihm institutionalisierten Autorität, die ihrerseits unter keiner fremden Macht stehen darf, weder unter einer inneren der Gesellschaft, noch unter einer äußeren, der eines fremden Staates und Volkes. Mit dieser Souveränität, mit dieser Freiheit von innerer und äußerer Abhängigkeit, nimmt der Staat die uneigentliche Freiheit auf sich, um sie kraft seiner institutionellen Autorität in politische Eigentlichkeit zu verwandeln, d. h. die Existenz frei zu machen für die Hörigkeit. Gogarten muß dann diese Autorität im unbedingten Sinne verstehen. Sie darf durch keine sie einschränkende Bedingung ihrerseits in eine Abhängigkeit rücken. Darum billigt er ihr eine im Prinzip uneingeschränkte Zwangsgewalt zu. Autorität und Zwang sind für ihn synonyme Vorstellungen.[41] In der Schrift „Wider die Ächtung der Autorität" (aus dem

---

[39] a. a. O. 194. [40] Vgl. dazu a. a. O. 195f.

[41] Zur Auflösung der Freiheit in eine Hörigkeit, die nach der Zwangsgewalt des Staates verlangt und gerade durch sie ein ganz formal-geschehnishaft verstandenes Freisein-für garantiert sehen will, vgl. F. Delekat, *Die Kirche Jesu Christi und der Staat* 43.

Jahre 1930) redet Gogarten wiederholt und wie selbstverständlich vom autoritären Zwang, auf den das Staatswesen gestellt sei. Die „Erkenntnis", daß das politische Leben grundsätzlich auf autoritären Zwang gestellt sein soll, wird zur einzig möglichen Einsicht in das konkrete, das geschehnishaft Gute. Da der Mensch dem Guten fort und fort vermöge seines Selbstseins widerstrebt, bedarf er demnach bestimmter, fest umgrenzter Ordnungen, die autoritären Zwang auf ihn ausüben. Und nur in den Ordnungen, in denen das Gute als Gewalt autoritären Zwanges gegen den Menschen recht behält, d. h. die Überhand gewinnt, erweist sich das Gute, das in Gottes Anspruch und Zukehr geoffenbarte, geschehende Gute als der geschichtliche Grund der menschlichen Existenz.[42]

Die staatliche Autorität wird also bei Gogarten von der Theologie in der denkbar entschiedensten Weise sanktioniert, und zwar gerade mit Richtung auf die Förderung ihrer entschlossenen Geltendmachung. Das theologische Anliegen Gogartens wendet sich, wie der Titel seiner 1930 erschienenen Schrift ankündigt, vehement wider die Ächtung der Autorität. Sofern die staatliche Autorität mit ihrem Anspruch auf Souveränität gegenüber äußerer und innerer Abhängigkeit das Moment der Uneigentlichkeit in sich einbegreift, bleibt sie zwar werthaft eingeschränkt. Dennoch bzw. gerade so ist sie das Instrument, das allein noch Hörigkeit und Freisein-für, also die eigentliche Freiheit, zu gewährleisten und zu bewirken vermag. Sie wird damit, wenn sie auch ganz und gar weltliches Regiment ist, zu Gottes geschichtlich wirksamem Regiment, zu der Institution, in der sich Gottes Anspruch auf Hörigkeit an die menschliche Existenz sichtbar und äußerlich manifestiert und sich in solcher Sichtbarkeit, Äußerlichkeit und instrumentalen Vermittlung zugleich verbirgt. Sie ist Fluch, Zorn, Segen und Liebe Gottes für uns. In ihr waltet geheimnisvoll Gottes geschichtliches Für-uns-sein.[43] Also gerade bei stärkster Betonung und Ausübung seiner autoritären Zwangsgewalt verwirklicht der Staat eine Sinngebung, die ihn transzendiert und sein Wesen bestimmend und eingrenzend festlegt.

Im entgegengesetzten Falle sieht Gogarten das politische Leben einer immanenten Sachgesetzlichkeit anheimgegeben, die es bei aller Betonung des Prinzips individueller und politischer Freiheit in einen „Despotismus" des Chaos, der Willkür, der Triebe, Neigungen und

---

[42] Vgl. *Wider die Ächtung der Autorität* 22ff.
[43] Vgl. dazu a. a. O. 40ff. u. *Politische Ethik* 196ff.

Interessen ausarten läßt. Im Kontext dieser Sicht formuliert Gogarten eine Kritik an der demokratischen Staatsführung, die dann sein Verhalten gegenüber dem nationalsozialistischen Führerstaat mitbestimmen wird. Er sagt im Jahre 1930: „Wo jeder in seinem An-und-für-sich-sein sich selbst verantwortlich ist, da kann nicht einer für viele oder gar für alle die Verantwortung übernehmen. Daß einer Führer ist, das ist dann nicht mehr eine Angelegenheit ethischer Entscheidung und Verantwortung, sondern eine Angelegenheit, die von der Majorität, von der Stimmenzahl abhängt. Das heißt aber, daß der Führer eben kein Führer mehr ist, sondern ein Geführter, und die Geführten sind die — unverantwortlichen Führer. Denn wer für andere verantwortlich sein soll, muß in Autorität von ihnen Verantwortung fordern dürfen. Aber wie will man in Autorität von denen Verantwortung fordern, die sich selbst verantwortlich sind? Wo die Verhältnisse so verwirrt sind, da tritt an die Stelle der fehlenden menschlichen Autorität, menschlicher Herrschaft und Hörigkeit der schauerliche, dinghafte, unmenschliche, dämonische Despotismus der berühmten und berüchtigten Eigengesetzlichkeit der politischen und wirtschaftlichen und anderer Verhältnisse. Aber was sind das für Verhältnisse? Verhältnisse zwischen wem denn eigentlich? Nun, das sind Verhältnisse zwischen Menschen, die sich unter Umständen in ihrem An-und-für-sich-sein wohl ethisch verstehen mögen, die sich aber trotz und nicht nur trotz aller ethischen Kultur und Gewissenhaftigkeit dem unmenschlichen, dämonischen Zwang der, menschlicher Verantwortung beraubten, Sachen fügen müssen. Weil diese Menschen in ihrem ursprünglichen Sein, in ihrem Mit-einander-sein ethisch weder sich noch Anderen erfaßbar sind, darum bekommen die der menschlichen Verantwortung und darum der menschlichen Herrschaft beraubten Sachen die dämonische Herrschaft über die Menschen, die unser gegenwärtiges Leben bis hart an die Katastrophe geführt hat, wenn nicht gar schon mitten in sie hinein.“[44]

Der demokratische Staat kennt nach der Meinung Gogartens keine „Ehre“ mehr. Die Ehre ist für Gogarten jene spezifische äußere Hörigkeit, die der recht verstandene und regierte Staat dem Untertanen ein-

[44] *Wider die Ächtung der Autorität* 39. Es kann also keine Rede davon sein, Gogartens Theologie stünden Maßstäbe zur Kritik der politischen Ordnungen nicht zur Verfügung, wie R. Hauser (*Autorität und Macht* 115) meint. In dieser Phase seines geschichtstheologischen Denkens, auf die Hauser sich bezieht, ergibt sich der Maßstab zur Beurteilung einer Staatsgewalt eindeutig aus dem Maß an autoritärer Zwangsgewalt, das sie geltend zu machen vermag, und zwar nicht um ihrer selbst, sondern um der Demonstration des Hörigseins willen. Vgl. dazu Hauser 116f.

räumt und zumißt. Die Ehre wird dem Menschen immer von einem Anderen und nie von ihm selbst her zuteil. Sie betrifft ihn also vorzüglich als etwas, das sich nur seinem Vom-Andern-her-sein ergibt. Ehre-geben ist nur denkbar im zwischenmenschlichen Verhältnis, wobei — darauf legt Gogarten den Nachdruck — jeder eine andere Ehre gewinnt, die nicht an oder in ihm selbst liegt, sondern sich aus seiner Funktion, vornehmlich aus seinem Verhältnis zu einem Amt und damit von diesem Amt her bemißt. Gogarten hebt diese Ehre scharf von der „abstrakten“, nicht an Funktion und Institution gebundenen, sondern allgemeinen, in seiner Sicht aber fiktiven „Menschenwürde“ ab. Die Ehre ist also auch nicht die Ehre der menschlichen Persönlichkeit als Individualität, wohl aber die der Person, wie Gogarten sie versteht, nämlich in ihrer strengen Bezogenheit auf den Anderen. Die persönliche Ehre wäre nichts anderes als Ruhm und Ansehen, mithin etwas, das jemand wegen seiner individuellen Leistungen in der Gesellschaft erwirbt und genießt. Die Ehre dagegen kann man sich nicht erwerben, sie ist nichts Persönliches, wohl etwas Personales, der Existenz in ihrem Vom-Andern-her-sein Erwachsendes. Sie liegt im Amt und kommt mir als dem Amtsträger, nicht als Individuum, zu.[45] „Wir sprechen darum von der Ehre des Königs, des Richters, des Kaufmanns, des Offiziers, des Vaters, des Lehrers, der Frau usw.“[46] Das Amt seinerseits aber ist nur da, wenn einer es innehat und ausübt. Es muß durch eine Person existentiell vertreten und ausgefüllt werden. Und für sein Amt hat der Amtsträger die Ehre je und je auch einzufordern und zu hüten. Denn wenn das Amt seine Ehre, im Grunde seine Autorität, und dies heißt zugleich seine ihm gemäße Gewalt einbüßt, wird seine Ausübung zur persönlichen, individuellen oder gesellschaftlichen Willkür. Und was „vom Amt gilt, ebendasselbe gilt vom Stand und vom Beruf“.[47]

Die Einführung des Begriffs Ehre, bezogen auf Amt, Stand und Beruf, als das positive Merkmal der Art und Weise, wie die politische Ordnungsmacht äußere Hörigkeit ermöglicht, hat für Gogarten die Konsequenz, noch einmal entschieden auf die Ungleichheit der Menschen in ihrem Mitsein zu verweisen. Die Ordnung ist für ihn nicht nur auf Autorität, sondern zugleich ganz wesentlich und prinzipiell auf Ungleichheit gestellt.[48] Zur Ehre des Königs gehört, daß er die Ehre seiner Unter-

---

[45] Vgl. dazu *Politische Ethik* 198ff.
[46] a. a. O. 200.
[47] a. a. O. 201.
[48] Vgl. *Wider die Ächtung der Autorität* 22ff., 40ff.

tanen wahrt, die ihn ihrerseits ehren. Aber beider Ehre ist eine andere. Die Ehre, die Funktion, die Aufgabe, das Amt des Vaters sind andere als die des Kindes, und zwar sind sie so streng in Über- und Unterordnungsverhältnisse, in Verhältnisse prinzipieller funktionaler Ungleichheit eingespannt, daß über die Ehre und das Amt der Unteren nur von den Oberen her überhaupt relativ (besser gesagt: relational) gesprochen werden kann; dies gilt zwar auch umgekehrt, jedoch mit dem Unterschied, daß dem Oberen, insbesondere der staatlichen Obrigkeit, mit der funktional und relational verstandenen Ehre zugleich die unbedingte Souveränität zugehört, die die autonome Festsetzung dessen, was in allen Rängen Ehre ist, allererst ermöglicht. Bei dem Verhältnis zwischen Obrigkeit und Untertanen oder z. B. zwischen Eltern und Kindern handelt es sich für Gogarten niemals „um eine abstrakte Menschenehre oder -würde, an der sie beide in gleicher Weise teilhaben und vor der sie beide gleich sind. Nein, gerade in ihrer Ehre sind die Partner des Verhältnisses, das mit der Ehre bezeichnet ist, durchaus ungleich; es hat jeder eine andere Ehre. Denn es hat auch jeder von ihnen in ganz verschiedener Weise an dem Amt oder Stand oder Beruf teil, dessen Ehre zwischen ihnen geschieht. Der eine als der, der das Amt ausübt, und der andere als der, an dem und für den das Amt ausgeübt wird".[49]

Im letztzitierten Satz gelangt Gogartens Ordnungsvorstellung nochmals deutlich zur Sprache: Ordnung ist für ihn immer ein hierarchisches System von Über- und Unterordnungsverhältnissen, wobei ihn jedoch nicht interessiert, wie dessen einzelne Stufen und Funktionen zusammenhängen und ineinandergreifen, sondern wie in einer jeden das Geschehnis von Weisung und Gehorsam, Anspruch und Entsprechung, Autorität und Hörigkeit zur Geltung gelangt. Sie sind deshalb bei Gogarten auch allesamt in das eine umfassende, durchgreifende und dauernde Sichereignen des Zusammen- und Gegeneinanderwirkens von Obrigkeit und Untertanenschaft in der staatlichen Ordnung eingeschmolzen, durch die für ihn allein die Hörigkeit der Existenz in Geschichtlichkeit demonstrativ und wirksam vollzogen wird. Das auf diese Struktur vereinfachte Bild des Staates dient damit der Geschichtstheologie Gogartens in der Phase der späten zwanziger und der dreißiger Jahre als letzter Ausweg, als deus ex machina, um die Aporien einer Offenbarungstheologie, Anthropologie und Ethik zu lösen, deren Gegenstand sich ins Geheimnis entzieht und doch zugleich nur in seiner Thematisierung seine geheimnis-

[49] *Politische Ethik* 202.

hafte Geschichte haben soll. Für ein theologisches Denken in solcher Lage muß es verführerisch erscheinen, im Bereich des Sichtbaren und Zuhandenen nach einer Institution Ausschau zu halten, die die von ihm gedachte Paradoxie demonstrativ bezeugt. Und es spricht für die Vertrautheit dieser Theologie mit den Wegen einer paradoxalen Denkweise, wenn sie eine derartige Bezeugung gerade in der vehementen, unbedenklichsten, ja brutalsten Kraft eines durchlebten geschichtlichen Augenblicks sucht und finden zu können meint, in einer Kraft, die zumeist doch im schäfsten Gegensatz zum Geheimnis, zu aller Begrenzung, zu jeder Art der Dialektik zu stehen scheint, nämlich im Totalitarismus des nationalsozialistischen Staates. Davon haben wir im folgenden Kapitel zu handeln.

IX. Die geschichtstheologische Legitimierung der nationalsozialistischen Herrschaft

1. Nationalismus und Sozialismus

Wenn der Staat in der dargelegten Art mit Souveränität und Autorität als seinen bestimmenden Wesensmerkmalen ausgestattet sein soll, dann muß es in der Sicht Gogartens vornehmlich zwei — einander entgegengesetzte — Möglichkeiten und Gefahren seiner Entartung geben. Die eine Möglichkeit und Gefahr liegt darin, daß der Staat seinen Bereich nicht ausfüllt, seinen Sinn, begründet in seiner Funktion, nicht erfüllt, die Grenze seines Wesens nicht erreicht. Er büßt dann seine besondere Hoheit ein und sinkt zum Instrument der Gesellschaft, der Durchsetzung und Sicherung ihrer Interessen, herab. Eine solche Situation sieht Gogarten z. B. im Wohlfahrtsstaat gegeben, dem die Gesellschaft die Aufgabe stellt, für das Leben der in ihm wohnenden Menschen zu sorgen, ohne sie weiter in ihrer Existenz zu betreffen, ohne sie in die Verantwortung nehmen zu können.[1] Nach allem bisher Gesagten liegt auf der Hand, wie Gogarten diese Gefahr begreift und einschätzt und daß sie ihm in der Situation der zwanziger und frühen dreißiger Jahre vordringlich erscheint. Um aber die Vorstellung von seiner Staatsanschauung abzurunden, gilt es zu beachten, daß er auch eine entgegengesetzte Gefahr als möglich erkennt.

Die andere Möglichkeit der Entartung des Staates tritt in der Überschreitung seiner Wesensgrenze zutage, wenn nämlich der Staat beansprucht, dem Menschen die Existenz schlechthin zu ermöglichen, ja sie ihm zu geben, statt ihm nur seine politische Existenz zu vermitteln. Dann kommt es zu einer Verabsolutierung des Staates. Allerdings ist ja für Gogarten die geschichtliche Existenz des Menschen als ethische, eschatologische und mitmenschliche Existenz immer zentral auch politische Existenz, so daß fraglich bleibt, was die von Gogarten angedeutete Eingrenzung besagen soll. Es wird sich auch zeigen, daß die Beschrän-

[1] Vgl. *Politische Ethik* 209.

kung der Funktion und des Rechtes des Staates entfernt nicht deutlich genug hervortrat, um Gogarten vor einer verhängnisvollen Bejahung des nationalsozialistischen Macht- und Führerstaates zu bewahren. Immerhin muß an dieser Stelle festgehalten werden, daß der Staat dem Menschen seine geschichtliche Existenz in ihrer Bedeutsamkeit nur vermittelt, indem er ihm seine Hörigkeit, und zwar auf lediglich äußere Art zu bedeuten gibt, aber mit dem einzig wirksamen autoritativen Nachdruck, also in der Form der Anzeige, die sich selbst transzendiert und auf Anderes, das Geheimnis des Anspruchs und der Zuwendung des Wortes Gottes, verweist.

Die Gefahr der Verabsolutierung des Staates besteht für den Gogarten der „Politischen Ethik" vor allem dann, wenn man ihn von der Ganzheit der Nation her versteht. Eine ähnliche Gefahr sieht er heraufbeschworen, wenn er vom Prinzip des Sozialen her begründet wird. Dagegen droht die Gefahr der Relativierung — die erste und Gogarten vordringlich erscheinende Gefahr —, wenn der Einzelne, die Individualität als Persönlichkeit, zum Konstituens für den Staat und zum Maß seiner Geltung gemacht wird. Mit dem „Nationalen" und mit dem „Sozialen" klingen die Probleme an, die im aktuellen Geschehen der Zeit im Vordergrund stehen und für die Gogarten, trotz seiner Vorbehalte, die er diesen zu Staatsprinzipien erhobenen Theoremen gegenüber in seiner „Politischen Ethik" äußert, im national-sozialistischen Staat eine Lösung gefunden sieht. Vorerst, im Jahre 1932, glaubt er in dem Kampf um die Vorherrschaft des Prinzips des Einzelnen, des Nationalen oder des Sozialen als staatsbegründender und staatstragender Prinzipien die Gefahr des Bürgerkrieges und damit eine Zerrüttung staatlicher Autorität aktuell bevorstehend. Prinzipien, die dies bewirken, müssen aber als Verfehlungen und Entartungen erscheinen, wenn und solange sie die Autorität und damit die Bedeutsamkeit des Staates, in die sein Sinn und Wesen verlegt ist, antasten. Es wird sich allerdings aus Gogartens Perspektive ein grundsätzlicher Unterschied zwischen ihnen darin zeigen, daß das Prinzip der Individualität diese zerstörerische und somit entartende Wirkung immer zeitigt, das Prinzip des Nationalen und Sozialen dagegen nur bedingt unter gegebenen Konstellationen. Vorläufig sieht Gogarten die Souveränität und Autorität, die souveräne Gewalt des Staates über die menschliche Existenz noch von beiden Seiten her angegriffen. Auf beiden Seiten weiß man nicht um das Böse- und Schuldigsein des menschlichen Lebens, dessen Bändigung dem Staat erst seine Hoheit gibt, vermöge deren er die Existenz in der äußeren

Hörigkeit hält und so mit äußerem Druck in die Hörigkeit zurückzwingt. Während also die richtige Begründung des Staates nur aus dem Wissen um das Böse-, Schuldig- und Nichtigsein des Menschen erfolgen kann, treten stattdessen die genannten Prinzipien im Zeichen einer optimistischen Auffassung von der autonomen Macht des Menschen an, so sehr sie diese auch in unterschiedlicher Artikulation graduell different auslegen. Sie beherrschen die „Zeit des großen optimistischen Willens" (Jakob Burckhardt).[2]

Das „nationale" Prinzip genießt in den Augen Gogartens gegenüber dem „individualistischen" Prinzip einen graduellen Vorrang, der in einen substantiellen umschlagen kann, der zunächst jedoch relativiert wird, sofern das nationale Prinzip als Reaktion auf das ihm kontrahierende erscheint und so seine Herkunft noch aus dem Zusammenhang mit diesem hat. Gogarten diagnostiziert wie folgt: „Man glaubt sie (sc. die Begründung des Staates) heute zu finden, indem man den Staat im Nationalen begründet sein läßt. Das unter uns mit elementarer Stärke und Leidenschaft erwachende Staatsbewußtsein ist fast ausschließlich national bestimmt. Das hat seine guten Gründe und sein gutes Recht. Diese Nationalisierung des Staates geschieht, wie gewöhnlich, in der Reaktion auf seine Vergesellschaftung und die mit ihr verbundene Internationalisierung. Es meldet sich in ihr das geschichtlich-traditionsmäßige Element des Staatslebens. Das Nationale ist der politischen Hörigkeit insofern verwandt, als es den Menschen in seinem geschichtlich-natürlichen Gewordensein und in einer bestimmten, nicht ohne weiteres zu ändernden Prägung meint."[3] Durch das Nationale, durch das Wissen um Rang und Recht der Nation wird die Verfügungsmacht des Einzelnen eingeschränkt. Es wird betont, wie sehr immer schon über den Einzelnen verfügt ist. Durch seine Nationalität ist der Einzelne ganz unbeliebig mit den Anderen verbunden. Er kann sich diese nicht auswählen. Er empfängt eine Prägung seines eigenen Charakters durch die historische, schicksalhafte Prägung von seiten der Nation, der er sich nicht entziehen kann. Darum gewinnt das „Nationale" in der Bewertung Gogartens ein positives Gewicht für den Bestand und das Gedeihenkönnen des Staatswesens. Die nationale Auffassung wird darum nach Gogarten unter allen modernen Bewegungen von vornherein dem Wesen des Staates noch am ehesten gerecht. Sie verfehlt es aber letztlich

---

[2] Vgl. dazu a. a. O. 209ff.

[3] a. a. O. 210.

auch. Denn „gerade wegen dieser großen, entscheidenden Bedeutung, die das Nationale für den Staat hat, kommt alles darauf an, wie das Verhältnis zwischen dem Staat und dem Nationalen verstanden wird. Ob man den Staat vom Nationalen oder das Nationale vom Staat aus versteht“.[4] Im ersten Falle läßt sich nur noch von einer geliehenen Hoheit des Staates sprechen. Der Staat wird hier von einem politischen Prinzip und von einer politischen Bewegung im Namen dieses Prinzips usurpiert. Die Bedenken Gogartens werden allerdings fortfallen, nachdem dieses Prinzip und diese Bewegung einmal den Staat usurpiert haben und dann als staatliche Autorität und als autoritärer Staat hervortreten und der Existenz gegenübertreten. Gogarten sieht sich in diesem Moment vollzogener Machtergreifung und unter dem Eindruck unbedingt souveräner Machtausübung seitens der nationalsozialistischen Bewegung und ihrer Führer zu einem konsequenten Konformismus angehalten.[5]

Vorerst meint Gogarten aber, daß auch der Nationalismus nichts mehr von der Macht des Bösen wisse, und lehnt ihn daher als Staatsprinzip ab. „Die nationalistische Auffassung stammt aus derselben Theorie, die das Individuum dem Staate gegenüber souverän sein läßt: aus der Französischen Revolution“.[6] Das Nationale erscheint hier als der höchste Wert, aus dem, bei aller Einfügung, der Mensch seine Sicherheit und Selbstheit gewinnt. Es erhält höchste religiöse Dignität, die es erlaubt und die danach verlangt, in seinem Namen die Staatsgewalt an sich zu reißen, d. h. aber sie sich zu unterwerfen. Damit versucht das Nationale, sich der Existenz total zu bemächtigen, bis in das Innerste dieser Existenz. Es drängt somit an die Stelle Gottes. Der Staa aber wird dann gemäß dem geschichtstheologischen Verständnis Got gartens einer ihm fremden Sache unterstellt und zu Diensten, indem er seiner Hoheit entkleidet wird, die ihn — das gilt Gogarten ja gerade nicht als Fremdaufgabe, sondern als Wesensaufgabe des Staates — auf die Hörigkeit verweisen läßt, welche der Existenz ursprünglich, aber verborgen von Gott und darin vermittelt, aber sichtbar nur vom Staat und

[4] a. a. O. 211.

[5] Daß aber auch in dieser neuen Situation nationalsozialistischer Herrschaft für Gogarten, wie wir sehen werden, letztlich nur der Staat und seine Autorität bzw. das Ausmaß, in dem diese zur Geltung kommt, von Interesse ist, nicht dagegen „Nation“ „Volkstum“, „Vaterland“, „Nationalsozialismus“ um ihrer selbst willen, hat F. Kattenbusch als einziger ganz deutlich gesehen und — von seinem eigenen Standpunkt im Jahre 1934 aus — kritisiert. Vgl. *Die deutsche evangelische Theologie seit Schleiermacher* II 53ff.

[6] *Politische Ethik* 212.

seiner Autorität her zugemessen wird. Für den Herrschaftsanspruch des Nationalismus über den Staat fällt Gogarten keine andere historische Parallele ein als die des Strebens der mittelalterlichen Päpste nach Vormachtstellung über die deutschen Kaiser. Allerdings wird die nationalistische Usurpationstendenz gegenüber diesem historischen Vorbild, wenn auch mehr ästhetisch, doch etwas abgewertet. Ein neuer Cäsaropapismus, so heißt es, greife um sich, „der freilich geistig das trostlose Format hat, das den geistigen Ansprüchen dieser Zeit entspricht. Aber darum ist es leider politisch von nicht geringerem Verhängnis".[7] Und sofern hier im Namen des Nationalen die Souveränität und Autorität des Staates in Abhängigkeit gebracht wird, kommt damit für Gogarten auf jeden Fall doch nur wieder ein versteckter Individualismus und Subjektivismus zur Vorherrschaft. Gogarten nimmt Arthur Moeller van den Brucks „verschwollene Sprache" in seinem Werk „Das dritte Reich" zum Kronzeugen für eine derartige Gleichsetzung, aufgrund deren er den Nationalismus verurteilt. Nach Moeller van den Bruck nämlich findet der Einzelne „in der Nation sein Ich als Gemeinschaft" wieder.[8] Gegenüber der Gefahr, die ihm durch den Nationalismus erwächst, bedarf Gogarten zufolge der Staat der Kirche, die allein die Kenntnis des Bösen offenzuhalten und damit die Einsicht in das wahre Wesen des Staates zu verbürgen vermag.[9] Es wird sich zeigen, ob sie sich — so wie Gogarten sie mitvertritt — in der Stunde der äußersten Gefahr tatsächlich bewährt.

Parallel zum Abweis des Nationalismus als politischen Prinzips und als politischer Bewegung geht in der „Politischen Ethik" Gogartens aus dem Jahre 1932 derjenige des Sozialismus der verschiedenen Spielarten unter demselben Aspekt im Verein mit einer Herabsetzung der akuten und viel diskutierten „Sozialen Frage".[10] Zwar versteht auch Gogarten die Soziale Frage als das ethische Grundproblem der Gegenwart, aber in einem gewandelten Sinn, verglichen mit der üblichen Fragestellung. Die entscheidende Frage für die gegenwärtige Ethik liegt für ihn im Verständnis der sozialen Forderung. Die Soziale Frage genießt, ähnlich dem Problem des Nationalen, den Vorzug, daß mit ihrem Vordrängen „nach einer langen Herrschaft des Individualismus" der „politische Sinn" des Ethischen wieder vernehmlich wird. Mit ihr stellt sich das

---

[7] a. a. O. 213.
[8] a. a. O. 216. Gogarten zitiert A. Moeller van den Bruck, *Das dritte Reich*, 3. Aufl., 193.
[9] Vgl. dazu *Politische Ethik* 217ff.
[10] Vgl. a. a. O. 136.

Vom-Andern-her- und Hörig-sein wieder zur Frage. Durch eine unheimliche, kaum faßbare Macht, das Kapital und die von ihm bestimmten wirtschaftlichen Verhältnisse, die die industrielle Gesellschaft gänzlich bestimmen, werden eine große Anzahl von Menschen, die Proletarier, als Menschen ausgestoßen und nur noch als Arbeitskräfte anerkannt. In der kapitalistischen Industriegesellschaft herrschen — so stellt sich die Lagein Gogartens Betrachtungsweise dar — nur noch mechanische Organisationen anstelle menschlicher Bindungen und Verbundenheit, nur noch der Zwang der Verhältnisse anstelle menschlicher Verantwortlichkeit und Hörigkeit. Der Mensch sinkt zur bloßen Kraft im Arbeits- und Wirtschaftsprozeß herab. Damit taucht aber für Gogarten gerade doch wieder das Phänomen auf, daß der Mensch etwas gilt und nur insofern etwas gilt, als und soweit er über sich verfügen kann. Er soll über sich verfügen, wird aber zugleich zum Sklaven einer anonymen Macht.

Diese Macht sieht Gogarten nicht nur in dem den Menschen überrollenden Gesellschaftsprozeß, sondern mehr noch in dem hierin sich austobenden „Irrwahn" einer angeblichen Freiheit und Verfügungsmacht des Menschen über sich selbst. Im Planen und Verfügen sucht der Mensch nun die Sicherheit seines Selbstseins angesichts seiner welthaften Verunsicherung. Und mit der sozialen Parole, die mit der Misere, in die ihn dieser Prozeß stattdessen hineinstürzt, einhergeht und nun die Rettung bringen soll, will der Mensch wiederum nichts anderes, als die Selbstverfügung zurückgewinnen und erweitern. Im Gesellschaftsprozeß soll jetzt das Recht auf freie Selbstbestimmung und Selbstverwirklichung durch Gestaltung entsprechend förderlicher politischer und sozialer Regelungen und Umstände wiedergefunden werden. So wird — dieses Fazit zieht Gogarten — mit dem Wort „sozial", sofern in ihm eine gesellschaftskritische Erkenntnis und zugleich doch ein neues anthropologisch-politisches Verhängnis steckt, endgültig „die lebensgefährliche Krankheit des neuzeitlichen Menschen" entlarvt. Es geht auch bei den Programmen, die sich auf verschiedene Weise mit diesem Wort verbinden, immer wieder um die Selbstbestimmung der größtmöglichen Zahl von Menschen. Selbstbestimmung aber ist für Gogarten der schärfste Gegensatz zu Hörigkeit gegenüber Autorität, also Untergrabung solcher Autorität und damit Verfehlen der existentiellen Geschichtlichkeit. Darum darf und soll die Kirche gemäß der Stellungnahme Gogartens auf die „soziale Frage" keine positive „soziale" Antwort geben. Ihre Antwort kann vielmehr nur aus dem Evangelium, aus der Verkündigung des Wortes Gottes kommen. Sie muß die Soziale Frage zum Anlaß nehmen, auf die Hörigkeit der geschichtlichen Existenz in ihrem Mitsein zu verweisen. Nur so ist die „wahre Menschlichkeit“, d. h. das Wesen des Menschen, die Geschichtlichkeit der Existenz, zurückzugewinnen, nicht aber „auf dem sozialen Wege“.[11]

Auch die extremste Form des Sozialismus, der Marxismus, gehört für Gogarten in die Tendenz der sozialen Fragestellung zur letztlich doch wieder individualistischen Selbstbehauptung der Subjektivität hinein. Ihn beherrscht der Grundgedanke der vollständigen technischen Herrschaft des Menschen über Natur und Schicksal. Zwar muß er um der Verwirklichung dieses Gedankens willen die Geltung des Individuums zwischenzeitlich einschränken, aber alles, was in diesem Zusammenhang geschieht, zuweilen bis zur Auslöschung des Individuums, geschieht doch zugleich in dessen Namen, im Namen seiner endgültigen Verwirklichung. Auch der Marxismus will die Erkenntnis nicht wahrhaben, daß der Mensch der Macht des Bösen verfallen ist, sofern er über sich selbst verfügen will. „Das für unseren Zusammenhang Entscheidende an dieser (sc. marxistischen) Geschichtsauffassung ist dies, daß man an die Stelle des Staates die Gesellschaft setzte. Die Vormacht der Gesellschaft wurde entschlossen proklamiert. Vormacht der Gesellschaft heißt in diesem Fall vor allem Vormacht der ökonomischen Verhältnisse. Da die ökonomischen Verhältnisse zwischen den Menschen diejenigen Beziehungen sind, in denen sie vermittels derjenigen Dinge stehen, die sie zu ihrem Lebensunterhalt benötigen und die sie sich durch ihre Arbeit beschaffen, so ist bei dieser Auffassung das entscheidende Verhältnis der Menschen zueinander, das allen anderen zugrunde liegen soll, und von dem alle anderen ihren Sinn bekommen sollen, dasjenige, das durch ihre Verfügung über die Dinge, durch ihre *Arbeit* an den Dingen hergestellt wird. Dasjenige also, worin der Mensch als solcher verstanden wird, woraus die Wirklichkeit des Menschen verstanden wird, ist seine technische Beherrschung der Welt.“[12] Kraft dieser Beherrschung soll der Mensch zum Herrn seiner Geschichte und allen Schicksals entwickelt werden. Er triumphiert dann natürlich auch über alles etwa mögliche Böse. Darum, so versteht Gogarten den Zusammenhang, wird im Marxismus ein radikaler Angriff auf den Staat möglich.[13] Diese Erklärung ist konsequent für ein Denken, das den Sinn des Staates der aus Vor-

---

[11] Vgl. zum Ganzen a. a. O. 135ff.
[12] a. a. O. 153.
[13] Vgl. a. a. O. 154ff.

stellung eines unaufhebbaren Böseseins der geschichtlichen Existenz begründet.[14]

Schließlich geht es in der Sicht Gogartens auch dem bürgerlich-christlich-religiösen Sozialismus letztlich „nur" um die Würde und Freiheit des Individuums, um subjektivistische Selbstverfügbarkeit. Demokratie, Menschlichkeit und Arbeitskultur findet Gogarten als die sozialistischen Kerngedanken Hendrik de Mans vor, mit denen er sich in diesem Kontext auseinandersetzt. De Man vertritt mit allen religiösen Sozialisten nur einen Individualismus und Humanismus in aktivierter Form.[15] „Natürlich spielt auch das Motiv eine Rolle, daß man diesen Menschen (sc. den Proletariern) in ihrer äußerlichen, materiellen Not helfen will. Daß das ein wichtiges und schönes Motiv ist, versteht sich von selbst. Aber für unseren Zusammenhang kommt es nicht in Frage."[16] Das Hauptziel des religiösen Sozialismus beschränkt sich demzufolge auf die gemeinsame Teilnahme aller am Leben der Gesellschaft. Dieses Leben aber ist nur Ausdruck, eine Gestalt des persönlichen Lebens, der individuellen Freiheit, weshalb allen dazu verholfen werden soll. Darum führt ein solches Bestreben nach Meinung Gogartens notwendigerweise faktisch ebenfalls zur Unterhöhlung und Auflösung des Staates.[17]

Mit der Sozialen Frage ist zwar das Bewußtsein von der Atomisierung der Gemeinschaft, der Zersetzung des Zusammenlebens und der Isolierung des Einzelnen aufgebrochen. Insofern wird sie mit Recht zum wichtigsten gegenwärtigen Anliegen. Aber sie stellt sich heute — so Gogarten — unter falschem Grundaspekt. Der Mensch versucht, sich vor Gott und vor der schauerlichen Erkenntnis seiner selbst, die er im Vernehmen des „Du sollst" macht, durch sein Tun zu sichern. Dieses Tun stellt er unter das „man", das für alle repräsentativ ist (soziale Aufgabe) und den Menschen selbst meint bzw. zu meinen vorgibt. Das ist die Grundlage des Sozialismus. Stattdessen muß der Staat wieder als die autoritative Macht, die dem Menschen die Möglichkeit einer geschichtlichen Existenz in Hörigkeit, auch und gerade in der „schauerlichen Erkenntnis" seines Böseseins angesichts der Forderung des „Du sollst" gibt, verstanden, gestärkt, gesichert und bewahrt werden. Dann wird der Staat wieder sichtbar als das größte Geschenk Gottes auf

---

[14] Vgl. außerdem *Zur christlichen und marxistischen Eschatologie* 68ff., bes. 70.

[15] Vgl. dazu *Politische Ethik* 158f.

[16] a. a. O. 159.

[17] Vgl. dazu a. a. O. 159ff.

Erden. Darum kann der Sozialen Frage nur eine politische (und keine soziale) Antwort zuteil werden.[18] Dies ist die vorläufig ganz formal bleibende Auskunft Gogartens gegenüber den Problemen, die die Soziale Frage aufwirft. Sie wird sich erst ab 1933 inhaltlich konkretisieren. Zunächst verlangt Gogarten einfach den starken Staat als Instrument der geschichtlich-existentiellen Demonstration, als formale, institutionell sich ausprägende Anzeige der Hörigkeit. Den Staat von 1932 dagegen sieht Gogarten um diese ihm eigentümliche Funktion und Sinngebung gebracht. Der Staat wird der Gesellschaft (statt umgekehrt) untergeordnet, gerade auch im Sozialismus. „Damit aber wird dem Politischen, dem Staat sein Sinn genommen. Was davon übrigbleibt, ist nur noch eine Vollzugsbehörde, ohne eigenes Recht, ohne Autorität, eine potestas ohne auctoritas. Aber eben damit auch keine wirkliche potestas mehr."[19] Ihm fehlt die potestas zur Demonstration der Hörigkeit, um derentwillen er autoritäre Herrschaft auszuüben hat.

2. *Der Vorrang der nationalsozialistischen Weltanschauung und Bewegung in der Sicht Gogartens*

Nach der nationalsozialistischen Machtergreifung hat Gogarten sich zu dem neuen Staat einhellig bekannt. Dieses Bekenntnis wurde formuliert in Äußerungen, die sich nach Gogartens eigenem Selbstverständnis konsequent aus seiner Theologie (in der Ausprägung der späten zwanziger und der dreißiger Jahre) ergaben. Sie sind in der Tat eindeutig aus der theologischen Grundposition abzuleiten, wenn sich auch vereinzelt in der Art der Aussage und Formulierung konformistische Annäherungen an die nationalsozialistische Terminologie finden. Gogartens Bejahung des nationalsozialistischen Staates fand ihren äußeren Ausdruck durch seinen Beitritt zu den „Deutschen Christen" im Sommer des Jahres 1933, womit er — nach vorangegangener theologischer Entfremdung — auch kirchlich und politisch mit den Weggenossen der „Dialektischen Theologie", insbesondere mit Karl Barth, brach.[20]

---

[18] Vgl. a. a. O. 162ff.

[19] a. a. O. 163f.

[20] Von seiten Karl Barths wurde der Bruch klar ausgesprochen in seinem „Abschied" von Friedrich Gogarten (In: Zwischen den Zeiten 1933, 536ff.). Gogartens breit angelegte Auseinandersetzung mit Barth findet sich in dem von uns bereits mehrfach herangezogenen Werk *Gericht oder Skepsis* aus dem Jahre 1937. Aber bereits die Schrift *Ist Volksgesetz Gottesgesetz?* von 1934 ist teilweise gegen den K. Barth nahestehenden Theologen

Eine enge theologische Gemeinschaft hat sich später nur zu Rudolf Bultmann wieder hergestellt. Sie erwächst aus der weiterhin gemeinsamen geschichtstheologischen Perspektive dieser beiden Theologen, zunächst innerhalb der „Dialektischen Theologie", mehr und mehr jedoch in einer Zuspitzung, die die — auch im Ansatz weitgehend nur scheinbar vorhanden gewesene — Einheit dieser neuen großen Richtung nach dem Ersten Weltkrieg sprengte, so daß sie schließlich zerbrach. Für Gogarten ergaben sich auf der Basis seiner Geschichtstheologie, wie wir sie zu explizieren suchten, seit 1933 zunächst zwei Fragestellungen, deren Behandlung seine positive Einstellung zum Nationalsozialismus erkennen ließ: die Frage nach dem Verhältnis von christlichem (geschichtstheologisch begründetem) Glauben und (nationalsozialistischer) Weltanschauung und — im Grunde genommen dieselbe Frage in etwas anderer Wendung — die Frage nach dem Verhältnis von Gottesgesetz und Volksgesetz. Mit beiden expliziten Fragestellungen verbinden sich implizit des weiteren die Fragen nach dem Verhältnis der Kirche zu dem neuen Staat und grundlegender der Theologie zur nationalsozialistischen Politik. Die erste der explizit behandelten Problemstellungen — Glaube und Weltanschauung — kommt vor allem in einer Schrift des Jahres 1937 mit dem Titel „Weltanschauung und Glaube", aber auch in einigen Partien des Buches „Das Bekenntnis der Kirche" von 1934 zur Sprache.[21] Wir erörtern diese Werke zunächst. Die Fragestellung Gottesgesetz — Volksgesetz hat Gogarten mitgängig ebenfalls in ihnen, insbesondere aber in zwei kleineren Schriften der Jahre 1933 und 1934 („Einheit von Evangelium und Volkstum?" und „Ist Volksgesetz Gottesgesetz?") abgehandelt. Dieser Thematik wenden wir uns im folgenden Abschnitt zu.

Zu Beginn von „Weltanschauung und Glaube" erinnert Gogarten noch einmal daran, daß er die menschliche Existenz als Person begreift.[22]

Heinrich Vogel und damit indirekt gegen Barth selbst gerichtet. — Daß in kirchlichen Kreisen Gogartens Hinwendung zu den „Deutschen Christen" und seine Bejahung des nationalsozialistischen Staates bei aller persönlichen Wandlungsfähigkeit doch als strikte Konsequenz seiner Ausformung der Dialektischen Theologie und damit sogar indirekt noch dieser theologischen Richtung insgesamt (die das Vertrauen in die überkommene Tradition und Kultur zerstört und zur Entscheidung für den Augenblick, d. h. dann auch für die sich im Augenblick am stärksten geltend machenden Kräfte aufgerufen habe) verstanden wurde, bezeugt H. Schlemmers 1934 gegebener Lagebericht *Von Karl Barth zu den Deutschen Christen* bes. 19ff., 31ff.

21 Vgl. dazu auch den Beitrag *Die Selbständigkeit der Kirche* in dem Organ der bes. von Wilhelm Stapel vertretenen und von Gogarten vorübergehend unterstützten „nationalen Theologie": Deutsches Volkstum (1933, 445ff.).

22 Vgl. *Weltanschauung und Glaube* 11ff.

Person meint, so sahen wir, den Menschen in seiner Bezogenheit als das Wesen der Geschichtlichkeit. In dieser Bezogenheit ist der Mensch wesensmäßig auf Mitmenschlichkeit, auf Gemeinschaft angelegt. Aber zugleich, so betont Gogarten auch hier, ist die Bezogenheit der Existenz im Geheimnis verborgen. Das gilt für ihre ursprüngliche Bezogenheit, diejenige auf Gott, die sich aus dem Worte Gottes konstituiert. Das Geschehnis des Wortes Gottes und die in ihm begründete Geschichtlichkeit und Bezogenheit der Existenz sind entborgen zugleich verborgen und insofern geheimnishaft. Aus dem Geheimnischarakter dieser Geschichtlichkeit folgt ja erst, wie sich zeigte, mit aller Stringenz die Mitmenschlichkeit, das Vom-Andern-(als vom anderen Menschen) her-sein, die Hörigkeit als mitmenschliche und dann artikuliert politische Hörigkeit. Gogarten betont jetzt die Differenz zwischen der Person in der Geheimnishaftigkeit ihrer ursprünglichen Bezogenheit und der Person, die in der Gemeinschaft Funktionen trägt, die mithin in einer abgeleiteten, vermittelten Bezogenheit existiert. Doch ist dabei streng daran festzuhalten, daß die vermittelte Bezogenheit des mitmenschlichen und politischen Lebens der Person ihrerseits die notwendige Vermittlung der Anzeige der ursprünglichen Bezogenheit darbietet, da diese sich infolge ihrer Geheimnishaftigkeit nicht unvermittelt und schlechtweg unverborgen gibt. Die vermittelt-vermittelnde Bezogenheit muß daher als der ursprünglichen Bezogenheit gleichwesentlich aufgefaßt werden. Zufolge solcher Duplizität existiert die Person immer zugleich in einer „Welt der nahen Dinge" und einer „Welt des unergründlichen Ursprungs". Sie lebt innerweltlich und außerweltlich zugleich, in beiderlei Hinsichten aber stets, wie wir darlegten, ganz und gar innergeschichtlich, als geschichtliche Existenz.[23]

Gilt dies, dann bleibt die Person dem Geheimnis gegenüber um so offener, je mehr sie sich an die Gemeinschaft bindet. Die Gemeinschaft aber ist die „Welt der nahen Dinge". Diese verbürgt der Person die selbstverständliche Heimstatt, in der sie zu leben vermag. Mit dem mitmenschlichen Leben verbinden sich immer geschichtliche „Selbstverständlichkeiten", ohne die eine Gemeinschaft sich nicht zu erhalten vermöchte. Solchen Selbstverständlichkeiten muß sich die Person unterordnen. Gogarten wagt nun in der Lage von 1937 einen kühnen Gedankensprung, indem er die Selbstverständlichkeiten einer Zeit und Gemeinschaft — in denen sich die Gemeinschaft selbst versteht und die

[23] Vgl. dazu jetzt a. a. O. 17ff.

sich darum für die Existenz von selbst (als verbindlich) verstehen — mit den „marschierenden Kolonnen" in Verbindung bringt. Sich den Selbstverständlichkeiten einer Zeit zu entziehen heißt, in eine willkürliche und spielerische Privatexistenz zurückzufallen, die neben den marschierenden Kolonnen steht.[24] Solche Selbstverständlichkeiten, in deren Namen die Kolonnen marschieren, um sie zu sichern, bieten Schutz gegen das Dunkel, gegen die Übermacht eines die Existenz sonst unvermittelt bedrängenden Geheimnisses, sie gewähren eine Heimatlichkeit gegen die Unheimlichkeit, eine Verständlichkeit gegen die Unverständlichkeit. Ohne dies wäre die Existenz dem Geheimnis, dem Ursprung, preisgegeben und vernichtet. Sie kann also ohne solchen Schutz nicht leben. Alle Lebensbezüge müssen unausgesetzt davor bewahrt werden, von der unergründbaren und unaufhellbaren Tiefe der Welt aufgesogen zu werden, so sehr sie in ihr ihren abgründigen Grund haben. Darum muß immer wieder eine sinnvolle, in ihrem Sinn verständliche, gemeinschaftliche geschichtliche Welt gebildet werden, um dem Abgrund zu entgehen. Denn nur dann ist der Blick in diese unergründliche Tiefe zu ertragen.[25]

Solche Weltbildung ist zwar damit eine Form der Selbstbehauptung des Lebens, also des Selbstseins. Sie errichtet eine geschlossene Welt inmitten der unergründlichen „Welt" des Geheimnisses und meint zuweilen sogar naiv, bereits für die ganze Welt zu stehen. In Wahrheit aber hat sie nur eingeschränkte Wirklichkeit, eine je geschichtlich-konkrete Wirklichkeit, die jedoch die wirksame und daher wirkliche Wirklichkeit ausmacht. Versteht man sie so — als wirksame, aber eingeschränkte Wirklichkeit —, dann wird sie nun für Gogarten zur Anzeige der größeren, weiteren, tieferen ursprünglichen Wirklichkeit des Geheimnisses und hält gerade so das Geheimnis offen. Gewinnt sie aber einmal diesen Charakter und hält man ihn im Bewußtsein, dann beansprucht sie mit geschichtlichem Recht die Totalität der Lebensbeziehungen des Menschen, denen sich die Person nicht entziehen kann und aus denen es für sie keinen Austritt gibt, die für sie vielmehr die maßgeblichen und selbstverständlichen Bezüge darstellen. Der Bestand der Selbstverständlichkeiten einer solchen geschichtlichen „Welt der nahen Dinge" und das formulierte Wissen von ihnen aber machen die zu einem Weltbild und -gebilde gehörende Weltanschauung aus. Diese sagt, was je geschichtlich

---

[24] Vgl. a. a. O. 23.
[25] Vgl. a. a. O. 24.

ist und gilt.[26] Will eine solche Weltanschauung legitime geschichtliche Geltung gewinnen, die sie nur aus dem Wesen der Geschichtlichkeit, also aus dem Geheimnis des Ursprungs, wie Gogarten das jetzt nennt, d. h. aus dem entbergend-verbergenden Wort-Antwort-Geschehen gewinnen kann, dann „hat die Weltanschauung, die eine Zeit bestimmt, ihre allen Einzelerkenntnissen und -anschauungen vorhergehende und diese in ihrem letzten Sinn bestimmende und zusammenfassende Einheitlichkeit und Selbstverständlichkeit darin, daß wir uns in jenem innersten Kern unserer Existenz als der geheimnisvollen Tiefe der Welt verbunden verstehen, und in dem mit diesem Selbstverständnis vollzogenen Einsatz unserer selbst.“[27]

Entscheidend für die geschichtstheologische Bewertung einer Weltanschauung wird also dann die Frage, ob in ihrem geschichtlichen Selbstverständnis das Wissen um das Geheimnis offen bleibt oder nicht, ob sie von sich aus eine letzte Unverfügbarkeit in allem weltlichen Verfügen anerkennt oder eine totale Verfügbarkeit des Menschen über alle Dinge und Verhältnisse anstrebt. Zwischen diesen beiden Arten von Weltanschauung, die nach solchen Kriterien festgelegt sind, macht Gogarten einen grundsätzlichen Unterschied. Entweder geht es in ihnen und in dem von ihnen angezielten Weltbilden ausschließlich um das selbstmächtige Selbst oder — bei aller Selbstbehauptung gegen das Andrängen der Unheimlichkeit — doch noch um ein höriges Selbst, sofern sich die Weltanschauung und das Weltbilden dem Dienst der Anzeige des Hörigseins — des Hörigseins gegenüber dem Geheimnis der Geschichtlichkeit — noch unterstellen. D. h. aber für Gogarten konkret: Entweder proklamiert eine Weltanschauung die Autonomie des Selbstseins oder den Gehorsam der Person. Ob sie das eine oder andere tut, wird zum genauen Erweis dafür, wie sie zu beurteilen ist. Gogarten formuliert das Kriterium der Unterscheidung in einer für die politische Situation seit 1933 kennzeichnend geschwollenen und unklaren Sprechweise, die ihm selbst durch seine eigene unablässige Berufung auf das geschickhafte Geheimnis des Wortgeschehens, das zugleich verborgen und entborgen ist und als solches vom theologischen Denken bewahrt werden muß, ermöglicht wird: „Je nachdem ob eine Zeit sich mit ihrem Selbstverständnis in diesem oder in jenem Selbst verständlich wird, ob sie aus dem einen oder aus dem andern ihre Entscheidungen fällt und ihr

[26] Vgl. dazu a. a. O. 25.
[27] a. a. O. 27

Gut und Böse versteht, je nachdem sind ihre Selbstverständlichkeiten von dem Unheimlichen und dem Dunklen des Weltdaseins umwittert, oder aber sie haben den trivialen Charakter des Selbstverständlichen."[28]

Im letzteren Fall wird die Sicherheit zur alles beherrschenden Maxime. Die Gesichertheit der Existenz ist dann das Selbstverständliche. Alle Gefahren und Unsicherheiten sollen ausgeschaltet werden. Dies wird denkbar, weil sie hier nur in die Dinge verlegt und grundsätzlich beherrschbar sind. Die Ausgesetztheit der Existenz in das Geheimnis wird vergessen. Dies geschieht nach Gogarten um den Preis einer „Vermassung", einer Anonymisierung des Menschen, die mit der proklamierten Autonomie durchaus einhergehen kann, ja muß, denn Autonomie bedeutet für Gogarten per definitionem Individualisierung, damit Isolierung, dadurch Atomisierung und dann Zerfall, Leere und Chaos. Es gelangt hier ein sich des Geheimnisses bemächtigen wollender Selbsterhaltungstrieb zur Herrschaft, der aber gerade die Existenz *in* der Masse isoliert und sie der Unordnung entgegentreibt. Diese der Anonymität oder dem Chaos, jedenfalls der amorphen „Masse" verfallende Selbstsucht konstituiert die eine Art und Seite des „Man", die Gogarten kennt. Sie unterscheidet sich von jenem „Man", in dem sich das mitmenschliche Leben in Stände gliedert, unter eine Autorität und Herrschaft fügt, in Pflicht und Verantwortung nehmen läßt, sich an eine gestellte Aufgabe bindet und so zu einer geschichtlichen Gemeinschaft bildet, die eine eigene Qualität darstellt. Während dieses „Man" dem Geheimnis, das die Existenz als Person konstituiert, und somit auch dem Personsein gegenüber offenbleibt, treibt das andere in die absolute Selbstbehauptung. Nun war zwar die Sicherung der Welt der nahen Dinge und des menschlichen Lebens in ihr gegen das Geheimnis von Gogarten als die Aufgabe des Weltgebildes und seiner Selbstverständlichkeiten formuliert worden. Der volle und angemessene Sinn dieser Aufgabe liegt aber darin, daß ein solches Gebilde und die sie tragende Weltanschauung einer Zeit zwar ein festes und verbindliches Gepräge in geordneter Gemeinschaft geben, zugleich aber dem Geheimnis offenbleiben. Und sie können das erste nur aus dem zweiten leisten. Andernfalls wird statt des Gepräges und der Gemeinschaft schließlich die amorphe Masse, statt der Ordnung das Chaos bewirkt.[29]

Aus dem dargelegten Zusammenhang wird klar, daß Gogarten die „Masse" in einem spezifischen Sinne versteht. Für ihn geht sie ausdrück-

[28] a. a. O. 29.
[29] Vgl. dazu a. a. O. 30ff.

lich mit der Betonung der Individualität des Menschen als Persönlichkeit ineins. Die „Masse“ ist gerade die politisch und metaphysisch für souverän erklärte Summierung von Individuen. Eine Anzahl von zusammengewürfelten, aber für souverän erklärten und darum isolierten Individuen ergibt demzufolge mit Notwendigkeit unartikulierte Masse. In ihr herrschen die Einzelinteressen vor und durcheinander. Ihnen entspricht eine Massenführung, die sich in der Interessenvertretung erschöpft. „Und die Kunst der Massenführung besteht darin, die Interessen der Masse vor die eigenen zu spannen, ohne daß diese merkt, wem sie dient. Das ist die raffinierteste und verlogenste Kunst, die es gibt. Denn es kann sie nur der, der den Launen der Masse folgt und sie zugleich führt“[30]. Solche Rede Gogartens über die Massenführung enthält im Zeitalter der Reichsparteitage nicht etwa eine versteckte Anspielung auf Verfahren und Praktiken der nationalsozialistischen Bewegung, Gogarten nennt vielmehr in deutlicher Abhebung von ihnen als Beispiele für Massenführung und Massenrausch die Französische und die Russische Revolution. In diesen historischen Ereignissen wurde die Welt — das heißt an dieser Stelle auch: die bis dahin noch bestehende Welt — mit ihren Ordnungen, Werten und Gütern nur um eines augenblicklichen Interesses willen — des partikularen Interesses der autonomen, isolierten Persönlichkeit und ihrer Quantifizierung als Masse — eingesetzt, aufs Spiel gesetzt und zerstört.[31] Auch Wissenschaft und Technik tun in den Augen Gogartens hier ihr auflösendes, vermassendes Werk. Sie setzen „schnell erdachte und virtuos gehandhabte Organisation“ an die Stelle der gewachsenen und gefügten, durch Alter und Überlieferung Ehrfurcht gebietenden Bindungen und Ordnungen. Blieb das frühere soziale Leben noch in eine umschließende, fraglos akzeptierte und selbstverständlich vorgegebene Welt eingefügt, so ist es in der Moderne, vor allem seit dem tiefgreifenden Umbruch durch die Französische Revolution, total aufgeklärt und vom Gedanken der Souveränität besessen. Jetzt erst entstehen im strengen Sinne „Masse“ und die Weltanschauungen, deren Fazit diese „Masse“ ist[32]. Es ist einhellig, daß zu dieser Kategorie von Weltanschauungen bei Gogarten insbesondere der Liberalismus, der Sozialismus jeglicher Prägung und alle politischen Theorien zählen, die die Demokratie gedanklich begründen und fördern.

Und nun erfolgt die Kehrtwendung aus der durch diese Weltanschauungen bewirkten Entwicklung der modernen Welt ins Chaos

[30] a. a. O. 37. [31] Vgl. a. a. O. 38. [32] Vgl. dazu a. a. O. 38ff.

durch die nationalsozialistische Weltanschauung und Bewegung. Gogarten versteht den durch die Machtergreifung sich vollziehenden Umbruch als Umkehr zur Ordnung. Es lohnt sich, an dieser Stelle zunächst ihn selbst mit einem längeren Zitat zu hören: „Aus der Sorge um diese Entwicklung und aus der Not und Sinnlosigkeit, die diese latente Vermassung in den letzten Jahrzehnten über uns gebracht hat, ist in unserm Volk ein neues Denken entstanden. Dieses Denken will sich nicht begnügen mit jenen rationalen aufgeklärten Selbstverständlichkeiten, die nur noch eine entgötterte Welt und darum als ihren letzten Sinn nichts anderes als Nutzen und Interessen von einzelnen Menschen und Menschengruppen kennen. Es will sich verstehen aus Selbstverständlichkeiten, in denen der Mensch sich einsetzt im Glauben an das, was heilig ist in seiner Welt und was ihr ein unverbrüchliches Gesetz gibt, woran er nicht nur ein Interesse hat, sondern worin er Herrschaft über sich erfährt. Was darum den Einsatz seiner ganzen Existenz von ihm fordert und was in Ehre oder Schande über Sein oder Nichtsein entscheidet. Dieses Denken muß darum den ganzen Menschen für sich in Anspruch nehmen. Es darf nicht nur eine Möglichkeit sein wollen, die es neben anderen gibt, sondern die eine einzig mögliche Weltanschauung, die für alle verbindlich ist. Es nimmt das Recht zu diesem Totalitätsanspruch aus der Tatsache, daß es sich seinerseits in Dienst genommen weiß von dem, woraus als aus heiliger, unverfügbarer Ordnung allen das Leben kommt und dessen Gesetz von allen ohne Ausnahme gefürchtet und gewahrt werden muß, wenn nicht die Vermassung und mit ihr die Sinnlosigkeit uns in das Verderben reißen soll.“[33]

Gogarten legitimiert und unterstützt also den Totalitäts-, Führungs- und Absolutheitsanspruch der nationalsozialistischen Weltanschauung und Bewegung. Ihre totalitäre Unduldsamkeit gegenüber anderen Weltanschauungen und politischen Denkweisen wird als heiliges Recht deklariert. Dessen Unbezweifelbarkeit und Unantastbarkeit wiederum ergeben sich aus dem Umstand, daß diese Weltanschauung und Politik mit aller Gewalt und mit allen Mitteln die von ihr betroffenen Menschen sich untertan machen, sie in ihren Dienst zwingen, ihre Existenz beanspruchen. Sie kennen keine Rücksicht auf Partikularinteressen, sie etablieren vielmehr wieder und mit bis dahin kaum gekannter Konsequenz unangreifbare Autorität. Woher auch immer sich diese Autorität ideologisch begründen mag, sie ist als solche bereits, in ihrer einfachen

[33] a. a. O. 40.

Vorhandenheit und Wirksamkeit, dem Geheimnis des Ursprungs als Anzeige für ihn nahe. Sie hat an seiner Heiligkeit Anteil, so viel daran eine innerweltliche Ordnung und Anschauung nur immer Anteil gewinnen kann.

In der früheren, aus dem Jahre 1934 stammenden Schrift „Das Bekenntnis der Kirche" geht Gogarten sogar so weit, die Stunde der nationalsozialistischen Erhebung und Staatswerdung als die Stunde Gottes zu bezeichnen. Die Möglichkeit solcher Zuordnung erhellt aus dem soeben Ausgeführten. Sie ergibt sich aus der Berufung auf das Geheimnis der Geschichtlichkeit des Handelns Gottes mit dem Menschen, derzufolge — so läßt sich nun formulieren — Gottes Handeln und Sichoffenbaren seine ihm vorbehaltenen, je und je neuen und immer wieder anderen geschichtlichen Stunden und Augenblicke hat, die sich der unmittelbaren Greifbarkeit entziehen. Je nachdrücklicher ein historisches Ereignis einen geschichtlichen Augenblick erfüllt und als solchen manifest macht, je autoritativer somit ein innerweltlicher Anspruch an die geschichtliche Existenz ergeht und ihr ihre Hörigkeit in das sich entziehende Geschehnis der Geschichtlichkeit zu bedeuten gibt, um so mehr waltet hierin geheimnishaft Gottes Stunde, Gottes Augenblick. Und als diese Stunde, als dieser Augenblick Gottes ist ein solches innerweltliches Ereignis dann von unbedingter, unbeliebiger, ausschließlicher, totaler Gültigkeit. Das betont Gogarten in scharfer Konfrontation zu Karl Barth, der durch seine maßgebliche Mitwirkung an der Barmer Theologischen Erklärung der 1. Reichssynode der Bekennenden Kirche vom 29. bis 31. Mai 1934 soeben an führender Stelle dem nationalsozialistischen Totalitätsanspruch den entschiedenen Kampf angesagt hatte. Gogarten erklärt: „Gewiß ist Gottes Stunde *seine* Stunde. Aber nur wer der Meinung wäre, daß Gottes Stunde eine neben den anderen ist und daß die geschichtliche Gegenwart schlechthin ohne die Gegenwart Gottes ist, dürfte so sicher sagen, wie Barth es tut, daß Gottes ‚Stunde sicher nicht mit einer willkürlich ausgewählten und gedeuteten Stunde christlich-deutscher Geschichte zusammen fällt'."[34] Für Gogarten ist die geschichtliche Stunde der nationalsozialistischen Bewegung eine Stunde „christlich-deutscher Geschichte", *weil* sie die Stunde Gottes ist.

Wenn aber die Stunde Gottes, dann verlangt sie mit der politischen auch eine theologische Antwort und Entsprechung, ein dezidiertes Verhalten der Kirche und des Glaubenden. Die theologische Antwort

---

[34] *Das Bekenntnis der Kirche* 29; Gogarten zitiert K. Barth, *Offenbarung, Kirche, Theologie* 7.

nun ist immer Entsprechung zur Gottesfrage. Ihr geht die Gottesfrage vorauf, in ihr bricht sie zugleich auf. Mit der Gottesfrage aber sind wir bis an die äußerste Grenze unseres Daseins gedrängt, wo sein Selbstsein in die Schranken gewiesen wird. Diese Grenze jedoch wird nach Ansicht Gogartens gerade auch durch das neue (nationalsozialistische) „Wissen" um das Politische erreicht. Das macht für Gogarten den Unterschied dieser Weltanschauung zur aufgeklärten, liberalen, individualistischen und subjektivistischen Weltanschauung aus. Denn hier ist alles Wissen und Leben bis ins Letzte politisiert. Dieser Umstand beschwört in der jetzt angestrengten Betrachtungsweise Gogartens aber nicht etwa mehr eine Gefährdung der Grenze, die Gefahr einer Grenzüberschreitung herauf, sondern damit werden gerade die Menschlichkeit des Menschen, nämlich seine wesenhafte Mitmenschlichkeit, und damit die Grenze der Subjektivität getroffen. So erscheint Gogarten das mit der nationalsozialistischen Weltanschauung und Bewegung zur Macht und zur Autorität gelangte „Wissen" selbst noch und eben in seiner totalitären Tendenz als Manifestation eines ausdrücklichen Wissens um die Grenze, eines Wissens also, das auch der christliche Glaube entfaltet. Beider Wissen ergibt sich aus der Erfahrung und Anerkennung einer Macht über den Menschen, die ihn in die Verantwortung verfügt. Und für beider Wissen wird der selbstgenügsame und selbstmächtige Individualismus zum gemeinsamen Feind. Beide Wissensweisen richten sich ihm gegenüber auf das Vom-Andern-her-sein, auf die Verbindlichkeit der Ordnungen, auf die Bedeutsamkeit der Grenze.

Folglich — dies ist das Fazit der gesamten Gedankenkette Gogartens, die wir als solche explizit zu machen suchten — kann und darf es zwischen der nationalsozialistischen Weltanschauung und dem christlichen Glauben keinen Gegensatz geben. Sie beziehen sich formal auf dasselbe, auf die Grenze, die Autorität, die Hörigkeit. Zwar nimmt die Weltanschauung nicht die letzte Grenze menschlicher Existenz, nämlich das Geheimnis der Geschichtlichkeit des Wortes Gottes und der antwortenden Existenz des Menschen selbst, in den Blick. Das kann sie auch gar nicht, weil das Geheimnis im Geheimnis verbleibt und nur dem Glauben aufgrund der Selbstoffenbarung Gottes — die aber gerade das Geheimnis ist — erschlossen wird. Aber eben deshalb tut sie mit ihrer autoritären und totalen Beanspruchung der menschlichen Existenz genau das, was sie tun kann und was die Geschichtstheologie von der Weltanschauung verlangt: Sie gibt mit ihrem Ausschreiten der Grenzen der politischen Existenz des Menschen den Hinweis auf die Grenze der menschlichen Existenz überhaupt. Wenn sie also das menschliche Leben mit politischen Mitteln autoritativ in die Schranken weist, dann erhalten solche Begrenzungen, mithin vor allem die radikale Einschränkung der individuellen Freiheit unter dem totalitären System, „aus der verborgenen Macht der letzten Grenze, aus dem Geheimnis des Ursprungs ihre Begründung und Sanktionierung."[35] Ihre Unverbrüchlichkeit ist im Geheimnis des Ursprungs begründet und darum menschlichem Belieben — Gogarten sagt: menschlicher Willkür — entzogen. Und somit kommt in ihnen nicht nur einfach menschliche Gewalt, sondern auch jene Gewalt, „die aus dem Geheimnis des Lebens von seiner letzten Grenze her über uns herrscht", wie Gogarten hier bewußt verunklarend den Anspruch des Wortes Gottes andeutet, zur Geltung.[36] Ein Vergehen gegen die etablierte Ordnung bezeichnet Gogarten folglich schlechtweg als einen Frevel gegen das Leben überhaupt, der alle angeht, den deshalb alle — so wäre wohl zu ergänzen — mit zu ahnden haben.[37]

Die letzte, im Glauben erfahrene Grenze schränkt also die politischen Begrenzungen, denen das totalitäre System die Existenz unterwirft, in keiner Weise ein, geschweige denn, daß sie sie in Frage stellte oder beseitigte. Vielmehr läßt sie ihren Anspruch nur um so schärfer, die ihm gegenüber geschuldete Verantwortung nur um so unerbittlicher, ihr Recht um so heiliger hervortreten, wenn auch diese Begrenzungen die letzte Tiefe der Geschichtlichkeit des menschlichen Lebens, die im Geheimnis verbleibt, nicht erreichen und insoweit — bei aller faktischen, sämtliche Lebensbereiche erfassenden Totalität — immer noch äußerlich bleiben. Die letzte Grenze gewährt darum dem Glaubenden gegenüber den politischen Begrenzungen und Autoritäten nicht etwa eine letzte Freiheit und Verfügungsmacht, womit er sie noch zu überspielen vermöchte, sondern sie bedeutet ihm gerade im Gegenteil ja nur die schärfste Infragestellung seiner Freiheit und seiner Verfügung, die ihn in um so deutlichere Verantwortung gegenüber den politischen Bindungen weist. Darum liegen für Gogarten die letzte Grenze und die politischen Begrenzungen nicht auseinander, sondern ineinander: „in jeder zeitlichen Begrenzung bezeugt sich jene letzte Grenze, und jede Schuld, die ich in einer der zeitlichen Begrenzungen auf mich lade, drängt in ihrem tiefsten Schuldsinn zu der letzten endgültigen Verantwortung."[38] Unter

---

[35] Vgl. a. a. O. 39.
[36] Vgl. a. a. O.
[37] Vgl. dazu a. a. O. 34ff. und *Die Selbständigkeit der Kirche* 445ff.
[38] *Das Bekenntnis der Kirche* 42.

solchen zeitlichen Begrenzungen aber kommt in Gogartens Sicht die politische Grenze, die das nationalsozialistische Regime setzt, ob ihrer Deutlichkeit und Nachdrücklichkeit der letzten Grenze am nächsten. Die nationalsozialistische Politik ist dem geheimnisvollen und unverfügbaren Ursprung der geschichtlichen Existenz folglich sehr nah. Der Ursprung wird also durch sie und ihre Maßnahmen gehütet.

Und nun belegt Gogarten gar diese „Nähe" nicht nur mehr formal mit dem Hinweis auf die totalitäre Autorität, die sie ausübt, sondern auch aus der Ideologie. Er sieht den „geheimnisvollen Ursprung" der Existenz — es ist bezeichnend, daß er in diesem Zusammenhang fortwährend nur so undeutlich vom Geschehnis des Wortes Gottes reden kann und zu reden wagt — noch gemeint, also auch materialiter angezielt, „wenn man heute die Reinerhaltung des Blutes, der völkischen Art zum alles beherrschenden Gebot macht oder wenn man davon spricht, daß ein abstraktes, intellektualistisches Denken durch ein biologisches ersetzt werden müsse."[39] Damit ist zwar — so müssen wir auch jetzt noch zugunsten des Theologen Gogarten annehmen — etwas anderes vorgestellt als Gott und sein Wort selbst, aber in solchem Biologismus und seinen Blut- und Bodentheoremen sieht Gogarten doch gerade den „ehrfürchtigen" und „frommen Sinn" am Werk, der sich auf die „tragenden" und „nährenden Kräfte" des Lebens richtet und die Grenze sucht, „die das geheimnisvolle Leben und seine ursprüngliche Ordnung selbst dem menschlichen Tun und Denken zieht und von der es sich in Verantwortung halten lassen muß. Daß sich das heute in harten, gewaltsamen Eingriffen in eine Lebensordnung vollzieht, die ein abstrakter, für alles Gegebene blinder Geist aufgestellt hat, sollte einem wahrhaftig den Blick dafür nicht verschließen, daß hier der Sinn für die Unverfügbarkeit und Unverbrüchlichkeit der ursprünglichen Lebensordnung erwacht ist. Wer das nicht begreift, begreift nichts von dem, was heute vorgeht."[40] Gegenüber einer derartigen Rechtfertigung des Biologismus durch die konformistische Geschichtstheologie bleibt es ein schwächlicher Vorbehalt, wenn Gogarten vor einer neuen Ideologisierung warnt. Die Einführung dieses Terminus an dieser Stelle kann lediglich in vorsichtiger Form die Sorge gegenüber den bereits feststellbaren, für Gogarten aber keineswegs vordringlich werdenden Tendenzen der Machthaber und ihrer Ideologen andeuten,

[39] a. a. O. 44. Vgl. dazu parallel bes. auch *Weltanschauung und Glaube* 68ff.
[40] *Das Bekenntnis der Kirche* 44f.

die darauf zielen, durch die Weltanschauung den (zu ihrer Bestätigung angetretenen) Glauben auszuschalten. Gogarten vermerkt, im Zuge seiner theologischen Legitimierung der nationalsozialistischen Weltanschauung und Herrschaft recht zusammenhanglos und unvermittelt, eine Rückgängigmachung des Christentums sei geschichtlich unmöglich.[41] Ihm dämmert also im Jahre 1934 wohl untergründig ein weniges von den möglicherweise für Kirche und Glauben heraufziehenden Gefahren; das hindert ihn jedoch nicht, die alleinige Rechtmäßigkeit dieser Weltanschauung gegen alle anderen philosophischen und politischen Denkweisen zu seinem Teil zu stützen und durchsetzen zu helfen.

Die Legitimierung der nationalsozialistischen Weltanschauung durch Gogarten richtet sich nicht zuletzt auch gegen den Versuch, ihr eine christliche Weltanschauung entgegenzusetzen. Einen derartigen Versuch aber muß Gogarten, wenn die nationalsozialistische die alleinberechtigte und die zur gewaltsamen Durchsetzung ihrer Vorstellungen legitimierte Weltanschauung ist, bereits einer jeden Theologie unterstellen, die die neue politische Autorität nicht ebenfalls stützt und fördert, sondern anzweifelt. Solche Theologie verfälscht sich für ihn zur Weltanschauung, weil sie mit eigenem politischem Recht gegen die allein geschichtlich wahre Weltanschauung und Autorität auftreten will. Diese Sicht Gogartens wird in einigen Abschnitten der Schrift „Weltanschauung und Glaube“ von 1937 erkennbar.[42] Dem falschen Weltanschauungscharakter sieht Gogarten konsequentermaßen die Theologie, den Glauben und die Kirche vor allem dann verfallen, wenn sie einem wie auch immer gearteten Humanismus, Liberalismus und Individualismus huldigen. Dementgegen fordert er von der Kirche, daß sie sich zeitgemäß mitwandele und ihren privaten, individualistischen Habitus ablege. Sie hat ihr wahres Wesen zurückzufinden, das auf sittliche und politische Selbständigkeit keinen Anspruch erhebt. Vielmehr soll sie sich nach der Forderung Gogartens zu ihrem Teil mit einer entsprechenden Theologie als Organ des politischen Lebens im Geiste der neuen Weltanschauung unter Verzicht auf eine eigene Weltanschauung verstehen und verhalten.[43]

Die nationalsozialistische Bewegung hat, zur Macht gelangt, nach Gogarten nicht nur einen politischen, sondern darüber hinaus einen

---

[41] Vgl. dazu a. a. O. 45f.
[42] Vgl. dazu *Weltanschauung und Glaube* 55ff.
[43] Vgl. auch *Einheit von Evangelium und Volkstum?* 13ff.

existentiellen Wandel schlechthin herbeigeführt. Denn die private Existenz, zugunsten deren sich das Leben im Staat unter der Weimarer Verfassung Gogarten zufolge erschöpfte, wird nicht mehr zugelassen, sondern der Mensch wird wieder beansprucht und damit auch gewürdigt als das, was er ist: als soziale und politische Existenz. Der Mensch, der keinem Gott und keinen Menschen mehr gehörte, gehört nun wieder seinem Volk und in seinem Volk dem Staat. So versteht sich in den Augen Gogartens der Nationalsozialismus als die große Wende gegen die Vorherrschaft der Subjektivität. In seinem Zeichen gehören der deutsche, völkische Mensch und der souveräne Staat wieder zusammen.[44] Gogarten schreibt also dem Nationalsozialismus konform mit dem Anspruch, der in seiner Selbstbezeichnung liegt, die Fähigkeit zu, die nationale und die soziale Frage, die brennenden, aber bislang falsch gestellten Fragen der Zeit, in der einzig richtigen Weise zu lösen. Das neue Denken und Wollen richtet sich eben auf die von Gogarten schon vor 1933 verlangte Neubegründung des Wesens und auf den Neuaufbau der Ordnung von Volk und Staat. Diesem geschichtlichen Ereignis ging die Zersetzung beider vorauf. Die Neugründung und die Neuordnung erfolgen nun nicht mehr — worauf sich laut Gogarten bisher alle politischen Ordnungsversuche beschränkten — in der berechnenden und berechenbaren Art der Organisation einer Aktiengesellschaft oder eines Vereins, sondern aus den tieferen, unberechenbaren, geheimnisvollen Kräften der Geschichtlichkeit. Folglich ist es ganz richtig, ja der Beweis für die Richtigkeit dessen, was geschieht, kann selbst schon darin erblickt werden, daß jetzt die Existenz total beansprucht wird, und zwar sogar auf das Risiko hin, daß sie dabei verlorengeht und ihr Einsatz sich als vergeblich herausstellt. Das unbedingte Wagnis der Existenz ist in dieser geschichtlichen Stunde, der Stunde Gottes, einzugehen.[45] „Hier müssen — man kann gar nicht anders — stärkere Mächte angerufen werden, als die sind, die der Mensch zu seiner Verfügung hat. Hier gilt es den Anruf derjenigen Mächte, die am Horizont der menschlichen Existenz sichtbar werden und von denen der Mensch seine Existenz erhält und die darum seiner Existenz mächtig sind und über sie verfügen"[46], wie Gogarten abermals in bewußt verschwommener Sprache erklärt, um theologische und nationalsozialistisch-weltanschauliche Gedanken einander anzunähern, ja miteinander zu harmonisieren.

---

[44] Vgl. dazu a. a. O. 10f.
[45] Vgl. dazu *Weltanschauung und Glaube* 41f.
[46] a. a. O. 42.

Diese Mächte nun sind als politische Mächte, die auf den tieferen Ursprung der Geschichtlichkeit hindeuten, Volk und Staat. Sie bemächtigen sich, werden sie richtig begriffen, d. h. werden das Volk und alle gesellschaftlichen Verhältnisse nur entschieden genug der Autorität und den Zwecken des absolut souveränen Staates untergeordnet — und daß gerade dies im Nationalsozialismus geschieht, hat Gogarten hellsichtig gesehen —, Volk und Staat also bemächtigen sich der Existenz und wühlen sie bis in ihren tiefsten Grund auf. Dadurch wird ihre eigene Tiefe und ihr eigener Sinn lebendig. In ihnen, in diesen neuen — bzw. alten, aber wieder „ursprünglich" und insofern erneuert verstandenen — Selbstverständlichkeiten, in denen es nun „wirklich" um den Einsatz der Existenz geht, tun sich die „Hintergründe" der Existenz auf, aus denen „Sein oder Nichtsein, Leben oder Tod, Aufbau oder Zerstörung kommen", und „darum erhalten nun auch diese Selbstverständlichkeiten aus eben dieser Tiefe und diesen Hintergründen ihren religiösen Sinn"[47]. Da jetzt das in Zucht genommene Volk und der zur Ausübung souveräner Gewalt bereite, die Existenz im Volk in Zucht nehmende Staat ihren Sinn, den die Geschichtstheologie Gogartens ihnen zuschreibt, also die Funktion der Bedeutsamkeit für die geschichtliche Existenz, der Anzeige ihrer Hörigkeit, erfüllen, empfangen sie religiöse, theologische Weihe. Diese macht sie unangreifbar. Sie dürfen einer Diskussion nicht einmal ausgesetzt werden. Das wäre widersinnig, denn dann handelte es sich nicht mehr um Größen, die die Existenz beherrschen, tragen und umfangen und die die konstruktiven Elemente ihrer Welt darstellen[48].

Wenn somit folglich die nationalsozialistische Weltanschauung religiösen Charakter gewinnt — als einzige unter allen Weltanschauungen und im Unterschied zu der prinzipiellen Festlegung Gogartens, daß Weltanschauung und religiöser Glaube scharf zu trennen seien —, dann wird nun aber ihre Konfrontation mit dem christlichen Glauben unvermeidlich. Diesen Vorgang erkennt auch Gogarten an. Die Bestimmung des Verhältnisses beider zueinander bedeutet für ihn ein schwieriges Problem. Und er fügt im Jahre 1937 ausdrücklich den Satz hinzu: „Wie schwer und bitter diese Frage ist, haben die letzten Jahre zur Genüge gezeigt."[49] Aber die Erschwernis der Situation rührt nach seiner Auffassung keineswegs nur und in erster Linie vom National-

[47] Vgl. a. a. O. 42.
[48] Vgl. dazu a. a. O. 43ff.
[49] a. a. O. 45.

sozialismus her, sondern auch und vor allem von jenem Glauben und jener Kirchlichkeit, die der neuen Zeit nicht „gewachsen" ist. Im Jahre 1937 wird nochmals gefordert, der Glaube müsse die Gestalt erhalten, „die er aus der Verantwortung gegen unsre Zeit haben muß", und davon, daß er sie gewinne, hänge das völkische Schicksal entscheidend mit ab[50]. Aus dem Kontext dieser Stelle erhellt eindeutig, daß dies im Sinne der Konformität des Glaubens zu der von der völkischen Weltanschauung bestimmten und gestalteten Zeit zu verstehen ist. Umgekehrt fordert Gogarten von dieser Weltanschauung, daß sie das, was er mit ihr gegeben sieht, auch tatsächlich erfüllt, daß sie nämlich in die Tiefe reiche, aus der die unverfügbare Welt lebt. Seine indikative Aussage über sie wird so zugleich zum imperativen Appell. Den tiefsten Sinn ihrer Ehre darf die neue deutsche Weltanschauung nicht beim Menschen suchen — damit dürfte eine sehr vorsichtige Warnung ausgesprochen sein —, sondern, was Gogarten ihr als wesentliches Merkmal aber bereits zugesprochen hat, aus jener unheimlichen, geheimnisvollen Macht, „die souverän über uns verfügt und uns heraussetzt aus der Welt des Bekannten und Verfügbaren in die unheimliche und schlechthin unverfügbare Welt des Ursprungs, in der wir nicht unsrer selbst mächtig sind, sondern in der wir in einer schlechthin übermächtigen Gewalt sind."[51] Sie hat also die heimatliche Welt zu bereiten und sich ihres unergründlichen Fundamentes bewußt zu sein, dem sie die Heimatlichkeit abtrotzt. Sie hat eine unverbrüchliche und fest gefügte innerweltliche Ordnung aufzurichten, ohne der in sie eingefügten Existenz die Möglichkeit der Erfahrung und Verkündigung des letzten Ursprungs ihrer Geschichtlichkeit, also des Geschehens des Wortes Gottes, zu verstellen und zu nehmen. Sie darf sich nicht selbst den religiösen Charakter anmaßen, der ihr gerade insofern noch zukommt, als sie bei und mit aller Begründung totaler Autorität den Hinweis auf den geheimnisvollen Ursprung erbringt. Sie soll sich also ihres vom Wesen der Geschichtlichkeit her bedingten, wenn auch in ihrer geschichtlichen Stunde dann gerade unbedingten Charakters bewußt sein und bleiben.

Wenn dies geschieht — und hier verbinden sich bei Gogarten Ansprüche, die von dieser Weltanschauung schlechthin zu viel verlangen, während Gogarten an ihr bereits als gegeben feststellt, was er gleichzeitig von ihr verlangt —, wenn also diese Weltanschauung diese

---

[50] Vgl. a. a. O.
[51] a. a. O. 47.

Anforderungen erfüllt, und sie tut dies nach Gogarten bereits im Ganzen, dann gilt um so mehr im Hinblick auf die menschliche Existenz sowie im Hinblick auf Glauben und Kirche: Würden sie der geschichtlich-innerweltlichen Unbedingtheit und Notwendigkeit der Stunde ausweichen, dann hielten sie eben damit zugleich die „Tiefe" des geschichtlich-unweltlichen Geheimnisses nicht aus; sie würden gerade dann die geschichtlich-unweltliche Bedingtheit der geschichtlich-innerweltlichen Unbedingtheit dieser politischen Weltanschauung, Bewegung und Ordnung nicht offenhalten. Das Fazit Gogartens geht also dahin, mit Berufung auf das unergründliche Geheimnis des Wesens der Geschichtlichkeit die denkbar stärkste, totalitäre Manifestation geschichtlicher Autoritäten zu bejahen. In „Blut" und „Boden", im Volk, im totalitären Staat offenbart sich für Gogarten in augenblicklich gültiger Gestalt und mit allen Ansprüchen, die der Augenblick im Namen Gottes an die Existenz stellt, das Geheimnis des göttlichen Ursprungs gemäß der entbergend-verbergenden Weise, wie sich das Geheimnis einzig nur offenbaren kann[52].

3. Gottesgesetz und Volksgesetz

Seine theologische Beurteilung des Nationalsozialismus hat Gogarten, wie schon erwähnt, außer durch die Problemstellung Glaube—Weltanschauung vor allem durch eine Erörterung der Frage nach dem Verhältnis von Gottesgesetz und Volks- bzw. Staatsgesetz zur Sprache gebracht[53]. Seine Ausführungen zu diesem Thema verstehen sich ebenfalls von der Grundlage seiner Geschichtstheologie her, wenn sie auch abermals gegenüber dem früher dazu Gesagten in der Zeit nach 1933 konformistisch zugerüstet erscheinen. Zunächst ist, wenn man Gogarten verstehen will, zu beachten und festzuhalten, daß das Gesetz — jegliches welthafte Gesetz, also auch das staatliche Gesetz, jedes einzelne Gesetz, das die staatliche Autorität erläßt, wie auch die politische Ordnung insgesamt — mit der Sünde, dem Schuldigsein des Menschen, zusam-

[52] Vgl. dazu noch a. a. O. 47ff.

[53] Vgl. bes. die Schriften *Einheit von Evangelium und Volkstum?* und *Ist Volksgesetz Gottesgesetz?* sowie *Weltanschauung und Glaube* 72ff., dazu die in der Zeitschrift „Deutsche Theologie" veröffentlichten Aufsätze *Volkstum und Gottesgesetz* (1934, 83ff.), *Die Bedeutung des ersten Gebotes für Kirche und Volk* (1934, 283ff.), *Offenbarung und Geschichte* (1935, 115ff.) u. *Die Lehre von den zwei Reichen und das „natürlich Gesetz"* (1935, 330ff.).

mengehört und sich in seiner Notwendigkeit aus der Sünde erklärt. Zu Beginn seiner Erörterung über das Gesetz in der Schrift „Weltanschauung und Glaube“ äußert sich Gogarten über dieses Verhältnis gleichsam zuungunsten des Gesetzes, wobei zu berücksichtigen ist, daß er hier weitgehend wörtlich Gedanken übernimmt, die er schon 1932, vor der nationalsozialistischen Machtergreifung, niedergelegt hatte[54], wodurch die noch etwas strengere Dialektik des Gedankens plausibel wird, die später zugunsten einer fast vorbehaltlosen Anpassung überdeckt ist. Gogarten sagt: „Mit der Sünde kommt der Tod in die Welt. Aber nicht die Sünde selbst tötet, sondern sie tötet durchs Gesetz. Und sie tötet mich durchs Gesetz, indem sie mich dabei betrügt. Der Betrug liegt darin, daß die Sünde, indem sie mich dazu treibt, das Gesetz zu erfüllen, mir das Leben verspricht, mich aber in Wahrheit tötet. Das Gesetz ist uns zum Leben gegeben. Aber indem wir unter dem Gesetz leben, und zwar nicht nur, wenn wir das Gesetz übertreten, sondern auch wenn wir nach dem Gesetz handeln, erfindet es sich, daß wir uns den Tod dadurch erwirken (Röm. 7,10)“[55].

Durch die Sünde also ist nicht nur das biblische, das mosaische Gesetz, sondern jede gesetzartige Ordnung in die Welt gekommen. Und da, wie wir früher gesehen haben, das Schuldigsein unaufhebbar die menschliche Existenz durchherrscht, ist der Mensch ganz unter das Gesetz gestellt. Keine der Beziehungen, in denen das menschliche Leben steht, ist davon ausgenommen. Damit aber geschieht Gottes sich in seinem Wort kundgebender Wille nicht mehr ungebrochen, sondern zufolge der konstitutiven geschehnishaften Bindung seines Wortes an die Antwort des Menschen und damit an dessen Schuldigsein immer nur als Gesetz, durch Vermittlung des Gesetzes. Hinter dem Gesetz und im Gesetz zieht sich Gottes unmittelbare Forderung und seine unmittelbare Zuwendung ins Geheimnis zurück. Da sich das Wort Gottes nicht gibt, ohne sich sogleich in der Antwort des Menschen auszusprechen und dadurch auch immer in Schuldigkeit verfehlt zu werden, da es nur so geschieht und seine Geschichtlichkeit hat, steht Gottes Wille als das Gesetz vor dem Menschen, durch das sein Leben geregelt wird[56]. Er tut sich also nicht etwa durch das von ihm selbst in einem unmittelbaren Anspruch seines Wortes gegebene mosaische Gesetz kund, so daß nur dieses Gesetz Gottes wäre, sondern auch in

---

[54] in: *Die Selbstverständlichkeiten unserer Zeit und der christliche Glaube.*

[55] *Weltanschauung und Glaube* 73.

[56] Vgl. dazu a. a. O. 74.

den „großen gesellschaftlichen Ordnungen des menschlichen Lebens", wie z. B. in der Familie und in dem über alle diese Ordnungen wachenden Staat[57]. Gogarten glaubt behaupten zu können, daß uns, die wir nicht die Juden sind, denen das mosaische Gesetz dekretiert wurde, die Zehn Gebote materialiter im einzelnen gar nicht mehr betreffen. Sie können für uns auf das eine Erste Gebot zurückgeführt werden, das die absolute Herrschaft Gottes und damit die geschichtliche Grundwahrheit überhaupt ausspricht, das folglich der geschichtlichen Existenz als solcher, also stets, gilt[58]. Es fragt sich, was von dieser Herrschaft Gottes noch bleibt, wenn sie sich nicht mehr in der Verbindlichkeit jener ausdrücklich gesetzten Zehn Gebote zur Geltung bringen kann, folgt man der These Gogartens.

Nun, nach Gogarten tritt an ihre Stelle das jeweilige geschichtliche Gesetz eines Volkes, das die staatliche Autorität verbürgt. Die menschlich-irdischen Ordnungen bieten in ihrem geschichtlichen Wandel je und je die menschlich-irdischen „Fassungen" von Gottes Willen und Ordnung dar. Gottes Wille und Gottes Ordnung bedürfen ihrer Vermittlung. Strenger gesagt: In ihrer Vermittlung liegen Gottes Wille und Gottes Ordnung selbst, kommen sie zu dem von Gott gewählten Ausdruck, kommt damit also dann gerade Gottes Herrschaft zum Ausdruck. Es gibt folglich nicht zweierlei Gesetz, das göttliche und das weltliche Gesetz, sondern nur das eine Gesetz Gottes, das Gesetz seiner geheimnishaften Majestät, das sich immer in einem Gebot der Zeit, der Stunde, des Augenblicks äußert. Wenn man das Gesetz Gottes und das welthaftstaatliche Gesetz begrifflich trennt, so führt das also lediglich zur Trennung in zwei verschiedene Erkenntnisweisen, die nur der Theologie eignen. Einmal ist dabei vom Gesetz die Rede, sofern es Gottes ist, das andere Mal vom Gesetz, sofern es die staatliche Autorität geschichtlich je und je setzt. Das staatliche Gesetz ist dann das Gesetz Gottes, sofern es sich für eine jeweilige Zeit und Stunde konkret und mit bestimmtem (und in dieser Bestimmtheit nicht ewigem) Inhalt ausspricht. Es spricht

---

[57] Vgl. a. a. O. 75; in dem Aufsatz *Die Lehre von den zwei Reichen und das „natürlich Gesetz"* betont Gogarten, daß *jedes* geschichtliche Gesetz (sofern es nur seinen Gesetzescharakter auch wirklich wahrt) bezeugt, daß Gott der Herr ist, es mag im übrigen inhaltlich aussehen, wie es will (vgl. 336f.).

[58] Vgl. dazu *Ist Volksgesetz Gottesgesetz?* 20; ähnlich *Volkstum und Gottesgesetz* 83f., wo die Zehn Gebote nur als eine zehnfache Auslegung dessen erscheinen, was es heißt, daß Gott der Herr ist, und diese Auslegung sich geschichtlich jeweils immer wieder anders artikuliert, so daß der materiale Inhalt der Zehn Gebote zeitlich bedingt ist. Vgl. auch *Die Bedeutung des ersten Gebotes für Kirche und Volk* 283ff.

sich aber nie anders aus als in solcher Form. Gottes ewiger Wille gibt sich in dieser konkreten, zeithaften, augenblicklichen Weise kund und hält sich darin zugleich zurück. Insofern waltet hier die Dialektik von Ineinsfall und Unterschied im Verhältnis von göttlichem und irdischem Gesetz. Sie beinhaltet, daß ein bestimmtes geschichtlich-irdisch-welthaft-staatliches Gesetz jeweils für *seine* Zeit und nur für diese das Gesetz Gottes ist, so aber dann wahrhaft und vollgültig das Gesetz Gottes[59]. Diesen Sachverhalt drückt Gogarten in lutherischer Redewendung auch dahingehend aus, daß das irdische Gesetz das Gesetz Gottes unter einer Larve ist, ohne welche es konkret niemals begegnet (mit welchem Gedanken Gogarten sich von Luther wieder unterscheidet). „So begegnet uns Gottes Gesetz mit der Larve in demjenigen, was in den ‚Ständen', also was in den Ordnungen des Staates und Volkes, der Ehe und Familie, im Befehlen und Gehorchen von uns gefordert wird."[60]

Gogarten bezeichnet das Gesetz Gottes auch als das Gebot aller Gebote. Ist es dies, dann ist es aber nicht ein besonderes Gebot neben den anderen, sondern dann herrscht es immer in den anderen und vermittels ihrer. Darum gibt überall da, „wo uns ein Gebot begegnet, das die Totalität unserer Existenz in irgendeinem Sinne trifft", gerade Gottes Gesetz ihm diesen totalen Gebotscharakter. Und Gogarten erklärt in Auseinandersetzung mit dem Karl Barth nahestehenden Theologen Heinrich Vogel, dessen Terminologie er unterstellt, ohne sie zu übernehmen: „Auch dann, wenn kein Geringerer als ‚der Fürst dieser Welt' uns mit Hilfe der mythologisierten Größen Volk, Staat, Rasse, Blut unter seiner Herrschaft gefangenhält", muß die kirchliche Verkündigung des Wortes und damit auch des Gesetzes Gottes sich an dem Totalitätsanspruch der Herrschaft des neuen Staates ausrichten, durch die eben der heutige Mensch das seine Existenz beanspruchende Gesetz und damit larvenhaft Gottes Gesetz als das Gesetz aller Gesetze erfährt[61]. Die Redeweise, daß in Gestalt der völkisch-staatlichen Macht

---

[59] Vgl. dazu *Das Bekenntnis der Kirche* 32f., *Ist Volksgesetz Gottesgesetz?* 10f., 20, 27ff., *Weltanschauung und Glaube* 75f., *Volkstum und Gottesgesetz* 87f., *Die Bedeutung des ersten Gebotes für Kirche und Volk* 288ff., *Offenbarung und Geschichte* 126ff., *Die Lehre von den zwei Reichen und das „natürlich Gesetz"* 338f.; H. Schlemmer, *Von Karl Barth zu den Deutschen Christen* 30f. hat Gogartens Identifizierung von Gottesgesetz und Staatsgesetz (die allerdings die dargelegte Dialektik von Identität und Nicht-Identität in sich einbegreift) mit Recht in Verbindung zu W. Stapels nationalsozialistischer Nomos-Theologie gebracht. Scharfe Kritik äußerte bes. O. Wolff, *Gesetz und Evangelium. Erwägungen um die dogmatische Grundfrage in Auseinandersetzung mit Fr. Gogarten.* In: Evangelische Theologie 1936, 136ff.

[60] *Ist Volksgesetz Gottesgesetz?* 28.

[61] a. a. O. 30.

der „Fürst dieser Welt" herrsche, kann Gogarten sich allenfalls insoweit zu eigen machen, als sich für ihn im staatlichen Gesetz der Wille Gottes ausspricht, sofern er durch die Sünde, das Schuldigsein des Menschen modifiziert ist. Aber der Wille Gottes spricht sich in seiner Geheimnishaftigkeit und Geschichtlichkeit eben nur in dieser Modifikation aus, und deshalb waltet er im Gesetz ungeteilt, wenn auch verborgen und vermittelt. Und sofern im irdisch-staatlichen Gesetz Gottes Wille und Gesetz zum Ausdruck kommen, ist es für Gogarten die Art und Weise, wie Gott seinen Willen der Sünde gerade entgegengesetzt[62]. Es richtet sich also — als menschliches Gesetz selbst dem Schuldigsein entspringend und verhaftet — zugleich als göttliches Gesetz gegen das Schuldigsein. Indem es den sündigen Menschen tötet, d. h. in seine Schranken weist und auf seine Hörigkeit verweist, vermittelt es ihm das Leben[63].

Folglich kann Gogarten in der Schrift „Weltanschauung und Glaube" so weit gehen, das Gesetz in den Mittelpunkt des Erlösungswerkes Jesu Christi zu stellen. „Es kommt ... alles darauf an, daß das Gesetz in rechter Weise verstanden wird. Denn das Gesetz ist die Mitte des ganzen Erlösungswerkes. Es muß darum auch in die Mitte der Betrachtung

---

[62] Vgl. dazu *Weltanschauung und Glaube* 75.

[63] Vgl. a. a. O. 75f. Daß speziell das Gesetz des „Blutes" in den Augen Gogartens nur christlich, d. h. aus dem Geheimnis des Willens Gottes und nicht allein aus menschlichem Willen, begründet und sanktioniert zu werden braucht, um vor allen (sonst in ihm schlummernden) Gefahren des Mißbrauchs gefeit zu sein, mag zusätzlich aus folgender Passage des Aufsatzes *Der doppelte Sinn von Gut und Böse* (334f.) erhellen: „Darum kann die Sanktionierung des die Gemeinschaft begründenden Gut und Böse auch nicht in dem die Existenz der Menschen tragenden und umfangenden Gesetz gefunden werden, das sich in dem Geheimnis des uns zur Wahrung und Hut anvertrauten Bluterbes und des damit verbundenen Schicksals offenbart. Zweifellos ist damit eine Wirklichkeit wieder entdeckt, für die wir zu unserem großen Schaden allzulange blind gewesen sind und deren ethische Bedeutung wir nicht ernst genug nehmen können. Aber der Weg, den man da gehen will, führt nicht an der Alternative vorbei, daß man entweder die Gewissensfreiheit zerstört oder aber daß man ihre Säkularisierung aufhebt und sie in ihrem ursprünglichen christlichen Sinne zurückgewinnt." Gewissensfreiheit im ursprünglichen christlichen Sinn gilt Gogarten als Übernahme der Gebundenheit der Existenz an Gottes geheimnishaftes Wort. Sie ist aller subjektiven Willkür entzogen. In der Politik sucht sie dann gerade ein „unantastbares Fundament". Dieses vermag sie durchaus im Gesetz der „Rasse" und von „Blut und Boden" zu finden, sofern es eben aus dem Geheimnis des Willens Gottes heraus und nicht von einer anderen letzten Instanz her verbindlich gemacht wird (vgl. dazu den Aufsatz *Jesus Christus* in: Glaube und Volk in der Entscheidung 5, 1936, 50f.). Gogartens spätere Distanz zum Nationalsozialismus gründet nicht so sehr in einem Urteil über die Art seiner Politik, sondern in erster Linie in dem Umstand, daß die nationalsozialistische Ideologie dem hier zur Sprache kommenden Ansinnen des Theologen nicht nachkommen wollte, ja von ihrem Wesen her gar nicht konnte (was Gogarten seinerseits zunächst nicht einsehen wollte).

gestellt werden. Von ihm und seiner zentralen Bedeutung müssen alle Gedanken ausgehen"[64]. Zwar „hebt" Jesus Christus, das geschichtliche Ereignen des Wortes Gottes, das Gesetz „auf", aber gerade und nur insofern, als es nicht erfüllt ist und vom Menschen niemals erfüllt werden kann. Jesus Christus ist in der Zusammennahme von Wort und Antwort in seiner geschichtlichen Existenz die Erfüllung des Willens Gottes und somit das Gesetz im Status seiner Erfüllung, mit dem es sich aufhebt, in solcher Aufhebung aber auch bekräftigt wird. Die Verkündigung Jesu zwingt infolgedessen als Aufruf zur Nachfolge gerade in die Erfüllung des Gesetzes, an der der Mensch allerdings immer scheitert. Die Erlösung durch Jesus Christus liegt dann darin, daß der Existenz nun durch das Gesetz die Unmöglichkeit bedeutet werden kann, aus eigener Kraft, aus der Macht des Selbstseins, sein Leben zu führen, daß vielmehr das Leben ganz im Hörigsein und in dessen Voraussetzung, der Zuwendung und dem Anspruch Gottes, gründet[65]. Das Evangelium Jesu Christi entwirft dabei keine eigene Ethik, die neben das vom Gesetz geforderte sittliche Verhalten treten und mit ihm in Konkurrenz geraten könnte, sondern es verweist gerade auf die Geltung des Gesetzes, aber als eines durch menschliche Kraft nie erfüllbaren, sondern nur in Jesus Christus, also in Gottes Handeln selbst, erfüllten. Das Evangelium versagt damit dem Gesetz die Möglichkeit der Vergöttlichung, die eine Vergötzung wäre. Das Gesetz ist im Lichte des Evangeliums nicht göttlich, sofern es menschliches Gesetz ist und damit dem Schuldigsein verhaftet bleibt, was es seitens des Menschen unerfüllbar macht. Es ist anderseits durchaus Gottes Gesetz, sofern es bezeugt, daß der Mensch nicht aus eigener Kraft zum Leben gelangt, sondern allein durch die Gnade Gottes. Diese waltet in der Einforderung des Menschen in das Hörigsein, die das Gesetz ausspricht[66]. „So bekommt das Gesetz von hier aus einen doppelten Zweck: der eine ist, daß materiell geschieht, was es fordert; der andere, daß es die Ungesetzlichkeit offenbart, um deretwillen es da sein muß, die es aber mit seiner eigenen Kraft nicht überwinden kann"[67], so daß es vorrangig zur Anzeige des göttlichen Gesetzes in ihm wird, das durch Jesus Christus erfüllt ist, womit das weltlich-staatliche Gesetz „aufgehoben" ist.

---

[64] *Weltanschauung und Glaube* 83.
[65] Vgl. dazu a. a. O. 79ff.
[66] Vgl. bes. a. a. O. 108ff.
[67] *Einheit von Evangelium und Volkstum?* 29.

Diesen seinen Zweck erreicht nach einer Periode des Verfalls und der Auflösung für Gogarten aber erst wieder das Gesetz des nationalsozialistischen Staates. Wenn das Gesetz im Lichte des Evangeliums bei Gogarten erst seine genaue Sinngebung erfährt, so vermittelt diese dann und somit das Evangelium, die Verkündigung Jesu durch das Wort der Kirche, die Kriterien, nach denen sich die Gutheit und Schlechtheit, d. h. die Leistungsfähigkeit eines konkreten staatlichen Gesetzes bemißt. Das Gesetz, unter das der neue Staat den Menschen fügt, stellt im Gegensatz zur voraufgegangenen liberalen und demokratischen Ordnung wieder unter die Herrschaft eines Herrn. Es verlangt die Entäußerung der Persönlichkeit zugunsten des unter staatlicher Autorität geeinten Volkes. Der neue Staat regelt nicht nur, sondern vermittelt und trägt auch das völkische Leben. Der Staat tritt wieder als Herr über die Existenz des Menschen in dem Maße auf, als der Mensch aus seinem Volk das Leben erhält. Und da die geschichtliche Existenz in ihrer wesenhaften Mitmenschlichkeit das Leben nach Gogarten (in dieser Phase seines Denkens) ganz und gar aus dem Volk und im Volk gewinnt und führt, beansprucht der Staat mit vollem Recht in seinem Gesetz eine totale Befehlsgewalt über die in ihm lebenden Menschen[68]. Demzufolge muß, zumal in der „Notzeit“ der Gegenwart, aus der der neue Staat entstanden ist, wo das Volk um seine nackte Existenz nach innen und außen kämpft und wieder in Form zu bringen ist — so Gogarten — das staatliche Gesetz zunächst ganz „elementar“, „sehr hart“ und „sehr uniform“ sein. Das Volk wieder in Form zu bringen verlangt, daß es „in Uniform gebracht werden“ muß. Die individuelle Verarmung, die solche Uniformierung im Gefolge hat, kann und muß in Kauf genommen werden[69]. Und in Anpassung an die Uniformierung, welche per definitionem keine Ausnahme zulassen kann, „muß man“, so wirbt und fordert Gogarten in eigener Sache, „es verstehen, wenn heute die Einheit von Evangelium und Volkstum gefordert und in dem Wahlsieg der ‚Deutschen Christen‘ gefeiert wird.“[70] Denn der Wille Gottes ist, gesetzlich vermittelt, im Volkstum gegeben, nicht im Gesetz der individuellen Persönlichkeit und in einem staatlichen Gesetz, das nur ihren Interessen dient und sich daher ihrem Gesetz unterwirft, sondern im Gesetz der gefügten, geordneten, in Über- und Unter-

[68] Vgl. dazu a. a. O. 16ff., außerdem *Volkstum und Gottesgesetz* 86, *Offenbarung und Geschichte* 116.

[69] Vgl. *Einheit von Evangelium und Volkstum?* 19.

[70] a. a. O.

ordnungsverhältnisse gegliederten Gemeinschaft zeigt sich der Wille Gottes, und das höchste, alle anderen in sich zusammenfassende Gesetz der Gemeinschaft ist wiederum „das Gesetz, die Sitte, die Art des Volkes“[71]. Diese Art aber verlangt nach dem starken Staat, nach der Obrigkeit über Untertanen, die sie in Hörigkeit hält.

Solange aber die Gefahr des Chaos und insbesondere der Bedrohung von außen noch besteht, das Gesetz noch keine fraglose, unangefochtene Gültigkeit besitzt und der Staat also seine rechtmäßige Autorität noch nicht total durchzusetzen vermag, muß die Einheit von Evangelium und Volkstum proklamiert werden, die allerdings, wie Gogarten hinzufügt, „nicht das abschließende Wort sein kann“, das die Kirche zu predigen hat. Die Kirche wird nach der für unerläßlich erachteten Festigung der staatlichen Autorität auch die Begrenzung der völkischen Ordnung herauszustellen haben[72], wobei die Frage aufzuwerfen wäre, wie weit sie das noch kann und darf, wenn sich einmal der totale Staat mit ihrer Hilfe durchgesetzt hat. Gogarten meint aber auch gar nicht eine echte politische Begrenzung dieser totalitären Ordnung, sondern er möchte die Kirche nur veranlassen, später wieder vermehrt auf die geschichtliche Bedingtheit des totalen Staates zu achten, im Augenblick aber vor allem die Unbedingtheit zu betonen, die seinem Gesetz gerade aus der geschichtlichen Bedingtheit hier und jetzt erwächst. Selbst also der schwache Vorblick auf die zukünftige und zunächst zurückgestellte, ja vorerst geradezu zurückgewiesene Begrenzungsaufgabe der Kirche ändert nichts an der geschichtlichen Geltung des Gesetzes. Die Kirche sieht das Gesetz lediglich — im Unterschied zu jedem profanen Verständnis des Gesetzes — in seiner Verbindung mit dem Schuldigsein des Menschen. Aus dieser Bedingtheit wird es aber nur um so notwendiger und rechtmäßiger. Die Verkündigung der Kirche, mithin das Evangelium, bekennt sich also in aller Klarheit und Bestimmtheit zu dem „tiefsten Recht“ des totalen Anspruchs des staatlichen Gesetzes auf die Existenz, das von Gott, dem Herrn über Mensch und Geschichte, verliehen ist[73]. Die Kirche hätte es deshalb eigentlich, so meint Gogarten, dankbar zu begrüßen, daß der Mensch aufgrund der politischen Umwälzung wieder mit aller Deutlichkeit unter ein Gesetz gestellt wurde und daß der nationalsozialistische Staat wieder „im echten Sinne“ Staat ist, statt sich teilweise reserviert oder gar ablehnend zu verhalten.

---

[71] a. a. O. 21; vgl. dazu 20.
[72] Vgl. dazu a. a. O. 21ff.
[73] Vgl. dazu a. a. O. 24ff.

Gogarten möchte in solch dankbarer Zustimmung keine göttliche Sanktionierung des NS-Staates für alle Zeiten sehen, wie Heinrich Vogel Gogarten vorgeworfen hatte[74]. Doch vollzieht er ohne Zweifel eine geschichtlich-augenblicklich vorbehaltlose Sanktionierung, die in Anbetracht der gerechtfertigten absoluten Totalität dieses Staates hinsichtlich der Fähigkeit, ihre letzten, den Rechtsanspruch konstituierenden Bedingungen weiterhin vernehmlich, ja überhaupt denkbar werden zu lassen, radikal angezweifelt werden muß.

[74] Vgl. *Ist Volksgesetz Gottesgesetz?* 30f.

X. Die geschichtstheologische Anerkennung der säkularisierten Freiheit

1. Gogartens Abkehr vom Nationalsozialismus

Friedrich Gogarten hat im Jahre 1934 seine Abhandlung „Ist Volksgesetz Gottesgesetz?“, die wir am Schluß des vorigen Kapitels als Zeugnis seiner Bejahung des nationalsozialistischen Staates herangezogen haben, mit folgenden Sätzen geschlossen, die von der möglichen Gefahr ausgehen, daß der Gesetzescharakter des neuen, so positiv beurteilten Gesetzes durch „naturalistische“, zu „Gottheiten“ gemachte „Gegebenheiten verdeckt“ werden könne: „Nicht mehr Gott, der Schöpfer, ist dann der Herr des Gesetzes, sondern irgendein Geschöpf, das als der göttliche Ursprung und Garant des menschlichen Lebens verehrt wird, wird zum Herrn des Gesetzes. Das ist der Verderb des Gesetzes bis in seine Wurzel hinein. Daß aber dergleichen heute mit religiösem Ernst geschieht, ist ein Zeichen dafür, daß sich die menschliche Existenz von ihrem Grund her zur Entscheidung aufgerufen weiß. Darum kämpfe ich dafür, daß die Kirche ihre Verkündigung von diesem Aufruf her, das heißt, selbst aufgerufen durch das, was heute geschieht, auszurichten hat. Und zwar nicht nur in einer *halben* und darum falschen Erkenntnis der Lage und darum in falscher Opposition, sondern in der *ganzen* Erkenntnis der Lage mit ihrer Verheißung und ihrer Versuchung“[1]. Die Gefahr der Versuchung und der Pervertierung der Ordnung durch ihre Ideologisierung wird also gesehen, aber zugunsten der „Verheißung“ der neuen Lage vorerst bewußt verdrängt. Sie soll durch ein um so entschiedeneres Engagement und Mittun der Kirche im Einsatz für das neue Gesetz und für die nationalsozialistische Ordnung gebannt und verhütet werden. Opposition aber ist Gogarten Ausdruck einer nur halben, darum falschen Erkenntnis dessen, was geschichtlich ist und in der neuen Ordnung geschichtlich heraufkommt. So wird die vorsichtige Mahnung des Theologen durch seine eigene for-

[1] *Ist Volksgesetz Gottesgesetz?* 33; vgl. auch *Weltanschauung und Glaube* 104ff.

cierte und zur Gefolgschaft aufrufende Bindung an die als geschichtlich gültig ausgegebene nationalsozialistische Autorität und Ordnung übertönt. Um der Stärke ihrer Autorität willen genießt die neue Staatsgewalt Anerkennung, da sie Ordnung verbürgt.

Die anerkennende und bejahende, engagierte Haltung Gogartens dauerte so lange, als ihm die staatliche Ordnung und ihr Gesetz im Namen und zugunsten des Volkes festgefügt und intakt erscheinen konnten. Sie steigerte sich in den Jahren der höchsten nationalsozialistischen Machtentfaltung, also gegen Ende der dreißiger Jahre, eher noch, wie die 1937 publizierte Schrift „Weltanschauung und Glaube" dartut. Doch dann wurde Gogarten vorsichtiger und zurückhaltender. Nach 1937, in welchem Jahr auch die ebenfalls oppositionslose Abhandlung „Der Humanismus und die Gottesfrage" erschien, die sich gegen den humanistischen Individualismus und Liberalismus kehrt und von uns im Anfangsteil unserer Untersuchung des öfteren angeführt wurde[2], äußerte sich Gogarten publizistisch nicht mehr[3]. Dieses Schweigen gegenüber der Öffentlichkeit hielt bis zum Jahr 1948, also über elf Jahre hindurch, an.

Die Schriften der Nachkriegszeit zeigen eine gewandelte Einstellung, wenn auch, wie wir sehen werden, nicht ohne Kontinuität seines theologischen Denkens. Der Übergang dazu setzt seit etwa 1940 ganz allmählich und behutsam, seit 1943/44 vehementer und nachdrücklicher ein. So viel läßt sich aus einer Veröffentlichung Gogartens vom Jahr 1960 erweisen, die unter dem Titel „Der Schatz in irdenen Gefäßen" Göttinger Predigten aus der Zeit zwischen 1938 und 1954 zusammenfaßt. Aus ihnen werden wir im Folgenden zunächst die für unseren gegenwärtigen Zusammenhang relevanten Stellen auswählen und heranziehen, um Gogartens Übergang zu seiner neuen politisch-ethischen Einstellung, der dritten Möglichkeit auf dem Boden seines geschichtstheologischen Denkens, nämlich der Bevorzugung einer freiheitlichen

---

[2] außerdem erschien 1937 die Streitschrift gegen Karl Barth *Gericht oder Skepsis*

[3] Nach 1937 hat Gogarten bis zum Kriegsende nur noch Predigten in den Jahrgängen 1940/41 und 1941/42 der Zeitschrift „Glaube und Unterweisung" (Nachfolgerin von „Schule und Evangelium") sowie zuvor 1938 eine kurze Erwiderung an A. W. Macholz in der „Deutschen Theologie" (Jg. 5, 67—75) veröffentlicht. Die *Erwiderung* bezieht sich auf eine Aufsatzfolge von A. W. Macholz in derselben Zeitschrift mit dem Titel *Die Kirche in der Zeit* (I. Jg. 4, 1937, 172—190; II. ebd. 221—241; III. Jg. 5, 1938, 5—32), wo Macholz an Gogarten vor allem die unzulässige Gleichsetzung von Wort Gottes mit der „Tiefe der Welt" und dem „geheimnisvollen Ursprung des Lebens" kritisiert (vgl. bes. 16ff., dazu Gogarten 73).

Ordnung unter Vorbehalt, deutlich machen zu können. Dabei bleibt der besondere homiletische Stil der hier zur Erörterung stehenden Aussagen zu berücksichtigen. Gogarten entwickelt in seinen Predigten naturgemäß jeweils einen knapperen theologischen Gedanken als in seinen Schriften, so daß es sich nicht um systematische Untersuchungen, sondern nur um Andeutungen, auch zur aktuellen Lage, handelt. Zudem ist zu beachten, daß gerade bestimmende Aspekte dieser Lage, d. h. die immer schärfer werdende staatliche Zwangsgewalt und Aufsicht in den letzten Jahren der nationalsozialistischen Herrschaft — auch gegenüber kirchlichen Vorgängen — eine besondere Vorsicht der Äußerungen geboten. Diese mußten möglichst allgemein gehalten werden, um nicht politisch anstößig zu sein. Solchen Anstoß hat Gogarten denn auch sorgsam vermieden. Er befand sich in einer Situation, die heraufzuführen und abzusichern er mitgeholfen hatte, die ihm jedoch jetzt zunehmend neue Ansichten darbot.

In einer Predigt am 22. Mai 1940[4] stellt Gogarten Gottes Heiligkeit der menschlichen Ordnung mit einer schon lange nicht mehr von ihm vernommenen Eindeutigkeit gegenüber. Die irdische Ordnung, die vor der Weisheit und Klugheit der Menschen gilt, und die Ordnung, die vor Gottes Heiligkeit gilt, dürfen, so heißt es jetzt, nicht miteinander verwechselt oder ineinander gemengt werden, wenn nicht eine heillose Verwirrung Platz greifen soll. Vor Gottes Heiligkeit erscheinen Dinge und Menschen in einem anderen Licht als innerhalb irdischer Ordnung. Gott wendet sich in Jesus Christus gerade dem Sünder zu, der nach den Anschauungen einer Gemeinschaft einen Makel trägt oder gar aus ihr ausgestoßen wird, so daß die anderen, die Anständigen, Ehrbaren, Wohlverdienten, Gesunden und Ungebrochenen diesen Ehrlosen und Kranken meiden wie etwas, wodurch man selbst befleckt wird, wenn man damit umgeht. Wenn Gogarten sich hier auch zur Situation Jesu und dem Verständnis seiner Zeit äußert, so darf man daraus aufgrund der Wahl seiner Terminologie doch möglicherweise eine Anspielung auf Vorgänge der eigenen Gegenwart heraushören: Auch jetzt gibt es die aus der Gemeinschaft Ausgestoßenen, die im großen, von unserem Theologen kaum vorhergeahnten erschreckenden Stil aus rassischen, medizinischen und schließlich aus religiösen Gründen Verfolgten, die von den „Gesunden" gemieden werden. Gogarten stellt die Frage, ob die als gesund und ungebrochen Erscheinenden vor Gottes Augen nicht

[4] Vgl. *Der Schatz in irdenen Gefäßen* 42ff.

durchaus von innerer seelischer Krankheit und Zerrissenheit befallen sein könnten. Menschliches Urteil und göttliches Urteil differieren. Gogarten hält hier zwar betont daran fest, daß menschliche Urteile und menschliche Ordnungen ihr eigenes Recht haben, ohne die das Leben nicht auskommen kann. Und da dies so ist, muß die irdische Ordnung „in aller Strenge und mit allen Mitteln" geschützt werden. Das gilt als ein notwendiges und gutes Werk.

Mit solchen Gedanken vernehmen wir vertraute Klänge. Aber die „Heiligkeit" dieses Werkes, das gehütet und vertreten werden muß, wird jetzt doch der ganz anderen Heiligkeit Gottes gegenübergestellt. Zugleich muß jene sich dieser unterordnen. Nur wer in Ehrfurcht vor Gott erschaudert, kann die Heiligkeit irdischer Güter in Ehrfurcht bewahren. Wenn das menschliche Tun seinen Sinn und Charakter dagegen nur aus seinem eigenen Können und aus seiner unbegrenzten Macht empfängt, dann führt es zu einer „grenzenlosen, schamlosen Ehrfurchtslosigkeit". Angesichts solcher Gefahr, die nun also doch eingetreten ist, in einer Situation, in der die ganze Welt hinsichtlich ihres inneren Gefüges wie ihrer äußeren Gestalt eine „kaum ganz zu begreifende Wende" durchmacht — Gogarten denkt insbesondere auch an den durch die Nationalsozialisten vom Zaune gebrochenen Zweiten Weltkrieg; der große Kampf gegen Holland, Belgien, Frankreich, England hat eben eingesetzt, die Störung der Ordnung in Europa greift um sich —, hält Gogarten wie selten zuvor „die Stunde des christlichen Glaubens gekommen". Der Glaube muß wieder die Ehrfurcht gegenüber Gottes Heiligkeit und seiner ganz anderen Ordnung wecken. Mit dieser Aufgabe kann allerdings gerade keine „große christliche Aktion" im weltlichen Sinne verbunden sein. Jetzt nämlich gilt für Gogarten — im Gegensatz zu seinem Einsatz für die kirchen- und allgemeinpolitischen Aktionen der „Deutschen Christen" zu Anfang der nationalsozialistischen Herrschaft —, daß es „so etwas wie christliche Aktionen" nicht gibt. „Denn Aktionen, das heißt Unternehmungen, die in der Welt und mit ihrem Willen unternommen werden, sind niemals christlich und haben mit dem christlichen Glauben nichts zu tun. Gerade das ist es ja, was in Jesus offenbar geworden ist, daß Gottes Sache nicht durch Menschen gemacht werden kann."[5]

Bleibt der konkrete Bezug dieser Predigt auch sehr undeutlich und inhaltlich unausgesprochen, so ist die hier vorgenommene Unterschei-

---

[5] a. a. O. 43.

dung des Christlichen von allem weltlichen Geschehen doch unüberhörbar. Zugleich wird die ausdrückliche Rückbindung des Weltlichen und seiner Autoritäten an die ganz andere Ordnung Gottes beansprucht. Aus dem Rückblick auf Gogartens Äußerungen einige Zeit zuvor ergeben sich damit neue Akzentsetzungen, ohne daß schon eine klare Umkehr vollzogen würde. Diesen Eindruck hinterlassen auch einige weitere Sätze aus einer am 2. März 1941 gehaltenen Predigt, die das Vertrauen und den Gehorsam gegenüber Gott und Menschen in eine Zusammengehörigkeit bringen, aber auch aus dem Unterschied begreifen, so daß das Verhältnis dialektisch wird und sich zugleich in Über- und Unterordnung artikulieren soll. Gogarten geht davon aus — und er dürfte dabei wiederum an die Situation des Krieges denken —, daß im menschlichen Miteinander Vertrauen und Gehorsam von beispielloser Schwierigkeit und Härte verlangt werden. Je schärfer aber dies gilt, um so mehr ist damit die Existenz als ganze in die Entscheidung gestellt, um so folgenreicher ist dann aber auch ihr Verhältnis zu Gott berührt. Im mitmenschlichen Verhältnis geht es um das Verhältnis des Menschen zu Gott und umgekehrt. Diese Grundgegebenheit der menschlichen Existenz — wir finden hier die entscheidende Aussage der Geschichtstheologie Gogartens vor — muß wieder erkannt werden. Dabei betont Gogarten jetzt: „Nicht die Menschen sind die Herren unseres Vertrauens und Gehorsams, sondern Gott ist es. Das heißt nun wahrhaftig nicht, daß wir uns den Menschen, denen wir Gehorsam und Vertrauen schuldig sind, mit der Berufung auf Gott entziehen könnten. Im Gegenteil. Gerade darin erweist sich Gott als unser Herr, daß er uns das Leben so gegeben hat, daß wir es in Gehorsam und Vertrauen im Miteinander leben müssen. Und anders also so, daß wir es da lernen und üben, werden wir den Gehorsam und das Vertrauen Gott gegenüber niemals lernen und niemals begreifen, was es ihm gegenüber heißt. Aber gerade weil er es ist, der das von uns fordert, und weil die Forderung des Gehorsams und Vertrauens gegenüber den anderen Menschen in ihm ihren letzten Grund hat, sind wir darin doch nicht der Willkür der Menschen ausgeliefert, sondern bleibt er der Herr, dem wir zuletzt stehen und fallen.“[6] In einer anderen Predigt anfangs des Jahres 1942 läßt Gogarten durchblicken, daß gegenüber dem neuen Leben in Christus die innerweltlichen Weltverbesserungs- und Vollkommenheitsideen Träume und Phantasien sind, die „Unglück und

[6] a. a. O. 55f.

Not, Trauer und Herzeleid" nicht zu überwinden und das menschliche Leben nicht zu wandeln vermögen, das weiterhin durch Entbehrungen, Mißverständnisse, Enttäuschungen, zwischendurch auch Erfolge immer wieder in den Zusammenbruch führt. Darum erscheint es verfehlt, die Welt und ihre Verhältnisse verändern zu wollen, wie es angestrebt wird, statt daß der Mensch die neue Existenz in Jesus Christus ergreift, deren Möglichkeit ihm der Glaube verkündet[7].

Schärfer und eindeutiger ist ab 1943 in Gogartens Predigten von der „entsetzlichen" und „gigantischen" Sinnlosigkeit des innerweltlichen Geschehens die Rede, in dem Rohheit und Ungerechtigkeit, Leid und Schmerzen vorherrschen, das nicht nur Menschen tötet, sondern auch „das Menschentum in uns zerfetzen kann", und zwar deshalb, weil der Glaube an den Menschen den Glauben an Gott übermächtigt hat. Das Böse, das daraus erwächst, kann der Mensch nicht mehr bemächtigen; es begegnet ihm als vernichtendes Schicksal und übermächtigt ihn seinerseits. Vor diesem Schicksal wird jedes Bild der Welt, das wir uns — weltanschaulich — machen, zunichte. Hinter dem angeblichen Vollkommenheitsschein, so sieht es Gogarten jetzt, verbergen sich Abgründe und Tiefen, die die Weltanschauungen auf alle mögliche Weise zudecken, damit es in ihrer Welt auszuhalten ist. Nur der Glaube vermag demgegenüber die Wirklichkeit solcher Welt mit ihren Tiefen und Abgründen, d. h. in ihrem Bösesein, zu ermessen. Er erfährt, daß der Ruhm des Menschen und die Herrlichkeit Gottes sich unbedingt ausschließen und auf gar keine Weise zusammengehen. Zufolge der nunmehrigen Sicht Gogartens sind Glaube und Weltanschauung scharf voneinander getrennt. Der Glaube verbindet sich in keiner Weise mit einer Weltanschauung[8]. Er gründet sich nicht auf sie, weil das eine Pervertierung der wahren Verhältnisse bedeuten müßte. Diese sind dadurch bestimmt, daß die irdische Ordnung im Willen Gottes und nicht im Willen des Menschen gründet. Andernfalls, d. h. wenn die Erde sich selbst, dem Menschen, überlassen bleibt, stürzt sie in die furchtbarste Unordnung, wofür Gogarten die Erfahrung zum Zeugen anruft[9]. Die Unordnung erscheint jetzt als eine Folge der Starrheit und des Eigensinns, die sich ihrerseits aus der Verhärtung des menschlichen Willens auf sein Recht und auf seine Macht ergeben. Solche Starrheit und solcher Eigensinn müssen in der Geschichte immer wieder gebrochen werden,

---

[7] Vgl. dazu a. a. O. 65f.
[8] Vgl. dazu a. a. O. 79ff.
[9] Vgl. a. a. O. 96.

und dieses Brechen greift tief[10]. Starrheit steht und fällt gegen Starrheit. Der Kampf bewirkt dann das Chaos, in das ein derartig eigensinniges menschliches Ordnungsstreben fort und fort treibt, womit es sich selbst pervertiert.

In der Stunde des Untergangs der nationalsozialistischen Herrschaft, in einer Predigt am 6. Mai 1945, fordert Gogarten dann ein „Bekenntnis" zur „Wirklichkeit" des deutschen Volkes, die ein erschütterndes Bild biete. Dieses Bild ist durch eine noch unabsehbare Zerstörung und durch einen allgemeinen materiellen und moralischen Zusammenbruch beherrscht. Denn jetzt wird das geerntet, was gesät wurde. Und wenn das deutsche Volk noch eine Zukunft vor Gott haben soll, dann müssen, so meint Gogarten, Menschen in ihm sein, die seine Schuld vor Gott bekennen und auf sich nehmen. Jeder Einzelne ist, wenn auch in verschiedenem Maße der Verantwortung, in Schuld geraten. Denn es wurde der Versuch unternommen, das Gesetz der Geschichte in die Hand des Menschen zu bringen, während es doch Gottes Herrschaft untersteht. Das Gesetz der Geschichte ist uns ungleich den Gesetzen der Natur nicht in die Hand gegeben, sondern es deutet darauf hin, „daß wir in der Hand dessen sind, der die Geschichte lenkt und der sie lenkt in der Unbegreiflichkeit seiner Gerichte und in der Unerforschlichkeit seiner Wege"[11]. In dem Vergehen gegen diese Wahrheit liegen der Irrtum und die Schuld, die jetzt offenkundig werden. Dabei bleibt zu beachten, daß Gogarten selbst sich gerade unter Berufung auf die nämliche Wahrheit für die Förderung dieses Vergehens mitverantwortlich gemacht hat. Das Vergehen soll jetzt von derselben theologischen Wahrheit aus als solches bezeichnet und überwunden werden, die das, was es faktisch enthielt, selbst legitimierte[12].

Mag Gogarten mit solchem Bekenntnis auch zunächst noch mehr auf die Folgen, vor allem die kriegsbedingten Folgen, der gerade zu-

---

[10] Vgl. a. a. O. 105.

[11] a. a. O. 114; vgl. dazu 115ff.

[12] Gogarten bekennt an einer Stelle seines Aufsatzes *Theologie und Geschichte* aus dem Jahre 1953 von sich aus, daß das theologische Problem der Geschichte — gemeint ist die Basis der Theologie der Geschichtlichkeit überhaupt, das Geheimnis der Geschichte des Wort-Antwort-Geschehens — „durch den Kirchenkampf und durch die Art, in der die ‚Deutschen Christen' sich auf die Geschichte beriefen", zunächst höchst suspekt geworden und dann durch Bultmanns Theologie der Entmythologisierung wieder mit ganzem Schwergewicht und Ernst zurückgeholt worden sei (vgl. 340). Da er selbst zu den „Deutschen Christen", wenn auch nur vorübergehend im Jahre 1933, gehörte und mehrere Jahre darüber hinaus die wichtigsten Theoreme der „nationalen Theologie" mitvertrat, darf man ihn hier so verstehen, daß er Bultmann das Verdienst für die Ehrenrettung der Geschichts-

sammenbrechenden Herrschaft als auf diese selbst anspielen, so sagt er doch später, am 9. Januar 1949, im Rahmen seiner Predigten ein deutliches Wort zu deren Art und Beschaffenheit selbst. Er erklärt, wie auch zur Zeit der nationalsozialistischen Machtergreifung, ihre Heraufkunft abermals mit der vorhergegangenen Zerrüttung der alten Ordnung und dem Bedürfnis, diese wiederherzustellen. Unter der alten Ordnung wird aber jetzt die geschlossene, omnipotente Völkerordnung der orientalischen Welt verstanden, die durch die alttestamentlichen Propheten bereits in Frage gestellt und durch die Botschaft des Neuen Testaments, mit der Jesus Christus den Glauben und die Verantwortung auf den Einzelnen stellt, gerade gebrochen wurde. In den zwölf Jahren nationalsozialistischer Herrschaft wurde der Versuch unternommen, in einer Rückwendung auf in diesem Verständnis alte, vorchristliche Ordnungsvorstellungen das Volk wieder zum höchsten Ordnungsträger und zur letzten Ordnungsmacht zu machen und den Menschen wieder in die Unmündigkeit unter dem Gesetz zurückzuzwingen. Damit wurde im deutschen Volk und (von diesem ausgehend) weit darüber hinaus „eine entsetzliche Verwirrung aller Menschen und Dinge angerichtet“[13], wie Gogarten jetzt konstatiert, wobei abermals zu vermerken bleibt, daß er daran aktiv und engagiert mitgewirkt hat. Ineins mit dieser Erklärung nimmt Gogarten nun eine verhalten positive Stellung zu dem entschiedensten Gegenversuch ein, durch die Definition und Sicherung unantastbarer Menschenrechte das Menschsein des Menschen vor solcher Verwirrung zu bewahren. Angesichts des Erlebten versteht sich Gogarten nun zu folgender bisher bei ihm ungehörter Aussage über die Notwendigkeit eines deklaratorischen und möglicherweise institutionellen Schutzes der Menschenrechte: „. . . es kann kein Zweifel sein, unter all den vielen und mannigfaltigen Nöten des Leibes und der Seele, unter denen heute die Menschen auf der ganzen Erde leiden, gibt es keine, die so dringend der Lösung bedarf wie diese. Wir haben darum allen Grund, über alles, was dazu getan wird, froh zu sein“[14]. Diese die frühere vehemente Verwerfung aller Menschenrechtserklärungen ablösende fördernde Einstellung verbindet sich jedoch nach wie vor mit einem „aufhebenden“ Vorbehalt, von dem noch zu reden sein wird. Gogarten sagt nämlich:

---

theologie, also auch seiner eigenen Theologie, zubilligt. Daraus würde die recht selbstlose Form seines Einsatzes für Bultmann in der „Entmythologisierungsdebatte“ erklärlich (vgl. bes. *Entmythologisierung und Kirche*).

[13] *Der Schatz in irdenen Gefäßen* 265.

[14] a. a. O. 265f.

„Wenn das auch, so gut und ernst es gemeint sein mag, wohl kaum die Lösung der Not bringt, so weist es doch wenigstens auf sie hin. Gelöst und geheilt werden kann diese Not nur auf eine einzige Weise. Dann nämlich, wenn wir uns in die Ordnung der Welt und des Lebens hineinstellen, die mit der Geburt des Kindes im Stall von Bethlehem in Kraft getreten ist." Aus dieser Ordnung allein können die Menschenrechte, so meint Gogarten jetzt immerhin, ihre „unverbrüchliche Gültigkeit und Heiligkeit" empfangen[15].

Gleichzeitig mit solchem Abschwören alter Positionen wird in Gogartens Predigten ab 1945 charakteristischerweise eine Tendenz erkennbar, das Phänomen der gerade vergangenen Ära in einen weiteren, allgemeineren geschichtlichen Rahmen hineinzustellen und aus ihm zu verstehen. Als dieser Rahmen wird dann in den nachfolgenden Schriften Gogartens die Geschichte der Neuzeit und ihres subjektivistischen Bewußtseins hervortreten, deren Kennzeichnung durch den Theologen uns im folgenden Abschnitt beschäftigen muß. Der Nationalsozialismus erscheint in dem Rahmen der neuzeitlichen Geschichte nun nicht mehr als die Gegenbewegung gegen die humanistische Subjektivität, sondern als ihre schärfste und in der Übersteigerung zugleich perverse Ausprägung. Ineins damit wandelt sich Gogartens Einschätzung der Subjektivität und mehr noch der Art, wie ihr zu begegnen sei. Diese Wendung in der Beurteilung kündigt sich in den Predigten durch erste Andeutungen an, um danach in sämtlichen Nachkriegspublikationen in immer neuen Versuchen ausgebildet zu werden.

Schon im März 1945 erweitert sich gemäß dieser Sicht die über das deutsche Volk hereingebrochene Katastrophe zu einer Katastrophe der ganzen Menschenwelt. Der Zusammenbruch der bisherigen Herrlichkeit zeigt dem Prediger, daß alle menschliche Herrlichkeit vor Gott in nichts zusammenfällt. Gott ist der Gegensatz zu schlechthin aller menschlichen Herrlichkeit, d. h. zugleich Herrschaftsausübung, wie immer sie auch beschaffen sein mag. Gegen die Welt, die auf sich selbst vertraut und um jeden Preis und mit allen zur Verfügung stehenden Mitteln sich behaupten will, wobei die Kräfte, die aus dieser Tendenz entspringen, im Widerstreit sich selbst vernichten, gegen diese totgeweihte Welt steht der Tod Christi am Kreuz als Trost des neuen Lebens[16]. Der Herr Jesus Christus ist von Grund auf anders, als alle

---

[15] a. a. O. 266.

[16] Vgl. dazu a. a. O. 107ff.

Herren in der Welt zu sein pflegen. Seine Botschaft und seine Herrschaft stehen den Machenschaften aller politischen und wirtschaftlichen Machthaber entgegen, die Frieden und Glück verheißen, als irdische Heilsbringer auftreten und aufgrund unserer eigenen Verwirrungen und Verkehrtheiten, aufgrund unserer Begierden, Lüste und Verdrängungen, Unehrlichkeiten und Ehrgeize, unseres Geltungsdrangs und unserer Herrschergelüste dämonische Gewalt über uns gewinnen, die doch nur aus dem Bösen stammt, das im Menschen ist[17]. So ist die Welt, in der wir leben, eine Welt des Todes zufolge der Einbildungen und Illusionen, in denen wir uns im Namen des Selbstvertrauens und des gesunden Lebenswillens gewiegt haben[18]. Wir sind aus dem Traum und der Täuschung mit aller Bitterkeit in die Wirklichkeit zurückgerufen worden, die erweist, daß die Welt keine Welt des menschlichen Schöpfertums, sondern Geschöpf Gottes ist, woran sie sich versehen hat und immer wieder versieht, weshalb sie in unsägliche Not stürzt[19]. Aber statt der Erkenntnis der Wirklichkeit beherrscht das Gesetz der Feindschaft, des Hasses und der egoistischen Selbstbehauptung fast ohne Widerspruch die Welt, also die ganze Welt, alle ihre Strömungen und Tendenzen[20]. „Wir Menschen von heute sind in einer verhängnisvollen Weise blind geworden für die Gefahr, die uns von der Welt her bedroht. Die Kräfte, die wir in der Selbstbehauptung gegenüber der Welt und in der Herrschaft über sie entwickelt haben, haben sich schon längst gegen uns selbst, gegen unser innerstes Wesen gekehrt. Die elementaren Antriebe, die sich in ihnen auswirken, sind zu Dämonen geworden, die uns in die Irre führen und uns verzehren. Unser Menschentum ist dadurch in einer Weise bedroht, wie es so wohl noch niemals in der Geschichte gewesen ist. Unser ganzer Erdteil ist in einen Ruin gestürzt, wir wir ihn vor ein paar Jahrzehnten noch für unmöglich gehalten hätten. Ungeheure Kräfte und Energien, ein Können und Wissen ohnegleichen und, wer will es leugnen, ein erschütterndes Maß von edelster sittlicher Selbstüberwindung und Opferbereitschaft sind dabei aufgeboten. Aber alles das wird wie in einem wahnwitzigen Rasen ins Leere hinausgeschleudert.“[21]

So breitet sich Gogarten zufolge auch nach dem Untergang des Nationalsozialismus weiterhin, und zwar zunehmend immer noch stärker

---

[17] Vgl. a. a. O. 131ff.
[18] Vgl. dazu a. a. O. 192f.
[19] Vgl. dazu a. a. O. 207f.
[20] Vgl. dazu a. a. O. 198.
[21] a. a. O. 129.

und sichtbarer eine ungeheure, erschreckende Unordnung in der Welt aus. Die Welt ist ohne Herrschaft, so sehr auch und gerade weil Berufene und Unberufene alles daransetzen, sich in ihr zum Herrn zu machen. Der Streit und das Auf und Ab der verschiedenen und wechselnden Zielsetzungen und Richtungen bewirken die Unordnung. Angesichts ihrer wird immer wieder und gerade auch heute — wobei Gogarten an den gegenwärtigen Sowjetblock denken, aber auch auf die jüngste deutsche Vergangenheit zurückblicken mag — die Versuchung zu totaler, bedingungsloser Herrschaft akut. Diese aber bewertet Gogarten jetzt als schauerliche Verkehrung wahrer Ordnung, deren Abhandensein sie aber verständlich macht. Und ihr gegenüber sieht er auf der anderen Seite „nur Halbheit, Ausrede, leichtfertige Verharmlosung"[22]. Gogarten fordert, in dem gegenwärtigen, weltanschaulich bedingten Streit zwischen West und Ost um die Gestaltung von Ordnung und Herrschaft durchaus Stellung zu nehmen, ja dies entschiedener als bisher zu tun, um dem Totalitarismus nicht nur Halbheiten entgegenzusetzen, aber gleichzeitig bringt er den Vorbehalt, daß das letzte Wort zur Frage von Ordnung und Herrschaft in dieser Auseinandersetzung nicht gesprochen werde. Das letzte Wort dazu komme aus der Botschaft Jesu Christi. Sie überführt jegliches weltliche Gesetz der Ungerechtigkeit. „Nichts, gar nichts tut der heutigen Welt, die im Begriff ist, sich selbst zu zerstören im Namen des Gesetzes als des letzten Wortes, von dem das Heil kommen soll, nichts, gar nichts tut ihr so not, wie die Freiheit, die Offenheit dafür, die eigene Ungerechtigkeit, die tiefe Gottlosigkeit dieses Gesetzesglaubens zu erkennen, diese Ungerechtigkeit, die in uns allen, im Osten und im Westen, links und rechts, klein und groß, fromm und nichtfromm, christlich und nichtchristlich, so tief eingewurzelt ist."[23]

Angesichts solchen Zustandes der Welt insgesamt und in allen ihren Tendenzen erscheint es Gogarten jetzt verfehlt, wollten die Christen und die Kirchen das Kampffeld betreten, auf dem um die politische, wirtschaftliche und geistige Herrschaft gekämpft wird, und für diese oder jene Richtung Partei ergreifen oder gar selbst als solche eine Partei bilden. Damit verfielen auch sie der Ungerechtigkeit, statt für sie, für die Einsicht in sie, offen zu bleiben[24]. Das Engagement, das immer nur ein

---

[22] a. a. O. 280; vgl. dazu 278ff.

[23] a. a. O. 288.

[24] Vgl. dazu a. a. O. 278f.

Engagement für ein Mehr oder Minder an Ungerechtigkeit oder Ordnung zu sein vermag, kann also nur der einzelne Mensch für sich, nicht aber im Namen des Christentums und der Kirche eingehen. Scheint sich somit die Frage nach der Gestalt der Ordnung und des Einsatzes für eine solche Gestalt bei Gogarten jetzt wieder wie im frühesten Stadium seines theologischen Denkens zu vergleichgültigen, so gibt er dementgegen innerhalb seines Predigtzyklus doch den Hinweis auf ein Kriterium, das eine Beurteilung der Ordnungsformen nach dem Gesichtspunkt des Mehr oder Minder an Ungerechtigkeit möglich macht und innerhalb dieser Bestimmung den Einsatz der Existenz erfordert: Die politische Macht, die staatliche Herrschaft über die Menschen einer Gemeinschaft ausübt, muß politisch bleiben. Das aber heißt für Gogarten jetzt: Sie muß auf ihren Sachbereich eingegrenzt sein und darf nicht totalitär darüber hinausstreben und das ganze menschliche Leben beanspruchen. Nur in der Selbstbegrenzung gibt sie gemäß der Weisung Jesu (Mk 12,13—17) Gott, was Gottes ist, steht ihr darum auch das Ihre zu, ist sie also legitime Herrschaft. Innerhalb der Predigten ist dies die weitestgehende und genaueste Auskunft Gogartens zur Frage der Ordnung, Herrschaft und polilitischen Macht (er gibt sie in einer Festpredigt am 28. Juni 1953 zur Tausendjahrfeier der Stadt Göttingen, wenige Tage nach den Ereignissen des 17. Juni in Ost-Berlin und in der DDR): „Wir haben gesehen, daß Jesus nicht daran denkt zu sagen, wir müßten uns, um Gott geben zu können, was Gottes ist, vom Politischen fernhalten. Wohl aber sagt er, das Recht und die Macht des Politischen müssen an dem Recht auf uns und der Macht über uns, die Gott hat, gemessen werden. Wir wissen heute alle, daß die größte Gefahr, die uns und die ganze Welt jetzt bedroht, die ist, daß das Politische seine Grenze überschreitet und sich zum Maß für alles macht. Es ist wie alle Dinge unserer Welt in fürchterlicher Unordnung. Es kann aber nur in Ordnung kommen, und, was das wichtigste ist, wir können dem Politischen und seinen Ansprüchen gegenüber nur in Ordnung kommen, wenn wir Gott geben, was Gottes ist. Und ich meine, es sei höchste Zeit, das zu bedenken, und wir täten gut, mit solchem Bedenken das tausendjährige Bestehen unserer Stadt zu feiern.“[25]

---

[25] a. a. O. 346; vgl. dazu 341 ff. Es entbehrt nicht der Pikanterie, daß sich Gogarten bei einer ähnlich offiziellen und feierlichen Predigt 16 Jahre zuvor in derselben Stadt, zur 200-Jahrfeier der Universität Göttingen, gehalten am 27. Juni 1937, dafür ausgesprochen und dazu aufgerufen hatte, alle Gläubigen sollten sich bis an die Grenze der Kraft für das Neue in

Alle diese Äußerungen des Predigers Gogarten erfahren an Ort und Stelle keine hinreichende und letztaufschließende theologische Begründung. Sie werden in ihrem Gehalt erst verständlich, wenn wir diese untersuchen, wie sie Gogarten in seinen Nachkriegsschriften gegeben hat. Das soll im folgenden Abschnitt geschehen, wobei wir unsere Untersuchung auf die beiden Hauptthemen konzentrieren, die für Gogarten jetzt im Vordergrund stehen: 1. das Verhältnis von Säkularisierung und Säkularismus in der Neuzeit, die das Zeitalter einer Vorherrschaft der Subjektivität ist, und 2. das Problem der weltlichen Freiheit der geschichtlichen Existenz in ihrer durch das Zeitalter der Neuzeit bestimmten Gegenwart.

Bevor wir uns diesen Themen zuwenden, sei noch darauf aufmerksam gemacht, daß Gogarten gerade auch eines seiner beiden im Jahre 1948 publizierten Bücher, mit denen er nach elfjähriger Pause wieder an die Öffentlichkeit trat, nämlich „Die Kirche in der Welt", mit Ausführungen über den Nationalismus einleitet, die sein gewandeltes politisches Urteil deutlich machen. Auch hier sieht er nun den Nationalismus als die späte und extreme Folge eines Prozesses, dessen Gang sich über die Jahrhunderte der Neuzeit erstreckt und in den letzten Jahrzehnten auf seinen Höhepunkt trieb. In der Neuzeit haben sich die in der Antike und im Mittelalter gültigen Bindungen einer durch die Polis oder durch die Kirche geeinten geschlossenen Welt mehr und mehr gelöst. Damit ist die Unverbrüchlichkeit des Rechts und der Ordnung ins Wanken geraten. Der forttreibende Prozeß solcher Verunsicherung führte mit Notwendigkeit in eine moralische Katastrophe. Diese stellt nun für Gogarten gerade der moderne Nationalismus dar. Da die umschließende Welt nicht mehr gegeben war, mußte ein das ganze menschliche und mitmenschliche Leben Umfassendes aus den Kräften der Subjektivität erst geschaffen und durchgesetzt werden. Gogarten hält, wenn auch in gewandelter Bewertung, an dem Vorrang des Volkes für die Konstitution und Realisierung des Mitseins fest, wenn er folgende historische Feststellungen trifft und daraus die Folgerungen zieht: „Man hat lange Zeit gemeint, die Nation als dieses Umfassende verstehen zu dürfen. Es treffen da politische und weltanschaulich-religiöse Verhältnisse zusammen. Und es ist kein Zufall, daß, als das französische Volk sich in der Revolution von 1789 als Nation selbständig macht, es sich zugleich

der politischen und wirtschaftlichen Ordnung, „das werden will und werden muß", einsetzen, nämlich für den totalen Staat (vgl. in: Glaube und Volk in der Entscheidung 1937, 73).

an die Stelle Gottes setzt. Was in Frankreich zu Beginn des nationalistischen Zeitalters in extremer Weise geschah, ist während der folgenden anderthalb Jahrhunderte in mancherlei Modifikationen immer wieder geschehen. Man versteht das in seinem tiefsten Sinn nur dann, wenn man bedenkt, daß bis zum Eintritt des Christentums in die abendländische Geschichte die Einheit des Politischen und des Religiösen, von Volk und Gottheit die selbstverständliche Verfassung des menschlichen Lebens gewesen ist. Es war also, wenn man von den Verfallserscheinungen in der hellenistischen Zeit absieht, bis zum Christentum das Volk das die ganze Existenz des Menschen Umfassende. Es konnte das sein, weil es zugleich der Inbegriff der Offenbarung des Göttlichen war. Es wäre darum seltsam gewesen, wenn das Volk nicht die religiöse Bedeutung des die ganze menschliche Existenz Umfassenden in dem Augenblick bekommen hätte, in dem einerseits der mit allen Kräften und Leidenschaften geführte Kampf um seine Souveränität eine tiefgreifende Veränderung des Lebensgefüges herbeiführte und in dem andrerseits die Loslösung des Denkens und Fühlens aus den überkommenen christlichen Anschauungen eine schon fast vollendete Tatsache war."[26]

Aber nun ist das Volk nichts selbstverständlich Vorgegebenes mehr, sondern es muß zu jener Geschlossenheit als Nation organisiert werden, die als die neue umschließende Kraft herausgebildet zu werden vermag. Alles ist auf diese Organisation auszurichten. Das Volksganze muß allererst gegenüber allen Einzelregungen durchgesetzt werden, um totale Geltung beanspruchen zu können. Diese ist zugleich als Seinsollendes vorausgesetzt. Im Zeitpunkt der Verfügung über die modernen technischen und propagandistischen Mittel führt solches Organisieren im Namen des Nationalen zwangsläufig in den Totalitarismus. Der neuzeitliche Nationalismus will total und muß totalitär eine ganze Welt begründen. Er hat den Imperialismus notwendig im Gefolge. Der nationalsozialistisch-weltanschaulich fundierte Staat treibt eine immer schärfere Unterdrückungspolitik nach innen und außen. Das Nationale tritt so ausschließlich gegen die Freiheit auf, deren neuzeitlicher Vorherrschaft es zunächst als ein Mittel der Selbstbehauptung, insofern als ein Bedürfnis entsprang. Es vollzieht sich so am Ende eine Verwandlung ins moralische Elend und in den Untergang der Freiheit[27]. Solche Verwandlung geschieht, „wenn der im Sinne der Neuzeit freie, von seiner

---

[26] *Die Kirche in der Welt* 10.
[27] Vgl. dazu a. a. O. 11ff.

Welt nicht mehr zu umschließende Mensch sich des Nationalen bemächtigt, um durch es seine Welt umfassen zu lassen. Das Nationale wird dadurch zu einer politischen Theorie, die mit Hilfe des Staatsapparates und einer propagandistischen Technik und, wenn die Mittel dazu gegeben sind, durch den Zwang eines verhüllten oder offenen Terrors durchgesetzt wird. Der Mensch wird dabei, ganz gleich, ob er Subjekt oder Objekt dieses Vorganges ist, zum Werkzeug der Theorie. Aus seiner Freiheit wird die technische Herrschaft über den ständig komplizierter werdenden politischen Apparat, der das Menschliche der von ihm erfaßten Menschen in immer rapiderem Tempo zerstört. Das Volk als der natürliche und lebendige Träger des Nationalen ebenso wie die Freiheit des Menschen und mit ihr seine Menschlichkeit verkümmern elendig. Sie gehen unter in der grauenvollsten, unmenschlichsten und mörderischsten Perversität, die je erdacht worden ist: in der Technik der Menschenführung"[28]. Diese steht im Dienste eines totalitären Fanatismus, der ebenso notwendig das Menschsein der Führer wie derer, an denen seine Menschenführung geübt wird, zu zerstören trachten muß[29].

Gogartens nunmehrige Charakterisierung des modernen Nationalismus, wobei er ersichtlich als extremste Form den Nationalsozialismus im Auge hat, ist eindeutig. Wenn er ihn jetzt betont aus der neuzeitlichen Entwicklung als deren — wenn auch pervertierte — Spätform und nicht mehr als deren Gegenbewegung erklärt, so könnte der Eindruck entstehen, mit dem Nationalismus werde die Neuzeit ebenso einhellig von Gogarten verurteilt. Dies jedoch ist jetzt keineswegs mehr der Fall. Gogarten erklärt an einer anderen Stelle, die ebenfalls auf den Nationalsozialismus abhebt, wie an vielen weiteren Stellen seiner Nachkriegsschriften ausdrücklich, die Neuzeit und in ihrem Gefolge die Subjektivierung und Individualisierung seien als die wesentliche geschichtliche Gestalt unserer Welt hinzunehmen, sie seien nicht rückgängig zu machen, ja sie müßten darüber hinaus aus der christlichen Geschichte verstanden und im Hinblick auf diese historische Voraussetzung gewürdigt werden. Gogarten geht nun so weit zu erklären, man müsse und werde den christlichen Glauben mitzerstören, wollte man die neuzeitliche Geschichte wieder auslöschen, was im übrigen unmöglich erscheint. Und er fügt hinzu: „Wir haben die Probe eines

---

[28] a. a. O. 19.
[29] Vgl. a. a. O. 19f.

solchen Unternehmens vorgeführt bekommen, durch die wir klug werden sollten."[30] Gerade sofern der Nationalsozialismus sich selbst als Gegenbewegung verstand und zu seiner Zeit auch von Gogarten so aufgenommen wurde, wird er nun als warnendes Beispiel hingestellt. Er ist eine Erscheinung der Neuzeit, aber in der Form der Perversion, die allerdings nicht ohne historische Konsequenz ist. Wie muß, wenn Gogarten den Zusammenhang jetzt so sieht, dann die Neuzeit in seiner Bewertung erscheinen? Was macht ihren hauptsächlichen Gehalt aus, wie ist dieser geschichtstheologisch zu beurteilen, wie ist er von seinen Perversionsformen abhebbar und wie muß sich die menschliche Existenz theologisch und politisch orientieren, um ihn vor neuer Perversion zu bewahren?

2. *Das christliche Wächteramt für Freiheit und Weltoffenheit im Zeitalter der Säkularisierung*

Die neue Beurteilung des Zeitalters der Neuzeit aus der Sicht der Geschichtstheologie Gogartens, die das neuzeitliche Selbstbewußtsein und den christlichen Glauben nun in eine geschichtliche Nähe rückt, allerdings zugleich eine entscheidende Differenz offenhält und so ein dialektisches Verständnis herzustellen sucht, kommt am prägnantesten in einigen Sätzen der aus dem Jahre 1948 stammenden Schrift „Die Verkündigung Jesu Christi" zur Sprache[31]: „Es ist kein Zweifel, daß das moderne Selbstbewußtsein seinen Ursprung im christlichen Glauben hat. Denn erst mit dem christlichen Glauben geschieht das, was das Selbstbewußtsein des modernen Menschen möglich macht. Erst mit ihm löst sich der Mensch aus dem Zusammenhang der Welt. Erst so, herausgelöst aus diesem Zusammenhang der Welt gegenübertretend als ein Wesen für sich, gewinnt er die Möglichkeit, auf sich selbst zu reflektieren. Diese Möglichkeit hat auch die griechische Philosophie noch nicht gehabt. Der griechische Mensch bleibt auch in seiner Selbstbesinnung im Zusammenhang des Weltganzen. In diesem Herausgelöstsein aus dem Ganzen der Welt sind der christliche Glaube und das moderne Selbstbewußtsein einander gleich. Zugleich aber sind sie darin am tiefsten unterschieden. Denn im christlichen Glauben geschieht diese

---

[30] *Die Verkündigung Jesu Christi* 472.
[31] a. a. O. 405.

Herauslösung wegen der Bindung des Menschen an Gott. Der christliche Mensch hat sein Selbstbewußtsein im Glauben an Gott. Es ist das demütig-stolze Selbstbewußtsein des Geschöpfes vor dem göttlichen Schöpfer. Von hier weiß er sich aufs Neue in das Ganze der nun von ihm als Gottes Schöpfung begriffenen Welt eingeordnet. Für den Menschen des modernen Selbstbewußtseins dagegen fällt diese Begründung seiner Herauslösung aus dem Ganzen der Welt fort. Sie hat ihren Sinn statt dessen allein in seiner Selbstbehauptung der Welt gegenüber. In dieser Freiheit seiner selbst hat er das Leben, kommt er zum eigentlichen Leben."

Das neuzeitliche Selbstbewußtsein und der christliche Glaube haben also gemäß der neuen geschichtlichen Besinnung Gogartens das eine Wesenselement positiv gemein, eine Freiheit des Menschen zu eröffnen, die viele Spielarten kennt, allgemein aber als Freiheit von der Welt zu bezeichnen ist. Und dabei hat die neuzeitliche Freiheit ihre Herkunft aus der christlichen Freiheit. Im Namen dieser Freiheit aber ist gerade der Kampf gegen die Unmenschlichkeit geführt worden, wie Gogarten jetzt konstatiert, in die der Nationalismus, der das deutsche Volk ergriffen hatte, die ganze abendländische Welt zu stürzen drohte. Dieser unterstützenswürdige Kampf artikuliert sich als Einsatz für die Grundrechte, für die Freiheit des Gewissens, der Vernunft, der Wissenschaft, der Kunst und der öffentlichen Meinung[32]. Ohne die Realisierung dieser Freiheiten hält Gogarten das moderne Leben nun nicht mehr für denkbar; ja, er hält jetzt gerade ein geordnetes, ein recht geordnetes Zusammenleben ohne solche Freiheiten nicht mehr für möglich. Darum muß die Theologie, muß die Kirche, muß die Verkündigung ihr dringendstes Anliegen darin sehen, das Wesen, die Möglichkeit und die Herkunft dieser Freiheiten und der einen sie alle durchherrschenden neuzeitlichen Freiheit des Menschen von der Welt zu bedenken, wenn sie der Geschichtlichkeit ihres zentralen Gegenstandes, des Wortes Gottes und der Antwort des Menschen, dann aber der menschlichen Existenz überhaupt, gerecht werden will.

Gogarten hebt das christliche und das neuzeitliche Weltverhältnis einheitlich vom mythischen ab. Die mythische Welt ist die das menschliche Leben ganz und gar umschließende Welt. „In dem bis in unerforschbare Vergangenheit zurückreichenden Zeitraum, in dem der menschliche Geist im mythischen Denken gebunden war"[33], ist die den

[32] Vgl. *Die Kirche in der Welt* 21.
[33] Die *Verkündigung Jesu Christi* 12.

Menschen umgebende Wirklichkeit von Wesen und Kräften erfüllt, die das menschliche Tun und Wollen beherrschen. Diese Wirklichkeit ist für den mythischen Menschen mit der Welt schlechthin identisch, aus der er lebt, der er sich nicht gegenüber- und entgegenzustellen vermag[34]. Ein erstes Durchbrechen dieser Geschlossenheit ereignet sich für Gogarten in der Reflexion des metaphysischen Denkens, das in der Antike anhebt und die abendländische Geschichte heraufführt. Hier wird die den Menschen umgebende Welt der Dinge in ihrer Gegebenheit in Frage gestellt und auf ihr wahres Wesen hin befragt, um in der wissentlichen Bindung an dieses Wesen eigens ergriffen zu werden. Der Mensch reflektiert damit zugleich auf sich selbst als auf ein von seiner Welt unterschiedenes Wesen. Mit der kritischen Frage nach der Welt und ihrer Wahrheit macht der Mensch sich frei gegenüber der bloßen Gegebenheit der Erfahrung. Für Gogarten beginnt damit erst eigentlich menschliche Geschichte, also nur im von der Antike bestimmten Abendland. Geschichte ist dabei ja als das Geschehen begriffen, das der Mensch nicht wie das Walten und Einwirken der mythischen Mächte einfach hinnimmt, sondern in dem er auf ein Begegnendes antwortet und diese Antwort verantwortet, was die Distanz zu ihm voraussetzt. Der Mensch verhält sich zu und entscheidet sich gegenüber dem Begegnenden, der Welt. Dabei bleibt aber im Geltungsbereich des metaphysischen Denkens dieses Begegnende selbst und damit die Instanz, vor der der Mensch sich entscheidet und also geschichtlich wird, noch ungeschichtlich. Die Wahrheit der Welt wird gerade als das Unveränderliche gedacht, das dem Wandel der Geschichte als dem bloß Kontingenten entzogen ist. Darum ist die menschliche Geschichte, die hier in einem ersten Ansatz begründet wird, für das metaphysische Bewußtsein nicht die volle und eigentliche Wirklichkeit. „Sie ist in sich für dieses Denken nur ein Wirrwarr von Zufällen und hat an der Wirklichkeit nur Teil, insofern sie sich auf eine Welt beziehen läßt, die unberührt bleibt von allem geschichtlichen Werden. Sie ist in der antiken Metaphysik nur der nicht zur Ruhe kommende Wandel der irdischen Dinge, über dem das unwandelbare Sein des ewigen Kosmos ruht. In der mittelalterlichen Metaphysik ist sie der Durchgang durch das irdische Reich der Unvollkommenheit und Sünde, in dem nur durch die sakramentalen Heilsmittel der Kirche als der Vertreterin des göttlichen Reiches die ewigen Zwecke des göttlichen Weltplanes verwirklicht werden können. Für die

---

[34] Vgl. dazu auch *Theologie und Geschichte* 348f.

moderne Metaphysik des deutschen Idealismus ist die Geschichte mit dem Kampf und der Mühe ihres Werdens zwar die unerläßliche Voraussetzung dafür, daß die ideelle Welt zur Klarheit und zum Bewußtsein ihrer selbst kommt. Aber sie ist hier ‚von vornherein ein Zweites, über dem als das Erste die unwandelbare Autorität der Vernunft und des Logos steht' (Hinrich Knittermeyer, Die Philosophie und das Christentum, Jena 1927, S. 25)."[35]

Erst und allein der richtig verstandene christliche Glaube eröffnet das radikale Verständnis der Geschichtlichkeit. Richtig versteht sich der Glaube im Sinne Gogartens allein dann, wenn er sich ausschließlich als die Antwort auf das Geschehnis des Wortes Gottes selbst begreift. Dieses Verständnis sieht Gogarten (wie Bultmann) in der Verkündigung Jesu, in der paulinischen und johanneischen Theologie und bei Luther gegeben. Er versucht es selbst neu zu entfalten. In diesem rechten geschichtstheologischen Verständnis des Glaubens wird Gott als schlechthin überweltlich und die Welt als schlechthin weltlich erfahren. Gott und Welt stehen im schärfsten Gegensatz. Zugleich offenbart sich Gott nur so, daß er innerweltlich handelt und in diesem Handeln die Welt als seine Schöpfung offenbart. Dieses Handeln aber vollzieht sich, indem sein Wort an den Menschen ergeht. Der Mensch hat seine Existenz ganz und gar in der Welt, aber als der von Gott Gerufene ist er zugleich aus dieser Welt herausgenommen und ihr gegenübergestellt. Das besagt für Gogarten jetzt aber vor allem: Aufgrund des Geschehnisses des Wortes Gottes büßt die Welt die umschließende, die sichernde und bewahrende Kraft für den Menschen ein. Was der Mensch ist, das ist er nicht aus der Welt, sondern als der auf das Wort Gottes Antwortende. Seine Geschichtlichkeit stellt ihn somit frei der Welt gegenüber. In der Bindung an Gott gründet seine Freiheit von der Welt. Diese schließt zugleich die Herrschaft und Verfügung über die Welt ein, also eine Freiheit-zu. Im Verständnis des christlichen Glaubens bleibt aber solche Freiheit gebunden in der Verantwortung für die Welt vor Gott, denn alles, was der Mensch in der Welt tut, tut er als der auf das Wort Gottes Antwortende. So entwickelt Gogarten aus der Geschichtlichkeit der menschlichen Existenz, die in der Gebundenheit des Menschen an Gott gründet, jetzt eine dreifach-einige christliche Freiheit: die Freiheit des Menschen von der Welt, für die Welt und für Gott; schärfer wäre zu sagen: die Freiheit von der Welt zur Welt vor Gott.[36]

[35] *Die Verkündigung Jesu Christi* 13f.

[36] Vgl. dazu bes. *Die Kirche in der Welt* 22f., 128ff., *Die Verkündigung Jesu Christi* 15f.

Die Grundlegung dieser Freiheit räumt dann aber die Möglichkeit ein, daß die menschliche Freiheit von der Welt ohne ihre Rückbindung an Gott verstanden, daß sie von ihrer Verantwortlichkeit vor Gott getrennt und daß die ihr zugehörige Freiheit für Gott verleugnet wird. Dann vollzieht sich eine Isolierung und Verabsolutierung der Freiheit von der Welt, die infolge der Verleugnung der Freiheit für Gott auch die Freiheit für die Welt gefährdet. Anders gesagt: Die Freiheit von der Welt gefährdet sich als Freiheit über die Welt, weil sie ihr Sein vor Gott und aus Gott nicht mehr kennt. Dann weiß der Mensch nämlich nicht mehr, daß seine Umschlossenheit von der Welt durch das Wort Gottes durchbrochen ist, und sucht zufolge seiner Ungesichertheit eine neue Umschlossenheit, in der er von der Welt wieder abhängig wird, aber jetzt so, daß er meint, die Welt zu beherrschen, und durchaus auch dadurch, daß er die neue Geschlossenheit selbsttätig, aus dem Wesen der Subjektivität, allererst konstruiert, von sich aus setzt. Das aber geschieht gemäß der Sicht Gogartens im neuzeitlichen Bewußtsein. Das neuzeitliche Bewußtsein gründet sich auf die neu gewonnene Freiheit von der Welt, die christlicher Herkunft ist, ohne die sie konstituierende Bindung an Gott beizubehalten. Dieser Vorgang ereignet sich in einer langen Entwicklung seit der Renaissance, dem Humanismus und der Aufklärung. Der Gefahr des Verlustes der Freiheit für die Welt aufgrund der Leugnung der Freiheit für Gott und damit der Gefahr der Zerstörung auch der Freiheit von der Welt, der neuzeitlichen Freiheit also, ist zumindest die weitere Entwicklung — im 19. und 20. Jahrhundert, kulminierend in den modernen Totalitarismen — nicht entgangen. Denn aus der neuen Weltbeherrschung wurde, um sie im System zu sichern und zu festigen, eine Weltanschauung gemacht. Das System der Weltanschauung, die eine neue geschlossene Weltsicht postuliert und durchsetzt, gibt aber gerade die Weltoffenheit auf, die jene Weltbeherrschung erst ermöglicht. Sie führt in eine neue Abhängigkeit, und zwar in die Abhängigkeit von einzelnen welthaften Mächten, die zum Prinzip der Weltauslegung gemacht werden müssen, z. B. des Volkes, der Rasse, der Klasse. Sie und die zur Durchsetzung dieser Prinzipien verfolgte Politik zerstören die neuzeitliche Freiheit, aus deren Bedürfnis nach Sicherung sie entspringen.[37]

So zeigt sich, daß diese neuzeitliche Freiheit immer schon in der Gefahr ihrer eigenen Auflösung schwebt. Sie liegt von vornherein im

[37] Vgl. dazu bes. *Die Kirche in der Welt* 23ff., 133.

Widerstreit mit sich selbst. In solchen Widerstreit gelangt sie, weil sie den Vollgehalt der christlichen Freiheit, welche sie erst ermöglicht hat, nicht bewahrt. Sie stellt eine Säkularisierung der christlichen Freiheit dar, die in ihrer Entartung und Umkehrung durch die modernen Weltanschauungen in den Säkularismus führt. Als Säkularisierung behält sie noch eine Gemeinsamkeit mit dem Freiheitsverständnis des Glaubens, als Säkularismus — die Form ihrer eigenen Auflösung — dagegen nicht mehr. Zwischen Säkularisierung und Säkularismus unterscheidet Gogarten scharf.[38] Dadurch, daß er die Weltanschauungen, und zwar vor allem die nationalsozialistische, als Perversionen der neuzeitlichen Freiheit und nicht mehr als positive Versuche einer Rettung aus dem von ihr bewirkten Chaos, vielmehr das Verhältnis gerade umgekehrt begreift, ist seine bisherige Position umgewendet. Die neuzeitliche Freiheit und Säkularisierung erscheinen angesichts ihrer Bedrohtheit, obwohl und weil diese aus ihrem eigenen Wesen kommt, seitens des Glaubens verteidigungswürdig. Sie sind geschichtlich unaufgebbar und verlangen ihrerseits vom Glauben und von der Kirche, auf eine christliche Weltanschauung und deren Vertretung in der Politik strikt zu verzichten. Mit solchem Ansinnen ist auf etwas gezielt, was im Wesen des Glaubens und der Kirche selbst liegt, auf die Offenheit für die Welt. Umgekehrt ist es Aufgabe des Glaubens und der Kirche, über diese Weltoffenheit der weltlichen Freiheit zu wachen und mit dafür Sorge zu tragen, daß die säkularisierte Welt nicht und niemals mehr in den weltanschaulichen Säkularismus ausartet.

Gogarten erhebt nun also geradezu die Forderung, daß sich der Glaube, die Kirche und die christliche Existenz für die säkularisierte Welt offenhalten und verwenden. Sie haben darauf zu achten, daß die Welt Welt bleibt, d. h. in ihrer Sachlichkeit genommen, behandelt und beherrscht wird, ohne daß sie zum Instrument der „Rechtfertigung“, der Herstellung einer vollendeten und letztgültigen Ordnung gemacht wird, der ein — säkularistischer — Heilsrang zugeschrieben würde. Dies bedeutete nämlich, daß der Welt — der Menschenwelt als Ordnung und Gesetz — wie Göttern gedient würde, daß der Mensch sich dieser Welt bzw. einem von ihm selbst angesetzten welthaften Prinzip wie dem Volk, der Rasse oder der Klasse kritiklos ausliefern müßte. Gerade eine solche weltanschauliche Bindung muß vermieden werden. Sie will eine Ganzheit und eine Geschlossenheit der Welt durchsetzen, die in Wirklichkeit nicht mehr bestehen. Da sie gegen die geschichtliche Wirk-

[38] Vgl. bes. *Verhängnis und Hoffnung der Neuzeit* 137ff., *Die Kirche in der Welt* 26ff., 133ff

lichkeit angeht, muß sie zu allen Mitteln der Vergewaltigung greifen und schließlich doch die Zerrüttung aller Ordnung — die nur noch auf Freiheit basierende Ordnung sein kann und darf — bewirken. Daran darf sich der christliche Glaube nicht beteiligen, weder in der Form einer eigenen christlichen Weltanschauung und Politik noch in der Form der Zustimmung zu einer der bestehenden und die Herrschaft usurpierenden Weltanschauungen.

Dem Glauben kommt im Gegenteil ein Wächteramt gegenüber dem Säkularismus (zugunsten der Säkularisierung) zu. Dabei sieht er aber nun nicht nur eine, sondern zwei Spielarten des Säkularismus, die einander korrespondieren und ablösen. Vor beiden gilt es zu warnen und zu bewahren. Die erste Spielart, die für Gogarten im Vordergrund steht, beansprucht, eine Antwort auf die Frage nach der Ganzheit der Welt zu besitzen und berechtigt zu sein, ihr mit Gewalt Geltung zu verschaffen, da sie als das Heil schlechthin ausgegeben wird. Dies ist der Säkularismus der Heilslehren oder Ideologien, dessen Fazit totalitäre Politik bedeutet. Seine Nähe hat der Glaube zu meiden, indem er sich darauf besinnt, daß es vor dem alle Sicherheiten und Verfügbarkeiten durchbrechenden Wort Gottes keine einheitliche und umfassende Welterklärung und keine zur Durchsetzung einer ganzheitlichen und heilen Weltordnung formulierte und praktizierte Politik, auch keine „christliche“ Politik, gibt. Auf der anderen Seite steht aber eine weitere Form des Säkularismus, von dem angesichts der Unmöglichkeit, auf die Frage nach der Ganzheit der Welt eine Antwort beizubringen, latent oder offen jede Frage überhaupt für nutzlos und unsinnig erklärt wird, die über das bloß Sichtbare und Greifbare hinausgeht. Solcher Positivismus oder Empirismus ist im Lichte des christlichen Glaubens Nihilismus, da er die Möglichkeit der Geschichtlichkeit des Geschehens von Wort und Antwort, die das Wesen der menschlichen Existenz ausmacht, leugnen muß.[39]

Gogarten stellt in etwas anderer Version die zwei Arten des Säkularismus auch als Optimismus und Pessimismus, Idealismus und Materialismus einander gegenüber, zwischen denen das neuzeitliche Bewußtsein immer wieder hin und her schwankt. „Was in der Geschichte vom Turmbau zu Babel als eine einmalige Katastrophe erzählt wird, ist hier zu einem chronischen Zustand geworden: Aufbruch zu titanischem Werk und Verfall in die jämmerlichste Sklaverei gehen unablässig ineinander über. In jähem und durch nichts zu kontrollierendem Wechsel

---

[39] Vgl. dazu *Verhängnis und Hoffnung der Neuzeit* 138f.

ist Welt hier den Himmel auf Erden verwirklichende, in ewigem Fortschritt sich vervollkommnende Kultur, die dem Menschen die ungehemmte Entfaltung aller ihm verliehenen schöpferischen Kräfte ermöglicht, oder sie ist ein streng kausaler, sachlich bedingter, mit maschinenhafter Notwendigkeit ablaufender Geschehenszusammenhang, in dem kein Raum ist für menschliches Leben, das, zwecklos, sich selbst gelebt werden könnte. Und die eine Welt ist nur die Kehrseite der anderen."[40] Die Entartung, die die zweite Form des Säkularismus in dieser Gegenüberstellung und Zuordnung darbietet, kann den Glauben darauf verweisen, daß er nicht resignieren darf. Die Neigung zur Resignation könnte sich angesichts der Unmöglichkeit nahelegen, eine eigene christliche Weltanschauung und Politik auszubilden und mit ihr den Weltanschauungen entgegenzutreten. Aber sowohl gegenüber der Verführung zur Ideologisierung und Programmierung wie auch gegenüber der Neigung zur Resignation und Gleichgültigkeit stellt sich für Gogarten die geschichtliche Aufgabe des Glaubens, der Kirche und der christlichen Existenz dahingehend, die neuzeitliche Welt in ihrer Säkularität zu bewahren, was sie selbst nicht mit Sicherheit vermag, wie die geschichtliche Erfahrung zeigt. Gogarten wirft an keiner Stelle seiner Nachkriegsschriften die Frage auf, ob sich nicht gerade auch der Glaube, die Kirche und die christliche Existenz, *so wie sie geschichtstheologisch verstanden wurden*, hinreichend kompromittiert haben, um für die Leistung der nun gestellten Aufgabe kaum noch gerüstet und geeignet zu erscheinen. Vielmehr sollen und können sie in aller Bestimmtheit zu den eigentlichen und ersten Hütern der Freiheit werden, die das neuzeitliche Bewußtsein geprägt hat. Sie haben stets die Weltoffenheit durchzuhalten, die auf die Frage nach der ganzheitlichen und geschlossenen Welt verzichtet, weil sie um ihr Nichtwissen, ihr Nichtwissenkönnen einer Antwort auf diese Frage, weiß.[41] Wie dies zu geschehen hat, dafür vermag Gogarten dann aus der Natur der Sache selbst heraus nur noch ganz allgemeine und formale Hinweise zu geben.

3. Die Vorläufigkeit der Ordnung

Für den Glauben gründet auch die jetzt von Gogarten geforderte Weltoffenheit in dem schon vorher und durchgängig in der Theologie

---

[40] *Die Kirche in der Welt* 135.

[41] Vgl. zum Thema dieses Abschnittes auch *Der Mensch zwischen Gott und Welt* 149ff. und *Was ist Christentum?* 55ff.

der Geschichtlichkeit als Basis aller Explikationen vorausgesetzten Wort-Antwort-Geschehen zwischen Gott und Mensch, näherhin darin, daß der im Wort sich offenbarende Gott dem Menschen nicht mehr Garant seiner Welt ist, daß vielmehr sein worthaftes Begegnen die Sicherheit und Selbstverständlichkeit aller welthaften Bezüge der Existenz in Frage stellt. Gott begegnet dem Menschen zwar in der Welt, er ist also nicht etwa von der Welt getrennt bzw. die Welt von ihm — sie ist ja der Ort seiner Selbstoffenbarung —, aber Gott begegnet in ihr dem Menschen in der Souveränität seines Herr- und Schöpferseins, die nicht an die Bedingungen und Ordnungen, die in der Welt gelten, gebunden ist, sondern deren Sinn erst erschließt. Gott handelt gegenüber dem Menschen zwar innerweltlich, aber aus seiner schlechthin der Verfügbarkeit entzogenen, überweltlichen, souveränen Gottheit heraus. Dadurch erhalten für den Menschen, dem Gott in seinem Wort begegnet und der auf dieses Wort hörend und ihm gehorchend antwortet, alle welthaften Bezüge einen neuen Charakter. Sie lösen sich keineswegs auf, aber die Existenz wird ihnen gegenüber frei, weil sie nicht mehr als das das Leben primär Bindende und Garantierende erscheinen. Die christliche Existenz tritt aus der Sicherheit und Geborgenheit, aber auch aus der Macht, die die Welt darstellt, heraus und stellt sich ihr gegenüber frei, weil sie dieser Sicherheit, Geborgenheit und Macht nicht mehr bedarf.[42] Das besagt gemäß der nunmehr von Gogarten gezogenen Folgerung, die aus dem entschlossenen Verzicht auf alle innerweltlichen Zwischeninstanzen, die vorher in Gestalt der staatlichen Autorität der Existenz immer noch eine abgeleitete, vermittelte Sicherheit für ihr Hörigsein beizubringen hatten, erwächst und zugleich die völlige Abwertung und Vergleichgültigung aller weltlichen Erscheinungsformen (wie im Frühstadium des Gogartenschen Denkens) vermeidet: Die christliche Existenz begreift jetzt die Welt mit ihren Ordnungen in der Wirklichkeit, die ihr aus ihrer geschichtlichen Wahrheit zukommt, welche das Wort Gottes erschließt. Sie begreift sie nämlich in ihrer Endlichkeit, Zeitlichkeit und Vorläufigkeit und folglich in der ganzen Bedingtheit, die dadurch gegeben ist. Die Welt ist nicht mehr göttliche, vergöttlichte Welt, weil es nur noch ein einziges Göttliches gibt, das Wort der Selbstoffenbarung Gottes. Die Welt wird unter dem Wort Gottes zur ganz und gar und ausschließlich menschlichen Welt, zu dem Gesamt der Bezüge, in denen der Mensch

---

[42] Vgl. dazu *Die Verkündigung Jesu Christi* 43ff.

in seiner Geschichtlichkeit, Endlichkeit und Mitmenschlichkeit je und je steht.

Dann eignet ihr jene Kontingenz, Übergängigkeit und Wandelbarkeit, die das geschichtliche Leben des Menschen überhaupt charakterisiert. Der genaue Ausdruck für die christliche Weltoffenheit beruht in der Offenheit für diese Geschichtlichkeit der Welt. Ihr zufolge empfängt die je konkrete, augenblickliche Weltgestalt ihre aktuelle Bedeutsamkeit, die nun aber zuerst und vor allem darauf verweist, daß sie nicht die einzige Weltgestalt ist, sondern mit ihrer Augenblicklichkeit im Kontext zu anderen Formen steht. Eine einzelne Weltgestalt kann sich dann nicht mehr als absolut und ein für allemal gültig mißverstehen, sondern transzendiert sich selbst im Verweis auf andere Möglichkeiten. Steht es so, dann wird aber jede einzelne geschichtliche Welt als solche in ihrer Geltung eingegrenzt und damit die Welt überhaupt als das die Existenz Umschließende gebrochen. Die vom Glauben verstandene Welt bleibt je und je der Rätselhaftigkeit, dem Geheimnis, der unverfügbaren und unvorherplanbaren Zu-künftigkeit ihrer noch ausstehenden und immer noch bevorstehenden Zukunft offen. Indem die christliche Existenz diese Zukunft ausdrücklich offenhält, sofern sie sich und die je konkrete Weltgestalt der Einsicht ihres Wandels aussetzt, wahrt sie die Säkularität der Welt und verhindert sie den Säkularismus und seinen Unbedingtheitsanspruch. Im Vergleich zu jedwedem Anspruch, eine Antwort auf die Frage nach der Ganzheit der Welt zu wissen, die aus dem Bedürfnis der Subjektivität entspringt, hält sie sich in dem Nichtwissen, das sich der konkreten Weltgestalt und ihren sachlichen Problemen zukehrt, ohne sie in ihrer geschichtlichen Geltung zu überschätzen.[43] Diese Weltgestalt, also eine vereinzelte Ordnung oder eine vereinzelte Kultur, kann dann niemals eine christliche auch nur sein *wollen*. Gilt dies, dann können die Welt, die Ordnung, die Kultur auch in aller Zukunft niemals christlich werden. „Christlicher Glaube und Kultur haben also nicht so miteinander zu tun, daß diese verchristlicht werden müßte. Sondern gerade umgekehrt: christlicher Glaube tut das Seine, damit die Kultur säkular bleibt. Er tut das, indem er das Wissen um das Geheimnis des Menschen und seiner Welt offen hält.“[44] Er sieht die Welt und jede ihrer einzelnen Gestalten unaufhörlich in ihrer ge-

[43] Vgl. dazu *Verhängnis und Hoffnung der Neuzeit* 141f., 218f., *Der Mensch zwischen Gott und Welt* 417ff., 424.

[44] *Der Mensch zwischen Gott und Welt* 419.

schöpflichen Verfallenheit, die es verwehrt, sich an sie zu binden und aus ihr in dem Sinne zu leben, daß das Leben darin sein Heil und seine Vollkommenheit suchte. Und gerade indem er sie so versteht, begreift er sie als Schöpfung Gottes, über die zugleich das Gericht der Herrschaft Gottes ergeht.[45]

Bleibt damit aber die einzelne Weltgestalt seitens des Glaubens und der christlichen Existenz nicht doch sich selbst überlassen? Die Antwort Gogartens auf diese Frage ist Nein und Ja zugleich. Er selbst verneint sie zunächst scharf.[46] Und wenn die jeweilige Weltgestalt sich für den Glauben zwar als Gericht, aber auch als Schöpfung Gottes erweist, dann wird der Glaube sie in der Tat nicht sich selbst überlassen können. Vielmehr erklärt er sich solidarisch mit ihrer Geschichtlichkeit und Säkularität unter dem Vorbehalt, daß Geschichtlichkeit Geschichtlichkeit und Säkularität Säkularität bleibt. Aber gerade darüber hat der Glaube zu wachen. Er hütet das Recht und die Grenzen der geschichtlichen Welt als einer geschichtlichen. Insoweit aber überläßt er dann gerade auch die Welt sich selbst, ihrer Säkularität und Profanität. Er kann sie dann also nicht vermöge der Ausbildung einer besonderen christlichen Ethik und im Versuch, deren Verhaltensnormen durchzusetzen, zu einer christlichen machen wollen. Dies bedeutete eine Vermischung von Gesetz und Evangelium, die Gogarten jetzt strikt abweist, wobei er nach wie vor betont, daß beide nicht beziehungslos nebeneinander stehen. Das Evangelium, die Verkündigung, der Glaube, das Handeln der christlichen Existenz als christlicher Existenz beziehen sich so auf das weltliche Gesetz, sei es gesellschaftlicher oder staatlicher Natur, sei es Sitte oder Rechtssetzung, sei es Konvention oder Ordnungsmacht, daß sie dieses Gesetz in der Säkularität seines Gesetzescharakters enthüllen und halten. Dann muß es geschichtliches Gesetz sein, in einer Selbstbegrenzung seiner Ordnungsfunktion, die offen bleibt für den Wandel der Geschichte und sich nicht in sich verhärtet und auf sich versteift. Nur in solcher Selbstbegrenzung ist jetzt für Gogarten die Ordnung echte Ordnung. Das Chaos, das jede Ordnung bedroht, liegt nun für ihn gerade darin, daß die Ordnung, daß das jeweilige Gesetz zu hoch greift, sich übernimmt und an seiner Weltlichkeit und Geschichtlichkeit versieht.[47] Da die Welt und ihr Gesetz aber immer in solcher Gefahr

---

[45] Vgl. dazu *Die Kirche in der Welt* 141ff., *Der Mensch zwischen Gott und Welt* 373ff.
[46] Vgl. *Der Mensch* . . . 420.
[47] Vgl. dazu *Die Kirche in der Welt* 170ff., *Der Mensch* . . . 420ff.

stehen, gehören ihnen zur Bewahrung ihrer rechten Ordnung das Evangelium, der christliche Glaube und das Handeln der christlichen Existenz notwendig zu.

Die Ordnung, die das Evangelium und der Glaube im Blick haben und von der sie die Offenheit für ihre eigene Weltlichkeit und Geschichtlichkeit verlangen, kann also doch nicht völlig beliebig aussehen, vielmehr muß sie in ihrer Struktur generell Ordnung der Freiheit sein. Freiheit und Weltoffenheit werden von Gogarten jetzt identisch gedacht. Die Freiheit bedarf aber eines gewissen politischen Ausdrucks und eines politischen Schutzes. Gerade dies muß die offene Ordnung mitenthalten. Sie muß in der geschichtlichen Situation der Gegenwart darum die menschlichen Grundrechte und ihre institutionelle Sicherung verbürgen, die ein künftig unverzichtbares Gut des neuzeitlichen Freiheitsbewußtseins geworden sind, ohne die Freiheit heute faktisch nicht mehr vollziehbar ist. So viel hörten wir schon als konkretes politisches Postulat aus Gogartens Nachkriegsschrift „Die Kirche in der Welt". Darüber hinaus sieht sich die Geschichtstheologie außerstande, jetzt noch materiale Angaben zu machen. Denn diese liefen Gefahr, Bestandteile einer christlichen Ethik und Politik zu werden, welche die geforderte Freiheit und Offenheit gerade stören, ja geradezu zerstören müßten. Eine seitens der Theologie material verbindlich bestimmbare oder postulierbare Ordnung wäre nicht mehr offen für ihren eigenen Übergang in eine andere geschichtliche Gestalt. Sie büßte ihre Vorläufigkeit und Relativität ein, d. h. die Momente, in denen jetzt von Gogarten ihre geschichtliche Bedeutsamkeit gesehen wird. Sie verfehlte also ihr Wesen, ihre Geschichtlichkeit.

Auf der anderen Seite kann es dem Glauben, der auf das Geheimnis des Wortgeschehens hört, nicht um die Bestimmung und um die Festlegung des konkreten politischen Handelns gehen. Solches Handeln muß innerhalb der vom Glauben zu fordernden und zu wahrenden Grundordnung der Freiheit gerade dem freien Menschen zur Entscheidung nach Gesichtspunkten der Sachlichkeit und Zweckdienlichkeit überlassen bleiben. Zur Entscheidung befugt und befähigt ist hier allein die Vernunft. Ihre Sache sind die konkreten Werke der Welt, der Kultur, der Ordnung, des Gesetzes. In sie greift der Glaube nicht ein. Er umgreift sie jedoch, sofern er ihre Grenze setzt, innerhalb deren sie in ihr Wesen und Recht, das Wesen und Recht ihrer Geschichtlichkeit und Säkularität, eingesetzt sind. Er verpflichtet also sich und sie auf jene ihre allgemeinste Form, welche Freiheit und Offenheit für die

Zu-künftigkeit heißt,[48] die also gerade auf die Aufhebung ihrer konkreten Gestalt zugunsten einer geschichtlichen Selbsttranszendenz verweist.

Wiederum schreibt Gogarten somit der politischen Ordnung eine Hinweisfunktion als ihre erste, wesentliche Funktion zu, die ihre Bedeutsamkeit ausmachen soll. Diese wird jetzt zufolge eines eindeutigeren, keine Auswege mehr suchenden Andenkens an das Geheimnis der Herrschaft Gottes im Wort darin gesehen, auf ihre eigene Übergängigkeit und Vorläufigkeit zu verweisen. Damit wird Gogartens Auffassung von der im allgemeinsten Sinne notwendigen Gestalt solcher Ordnung gleichsam positiver: Diese Ordnung ist Ordnung der Freiheit, nicht mehr totale Ordnung in Form des totalitären Staates. Alle Bindungen und Autoritäten, die es in ihr gibt, haben nun generell nur noch „relative Gültigkeit" — sofern die Theologie zu ihr Stellung zu nehmen hat. Sollen sie als rechtmäßig anerkannt, d. h. geschichtstheologisch legitimiert werden, so gelten sie nun gerade „nicht schlechthin und ein für allemal. Sie sind vielmehr darauf angewiesen, daß sie sich von Fall zu Fall einsichtig machen, daß sie als vernünftig eingesehen werden."[49] Gogarten erkennt damit der neuzeitlichen Subjektivität grundsätzlich die Fähigkeit wieder zu, eine vernünftige Ordnung zu gestalten. Den Rahmen solcher Betätigung soll jedoch nur der Glaube mit letzter Gewißheit abgrenzen können. Er hinwiederum aber kann nichts Eigenes dazutun, um ihn konkret auszufüllen. Insofern bleibt seine Leistung, bleibt damit auch die letzte Aussage der theologisch-politischen Ethik Gogartens negativ: Es kann im Grunde nur angegeben werden, wo die Grenze der Betätigungen der Subjektivität liegt. Innerhalb dieser Grenze sieht sich die neuzeitliche Subjektivität ausdrücklich gerechtfertigt.[50] Mit diesem Fazit beschließen sich die Aussagen einer Theologie (und ihrer Politischen Ethik), die ursprünglich den denkbar schärfsten Angriff gegen die Vorherrschaft der Subjektivität vorgetragen hatte, ohne sich jedoch, wie wir sahen, aus der Bindung an das von ihr so vehement Attackierte jemals wirklich befreien zu können. In dieser konstitutiven Unfähigkeit gründen die gravierende Unsicherheit und extreme, stupende Wandlungsfähigkeit ihrer politischen Stellung-

---

48 Vgl. dazu *Theologie und Geschichte* 393.

49 *Die Kirche in der Welt* 128; vgl. außerdem bes. *Die Wirklichkeit des Glaubens* 82f., 150f., *Verhängnis und Hoffnung der Neuzeit* 210ff., *Die Verkündigung Jesu Christi* 528ff., 538ff.

50 Vgl. dazu auch *Die Verkündigung Jesu Christi* 461ff., *Die Wirklichkeit des Glaubens* 106f., *Jesus Christus Wende der Welt* 141ff., *Die Frage nach Gott* 35ff., 144ff.

nahmen, die sich bei aller Unterschiedlichkeit gleichwohl jeweils doch konsequent aus dem paradoxalen theologischen Denken entfalten. Ehe wir aber diesen Zusammenhang nochmals kritisch und systematisch aufnehmen, gilt es zu prüfen, wie die politisch-ethischen Äußerungen des Gogarten theologisch eng verwandten Exegeten Rudolf Bultmann aussehen, ob sie über Gogarten hinausführen und, wenn ja, aufgrund welcher theologischen Implikationen dies geschieht.

XI. Das geschichtstheologische Bekenntnis zum freiheitlichen Rechtsstaat (Bultmann)

1. *Nächstenschaft und politische Ordnung*

Auch für Rudolf Bultmann gilt, und es hat für ihn, der nie den Versuchungen eines Konformismus gegenüber dem totalitären Staat gefolgt ist, vielmehr Mitglied der „Bekennenden Kirche" war,[1] stets gegolten, daß die Theologie keine „weltanschauliche" Politik, auch keine „christliche" formulieren kann und darf und daß sie sich vor jeder Art der Politisierung zu hüten hat, zu der sie durch Ansprüche und Ansinnen der Welt verführt werden könnte. Ein solches Begehren der Welt an die Theologie und an die Kirche erschiene zwar erklärlich in einer Zeit, in der im Abendland die bislang relativ festen Maßstäbe politischen Urteilens und Handelns zerbrochen sind und die vorherrschenden Ideen sich als trügerische Ideologien erwiesen haben, die nur der Durchsetzung partikularer Interessen dienen. In dieser Zeit könnten doch Theologie und Kirche über den Interessen und Subjektivismen stehende politische Weisungen erteilen, die die Maßstäbe und das Wesen rechter Politik wieder aufzeigen.[2] Demgegenüber betont Bultmann zunächst, daß es nicht Sache von Theologie und Kirche sein kann, politische Urteile abzugeben, die aus einem politischen Programm herrühren, das Theologie und Kirche zu formulieren hätten. Die Kirche „hat das Wort Gottes zu verkündigen, aber nicht politische Urteile abzugeben. Ein politisches Urteil in einer konkreten politischen Situation ist nicht das Wort Gottes. Die Theologie hat streng darüber zu wachen, daß keine Vermischung des christlichen Glaubens mit einem politischen Programm eintritt. Die Folge einer solchen Vermischung würde es sein,

---

[1] H.-W. Bartsch (*Der gegenwärtige Stand der Entmythologisierungsdebatte* 12) weist darauf hin, daß auch das von Bultmann heraufbeschworene Gespräch über das Problem der Entmythologisierung des Neuen Testaments während der Zeit des Zweiten Weltkrieges als Gespräch innerhalb der Bekennenden Kirche begann und nicht zuletzt unter diesem Aspekt innerkirchliche Bedeutung gewann.

[2] Vgl. dazu *Glauben und Verstehen* III 195.

daß Menschen anderer politischer Überzeugung von denjenigen, die eine ‚christliche' Politik meinen betreiben zu müssen, als unchristlich gescholten werden, und daß die Zugehörigkeit zu einer Partei dann als Kriterium für den Glauben oder Unglauben eines Menschen gilt."[3]

Die Richtung des Vorbehaltes, den Bultmann zur Beantwortung der gestellten Frage ausspricht, zeigt aber schon eine besondere Note. Die Bindung von Theologie und Kirche an ein konkretes parteipolitisches Programm wird zwar scharf und eindeutig abgewiesen. Denn dieses muß immer Vorschläge für die kurz- oder langfristige Lösung von konkreten Sachproblemen einer politischen Gemeinschaft proklamieren. Sie mit dem Anspruch der Theologie und Verkündigung des Wortes Gottes zu verbinden, bedeutete tatsächlich, die sachgerechte Lösung der anstehenden Fragen unmöglich zu machen. Die Ideologisierung und damit die Zerstörung der Politik von christlicher Seite wären die Folge. Stattdessen verweist die Verkündigung des Wortes Gottes die Politik, das politische Handeln und Entscheiden, an seine Verpflichtung zur Sachlichkeit. Damit überantwortet sie sie ihrer jeweiligen Geschichtlichkeit. Sie verpflichtet hierzu in besonderem Maße den Christen, den sie um der Mitmenschlichkeit und Nächstenschaft willen in die Verantwortung auch für das politische Leben ruft. Wenn Theologie und Kirche aber den Christen in diese Verantwortung rufen, dann dürfen sie sie ihm nicht zugleich wieder abnehmen. „Solche Verantwortung kann er nur tragen, wenn er ein möglichst umfassendes Sachverständnis zu gewinnen sucht, eine möglichst weite Orientierung über die vorliegenden politischen Möglichkeiten und die Konsequenzen des Handelns, und dieses in offener Diskussion mit anderen in Kritik wie in Lernbereitschaft. Dazu hat er die Vernunft, um zu einem selbständigen Urteil zu gelangen und seine Entscheidungen zu treffen. Diese Verantwortung haben Theologie und Kirche deutlich zu machen und den Hörern der Predigt einzuschärfen. Aber Theologie und Kirche haben nicht die Aufgabe, politisch verbindliche Regeln aufzustellen und damit den einzelnen Menschen die Verantwortung für die eigene Entscheidung abzunehmen."[4] Bultmann bringt für die von ihm intendierte Stellung der Theologie und der Kirche zur Politik ein aktuelles Beispiel. Im Jahre 1958 setzt er sich mit den Theologen, Ethikern und Politikern auseinander, die von der Kirche in Deutschland eine Verurteilung des

---

[3] a. a. O. 195f.

[4] a. a. O. 196.

Krieges unter allen Umständen verlangen. Seine Festlegung der Aufgabe der Kirche in diesem Betracht geht dahin, daß sie allen Menschen (nur, aber dies unerbittlich) die Verantwortung dafür einzuschärfen habe, „daß es nicht zum Kriege kommt. Aber wie ein Krieg jeweils vermieden werden kann, ist eine Frage der Politik, über die Theologie und Kirche nicht urteilen und entscheiden können. Mit dem bloßen Ruf: ‚Nie wieder Krieg!' ist nichts getan"[5].

In dem herangezogenen Text wird von Bultmann angedeutet, daß Theologie und Kirche zu grundsätzlichen Wasgehalten der Politik sehr wohl verpflichtende Aussagen zu machen haben. So gilt, daß der Krieg prinzipiell ein cavendum ist. Aber zum Wie der Maßnahmen, die die Erfüllung dieser Verpflichtung gewährleisten, scheinen sie nichts mehr zu sagen zu haben. In der Tat halten sie diesen Bereich dem Eigenrecht der Politik offen. Dennoch wird von Bultmann ein Hinweis gegeben, daß auch bezüglich des Wie der sachlichen politischen Entscheidung für den Menschen, der das Wort Gottes hört und auf es hört, eine Verpflichtung mitgegeben ist: Er hat sich so umfassend und so weit als nur immer möglich über einen Sachverhalt, eine Lage, eine Situation zu orientieren und sich mit anderen, mit denen er in einer bestimmten Situation zusammengehört, darüber zu verständigen. Geschieht dies, dann entscheidet sich die Existenz gemäß der Anforderung des Augenblicks und der Situation, auf die sie das Wort Gottes verweist, sachgemäß und verantwortlich. Der sich in jeder Situation und Augenblicklichkeit durchhaltende wesenhafte Bezug solchen Handelns und Entscheidens der Existenz aber ist für Bultmann das geschichtlich konstituierte mitmenschliche Leben der Nächstenschaft. Dieses gewinnt bei Bultmann, wie wir früher sahen[6], einen deutlicher eigenwesentlichen Charakter als bei Gogarten. Es ist in seiner Sicht der positive Vollzug der je geschichtlichen Antwort der Existenz auf das Geschehnis des Wortes Gottes und somit Vollzugsweise dieses Geschehens selbst, nicht zuerst der Hinweis auf dieses Geschehen. Daraus erklärt sich, daß die Geschichtstheologie Bultmanns zu einigen positiveren Bestimmungen über Wesen und Maß der Politik gelangt als diejenige Gogartens und deren Abirren der Politischen Ethik in die Bejahung der totalitären Autorität aus dem Gedanken einer Bezeugung des Hörig- und Schuldigseins des Menschen und des Geheimnisses der Herrschaft Gottes nie mitgemacht hat.

---

[5] a. a. O. [6] Vgl. das VI. Kap. unserer Untersuchung.

Bultmann verkennt seinerseits nicht das Schwergewicht menschlichen Schuldigseins. Aber die Offenbarung des Wortes Gottes eröffnet der Existenz gnadenhaft die Möglichkeit seiner Überwindung in der Übernahme ihrer geschichtlichen Bindung an den Mitmenschen, d. h. in der Nächstenliebe. Von dieser Möglichkeit muß auch die politische Form des mitmenschlichen Lebens betroffen sein, in der es darum geht, dieses in jeweils geschichtlich angemessene Ordnung zu bringen. Die Notwendigkeit solcher Ordnung, staatlich-rechtlicher Ordnung, resultiert aber aus dem Umstand, daß unsere Versuche, Gott und den Nächsten zu lieben, angesichts unseres Schuldigseins „schüchtern" sind[7]. Die Ordnung ist also als Ausdruck der menschlichen Sünde ein Instrument gegen die Sünde zur Eindämmung ihrer Wirksamkeit und zur Ermöglichung jener Nächstenschaft, die sie als von Gottes Wort eröffneter Bezug überwindet, wenn sie auch im Vollzug von ihr durchstimmt bleibt. Recht und Gerechtigkeit in der Ordnung des Gemeinschaftslebens werden so zum Fundament der äußeren Ermöglichung der Nächstenschaft. Gilt dies, dann sind sie in ihrem Sinn dieser Aufgabe unterstellt. Und das bedeutet, daß die Seinsweise der Nächstenschaft, deren ethischer Vollzug die Nächstenliebe ist, zum Maßstab auch für die Geltung der politischen Ordnung wird. Von ihm gewinnt sie ihren positiven geschichtstheologisch verstandenen Gehalt. Die Institutionen solcher Ordnung können nun zum Gegenstand des κόπος τῆς ἀγάπης (1. Thess 1,3) werden[8]. Sie müssen sich ihrerseits dem Maß der ἀγάπη unterstellen. Das tun sie konkret, indem sie den Raum freigeben und schützen, innerhalb dessen die Nächstenschaft nicht gehindert, sondern vollziehbar wird. Um dies leisten zu können, muß die Ordnung aber vor allem und zuerst Rechtsordnung sein. Der Sinn des Rechtes liegt darin, den menschlichen Eigenwillen zu bändigen und ihn an das gemeinschaftliche Leben und sein Gedeihen zu binden. Das Recht wird dann widersinnig, wenn es dem Eigenwillen Einzelner oder von bestimmten Gruppen unterstellt wird und wenn diese ihren Nächsten gegenüber, zu deren Dienst sie das Recht anhalten soll, auf ihr Recht und dann zugleich auf das Recht überhaupt pochen.[9] Das Recht entspricht im Gegensatz hierzu nur seinem Sinn, wenn es sowie die Institutionen, die um seiner Geltendmachung willen geschaffen werden, in den Grenzen gehalten werden, die durch den Dienst an der äußeren

[7] Vgl. dazu *Glauben und Verstehen* I 199.
[8] Vgl. a. a. O. 240 Anm.; dazu *Geschichte und Eschatologie* 108.
[9] Vgl. ähnlich *Jesus* 92f. u. *Theologie des Neuen Testaments* 253f.

Ermöglichung des Vollzugs der Nächstenschaft aufgerichtet sind. Es muß sich also um eine maßvolle Rechtsordnung handeln, die auf die Verwirklichung des Gemeinwohls von freien, zur Nächstenschaft verbundenen Personen ausgerichtet ist.

Der Exeget Bultmann arbeitet in seiner Auslegung des Johannesevangeliums bei Behandlung des Verhörs Jesu durch Pilatus vier in biblischer Sicht erscheinende Möglichkeiten des Staates heraus, sich zur ἀλήθεια des Wortes der Offenbarung Gottes — die das Gebot der Nächstenliebe zentral enthält — zu stellen.[10] In allen diesen Weisen wird die Frage des Rechts zu einer Frage des Glaubens. Sie zeigen, ob die staatliche Macht das Wort der Offenbarung hören will oder nicht und ob sie demgemäß „aus der Wahrheit ist" oder nicht. Für den Staat, d. h. für die Personen, die ihn vertreten und die in ihm leben, besteht zunächst als Alternative die Möglichkeit der Ablehnung und die Möglichkeit der Anerkennung der Offenbarung, deren Geschehnis und Inhalt bezeugen, daß Gott Herr der Geschichte ist. Das staatliche Handeln kann in Offenheit und in Verschlossenheit gegenüber der Offenbarung vollzogen werden. Der Staat kann aber auch eine dritte Möglichkeit ergreifen, indem er sich an der Frage nach der ἀλήθεια der Wirklichkeit Gottes, seines Wortes und damit auch der innersten Geschichtlichkeit der Existenz nicht interessiert zeigt und sich draußen hält. Er wählt damit die Neutralität gegenüber der Offenbarung. Damit weist er ihren Anspruch ab und lebt somit aus der „Lüge". Er verschließt sich der Offenbarung darüber, wo das Heil und wo die Sünde des Menschen liegen. Dennoch kann er, von der Offenbarung her gesehen, diese Haltung als eine berechtigte Möglichkeit einnehmen, unter der Bedingung, daß er den Raum für die Verkündigung des Wortes Gottes — und also auch für das mitmenschliche Leben, das sie als Gabe und Forderung erschließt — freigibt. Und in seinen faktischen Leistungen kann er sogar niemals mehr tun wollen, selbst wenn er, wenn seine Amtsträger den Anspruch der Offenbarung anerkennen würden, denn dies bedeutete allenfalls, die Welt zur Anerkennung der βασιλεία Gottes durch staatliche Mittel zwingen zu wollen, womit diese zu einer weltlichen βασιλεία herabgewürdigt würde.

Die Neutralität ist unter der Voraussetzung solcher Freigabe also eine neben der Anerkennung berechtigte Form des Verhältnisses des Staates zur ἀλήθεια der Offenbarung. Doch ist der Staat in dieser Neutralität

---

[10] Vgl. *Das Evangelium des Johannes* 507ff.

fortwährend bedroht, wie sich im Falle des Pilatus, der sie einnehmen möchte, zeigt. Bultmann fragt: „Wird er sie festhalten? Kann er es? Denn so viel ist klar: wenn Jesu Anspruch auch den Staat als solchen nicht trifft", und dies gilt in dem Sinne, aber auch nur in dem Sinne, daß seine βασιλεία „nicht in Konkurrenz mit weltlichen politischen Bildungen tritt, so läßt sein Anspruch doch, da er jeden Menschen trifft, die Welt nicht zur Ruhe kommen und erregt so die Sphäre, innerhalb deren der Staat seine Ordnung aufrichtet. Denn die βασιλεία ist nicht eine gegen die Welt isolierte Sphäre reiner Innerlichkeit, nicht ein privater Bezirk der Pflege religiöser Bedürfnisse, der mit der Welt nicht in Konflikt kommen könnte. Jesu Wort entlarvt die Welt als eine Welt der Sünde und fordert sie heraus. Sie flüchtet sich, um sich des Wortes zu erwehren, zum Staate und verlangt, daß dieser sich ihr zur Verfügung stelle. Dann aber wird der Staat insofern aus seiner Neutralität herausgerissen, als gerade sein Festhalten an der Neutralität bedeutet: Entscheidung gegen die Welt. Und nun fragt es sich: wird er dazu die Kraft haben, wenn sein Vertreter dem Anspruch der Offenbarung die Anerkennung versagt?"[11] In der Tat wählt Pilatus vor dem Anspruch weltlicher Interessen eine vierte Möglichkeit der Stellung gegenüber der Offenbarung, und diese Möglichkeit wählt der neutrale Staat nur allzu leicht. Sie besteht darin, daß der Staat seine Macht der Welt zur Verfügung stellt. Dann ordnet er sich bestimmten in ihm auftretenden Interessen unter und verschafft ihnen gewaltsame Geltung. Er wird schuldig, sofern er sich in den Dienst des Schuldigseins stellt, dessen wesentliches Merkmal das Durchsetzenwollen des Interesses der Subjektivität darstellt. Der Staat wird dann zum Unrechts-, Gewalt- und Interessenstaat. In dieser Form ist er verschlossen gegenüber der Offenbarung. Und er bietet dann lediglich noch einen ausdrücklichen, offenkundigen Beweis solcher Haltung dar, ein Symptom, wenn er dazu übergeht, die Verkündigung des Wortes durch die Kirche zu unterdrücken. Das eine braucht mit dem anderen nicht schon einfach deckungsgleich zu sein. Daß es dazu kommt, ist jedoch zumeist naheliegend.

Entsprechend meint die Offenheit des Staates für die Offenbarung im allgemeinsten Sinne allem anderen zuvor, daß der Staat sich in seinen Entscheidungen und Maßnahmen durchweg an die „schlichte Sachlichkeit im Wissen um die Verantwortung für das Recht" hält.[12] Die aus-

---

[11] a. a. O. 508. [12] a. a. O. 511.

drückliche Freigabe des Raumes für die Verkündigung der Offenbarung stellt dann nur wiederum eine ersichtliche und symptomatische Konsequenz solcher Haltung dar. So erscheint der Staat mit seiner Autorität und Ordnung zwar als eine weltliche Größe, aber als von Gott gegründet und der Welt — zur Eindämmung und Ordnung ihrer Tendenzen — gegenübergestellt.[13] Ihm eignet, wie Bultmann auch sagt, eine eigentümliche Zwischenstellung zwischen Gott und Welt.[14] Das kann nur so viel heißen, daß Sinn und Wesen des Staates in der Offenbarung des Wortes Gottes erschlossen sind, daß damit der Staat als Einrichtung der menschlichen Geschichte durch das Ergehen des Wortes konstituiert wird, und zwar als eine Einrichtung, deren Wirken an dem positiven Vollzug der Geschichtlichkeit der Existenz, nämlich ihrem Leben in der Nächstenschaft, mitwirkt, in dem sie diesem den rechtlich geordneten Boden einräumt. Daß es sich so verhält, bringt Bultmann mit der Festlegung zum Ausdruck, beim Staat könne, handele er sachlich, von einer ἁμαρτία überhaupt nicht die Rede sein.[15] Der Staat als Institution ist also nicht sündig, sondern „in der Wahrheit". Dies gilt dann, wenn er sich in der Form der Anerkennung oder der echten Neutralität zur Offenbarungswahrheit verhält. Die beiden anderen Möglichkeiten lassen ihn allerdings in Schuld geraten. Aber dann entspricht er schon nicht mehr seinem Sinn, so daß er dann nicht mehr wahrhaft Staat ist. Der Staat ist Staat nur als Rechtsstaat, der eine freigebende, also eine freiheitliche Ordnung gewährleistet.[16]

Neutestamentlich (im Verständnis Bultmanns) gesehen bilden Staat, Institution und Ordnung mithin den Rahmen, in dem sich das für den Menschen wesentliche Geschehen abspielt. Sie sind nicht weniger, aber auch nicht mehr. Der Glaube distanziert sich von jeglicher gnostischen Weltflucht, die die Dämonisierung der Welt zur Voraussetzung hat, aber ebenso sehr von jeder heidnischen Vergöttlichung der Welt und ihrer Mächte. Die innerweltlichen Ordnungen sind in der Sicht des Glaubens insofern neutralisiert, besser: profanisiert, als sie dinghaft verstanden werden. Sie stellen Sachzusammenhänge dar, die eingerichtet werden, um das mitmenschliche Leben und die Erfüllung seiner Aufgabe zu ermöglichen und zu erleichtern. Wenn das Wort Gottes vom Menschen ein Handeln in der Welt, und zwar ein Handeln in der Liebe

---

[13] Vgl. a. a. O.
[14] Vgl. a. a. O. 513.
[15] Vgl. a. a. O.
[16] Vgl. dazu *Glauben und Verstehen* II 266.

zum Nächsten, fordert, muß sich der Blick auf die Bedingungen, Mittel und Konsequenzen dieses Handelns richten. Dazu gehört eine Organisation des Zusammenlebens, damit gehandelt, zusammengehandelt werden kann. Auf sie bezieht sich die πολιτική τέχνη, die im Griechentum exemplarisch ausgebildet wurde. Auf sie kann das Handeln gemäß dem Wort Gottes nicht verzichten. Wenn Bultmann nun ebenfalls fordert, daß sie profan sein und bleiben müsse, so besagt dies für ihn im Grunde, daß sie ihren streng instrumentalen Charakter bewahren müsse. Dieser wird aber nur dann bewahrt, wenn sich Politik und politische Organisation streng auf die Ermöglichung und den Schutz eines mitmenschlichen Lebens im Geist der Nächstenschaft richten. Der Staat ist dann und nur dann gerechtfertigt, wenn das Leben sich in ihm jeweils in der Liebe vollzieht.[17]

Das Leben in der Liebe aber ist dadurch charakterisiert, daß in ihm Menschen sich je und je, augenblicklich und situationshaft, in freier, frei sich bindender Zuwendung begegnen und miteinander handeln. Die paradoxe Betätigung der Freiheit der Existenz, christlich verstanden, äußert sich darin, daß sie auf ihren Gebrauch verzichtet, indem sie sich zugunsten des Nächsten verwendet und darangibt. Damit gerade gewinnt sie sich als Freiheit von den Ansprüchen und Bestrebungen des Selbstseins zurück. Die in der Liebe betätigte Freiheit ist also ἐλευθερία im Verzicht auf ἐξουσία.[18] Soll sich aber das Leben im Staat im Geiste der Nächstenliebe vollziehen und ist umgekehrt das Leben in der Liebe auf die es umgebende und schützende politische Ordnung normalerweise angewiesen, dann muß, so wäre zu folgern, auch dieser Ordnung etwas von jenem Verhältnis eignen. Sie muß gerade jene Freiheit wahren, die sich in der paradoxen Weise des Verzichts auf ihren ungehemmten eigennützigen Gebrauch zugunsten des gemeinsamen Wohles betätigt. Dann gehört dazu, daß auch die staatlichen Institutionen und Gewalten, die dem Freiheitsschutz zu dienen haben und damit die Rechtsordnung wahren, sich wechselseitig in Schranken und unter Kontrolle halten. Umgekehrt hat sich dann auch das mitmenschliche Handeln, eben das Handeln im Geist der Nächstenschaft, um die Gestalt und das Wirken der Institutionen nach diesem Maß zu kümmern. Es

---

[17] Vgl. dazu a. a. O. 72, 76ff. Es ist mithin ganz unmöglich, Bultmann einer modernen Form der Gnosis zuzurechnen, wie Eric Voegelin es tut. Vgl. *History and Gnosis*, in: *The Old Testament and Christian Faith*, ed. by B. W. Anderson. New York—Evanston—London 1963, 64ff.

[18] Vgl. dazu *Theologie des Neuen Testaments* 343f.

ist für sie, für den Staat, für die Ordnung deshalb mitverantwortlich und übt gerade in solcher Mitverantwortung eine Vollzugsart der Nächstenliebe selbst aus.

Allerdings gilt dies nur mit einer Einschränkung, die zugleich eine eigentümliche Distanz des Glaubens in der Sicht Bultmanns zum politischen Geschehen hervorruft. Denn die staatliche Ordnung, so sehr sie sich in Mäßigung ihrer selbst dem Dienst für Recht und Freiheit unterstellt, muß gleichwohl immer Gesetze, Verordnungen, Regeln erlassen, um das Leben in ein festes — wenn auch möglichst elastisches — Gefüge zu bringen. Solche Festlegungen und damit die Ordnung selbst müssen folglich immer eine gewisse Stabilität anstreben und durchsetzen. Darauf müssen sie beharren. Eine derartige Beharrung aber trägt in sich bereits die Versuchung zur Insistenz. Das Insistieren auf Ordnung und Recht bleibt bis zu einem gewissen Grade unvermeidlich. Die Aufgabe rechter Ordnung liegt dann gerade darin, dieses Insistieren mit dem Dienst am freien Vollzug der Nächstenschaft zu verbinden. Dabei bleibt aber eine tiefe Problematik unaufgelöst. Eben deshalb gilt es um so mehr, über die Eingrenzung politischer Macht zu wachen. Die Beteiligung am politischen Handeln um dessentwillen ist jedoch seinerseits in der Versuchung, sich zu verschätzen und zu verfehlen. Darum kann sie nur in der Weise dauernder Selbstkontrolle und Zurücknahme des eigenen Wollens und Handelns geleistet werden. Ihr gebührt daher ganz besonders die paulinische Haltung des ὡς μή, des „Als ob nicht", d. h. einer Mitverantwortung bei innerer Distanz.[19] Der Christ hat folglich bei der Ausübung seiner politischen Mitverantwortung zu wissen, daß sie mit aller Vorsicht und Entschiedenheit zugleich immer nur dem jeweiligen Augenblick, der jeweiligen Situation, der jeweiligen Welt und Zeit und ihrer möglichst guten, möglichst maßvollen Ordnung gelten kann und sich der Tendenz zu bleibenden, unbedingt immer gültigen Regelungen und Gehalten versagen muß. Bultmann lehnt mit dem Gogarten der postnationalsozialistischen Phase den Weltanschauungs- und Kulturstaat scharf ab, der eine allgemein gültige Verbindlichkeit seiner Autorität über alle menschlichen Lebensgebiete und ihre Indoktrination mit der von ihm gesetzten Wahrheit durchzusetzen trachtet. Ein solcher Staat entspringt dem Bedürfnis nach Sekurität der Existenz, die sich vom Wandel ihrer geschichtlichen Welt bedroht sieht, und errichtet eine totale Ordnung um den Preis der Freiheit, des Rechtes

---

[19] Vgl. dazu *Glauben und Verstehen* II 203ff., III 47ff., 209ff.

und der Verbundenheit von Mensch zu Mensch, die ihr wahres geschichtliches Sein nur haben unter Einschränkung der Insistenz zugunsten ihrer Bindung an die Anforderungen des Augenblicks, womit sie sich zugleich offenhalten für die neuen und ganz anderen Anforderungen der Zukunft.[20]

Doch wenn somit Bultmann auch dem späten Gedanken Gogartens nahekommt, daß die rechte menschliche Ordnung gerade ihre eigene Vorläufigkeit und Übergängigkeit beachten müsse, um so ihre Verabsolutierung zu vermeiden, so geht er doch einen doppelten Schritt über Gogarten hinaus, indem er fragt, welche Stütze sie in der Tradition der abendländischen Geschichte zu finden vermöge, um Kriterien zu entwikkeln, die einige Züge ihrer in der Gegenwart notwendigen Gestalt hervortreten lassen. Bultmann sucht also einige materiale Bestimmungen zu gewinnen, die wenigstens über die konkrete freiheitlich-rechtsstaatliche Ordnung des Westens in der Gegenwart ein Urteil und einige Postulate für die Gestaltung der nächsten Zukunft erlauben sollen. Dieses Bemühen, das sich in einer kleinen Anzahl von Abhandlungen ausspricht,[21] erwächst aus der Einsicht, daß auch die freiheitliche Rechtsordnung einer festen, wenn auch elastischen Form bedarf, um ihre geschichtlich notwendige Funktion erfüllen und sich gegen eine abermalige Übermächtigung durch antidemokratische, totalitäre Bewegungen behaupten zu können. Die Erfüllung der Ordnungsfunktion und die Selbstbehauptung gegenüber Bedrohungen seitens freiheitsgefährdender Kräfte erscheint unerläßlich gerade auch für ein politisches System, das die eigene Machtausübung und Rechtssetzung möglichst einschränken will und soll. Wenn ihr diese Aufgabe gestellt ist, dann kommt es nicht darauf an, Eigenmacht und Eigenrecht schlechthin zu verwerfen, weil damit der Eigenmacht und dem Eigenrecht unbedenklicherer Gewalten nur um so eher zur Vorherrschaft verholfen würde, sondern sie zu bändigen und zu kontrollieren, für einen maßvollen Gebrauch jedoch gerade fähig zu erhalten. Eine derartig ernüchterte

---

[20] Vgl. *Glauben und Verstehen* II 226f., III 56f.

[21] Hierzu gehören insbesondere zwei Aufsätze mit dem Titel *Humanismus und Christentum* (in: *Glauben und Verstehen* II 133—148; III 61—75) sowie die Abhandlung *Die Bedeutung des Gedankens der Freiheit für die abendländische Kultur* (in: *Glauben und Verstehen* II 274—293) und die Veröffentlichung des Festvortrags anläßlich der Verleihung des Reuchlin-Preises der Stadt Pforzheim 1957 an Rudolf Bultmann unter dem Titel *Der Gedanke der Freiheit nach antikem und christlichem Verständnis* (in: *Glauben und Verstehen* IV 42—51). Andere Stellen aus dem Werk Bultmanns beziehen wir im Folgenden in den Zusammenhang dieser Äußerungen ein.

und realistische geschichtliche Einsicht deutet sich in der historisch-theologischen Reflexion Bultmanns an, während Gogarten zu ihr nie gelangt ist, sich stattdessen mehrmals diametral entgegengesetzten (und doch als solche miteinander verwandten) extremen politischen Einstellungen zugewandt hat. Wir erörtern abschließend die wichtigsten Gedanken der genannten Abhandlungen Bultmanns.

2. *Humanistischer und christlicher Freiheitsgedanke*

„Die Katastrophen der Gegenwart, die unsere Kultur mit dem Untergang bedrohen, rufen die Menschen zur Besinnung auf die Mächte, die unsere Kultur erhalten oder erneuern können."[22] Mit diesem Satz beginnt Bultmann die zweite seiner Abhandlungen, die den Titel „Humanismus und Christentum" tragen. Er umreißt die Ausgangslage für die folgenden Überlegungen. Bultmann erinnert an den „Ausbruch der Barbarei, den wir erlebt haben,"[23] mit dem wir auch weiterhin konfrontiert sind. Damit hat er die Politik des nationalsozialistischen und gleichermaßen des kommunistischen Totalitarismus und ihre verheerenden Folgen vor Augen. Angesichts ihrer und — so dürfen wir im Sinne Bultmanns hinzufügen[24] — in Anbetracht der direkten oder indirekten Mitschuld von Kirche und Christen an ihrer Verursachung gilt es die Besinnung darauf, daß die westliche Kultur und ihre Ordnung bisher von einer humanistischen Tradition getragen und gehalten war, die ihre Herkunft aus der griechisch-römischen Antike hat und in der abendländischen Geschichte in ein spannungsreiches Verhältnis zum Christentum trat. Das Mißverständnis dieses Verhältnisses im Sinne eines ausschließlichen Antagonismus macht Bultmann entscheidend mitverantwortlich für den Verfall des Humanismus in den Subjektivismus des 19. Jahrhunderts und den daraus folgenden Totalitarismus des gegenwärtigen Zeitalters. Vor dem Phänomen des Totalitarismus und der modernen Barbarei hält Bultmann es für dringend geboten, wieder stärker als bislang das Gemeinsame und die Nähe von Humanismus und Christentum zu sehen. Nur wenn diese beiden großen Kräfte der Tradition zusammenrücken, erscheint eine Rettung aus den gegenwärtigen Gefahren zugunsten der Gewährleistung einer maßvollen freiheitlichen

[22] *Glauben und Verstehen* III 61.
[23] a. a. O.
[24] Vgl. an anderer Stelle: *Das deutsche Volk und Israel* (in: *Glauben und Verstehen* III 55ff.).

Rechtsordnung und Kultur möglich. Dabei wird der Theologe, der zu den Hauptvertretern der „Dialektischen Theologie“ gehörte, welche um einer radikalen Besinnung auf den Anspruch des Wortes Gottes willen gegen die liberale Kultur aufstand, in dem geforderten Verbund von Humanismus und Christentum die geschichtlichen und gegenwärtigen Spannungen keineswegs übersehen wollen. Aber er fordert, in dem „Entweder-oder“ zwischen beiden zugleich das darin eingestiftete „Sowohl-als-auch“ mitzudenken, als Voraussetzung, um in theologischer Begründung zu angemessenen Vorstellungen über die Notwendigkeiten und Sachgegebenheiten einer menschenwürdigen Ordnung zu gelangen, nach der aus dem christlichen Geist der Nächstenschaft gestrebt werden muß. Derart angemessene Vorstellungen aber sind für den Historischen Theologen Bultmann am ehesten im antiken philosophischen und politischen Denken geschichtlich vorgedacht. Die Antike hat den Gedanken der politischen Freiheit formuliert, und es ist zunächst zu fragen, wie er zu dem christlichen Bewußtsein der Freiheit steht, wie beide einander wechselweise bestimmen, sich aber auch voneinander abgrenzen und in welches Verhältnis sie heute zueinander zu gelangen vermögen.[25]

Das Bedeutsame und Bedenkenswerte am antiken Freiheitsgedanken, wie er sich im klassischen Griechentum ausprägt und bei Platon und Aristoteles ausdrücklich reflektiert ist, liegt für Bultmann vor allem darin, daß er mit dem Gedanken des Rechts in eine dialektische Vermittlung gebracht wird. Freiheit meint zuerst die ἐλευθερία, die politische Freiheit, die Freiheit der Polis, und zwar in einem doppelten Verständnis: als Unabhängigkeit der Polis von fremder Herrschaft, für die der Bürger sein Leben daranzusetzen bereit ist, wie auch als Freiheit des Bürgers innerhalb der Polis, einer Polis, die Aristoteles folglich als κοινωνία τῶν ἐλευθέρων bestimmt.[26] Aus dieser Gedoppeltheit ergibt sich nun für Bultmann bei der Festlegung des zweiten Verständnisses von Freiheit die eigentümliche Dialektik, die sie mit dem νόμος der πόλις zusammenspannt. „Die Freiheit des Bürgers ist nämlich nicht die subjektive Willkür, zu tun und zu lassen, was er will, sondern sie ist durch das Gesetz, den Nomos, gebunden; oder vielmehr: sie wird durch ihn gerade begründet. Durch den Nomos wird das Recht aufgerichtet, und die Freiheit steht im Schutze des Rechtes, aber für das Recht ist der

---

[25] Vgl. zum Vorstehenden a. a. O. 64ff., *Glauben und Verstehen* II 274f.

[26] Vgl. Aristoteles, *Politik* 1279a 21; dazu Bultmann, *Glauben und Verstehen* II 275, IV 42.

Bürger auch verantwortlich. Und so enthält die Freiheit des Bürgers ebenso die persönliche Freiheit wie die Würde der Verantwortung für das Ganze."[27] Dieses Verhältnis einer Konstitution des Freiseins der Bürger durch das Recht, in welchem sie gerade immer auch freiwerden für die Mitverantwortung für das freiheitgebende und -schützende Recht, kann im klassischen Griechentum gedacht werden, weil — in einer gewagten Auslegung Bultmanns — der νόμος der Gesamtwille der Bürger selbst ist, und zwar sofern nur in der Ordnung der πόλις der Mensch ein menschenwürdiges Leben nach allen seinen Kräften zu entfalten, also zu seiner eigentlichen Menschlichkeit zu gelangen vermag, so daß er gerade in der wissenden und verantwortlichen Bindung an den νόμος der πόλις seine ἐλευθερία und in ihr seine αὐτάρκεια hat. Eingegliedert in die Ordnung der πόλις weiß sich darum der Mensch zugleich eingegliedert in die Ordnung der Welt, so daß sie etwas ganz Unbeliebiges und Göttliches wird. Seine Menschlichkeit in der Hingabe an die πόλις gewinnend und sichernd versteht sich der Einzelne als Fall eines Allgemeinen, innerhalb dessen er seinen ihm gebührenden Platz erhält, sofern er die Weltordnung bejaht und für sich übernimmt, die so mit dem Gesetz seines eigenen Wesens identisch wird.[28]

Der antike Mensch fügt sich also unter ein Gesetz, das er verstehen und bejahen kann. Die πόλις ist für Bultmann somit gerade die Stätte der wissenden, wissend sich an die Ordnung bindenden Entfaltung des Selbstseins unter dem νόμος. Hier empfängt es eine gebändigte und so gerade eingeräumte Freiheit. Es wird dann auch geistig frei, nämlich frei von der Überfülle der vielfältigen Motivationen des Augenblicks. Sein Handeln bindet sich jenseits des jeweiligen Augenblicks an das dauerhafte, ungeschichtlich gedachte Gesetz. Es wird damit zugleich aber gerade für die geschichtlich sich stellenden Aufgaben frei, denn „der Einzelne ist nicht mehr dem rätselhaft und unheimlich Umfangenden der Naturmächte und den rätselhaften und unheimlichen Trieben seiner selbst preisgegeben. Die Welt wird für ihn heimatlich, verständlich und mehr oder weniger verfügbar, beherrschbar. Er selbst wird sich über sein zweckvolles Wollen und sein Können klar und weiß sich innerhalb bestimmter Grenzen frei."[29] Bultmann bereitet mit solcher Sicht ein gegenüber Gogarten differenziertes Verständnis der Anforderungen des

---

[27] *Glauben und Verstehen* IV 44; vgl. parallel II 275f., *Das Urchristentum im Rahmen der antiken Religionen* 118.

[28] Vgl. *Glauben und Verstehen* II 60ff.

[29] *Das Urchristentum* ... 115; vgl. dazu *Glauben und Verstehen* IV 44f.

Augenblicks vor. Sofern der Augenblick zunächst den Menschen mit einer unheimlichen, unfaßbaren Übermacht konfrontiert, gilt es im Sinne der antiken Freiheits- und Ordnungsbejahung Distanz von ihm zu gewinnen, indem der Mensch sich auf sein Eigensein besinnt. Erst dann ist er disponiert, geschichtlichen Forderungen des Augenblicks verantwortlich, d. h. jetzt: in wissender und willentlicher Verantwortung zu begegenen. Die Selbstmächtigkeit in Gestalt des auf sich reflektierenden Bewußtseins, des Selbstbewußtseins, wird nun in positiver Anlehnung an das insoweit bejahte antike Denken zur Voraussetzung für eine echte Korrespondenz der Existenz gegenüber dem sie einfordernden Geschehen des Anspruchs gemacht.

Allerdings denkt, wie Bultmann zugleich betont, die Antike diese geschichtlichen Forderungen und damit auch die ihnen korrespondierende Freiheit der Existenz nicht wahrhaft geschichtlich. Vielmehr sieht der Theologe die antike Freiheit schließlich in der Stoa auf eine innere Bindungslosigkeit des Menschen gegenüber allem, was ihn von außen beanspruchen kann, also gerade auch gegenüber den Wertmaßstäben der Gesellschaft und gegenüber der sozialen Situation ausgeweitet, eine Verformung des klassischen Verständnisses, die aber bereits in ihm als Möglichkeit mitangelegt ist.[30] In dieser Konstellation und angesichts solcher Möglichkeit vermag dann durchaus der christliche Freiheitsbegriff, so sehr er zunächst zum antiken konträr zu sein scheint und so oft er sich auch zu ihm in Spannung befunden hat, doch die klassische Freiheit wiederzubeleben und mit neuem Inhalt zu füllen, indem er sie zugleich in ein ganz neues Element einbezieht, eben das der Geschichtlichkeit. Bultmann weist vor allem auf den paulinischen Freiheitsbegriff hin, der an die stoische innere Freiheit anknüpft, sie aber in ein anderes Verhältnis setzt. Auch für Paulus ist Freiheit die Unabhängigkeit von der „Welt", aber jetzt verstanden als die Unabhängigkeit von den verführerischen und verderblichen Mächten der menschlichen Natur selbst, eine Unabhängigkeit, die gerade erst aus der Bindung an die im Worte Gottes erschlossenen Forderungen des Augenblicks folgt. Die Forderungen des Augenblicks und des in ihm Begegnenden, sofern sie aus dem Anspruch des Wortes Gottes mit geschichtlichem Nachdruck den Menschen zur Antwort aufrufen, stellen die Existenz in die Entscheidung. Der Mensch muß dem sich in ihnen aussprechenden Willen Gottes frei nachkommen können. Seine Freiheit ist deshalb zuerst Willensfreiheit,

[30] Vgl. dazu *Glauben und Verstehen* IV 45ff., II 276f.

die jedoch nur im Ereignis des Wortgeschehens wirklich wird. Sie gilt Bultmann daher nicht als Qualität wie die antike Freiheit, sondern als etwas, was sich nur im Ereignen, im Vollzug, in der Korrespondenz antreffen läßt. Sie gründet folglich ganz im Anspruch und Willen Gottes. Immerhin ist der Mensch durch den Willen Gottes in die willentliche Entsprechung gefordert, die einen Eigenstand einschließt, den er in der Antwort einsetzt, womit er diese zugleich auch immer verfehlt.[31] Aber auch bei Bultmann vermißt man die Anerkennung einer (vor dem Worte Gottes gerechtfertigten) natürlichen menschlichen Substanz, die als Träger der existentiellen Antwortleistung des Menschen angesehen werden könnte. Nicht nur das jeweilige existentielle Antwortgeben und Korrespondieren, sondern die ganze Existenz selbst, die eben ganz und gar und nur Antwort in der Doppelheit von Entsprechung und Verfehlung *ist*, soll geschichtlich, aus dem Ereignis des Wortgeschehens, begriffen werden. Die Freiheit wird damit doch wieder relativiert, genauer gesagt: streng relationiert. Sie scheint positive Anerkennung abermals nur als Freisein-für finden zu können, die eine echte Wahl, in der sie sich nicht selbst aufgäbe, kaum in sich schließt.

Dennoch versucht Bultmann zwischen dem christlich-paulinischen und dem antiken Freiheitsverständnis zu vermitteln. Zwar besteht eine unleugbare und untilgbare Spannung zwischen der Selbstsicherheit des antik-humanistischen Ideals und der Fragwürdigkeit der christlichen Existenz vor Gott.[32] Aber wenn die christliche Existenz sich eben vor allem gebunden weiß an die Begegnungen des Augenblicks, so muß sie sehen, daß sie sich damit offenzuhalten hat für die mannigfachen konkreten Aufgaben, die der Augenblick — und jeder Augenblick — immer wieder neu stellt, darunter nicht zuletzt die Aufgaben der Gestaltung und Ordnung der menschlichen Gemeinschaft. Und wenn die christliche Existenz dabei nun nicht haltlos zwischen einem totalen Verfallen an das Schwergewicht der stärksten Kräfte eines einzelnen Augenblicks und einer Relativierung jeden Augenblicks zufolge seines Eingefügtseins in die Abfolge vieler Augenblicke, von denen keiner sich absolut setzen darf, — wenn die Existenz zwischen diesen Extremen eines Totalismus und Relativismus nicht hin- und herschwanken soll (in dieser Gefahr schwebt sie, ja ihr verfällt sie bei Gogarten), dann scheint es Bultmann geboten, daß sie gerade im antiken Bewußtsein einen Anhalt sucht. Die große Leistung der Griechen liegt für Bultmann eben darin, daß sie

[31] Vgl dazu *Glauben und Verstehen* IV 47ff., II 277ff., III 67ff., 73ff.
[32] Die Spannung betont Bultmann scharf in *Glauben und Verstehen* II 142ff.

das dialektische Verhältnis von Freiheit und Gesetz erkannt und in der Polis erfahren haben. Und das Freiheitsverständnis ist schließlich nur „gesund", wenn die Freiheit als durch das Gesetz begründet gesehen und das Gesetz als ein die Freiheit begründendes begriffen wird.[33] Nur dann sind sowohl der Totalismus wie der Relativismus zu vermeiden, die seit dem 19. Jahrhundert fortschreitend die Freiheit zerstört haben, woran die Theologie ihren Anteil hatte, sofern sie beide im Grunde nihilistischen Gedankenrichtungen und Bewegungen auf ihre Art sanktioniert hat.[34] Da dies so ist, verwehrt Bultmann der Theologie und den christlichen Kirchen das Recht, den Humanismus allein für die totalitäre und die relativistische Entartung des Freiheitsgedankens verantwortlich zu machen und mit solcher Argumentation zurückweisen zu wollen. Die bedrohlichen Erscheinungen des 19. und 20. Jahrhunderts stellen für ihn zwar ein Glied in der Entwicklung der abendländischen Geschichte dar, aber keineswegs notwendige Stadien ihres Ganges, für die vorangegangene Epochen in kausaler Zurechnung haftbar gemacht werden könnten. Und wenn dies doch geschähe, dann müßten sie zumindest aus der gesamten abendländischen Tradition, also einschließlich ihres christlichen Erbes, erklärt werden. Gegenüber solchen Tendenzen der Zurechnung aber kommt es in der Sicht Bultmanns vielmehr darauf an, daß Humanismus und Christentum das rechte Maß der Freiheit wiederfinden, das sie beide zu sehen vermögen, wenn auch in fundamental unterschiedlicher Begründung und in teilweise verschiedener konkreter Ausprägung.

Wenn Bultmann eine derartige Rückbesinnung auf die antike und christliche Tradition um der Rettung und Wahrung der Freiheit willen fordert, so wird es sich für den Geschichtstheologen, der die Geschichtlichkeit konstitutiv als das Ereignen des je neuen Anspruchs einer Zu-kunft (Gottes und der Nächsten im eschatologischen Augenblick) denkt, nicht darum handeln können, einfach eine frühere Stufe der historischen Entwicklung wiederbeleben zu wollen. Dies anzustreben wäre vom Wesen der Geschichtlichkeit der Geschichte her wie auch faktisch absurd. Bultmann weist ein derartiges Mißverständnis deutlich zurück.[35] Tradition und Gegenwart sollen stattdessen in wechselweiser kritischer Erhellung so miteinander konfrontiert werden, daß sich daraus ein Anhalt für den Weg in die Zukunft ergibt. „Echte Treue zur Tradition

---

[33] Vgl. *Glauben und Verstehen* IV 49f.

[34] Vgl. dazu bes. *Glauben und Verstehen* II 145f., 281ff.

[35] Vgl. *Geschichte und Eschatologie* 11f.

besteht nicht in der Kanonisierung eines bestimmten Stadiums der Geschichte. Sie ist freilich immer Kritik der Gegenwart vor dem Forum der Tradition; sie ist aber ebenso auch Kritik der Tradition vor dem Forum der Gegenwart. Echte Treue ist nicht Wiederholung, sondern Weiterführung. Und solche Weiterführung kann hier nur bedeuten: aus neuer Erfassung der Idee der Freiheit in ihrem ganzen durch die Geschichte offenbarten Reichtum zu neuer Bindung zu gelangen."[36] Die Bereicherung des Freiheitsgedankens in der Geschichte der Neuzeit (vor ihrem Abfall in die nihilistischen Tendenzen des 19. und 20. Jahrhunderts) aber sieht Bultmann in einer fortschreitenden Herausarbeitung der Souveränität und Würde der menschlichen Person im Gemeinschaftsleben. Diese Errungenschaft gerade gilt es zu bewahren, was jedoch gegenüber den modernen Gefahren nur möglich erscheint eben durch eine Reflexion auf das antike und christliche Verhältnis von Freiheit und Verantwortung. Der hier von Bultmann angedeutete Gedankengang ermangelt jedoch der Stringenz, weil Bultmann den Begriff „Person" in diesem Zusammenhang ganz unentfaltet läßt. Die Person ist hier jenes Lebewesen, das sich vermöge seiner Vernunft und seines Willens in freier Einsicht der Gültigkeit sittlicher Normen für das Gemeinschaftsleben und damit der Idee eines von Gerechtigkeit bestimmten Rechtes unterstellt, womit ihm zugleich ein gemäß Sitte und Recht geordnetes Eigenleben eingeräumt ist.[37] Die Person bindet sich an die Ordnung des Rechtsstaates, der ihr unveräußerliches Recht garantiert. Im Personverständnis vollzieht sich somit die moderne Vermittlung des antikhumanistischen und des christlichen Freiheitsverständnisses. Doch entbehrt es bei Bultmann einer ausführlicheren Ausarbeitung.

Entsprechend beschränkt sich unser Theologe auf Andeutungen, wo er einige Konsequenzen seines Anliegens, Freiheit und Bindung der Person in Gegenwart und nächster Zukunft gesichert zu sehen, für die Gestaltung der politischen Ordnung in den Blick nimmt. Der Leitgedanke ist dabei, daß Freiheit und Ordnung zu einem möglichst elastischen und zugleich bestandhaften Ausgleich zu bringen sind, ein Ausgleich, der immer wieder neu zu erstreiten und zu erproben ist. Dies gilt für die Regelung des Wirtschaftslebens wie für die Entfaltung des kulturellen Lebens. In beiden Bereichen erkennt Bultmann die Notwendigkeit an, daß der Staat der modernen hochindustriellen Gesell-

---

[36] *Glauben und Verstehen* II 283.

[37] Vgl. dazu *Glauben und Verstehen* II 280 und bes. III 68, 75.

schaft regelnd eingreifen muß, um Ordnung in einem sonst unüberschaubaren Geflecht von Beziehungen, Rollen, Ansprüchen und Erwartungen zu garantieren. Er kann das heute nicht anders leisten, als daß er regulierende oder zumindest maßgeblich mitgestaltende Organisationen, Unternehmungen und Institutionen in diesen Sektoren begründet und unterhält. So hat er der wirtschaftlichen oder kulturellen Machtkonzentration in der Hand einzelner gesellschaftlicher Gruppen nach der Vorstellung Bultmanns durch die Bildung oder finanzielle Unterstützung geeigneter Institutionen entgegenzuwirken. Im Unterschied zum wirtschaftlichen Bereich, wo Bultmann prinzipiell privatwirtschaftliche Verkehrsformen positiv einschätzt, ohne begrenzte Sozialisierungen auszuscheiden, soll der Staat kulturelle Unternehmungen von allgemein-gesellschaftlicher Bedeutung wie Schulen, Universitäten, Theater und Konzerte weitgehend selbst tragen. Aber Bultmann betont auch hier die Gefahr, daß selbst im demokratischen Staat der kulturelle Bereich wie auch der wirtschaftliche durch die ständige Einmischung sachfremder politischer Gesichtspunkte ihre Eigenständigkeit verlieren. Die Autonomie von Wirtschaft und Kultur im Rahmen der politischen Ordnung wird somit für ihn zu einem entscheidenden Kriterium, ob der Staat die Freiheit der Person schützt oder nicht. Wenn er dies tun will, dann darf er nicht alle Lebensbereiche von sich aus durchorganisieren wollen, wie diese aber überhaupt von zu weitgehender Organisation, auch rein immanenter, gesellschaftlicher Art, zu bewahren sind, um die Eigentätigkeit des Einzelnen nicht zu verhindern.[38]

Konkrete Vorstellungen, wie die politische Ordnung im einzelnen institutionell selbst gestaltet sein muß, um die Freiheit der Person und die Autonomie der verschiedenen Lebensbereiche gewährleisten zu können und zugleich die Person und die einzelnen Sektoren doch an sich zu binden und auf sich zu verpflichten, damit sie ihre Funktion zuverlässig erfüllen kann, versagt sich Bultmann mit dem Hinweis, daß es in einer Geschichte, die durch das Schwergewicht der Anforderungen des Augenblicks und seines Übergangs in andere Augenblicke bestimmt ist, keine Rezepte geben könne. Es kann jedenfalls nicht Sache der Geschichtstheologie sein, wenn sie ihrem Selbstverständnis treu bleiben will, dafür Programme und Pläne zu entwerfen. Programme und Pläne langfristigen und normativen Charakters sind in ihren Augen aber überhaupt verwerflich, weil sie nicht mehr offen bleiben für das Ver-

[38] Vgl. dazu *Glauben und Verstehen* II 284ff.

änderliche in aller menschlichen Ordnung und stattdessen in gefährliche Nähe zu den säkularen Heilslehren rücken. Diese entspringen dem menschlichen Bedürfnis nach absoluter Sekurität in der Welt, womit die Freiheit als Offenheit gegenüber der Welt gerade zerstört wird. Die Geschichtstheologie verfügt mithin nicht über ein Programm für die Organisation einer unbedingt verläßlichen und beständigen guten Welt, vielmehr vermag sie nur auf das dialektische Verhältnis von Freiheit und Gesetz hinzuweisen, deren wechselseitige, stets erneut anzustrebende Maßbestimmtheit aber immerhin jetzt bei Bultmann eindeutig als ein Positivum im geschichtlichen Leben des Menschen gilt, das dessen Seinkönnen mitbegründet und mitträgt.[39]

---

[39] Vgl. a. a. O. 293, *Glauben und Verstehen* III 79.

D. Schlußteil:

Kritik und Skizze eines modifizierten Entwurfs

XII. Grundzüge einer geschichtstheologisch fundierten personalen Politik

1. Zusammenfassende Kritik der Theologie der Geschichtlichkeit

Wenn wir abschließend noch einmal die herausgestellten Phasen und Möglichkeiten einer Grundlegung politischer Ethik durch die Theologie der Geschichtlichkeit überschauen, so bleiben die hier feststellbaren Versuche allesamt unbefriedigend. Das muß selbst im Rückblick auf Bultmann gesagt sein. Es gilt um so mehr für die mannigfachen Stadien von Gogartens theologisch-politischem Denken. Die Geschichtstheologie schwankt hin und her zwischen einer Nivellierung und einer Verabsolutierung politischer Ordnung und Autorität und — in ihrer neueren Entfaltung — immerhin noch zwischen einer bloßen und sofort relativierenden Hinnahme neuzeitlicher Freiheit und einem Bekenntnis zum demokratischen Rechtsstaat, das aber dessen eigene Wirk- und Verfahrensformen nicht mehr unter sozialethischem („nächstenschaftlichem") Betracht glaubt analysieren und damit stringent aufweisen zu können. Den Grund für ein derart schwankendes und (auch bei Bultmann noch) unsicheres Verhältnis dieser Theologie zu den Phänomenen Politik und Staat und zum existentiellen und mitmenschlichen Verhalten und Handeln innerhalb ihrer und ihnen gegenüber glaubten wir in der beherrschenden Tendenz zur Denaturierung und insofern Destruktion der in Frage stehenden wie aller menschlichen Gebilde und Einrichtungen erblicken zu können. Die Theologie der Geschichtlichkeit verlegt und beschränkt sich — von ihrer eigenen historischen Ausgangslage her erklärlich — darauf, im menschlichen und, wie wir sahen, zumal im mitmenschlichen Leben die ausgezeichneten Situationen und Formen ausfindig zu machen, die die Funktion einer demonstrativen Anzeige für das geheimnishafte, in seiner Entzughaftigkeit alles durchherrschende, bestimmende und bemessende Ereignen des Wort-Antwort-Geschehens und damit der Geschichtlichkeit der menschlichen Existenz übernehmen könnten. Dabei richtet sich der Blick immer wieder auf eine herausragende Gestalt und Institution des mitmenschlichen Daseins, auf die staatliche Ordnung. Teils mit prinzipiellen Mißtrauen, teils in gefährlicher Überschätzung, dann wieder in ausdrücklicher Distanz und schließlich im Versuch betont behutsam-sachlicher Einschätzung wird die Fragestellung nach der ausgezeichneten Bedeutsamkeit von Staat, Ordnung und Autorität entfaltet, um jeweils alsbald in generellen geschichtstheologischen Festlegungen stecken zu bleiben, da die Untersuchung der Sache um ihrer natürlichen Beschaffenheit selbst willen nicht interessieren kann. Solches Vorgehen erscheint bei aller spezifischen Ausprägung, die es in der Theologie der Geschichtlichkeit findet, symptomatisch für eine beherrschend gewordene Lage und Art heutigen Denkens. Diesem ist es verwehrt, in dem umgrenzbaren und begrifflich erfaßbaren Wesen der Dinge ihre Wahrheit und im Kosmos der Wesenheiten der Dinge die Wahrheit des Seins des Seienden zu suchen und zu erblicken. Vielmehr bedenkt es in der Unverborgenheit des Seienden auf vielfache und unterschiedliche Art die Verbergung der Wahrheit des Seins, wie immer auch Verbergung, Wahrheit und Sein dabei philosophisch oder theologisch schon wieder vorweg ausgelegt sein mögen. Das grundlegende, jedoch gerade ab-gründige Thema solchen Denkens ist die Wahrheit als Geheimnis, ist die Geheimnishaftigkeit der Wahrheit. Daran hat die Theologie der Geschichtlichkeit ihren gewichtigen Anteil, indem sie auf die für sie einzig in Frage kommende Wahrheit, auf die geheimnishafte Wahrheit des dialektischen, den absoluten Gegensatz und den innigsten Bezug austragenden Geschehnisses von Wort Gottes und menschlicher Antwort zu reflektieren sucht.

Das Dilemma aller ihrer Aussagen beruht darin, daß die von ihr thematisierte Wahrheit gerade in ihrer Geheimnishaftigkeit gedacht werden soll, so aber doch eben zu thematisieren, in ihrem Wesen und in ihrer Struktur zu erörtern ist. Dies hat zur Folge, daß die Theologie der Geschichtlichkeit nur in immer wieder neuen und jeweils unterschiedlichen, wenn auch in eine konsequente Abfolge rückenden Versuchen, sehr tastenden und (meist, nicht durchweg) ihrer eigenen Fragwürdigkeit bewußten Versuchen, sich ihrem Thema nähern kann und ihm in der Bewegung unaufhörlich neuer und anderer Annäherung notwendigerweise stets auch unangemessen bleibt, daß sie anderseits sich aber im Namen ihrer geheimnishaften Wahrheit und im Namen der Geheimnishaftigkeit ihrer Wahrheit dezidiert gegen alle natürlichen und für selbstverständlich ausgegebenen Wahrheiten richten und dazu immer wieder eindeutig und engagiert Stellung nehmen muß. So empfangen ihre Aussagen bei allem Vorbehalt im Grundlegenden und bei aller Wandlungsfähigkeit im Einzelnen jeweils doch eine ausgeprägte, oft kämpferische Entschiedenheit, die sich mit dem Hinweis auf das Geheimnis ihrer Wahrheit legitimiert, damit aber gerade auch einem rationalen Ausweis sogleich wieder entzieht. Und wenn sie aus dem ihr selbst fragwürdigen, gleichwohl entschlossenen Wissen um das Geheimnis einer Größe wie dem Staat und der politischen Ordnung die Bedeutsamkeit der — notwendig immer paradoxen — Anzeige der geheimnishaften Wahrheit zumißt, dann tut sie dies gleichfalls mit aller Entschiedenheit, ob sie sie nun mit Mißtrauen oder einem Übermaß an Vertrauen, mit Distanz oder im Versuch sachlicher Einschätzung betrachtet. Auch die gegebenenfalls sich aufnötigende Vorsicht kann mit Entschiedenheit ergriffen werden.

Ob aber Mißtrauen oder Überbewertung, Distanz oder sachliche Vorsicht dominieren, stellt jeweils eine Folge der in Nuancen immer wieder anders versuchten Auslegung der Geheimnishaftigkeit der grundlegend-abgründigen Wahrheit dieser Theologie dar. Wenn sich in der Dialektik des Wort-Antwort-Geschehens die absolute Andersheit Gottes vorherrschend (aber entzughaft) ausspricht, dann liegt es z. B. nahe, die ausgezeichnete Ordnungsmacht des natürlichen menschlichen Lebens, den Staat, in ihrer Anzeigefunktion für diese geheimnisvolle Wahrheit gerade negativ zu qualifizieren (in ihrer Negativität aber noch als bedeutsam zu würdigen). Wenn dagegen die Dialektik des Wort-Antwort-Geschehens strenger daraufhin reflektiert wird, wie sich mit der Andersheit zugleich die absolute Herrschaft Gottes in der menschlichen Geschichte (jedoch abermals auf entzughafte Weise) kundtut, dann kann hinwiederum das theologisch-politische Denken dahin gebracht werden, in möglichst starken Autoritäten und Machttaten dieser menschlichen Geschichte die angemessenste paradoxale Anzeige solcher geheimnisvollen Wahrheit zu erblicken. Wie immer diese Zuordnung aber auch vorgenommen wird, stets entziehen sich die hier in der Dialektik von Differenz und Identität einander Zugeordneten wechselseitig einer allgemeingültigen und nachvollziehbaren Ausweisbarkeit: die Wahrheit in das Geheimnis ihres Geschehens, die politische Ordnung bzw. der Staat in das Paradoxale seines Bedeutungsgehaltes. Hierin liegt das zu tiefst Fragwürdige der Denkstruktur der Theologie der Geschichtlichkeit und ihrer Politischen Ethik.

Jedoch sei nicht übersehen, daß diese Theologie im Zuge einer immer strengeren — und d. h.: immer komplexeren — Besinnung auf den dialektischen Gehalt ihres „einzigen" Themas die Fragwürdigkeit der Äußerungsformen solcher Besinnung fortschreitend mitreflektiert und schließlich zu dem Ergebnis gelangt, daß gerade die extremen Positionen ihrer Politischen Ethik, die völlige Vergleichgültigung von Autorität und Ordnung wie die Unterstützung des totalen Staates, letztlich selbst unverträglich werden müssen mit der Art, wie sich die Theologie allein der Geheimnishaftigkeit ihrer Wahrheit nähern kann und darf. Darum zieht Gogarten sich in der letzten Phase seines theologischen Denkens auf eine vorsichtigere, gemäßigtere, offenere Einstellung gegenüber Ordnung, Autorität, Staat zurück. Die frühere Nivellierung wie Überschätzung dieser Größen vermeidend, betont er nun die Vorläufigkeit, in ihr aber das eingegrenzte, relative geschichtliche Recht der Ordnungen und den eingegrenzten, relativen geschichtlichen Vorrang der freiheitlichen Ordnung. Eine die Wahrheit als Geheimnis streng bedenkende Theologie muß schließlich den Bereich der Politik in seine Sachlichkeit freigeben und von ihren eigenen absoluten Aussagen zugunsten einer sich unablässig vollziehenden Selbstaufhebung abrücken. Bultmann folgt dieser Denkbewegung um einige Schritte weiter. Allerdings droht nun die entschlossene Entschiedenheit der Positionen durch eine nicht minder entschlossene Vorsicht gegenüber jeglicher Einnahme von positionalen Stellungen ersetzt zu werden, so daß sich die Theologie der Geschichtlichkeit abermals in eine Ungreifbarkeit zu entziehen scheint. Unsere Frage lautet, ob diese Vorsicht in solchem Maße notwendig und angemessen ist. Immerhin konnten wir in der neuen Exposition politisch-ethischer Probleme einige positive Ansätze erblicken, die wir im folgenden abschließend ein Stückweit entfalten wollen. Wir versuchen uns dabei auf der geschichtstheologischen Ausgangsbasis zu halten, was allerdings miteinschließt, daß wir auf sie — in aller Kürze — neu zu reflektieren haben, um zu prüfen, ob sie in der durch Gogarten und Bultmann gegebenen Auslegung einfach zu übernehmen oder ob sie in einigen wichtigen Bestimmungen modifiziert zu sehen ist.[1]

---

[1] Die folgenden Ausführungen stützen sich zum Teil (stellenweise in starker Überarbeitung, an anderen Stellen wörtlich) auf einige Abschnitte eines Aufsatzes, den der Verf. unter dem Titel *Personalität und Politik* in der *Festschrift für Anton Betz*, 1963, 209—243 veröffentlicht hat; hier bes. 212ff., 221ff., 231ff. (Wieder abgedruckt in: *Wahrheit — Pluralität — Freiheit*, 1976).

2. *Der größere Gehalt der Personalität*

Auch wir halten also daran fest, daß sich die christliche Theologie in ihrem (zeitlichen und wesensmäßigen) Ursprung nur biblisch begründen läßt und in erster Linie als die Verkündigung und Auslegung des göttlichen, in der Schrift niedergelegten Offenbarungswortes zu verstehen und zu entfalten hat. Dabei ist die Schrift selbst schon solche Theologie und daher bereits menschliche Antwort auf das Wort. Konstitutiv für den Glauben ist mithin das unlöslich eine Geschehnis von göttlichem Wort und menschlicher Antwort, ein Ereignis, das immer wieder vollzogen und übernommen werden muß, um wirklich zu sein, nicht dagegen eine ein für allemal bestehende Wesenheit oder ein hinterlegtes depositum, die in ihrer bleibenden Beschaffenheit feststellbar wären. In dieses Ereignen ist der Mensch zentral einbezogen, und zwar in dem doppelten Sinn, daß in einem an ihn sich richtenden und ihn betreffenden Geschehen die Offenbarung Gottes geschieht und daß dieses Geschehen den Menschen in seinem Wesen beansprucht. Gott offenbart sich zwar auch in seiner Schöpfung, jedoch nur vermittelt und indirekt, unmittelbar dagegen in der Geschichte seiner Kundgaben an das auserwählte Volk des Alten Testaments und endgültig in seinem den Neuen Bund begründenden Wort, das in Jesus Christus selbst Mensch wurde und unter uns gewohnt hat (Joh 1,14). Das Wort der Offenbarung in Jesus Christus erschließt erst ganz und endgültig die Offenbarung Gottes in seiner Schöpfung und ruft zugleich die Schöpfung, vorzüglich den Menschen, aus dem Nichterkennen und Nichtanerkennenwollen der Offenbarung Gottes in ihr — und d. h.: aus der Verfallenheit an die Sünde — erlösend zurück in die Gewähr und Verheißung einer neuen und vollen Erfahrung dieser Offenbarung. Das Wort Gottes beansprucht somit die Existenz des Menschen in voller Souveränität, mit der es von sich aus an den Menschen ergeht und ihn ruft, doch zugleich überliefert es sich der Antwort des Menschen, in der es sich überhaupt nur kundgibt. Die Antwort des Menschen aber differenziert und besondert sich in eine Vielzahl von Antworten, die jeweils in endlicher Fassung das unendliche Wort Gottes wiedergeben und widerspiegeln, die ihm folglich stets unangemessen bleiben und doch die einzige Form darstellen, die sich das Wort Gottes anmißt. Das Wort Gottes gibt sich in die Geschichte der vielen endlichen menschlichen Antworten und konstituiert damit die menschliche Geschichte zu einer solchen Geschichte der vielen endlichen Antworten auf das Wort. Das Wort ist in ihr das eine Urereignis, das sich in die Vielheit des Ereignens je neuer und anderer endlicher Antworten zerstreut und somit sich „an ihm selbst“ entzieht, um auf die durch solches Ereignen konstituierte Geschichtlichkeit des Menschen zu verweisen. — Dieser hier äußerst knapp noch einmal angedeutete grundlegende Zusammenhang von Wort und Antwort sei als die Ausgangsbasis auch unserer Überlegungen vorausgesetzt. Wir teilen sie mit der Theologie der Geschichtlichkeit, und nur eine solche Teilhabe an deren letzter Voraussetzung ermöglicht eine immanente Auseinandersetzung mit ihr. Im weiteren beschränken wir unsere Erörterung auf die Fragen, was damit an Folgerungen für das Wesen des Menschen, seine Mitmenschlichkeit, die Gestalt der mitmenschlichen Ordnung in politischer Verfaßtheit und das Handeln in und zugunsten solcher Ordnung grundgelegt ist und ob die Denkschritte, die wir von hier aus vorgezeichnet glauben, mit denen übereinstimmen, die wir in der Theologie der Geschichtlichkeit vorgefunden haben.

Wenn wir mit Gogarten und Bultmann vom Wort-Antwort-Geschehen als dem Ereignis der Offenbarung Gottes und von diesem als der zentralen Wahrheit der Theologie ausgehen, so haben wir mit ihnen zu sagen, daß die Theologie zufolge der Offenbarung den Menschen als den von Gott und seinem Wort souverän Beanspruchten und Geforderten verstehen muß. Wir glauben jedoch gleichzeitig schärfer als unsere beiden Theologen sehen zu müssen, daß der Mensch in diesem Geschehen auch immer zu dem des Wortes Gewürdigten und vom Wort Gebrauchten wird. Aus dem Geschehen von Wort und Antwort ist der Mensch im strikten Sinn als der korresponierende Partner des Wortes Gottes zu begreifen. Zwar ist er Adressat. Das Geschehen, das hier zur Rede steht, kommt durch das Ergehen des Wortes Gottes in Gang, und wenn sich darin Gott als der souveräne Herr des Geschehens kundtut, so werden wir sagen müssen, daß Gott frei und ungeschuldet den Menschen als den Adressaten seines Wortes konstituiert. Aber der Adressat bleibt doch in dem Geschehen nicht ein bloßes Gegenüber, sondern indem er zum Adressaten konstituiert ist und in eine Entsprechung, in eine Antwort eingefordert wird, in die sich das Wort ganz hineingibt, gelangt der Mensch zur Partnerschaft mit dem sich offenbarenden Gott. Gott erwählt den Menschen zum Partner seines Wortes. Das Partnerschaftsverhältnis entsteht durch Gottes Anruf, dem der Mensch sich antwortend stellt.

Indem der Mensch sich dem Wort antwortend stellt, erhält er echte Teilhabe an der Wirklichkeit des Wortgeschehens. Zwar werden hier der in seinem Herrsein absolute und unendliche Gott und der in seinem

Gefordertsein geschichtliche und endliche Mensch zu Partnern des Wortgeschehens, das somit eine scharfe Distanz zwischen ihnen aufrecht erhält, die es verwehrt, von einer Gleichberechtigung in der Partnerschaft zu sprechen, aber wenn in ihr gerade die Souveränität Gottes ungebrochen walten soll, so muß die konstituierende Setzung und Anerkennung des Menschen zum entsprechenden, antwortenden Partner ernster genommen werden, als dies bei Gogarten und Bultmann geschieht. Die Souveränität Gottes in der Partnerschaft wird gerade eingeschränkt, wenn der Mensch als der total Ungleiche erscheint, nämlich als das Wesen der Subjektivität, dessen Entsprechungsversuch selbst noch dem Verhältnis, in das es anderseits restlos einbezogen ist, widerstreitet, das infolgedessen so immer auch noch außerhalb dieses Verhältnisses bleibt und von ihm nie ganz eingeholt zu werden vermag. Die unauflösbare Spannung von Geschichtlichkeit und Subjektivität im Wesen des Menschen bei Gogarten und Bultmann verhindert, daß der Mensch im Verhältnis zu Gott tatsächlich als der Partner in einem Dialog gewürdigt werden kann. Im Unterschied zu solcher Nivellierung des Partnerschaftsverhältnisses gilt es, aus der Struktur des Wort-Antwort-Geschehens, in dem das Wort sich nur mit und in der Antwort gibt, den Menschen als den echt Entsprechenden zu begreifen. Dann muß er *in* diesem Geschehen bereits als der mögliche Hörer des Wortes (Karl Rahner)[2] vorausgesetzt sein, der dem auf es treffenden Wort frei entsprechen oder auch nicht entsprechen kann, der zwar zufolge der Partikularität seiner je geschichtlichen Entsprechungsleistung hinter Gottes Fülle immer qualitativ zurückbleibt, aber nicht aufgrund der menschlichen Leistung als solcher bereits vollständig verfehlt wäre. Diese muß als geforderte, soweit die Forderung erfüllt wird, vor Gott gut sein, im Recht sein, wenn in ihr das Wort Gottes nicht an eine unüberwindliche Schranke stoßen soll. Im Vollzug der Partnerschaft muß also die Insistenz der Subjektivität überwindbar sein zugunsten einer Seinsweise des Menschen, die aufgrund des Wortgeschehens als Möglichkeit immer schon vorausgesetzt und zur Verwirklichung eingefordert ist.

Diese Seinsweise des Menschen ist seine *Personalität*, deren Verständnis sich gegenüber Gogarten und Bultmann aus der modifizierten

---

[2] Vgl. für diese von der Theologie Gogartens und Bultmanns abweichende Sicht die Frühwerke Karl Rahners in neuer Bearbeitung: *Hörer des Wortes. Zur Grundlegung einer Religionsphilosophie*, neu bearb. von J. B. Metz. 2. Aufl. München 1963 sowie *Geist in Welt. Zur Metaphysik der endlichen Erkenntnis bei Thomas von Aquin*. Im Auftrag des Verfassers überarb. u. ergänzt von J. B. Metz. 3. Aufl. München 1964.

Sicht des Partnerschaftsverhältnisses in wichtigen Zügen unterscheiden muß. Wenn der Mensch in dem Wort-Antwort-Geschehen als der das Wort hören-könnende und als der in das Hören und Antworten — ein gehorsames, aber frei-willentlich und verantwortlich übernommenes Hören und Antworten — eingeforderte Partner gesetzt ist, dann muß er einen ihm zu eigenen, von Gott gewährten und gewürdigten Stand in sich selbst besitzen, vermöge dessen er sich gegenüber dem Anruf des Wortes in eigens vollzogener Verantwortung zu entscheiden vermag. Gottes Wort trifft den Menschen in seinem Ansichsein, das es selbst voraussetzt, um die Ent-sprechung auf seinen Zu- und Anspruch verlangen zu können. Zugleich allerdings bricht das Wort Gottes in dieses Ansichsein, in diesen Eigenstand des Menschen ein, um die menschliche Existenz ganz für sich zu beanspruchen. Mit der Antwort vollzieht die Existenz den Übergang aus ihrem Ansichsein in ihr Für-Gott-sein, wobei aber beide Modi sich wechselseitig bedingen und durchherrschen. Denn das Ansichsein (der Mensch als von sich aus Hören-Könnender) ist bereits gesetzt um des Hörens, des Für-Gott-seins, willen, und in dessen Vollzug hält sich das Eigensein des Menschen als sein verantwortlicher Träger durch. Der Mensch als Partner des Wortes ist daher ineins Wesen der Substanz, des Selbststandes, des Sich-zueigen-seins, der Freiheit und Verantwortung und anderseits die „Bresche“, der „Hohlraum“ und „Einschlagstrichter“[3], wohinein (aber als etwas Vorausgesetztes, Potentielles, noch nicht Aktualisiertes) das Wort einbricht, um die Antwort in die Verantwortung ihm gegenüber und so in den alles konstituierenden Bezug der Partnerschaft, den es herstellt, zu rufen. Aus solcher Gedoppeltheit in Einheit ist das Wesen des Menschen als Person zu begreifen, womit der Begriff „Person“ eine stärker polare Spannung gewinnt als insbesondere bei Gogarten. Die Personalität der Existenz kann dann nicht mehr mit ihrer Bezogenheit einfach schon identisch gesetzt werden; sie besagt vielmehr zweierlei in Einheit: Selbststand, vorausgesetzt in der Bezogenheit, und Bezogenheit, in die die Voraussetzung des Selbststandes eingeht. Mit solchem Verständnis der Personalität nehmen wir gleichfalls den Bedeutungsgehalt des lateinischen Wortes personare in Anspruch.[4] Personare bedeutet: etwas

[3] „Bresche“, Hohlraum“ und „Einschlagstrichter“ nennt Karl Barth in seinem *Römerbrief* (2. Aufl. 1922, 9. Abdruck 1954, 9, 12 u. ö.) die menschliche Existenz in bezug auf das senkrecht sie treffende und zerbrechende, dann aber auch umschaffende Wort Gottes. Vgl. dazu Verf., *Karl Barths dialektische Grundlegung der Politik*. In: Civitas. Jahrbuch für christliche Gesellschaftsordnung, Bd. II, 1963, 31—71 (wieder abgedruckt in: *Wahrheit — Pluralität — Freiheit*, 1976).

durchtönen im Sinne von ertönen machen, mit Tönen erfüllen; etwas besingen und es dadurch erschallen lassen. In diesem Wort kommt mithin ein erstursprüngliches Antönen, aber auch ein Widertönen solchen Antönens, wozu ein „Material“, eine Beschaffenheit schon da sein muß, um es aufbringen zu können, zur Sprache. Der Mensch wäre als Person demzufolge das Wesen des Hindurchtönens als des Antönens und Widertönens des göttlichen Wortes, d. h. dasjenige Wesen, in dessen Dasein das wechselseitig-einige Ereignen von Wort und Antwort, von Anruf und Entsprechung je und je geschieht und das darum das allein ganz und gar geschichtliche Wesen ist.

Diese aus der Partnerschaft zum Wort Gottes begriffene Personalität des Menschen ist durch eine scharfe Polarität bei strengster Zusammengehörigkeit der polar auseinandergespannten Merkmale und somit durch eine sich in allen ihren Äußerungen und Bezügen bestimmend geltend machende Spannungs-Einheit charakterisisert. Wenn wir sagten, dem Menschen als Wesen der Person komme Selbstand zu, so heißt dies, daß einer jeden menschlichen Person je für sich Individualität, Einmaligkeit, Unverwechselbarkeit, Unaustauschbarkeit und Unvertretbarkeit, insofern Absolutheit, ein absolutes Eigensein und absoluter Eigenwert, mithin absolute Würde zuerkannt sein müssen, wenn anders jeder Mensch als Person Partner, also Adressat und Korrespondent des göttlichen Wortes und damit je eigenes und besonderes Ereignis der Geschichte zwischen Gott und Mensch ist. Doch anderseits und zugleich betont die Rede von der Person als „Bresche“, „Hohlraum“ und „Einschlagstrichter“ die Bedingtheit, das Gesetztsein, das Geschenktsein und zugleich Gefordertsein dieses Eigenseins und seiner Absolutheit. Ohne das Wort-Antwortgeschehen wäre die Person, theologisch gesehen, in der Tat nicht Person, wäre sie nichts. Sie erweist sich als konstitutiv bedingt und in solcher Bedingtheit als endlich. Doch bedingt das konstituierende Wort Gottes gerade die Absolutheit eines endlichen Wesens, das es sich zum Partner erwählt hat. Darum erbringen die derart bedingte personale Individualität, Substantialität, Eigenwürde und Absolutheit von sich aus schon, aufgrund ihrer Herkunft, den Hinweis auf das Verwiesensein der Person an das sie antönende, sie durchtönende, in ihr jedoch auch widerhallende Geschehnis des Wortes Gottes, das sie ereignet.

---

[4] Diese Ableitung bleibt wie alle anderen, die versucht worden sind, sprachgeschichtlich umstritten. Vgl. dazu wie zur philosophischen Grundlegung der Personalität Max Müller und Alois Halder, Art. *Person*, in: Staatslexikon, 6. Aufl., Bd. VI, 197—206.

So hat denn die Vorstellung von der „Personalität" des Menschen stets seine Substantialität *und* sein Verwiesensein, sein Eigensein *und* seine Offenheit, seine Individualität *und* seine Bezogenheit, seine Absolutheit *und* seine Bedingtheit, seine Eigenwürde *und* seine Endlichkeit, seine Freiheit *und* seine Gebundenheit, sein Ansichsein *und* sein Für-Gott-sein einzuschließen, und zwar jedesmal so, daß die hier gegenübergestellten Merkmale in jeder Person in eine strenge Übereinkunft zusammengespannt sind. Diese Andeutungen der mehrfachen Artikulation personaler Spannungs-Einheit können wir zusammenfassen, indem wir sagen, der Mensch als Person sei das Wesen der Verantwortung. Auch der Terminus „Verantwortung" ist dabei aus der Vereinseitigung seines Bedeutungsgehaltes in der Festlegung Gogartens und Bultmanns herauszuführen. „Verantwortung" meint ebenfalls den doppelt-einigen Sinn des menschlichen Antwortens auf das Wort Gottes: Das Antworten ist ganz und gar Ent-sprechung gegenüber dem Wort und ihm allein ver-antwort-lich und muß doch eigens übernommen werden, um wahrhaft Ent-sprechung, Widerhall, Korrespondenz zu sein. Im Antworten verantwortet also die Person *sich* und ihr Tun *vor* Gott. Insoweit ist die Person auch eigenverantwortlich. Wäre sie nicht selbständig und eigenverantwortlich, so wäre sie ein *Nichts* in der Partnerschaft mit Gott. Verstünde sich aber diese Eigenverantwortung sinnhaft nicht völlig als das Antworten auf das Wort Gottes und somit aus der Überantwortung an das Wort, so wäre es mit der sie erst konstituierenden (und ihrerseits aus dem Wort konstituierten) Partnerschaft *mit Gott* nichts. Damit aber wären sowohl die Partnerschaft als auch die Personalität wie schließlich die Verantwortung hinfällig. In der Verantwortung sind mithin Freiheit und Bindung, Eigenverantwortung und Überantwortung streng zusammengefügt. Der Mensch muß sich in ihr zwar zur Antwort auf das Wort bestimmen, doch ist solche Selbstbestimmung im Handeln stets durch das Wort konstitutiv bedingt, und es gibt hier auch nur das frei-willentliche Sichbestimmen in die Antwort, damit aber zugleich in die Übernahme und Bejahung der Bedingung und Bedingtheit. Bestimmt sich die Existenz nicht zu eben diesem Handeln, dann verfehlt sie bereits ihre Verantwortung und dadurch ihr Personsein. Es kommt für sie folglich nur ein Ja oder Nein, ein Gewinnen oder Verfehlen in Frage. Dieses aber ist in ihre Entscheidung gestellt. Der Mensch ist vor dem Wort Gottes das Wesen der Freiheit 1. als Wesen der Entscheidung über seine Grundstellung, 2. als Wesen der Selbstbestimmung in der bezogenen Grundstellung und 3. als Wesen der

Übernahme dessen, wozu er sich bestimmt hat. Auch der eingeengte Freiheitsbegriff der Theologie der Geschichtlichkeit ist also durch einen umfassenderen zu ersetzen, der in das Frei-sein-für das Moment des Sich-bestimmens-zu aufnimmt und so die Autonomie der Person in ihrer durch das Wort Gottes bedingten Heteronomie wahrt.

Im Unterschied zu den von uns behandelten Theologen müssen wir deshalb sagen: Zu dem von Gott gewollten personalen Wesen des Menschen gehören Eigenstand und Selbstsein. Diese sind folglich als solche noch nicht Verfehlung der Antwort auf das Wort, sind als solche daher auch noch nicht der Sünde und dem Schuldigsein des Menschen gleichzusetzen. Wohl gründen im Eigenstand und Selbstsein die Möglichkeit und die Faktizität der Verfehlung, der Sünde, des Schuldigseins. Sie gründen damit im Wesen der durch die Partnerschaft mit Gott konstituierten Personalität, in deren Entscheidungsfähigkeit selbst, nicht etwa in einer außerhalb ihrer und gegen sie stehenden Subjektivität. Die personale Eigenständigkeit und Entscheidungsfähigkeit verführen den Menschen allerdings auch immer dazu, auf dem ihm zueigen gemachten Stand zu insistieren und ihn als unbedingtes Eigentum zu behaupten. Der Mensch versieht sich dann an der Bedingtheit und dem Geschenkcharakter seines Zueigenseins, er übersieht, daß dieses erst als Qualität seiner Partnerschaft mit Gott, deren Ereignen auf seiner Seite Antwort und Verantwortung sein müssen, begründet und gewährt ist und in solcher Konstitution bewahrt werden muß. Damit verschätzt sich also der Mensch gerade an dem spannungsreichen Vollgehalt seines personalen Wesens, nämlich an der Bedingtheit seines Selbstseins. Die Person ist beständig versucht, ihr Wesen einsinnig autonom, also unbedingt autonom zu verstehen, statt die Ableitung einer bedingten, endlichen Autonomie aus der Heteronomie der Verwiesenheit an das Wort zu sehen, ihr Wesen damit doppelsinnig als autonom *und* heteronom, absolut *und* bedingt zu begreifen und anzuerkennen. Solches menschliche Verkennen und Mißachten des Vollgehalts des eigenen personalen Wesens — eine Möglichkeit und Folge dieses Wesens selbst — ist im theologischen Verständnis Sünde, Versündigung am Willen und Anspruch Gottes. Durch sie bleibt der Vollzug der Personalität in ihrem ganzen Sinn aus. Das besagt jedoch nicht, daß nicht Anspruch und Gewähr der Partnerschaft und Personalität im Wort-Antwort-Geschehen weiterbestehen. Die Person ist zu immer wieder neuer Entscheidung für die Antwort auf das Wort aufgerufen und grundsätzlich befähigt. Wenn sie sich ihr in Sünde versagt hat, dann hat sie allerdings diese ihre Vergangenheit vor dem je neuen Anspruch des Wortes mitzuverantworten. Sie kommt von ihr nicht einfach los, sondern trägt sie und alle Faktoren, durch die sie bestimmt ist, immer mit in eine Zukunft, für die sie sich auch in Übernahme der Verantwortung für das Verfehlen in der Vergangenheit je und je neu entscheiden muß. Die Hinwendung zur Zukunft kann sich dann in Umkehr oder im Ausweichen vor der Verantwortung für die Vergangenheit vollziehen. In beiden Grundmöglichkeiten bleibt die Existenz durch ihre Vergangenheit, durch die Sünde, mitbestimmt. Doch steht ihr gerade angesichts solcher Last der Vergangenheit in der neuen, auf sie zukommenden Forderung immer noch und immer wieder die Entscheidung zwischen Umkehr und Ausweichen bevor. Die Person ist somit, aus dem Wort-Antwort-Geschehen begriffen, zwar von der Sünde affiziert, aber nicht in ihrer Entscheidungsfähigkeit zum Bösen und zum Guten vernichtet.

Weil aber der Mensch zufolge seines personalen Wesens faktisch immer auch der Verführung zum Schuldigwerden vor Gott verfällt und in Sünde gefallen ist, ergeht das Wort Gottes in dem Mensch gewordenen Gottessohn Jesus Christus noch einmal und „ein für allemal", und zwar so, daß in Jesus mit dem Wort die Antwort selbst durch Gott vollzogen und dadurch die Möglichkeit zur Antwort gnadenhaft neu gewährt wird. Jesus Christus wird zum exemplarischen Austrag der gottmenschlichen Partnerschaft in Erlösung vom Schuldigsein des Menschen. In ihm ereignet sich die heile und damit vollendete Partnerschaft. Für den Menschen ist damit ein neues Antwortenkönnen und Antwortenmüssen in der Nachfolge Christi erschlossen. In der Menschwerdung und im Sühneopfer Jesu Christi werden die Partnerschaft und ineins damit die menschliche Personalität noch einmal in der entschiedensten Weise von Gott bestätigt, also neu gewürdigt und zugleich neu bedingt. Eine neue Partnerschaft, ein neuer Bund wird begründet und darin dem Menschen ein „neues Leben" erschlossen. Der neue, in der Nachfolge Christi stehende Mensch lebt dann nicht mehr „von dieser Welt" (Gal 1,4; Joh 5,24; Hebr 6,5), d. h. nicht mehr aus eigener Machtvollkommenheit, sondern aus der erlösenden Gnade des in Jesus Christus Mensch, Antwort, vollgültige Entsprechung gewordenen Wortes. Allerdings wird in der Nachfolge Christi das neue Leben, der neue, von der Sünde erlöste „Äon"[5] vorerst nur zeichenhaft, in der Weise der Demon-

[5] Zum biblischen Verständnis von „Äon" und „Welt" vgl. die mannigfachen Belegstellen bei Gerhard Kittel, *Theologisches Wörterbuch zum Neuen Testament* (Art. αἰων: Bd. I, 197—209; Art. κόσμος: Bd. III, 867—896).

stration, sichtbar. Paulus betont, daß wir mit Jesus Christus ein „Angeld“ (Eph 1,14; 2. Kor 1,22) auf die endgültige und vollständige Erlösung von der Sünde am Ende aller Tage erhalten haben, daß die Erfüllung der in Jesus Christus gegebenen und an ihm selbst bereits vorausverwirklichten Verheißung aber noch aussteht. Vorerst scheitert der Mensch immer auch noch an der neuen Möglichkeit seiner partnerschaftlichen Entsprechung, der Nachfolge Christi, so gewiß sie ihm prinzipiell erschlossen worden ist und zu ergreifen bevorsteht.

Somit liegen alter und neuer „Äon“, Vergangenheit und Zukunft gegenwärtig noch im Widerstreit. Die Gegenwart der Person ist an ihr selbst der Austrag dieses Streites. Der Mensch lebt als durch das Wort Gottes konstituierte Person zwar nicht mehr „von“ dieser Welt, doch zugleich noch ganz in dieser Welt, im alten Äon der Sünde (Joh 17,11; 1. Kor 5,10 u. ö.). Die personale Existenz wird damit in ihrem welthaften Vollzug zur Gegenwart einer Doppelzeitigkeit und Doppelweltlichkeit. Personale Existenz ist doppelzeitige und doppelweltliche Existenz.[6] Daraus erwachsen ihr zwei unterschiedliche, aber streng zusammengehörige Grundstellungen zur Welt. Das Werk des Antwortgebens auf das Wort Gottes entfaltet sich für die Person, die „in“ der Welt, nicht „von“ der Welt ist und die diesen ihren Weltstatus bejaht und übernimmt — als christliche Existenz — in bezug auf die „Welt“ zwiefach-einig als *eingrenzendes* und als *aufrichtendes* Werk. Das damit angedeutete Weltverhalten der Person muß dann auch ihr Verhältnis zur politischen Ordnung als einer wesentlichen Weltgestalt, muß also das politische Werk, das sie zu erbringen hat, grundlegend mitbestimmen. Es wird zufolge einer in wichtigen Zügen anderen (gleichwohl geschichtstheologischen) Bestimmung der Personalität in einigen Punkten über die Vorstellung hinausführen können und müssen, die Gogarten und Bultmann von ihm entwerfen. Wir erörtern im Folgenden den neuen Zusammenhang von Personalität, Mitmenschlichkeit, politischer Ordnung und personalem politischem Werk.

3. Personale Nächstenschaft

Die Person, jeder Mensch als Person, findet sich faktisch immer schon vor innerhalb eines geschichtlich gewordenen und überkomme-

[6] Die Welt-Geschichte, in der die doppelzeitige und doppelweltliche Existenz lebt, wird damit zum „Raum des Vorläufigen, des Unvollendeten, des Zweideutigen, des Dialektischen, und der innerweltliche Griff nach dem Heil und nach der Vollendung in der

nen Bestandes von gesellschaftlichen Beziehungen und Ordnungen, die Konvention, Recht und Sitte festlegen. Solche Beziehungen und Ordnungen erheben auf die Person einen Geltungsanspruch. Umgekehrt haben die Menschen einer gemeinsamen Herkunft, Zeit und Gegend sich in ihnen eingerichtet, um vermittels ihrer Sicherheit für ihr Leben und Handeln zu gewinnen. Wir sind bereit, mit Gogarten und Bultmann die natürliche Funktion der gesellschaftlichen Gebilde und Ordnungen zunächst einmal so zu sehen. Die natürlichen Ordnungen des menschlichen Lebens erheben auf den Menschen Anspruch und werden zugleich von ihm beansprucht. Dabei geht es beiderseits zunächst um Selbstbehauptung. Solches Wechselverhältnis erscheint notwendig, wenn das menschliche Leben sich in seinem welthaften Dasein behaupten und gestalten lassen soll. Die Ordnungen gehören damit, theologisch gesprochen, zur Gestalt „dieser Welt". Als solche sind sie endlich, vergänglich, begrenzt. Dadurch sind sie je für sich in ihrer Geltung stets auch gefährdet. Um ihre lebensnotwendige Funktion erfüllen zu können, muß ihnen folglich die vitale Tendenz zur Sicherung ihrer Geltung und zum Beharren auf dieser eignen. Sie erstreben kraft natürlichen Anspruchs jeweils ihr zeitliches Maß, aber allzu oft auch ein Übermaß an Dauer, Geltung und Macht. Immer wieder umgeben sie sich mit einem Vollendungs- und Vollkommenheitsschein, und dies gerade im von weltanschaulich-ideologischen Antagonismen beherrschten Zeitalter der Gegenwart, wo sie in der Möglichkeit und Gefahr stehen, auf mannigfache Art totalitäre Züge anzunehmen.

Wo diese Tendenz spürbar wird, gilt es vom personalen Verständnis des Menschen her klar zu sehen und eindeutig festzustellen, daß hier ob einer Hypertrophie von weltlicher und endlicher Ordnung sich Recht ins Unrecht, Sitte in Unsitte, Ordnung in Unordnung verkehrt. Denn solche Gestalten müssen an der Unvollendbarkeit der endlichen Welt und des endlichen Menschen aus eigener Macht vorbeigehen. Ihnen gegenüber gilt es im Hören auf das konstitutive und bedingende Wort Gottes zu betonen und handelnd zu bezeugen, daß alle Ordnungen eben Ordnungen „dieser Welt", d. h. in ihr endliches, zeitliches Maß gefügte, in ihren Grenzen zu haltende und in ihrer Geltung einzuschränkende Ordnungen des menschlichen Lebens in der Welt sind

Weltgeschichte als solcher selbst bliebe ein Stück Geschichte, das zu ihrem unheilen, gottlosen und vergeblichen gehören würde und — selbst sich in andere Geschichte aufhöbe, die nach ihr käme" (K. Rahner, *Weltgeschichte und Heilsgeschichte*. In: *Schriften zur Theologie* V, 1962, 115).

und bleiben müssen. Jede Ordnung in dieser Welt ist in diesem Verständnis relativ. Sie ist gegen übermächtigende Tendenzen auf ihr Maß hin zurückzunehmen. Es verbieten sich dann alle innerweltlichen, auf die Gestaltung einer perfekten Ordnung bezüglichen Utopien. Eine mit solchen Utopien verknüpfte politische Weltanschauung kann niemals in irgendeinem — und sei es noch so paradoxalen — Sinne zur Anzeige für die Wahrheit des Wortes Gottes werden. Sie steht ihr vielmehr strikt entgegen. Dies ist gerade auch gegen den Gogarten der dreißiger Jahre zu sagen. Dafür kann Gogarten und Bultmann zugestimmt werden, wenn sie alle Versuche verurteilen, die nichtchristlichen Weltanschauungen durch eine christliche zu ersetzen. Auch im christlichen Namen ist keine perfekte innerweltliche Ordnung anzustreben, ist kein Totalplan für die Erstellung einer solchen Ordnung anzubieten. Um so mehr aber sollte es sich für die Theologie, die vom Geschehnis des Wortes Gottes auszugehen sucht, nahelegen, gemäß ihrer Einschätzung von der Notwendigkeit endlicher, zeitlicher, begrenzter Ordnungen diejenigen Ordnungsformen zu bejahen, die in ihrem Selbstverständnis und in ihrer Struktur so geartet sind, daß sie die Maßbestimmtheit und Relativität ihrer selbst institutionell zum Ausdruck, in sichtbare Gestalt bringen, und mit darüber zu wachen, daß dieses ihr Selbstverständnis und diese ihre Form lebendig werden und bleiben. Dann aber ist es erforderlich, sich theologisch und politisch für eben diese Ordnungsformen einzusetzen und dabei mitzuwirken, daß ihre innere und äußere Gestaltung aus der Gesinnung gleichsam engagierter Selbstdistanz und Selbstbeschränkung im Rahmen der für die Aufrechterhaltung der Ordnung erforderlichen Wirkkraft erfolgt.[7]

Könnte bis jetzt die Mitwirkung in der Politik aus theologisch-personalem Verständnis doch noch einseitig zurück-nehmend und deshalb fast negativ erscheinen, so gilt es im weiteren zu sehen — und hier gilt es zugleich, entscheidend über Bultmanns und insbesondere Gogartens Aussagen hinauszuführen —, daß sich bei aller Eingrenzung des Rechts- und Machtanspruchs der Ordnungen ineins damit dennoch eine durchaus positive Würdigung des Werkes der politischen Ordnung und des personalen politischen Handelns erschließt. Um dies andeutend entfalten zu können, müssen wir zuvor der Frage nachgehen, wie sich von der Personalität aus Mitmenschlichkeit, Sozialität, eröffnet und in welchem Sinn. Wir sahen, daß die Personalität ihrerseits in der Partner-

[7] Vgl. dazu Bernhard Welte, *Über das Wesen und den rechten Gebrauch der Macht. Eine philosophische Untersuchung und eine theologische These dazu*, 1960; hier bes. 56.

schaft zwischen Gott und Mensch, die sich im Wort-Antwort-Geschehen ereignet, gründet. Das Wort-Antwort-Geschehen aber betrifft prinzipiell *alle* Menschen; an *jeden* Menschen ergeht zufolge der Totalität seines Anspruchs und seiner Heilsverheißung das Wort Gottes, wenn die Art seiner Kundgabe auch mannigfache Formen kennt — ein theologisches Problem, auf das wir hier nicht weiter eingehen können. Für uns gilt, daß jeder einzelne Mensch ohne Ausnahme in der Weise der Partnerschaft und darum als Person von Gott gewürdigt und bedingt ist, daß folglich jeder einzelne Mensch vor und für Gott von spezifischem und je einmaligem, doch zugleich mit allen anderen Menschen von prinzipiell gleichem personalem Wert ist.[8] In der Personalität ist mithin die Jeeinmaligkeit jedes einzelnen Menschen *und* die wesenhafte Gleichheit aller Menschen erschlossen. Beide Momente werden infolge einer Vereinseitigung des Verständnisses der Personalität von Gogarten geleugnet.

In der Jeeinmaligkeit und Gleichheit jedes und aller Menschen vor Gott, in beidem zugleich und ineins, gründet aber dann eine absolute und umfassende, keinen Menschen unter irgendeinem Betracht beiseite lassende Gemeinschaft aller Menschen als Personen, eine Gemeinsamkeit, die also ihre Individualität und ihre Sozialität in sich austrägt, nämlich die Merkmale, die der Personalität selbst schon zukommen. Die Person ist mithin in ihrem Ursprung schon Individual- und Sozialwesen, niemals erst das eine und daraus abgeleitet auch noch das andere. Die Gemeinsamkeit der Personen, die im Wesen der Person selbst gründet, verwehrt es dann gleichermaßen, daß der Mensch nur als Teil einer Gattung und somit wesentlich nur als Abstraktum und Kollektiv gewertet, eingesetzt und dahingegeben, wie daß er auf der anderen Seite in der punktuellen Isolierung des bloßen, nur sekundär in mitmenschlichen Bezügen stehenden Individuums, das ebenfalls lediglich ein Abstraktum darstellt, gesehen und belassen wird. Deshalb müssen vom Personverständnis her alle gesellschaftspolitischen und weltanschaulichen Lehren, die eines dieser beiden Abstrakta zum Prinzip der Ordnung erheben wollen, also alle Arten des Kollektivismus wie des

[8] Vgl. dazu bes. K. Rahner, *Über die heilsgeschichtliche Bedeutung des Einzelnen in der Kirche.* In: *Sendung und Gnade. Pastoraltheologische Beiträge,* 1959, 93 u. 108. — A. Vögtle (*Der Einzelne und die Gemeinschaft in der Stufenfolge der Christusoffenbarung,* a. a. O., passim, bes. 91) hat schlüssig dargetan, daß sich die Botschaft und Mission Jesu, indem sie sich an den Einzelnen als solchen wendet, im allumfassendsten Sinne die ganze Menschheit trifft und damit den abstrakten Individualismus ebenso wie einen abstrakten Kollektivismus vermeidet. Entsprechend ist das von ihr geforderte „religiös-sittliche Verhalten . . . Individual- und Gemeinschaftsfrömmigkeit in einem, in unauflöslicher Einheit!" (91).

Individualismus, als Vereinseitigungen und Extreme klar abgewiesen werden. Es ist bezeichnend, daß Gogarten zwischen der theologischen Sanktionierung erst des einen, dann des anderen weltanschaulichen Prinzips die Mitte einer vollinhaltlich personalen Anthropologie nicht gefunden hat und daß auch Bultmann noch in einer schließlichen Bestätigung der Vorherrschaft der Subjektivität, die die Geschichtstheologie zunächst brechen wollte, stecken bleibt. Dennoch greifen wir Bultmanns sozialanthropologische Grundkategorie des Nächsterseins, in der wir ein besonderes Verdienst seiner theologischen Arbeit erblicken, positiv auf, um sie jedoch von unserem personalen Verständnis des Menschen her teilweise modifiziert auszulegen. Die gemeinsame Bezogenheit aller Menschen als Personen auf Gott in Jeeinmaligkeit und Gleichheit konstituiert, so meinen wir, eine personale Mitmenschlichkeit, die als „Nächstenschaft" bestimmbar ist. Das Leben und Handeln aus dem Geist und der Struktur der Nächstenschaft wird darum für uns zu dem positiven Werk personalen In-der-Welt-seins, das jene vorher genannte eingrenzende und zurücknehmende Haltung des Gebrauchs der innerweltlichen Ordnungen aus dem Geiste möglichster Distanz und Beschränkung nicht nur ergänzt, sondern durchformen und bestimmen muß. Dieses durchherrschende und erneuernde Werk können wir folgendermaßen näher umreißen, wobei wir das in diesem Zusammenhang von uns zu Bultmann Ausgeführte aufnehmen[9] und weiterzuführen suchen:

Wenn die Antwort des Menschen auf das Wort Gottes in dieser Welt immer noch dem alten Äon der Sünde mitverhaftet bleibt und so die Gott verantwortliche personale Existenz zufolge ihre Doppelzeitigkeit die erfüllte Gemeinschaft mit Gott noch nicht erreicht, sondern nur im Modus der Verheißung bezeugt, wenn mithin die personale Bezogenheit des Menschen auf Gott sich in der Welt niemals in ihr volles Wesen verwirklicht, dann muß der Mensch als Partner und Person gleichwohl ein Feld gewinnen können, wo seine gottgegründete und gottgewollte Existenz sich in ihrer geschichtlichen Vorläufigkeit aktualisieren läßt. Dieses Feld ist gemäß dem durch das Wort Gottes eröffneten „Großen Gebot" (vgl. Mk 12,28—31; Mt 22,35—40; Lk 10,25—28; dazu Joh 15,12) der Bezug des Menschen zum Nächsten, die Mitmenschlichkeit als Nächstenschaft, ergriffen in der Liebe zum Nächsten. Das Zeugnis des Christen für die Gemeinschaft des Menschen

[9] Vgl. Kap. VI, 2 unserer Untersuchung.

mit Gott in dieser Welt, also die in der Nachfolge Christi zeichenhaft nachzuvollziehende Vorausdarstellung der noch ausstehenden erfüllten Gemeinschaft mit Gott, entfaltet sich als Liebe zum Nächsten. Die genannten Bibeltexte binden die Gottesliebe und die Nächstenliebe in eine strenge Einheit zusammen. Der Mensch demonstriert die Liebestat Gottes und seine Liebe zu Gott, er antwortet also auf das Wort, indem er den Nächsten achtet und annimmt, ja liebt als den von Gott zum Partner und zur Person Erwählten. Er seinerseits sieht sich als Person vom Nächsten gewürdigt und erfährt darin einen Hinweis auf die Gottesliebe und seine Würdigung als Partner Gottes.[10] Durch die Nächstenliebe waltet so zeichenhaft das Geheimnis der Gottesliebe, und die in ihr aktualisierte Bezogenheit der Menschen als Personen zueinander ist der innerweltliche Vollzug ihrer gemeinsamen Bezogenheit auf Gott. Die Nächstenschaft als die durch die Offenbarung des Wortes entborgene und theologisch erfahrene ontologische Form und die Nächstenliebe als die ihr entsprechende ethische Wirkweise mitmenschlicher Zuordnung und Zusammenordnung in theologischer Sicht sind damit ganz fest, völlig unbeliebig und absolut verpflichtend in der Zugehörigkeit des Menschen zu Gott und in dem erst aus ihr entspringenden Wesen des Menschen als Person begründet. Die Nächstenliebe als Aneignung und Übernahme der Nächstenschaft ist der eigentliche zeugnishafte Erweis in der Welt für den partnerschaftlichen Bund, den Gott mit dem Menschen geschlossen hat, dessen Wirksamkeit und Gültigkeit bereits anbegonnen hat, dessen volle erlösende Wirklichkeit aber noch der Zukunft vorbehalten ist. Die ergriffene und übernommene Mitmenschlichkeit und Nächstenschaft folgt somit aus der Doppelzeitigkeit der personalen Existenz und ist zugleich die Form ihrer welthaft möglichen Eigentlichkeit.[11]

[10] Das Verhältnis zwischen mir und dem Anderen ist unter dem Aspekt der Nächstenschaft und gemäß dem „Großen Gebot" also ein streng wechselseitiges. So äußert sich, wenn wir Erik Wolf (*Zur rechtstheologischen Dialektik von Recht und Liebe*. In: *Studi in onore di Emilio Betti* I, 1961, 479—500; hier 486f.) folgen, die Nächstenliebe „im ἀγαπᾶν, das (im profanen Ur-Sinn des Wortes) ein ‚billigen dessen', ein ‚übereinstimmen mit', ein ‚gelten lassen von', ein ‚Sich zufriedengeben mit' dem, was der jeweils Andere ist, bedeutet. Völliges Sich-Hingeben, Auf-gehen im Andern, Sich-seiner-selbst-Entäußern fordert das nicht; denn der religiöse Mensch existiert immer als der Einzelne (Eine), als ‚Person' und kann nur als solche im Gottesverhältnis leben — dieses Verhältnis *macht* aus ihm eine ‚Person'". Allerdings ist dann zu ergänzen (vgl. auch Wolf, a. a. O. 496), daß Personalität des Menschen mit ihrer Einmaligkeit und Unverwechselbarkeit wesenhaft auch schon Bezogensein auf die andere Person besagt, mithin Individualität *und* Sozialität und *niemals* nur eines von beiden; dann aber gerade auch *nicht*: Aufgabe der Individualität!

[11] Die in Anm. 10 erwähnte Erörterung Erik Wolfs über die rechtstheologische Dialektik

Aber was meinen Nächstenschaft und Nächstenliebe? Von einer Zuordnung der Menschen und von ihrem Handeln gemäß dem Sinn der Nächstenschaft können wir nur dort sprechen, wo im menschlichen Miteinandersein der Andere von mir nicht für etwas gebraucht, sondern wirklich als solcher, also zuerst einmal ausdrücklich in seiner Andersheit, in seiner Eigenpersönlichkeit, geachtet wird. Dann besagt Nächstenschaft als erstes: Wir sind grundsätzlich hingeordnet auf existentielle Andersheit überhaupt, mithin aber auf jeden anderen Menschen als Person, gleichgültig, ob er uns gerade gelegen oder ungelegen kommt, ob er uns sympathisch oder unsympathisch erscheint. Ich suche mir den Anderen nicht aus, und wer mein Nächster ist und wird, ist nicht in mein Belieben und Interesse gestellt. Der Bezug zum Nächsten und die diesen Bezug erfüllende Nächstenliebe sind nicht Angelegenheiten meiner Wahl, mag diese nun von einer Idee, einem Gefühl, einem Nutzen oder einem Sachinteresse her bestimmt werden. Im Begriff des Nächsten liegt: Mein Nächster kann prinzipiell jeder Mensch sein; und das Gebot der Nächstenliebe verlangt die Bereitschaft, mir jeden anderen Menschen als Nächsten begegnen zu lassen. Aber damit ist gleichwohl nicht die Gesamtheit als Abstraktum und Gedankending mein Nächster, sondern vielmehr jeweils der konkrete Mensch hier und jetzt. Nächstenschaft ist Partnerschaft aus konkreter Begegnung. Zum vollen Begriff des Nächsten gehört also: Mein Nächster kann prinzipiell jeder Mensch werden, insofern ist es jeder Mensch, aber sofern er mir konkret begegnet in einer Situation, von der wir beide betroffen sind und die uns zu Partnern zusammenschließt, die aufeinander angewiesen und verwiesen sind. Der Nächste ist mir unbeschadet meiner Zustimmung vorweg schon immer zugeordnet, welche Zuordnung sich situationsgemäß und begegnishaft aktualisiert.[12] Der Charakter der Situation und damit die Art der Begegnung, infolgedessen aber auch die Intensität des Bezuges zum Nächsten und die Vollzugsweise der Nächstenschaft sind dabei jeweils verschieden. Die Begegnung von Menschen in der Familie ist hinsichtlich ihrer mitmenschlichen Intensität eine andere als etwa die im Beruf oder die im Verkehr oder die im staatlichen Gemeinwesen. Der diesen Begegnisarten innewohnende Sinn und der sie leitende sachliche Zweck sind verschieden. Demgemäß muß sich die jeweilige ethische

---

von Recht und Liebe gibt Erläuterungen zu seinem wichtigen und bisher einzigartigen Versuch, aus dem Sinn und Gebot der Nächstenschaft ein theologisches Rechtsverhältnis zu entfalten. Vgl. dazu bes. *Recht des Nächsten. Ein rechtstheologischer Entwurf*, 1958.

[12] Vgl. dazu gerade Rudolf Bultmann, *Glauben und Verstehen* I 229ff., bes. 231.

Vollzugsart und Orientierung der Nächstenschaft artikulieren. Sie reicht — um lediglich vereinzelte Beispiele zu nennen — von der Hilfe für Notleidende über die Freundestreue und Gattenliebe bis hin zur Berufssolidarität, zur loyalen Kooperation im Dienste eines zu erstellenden Werkes, zur Achtsamkeit und Rücksicht im Verkehr, zum maßvollen, wenn auch um des Gemeinwohls willen entschlossenen, aber den Gegner in Fairness achtenden Wettstreit in der Politik, zur Bereitschaft, das allgemein befriedigende Maß für die Schlichtung von Konflikten auszumachen und sich ihm zu unterstellen, zum geregelten und kontrollierten Machtgebrauch dort, wo die Ausübung von Macht unerläßlich ist, usw. All dies sind abgestufte Handlungsweisen aus dem Geist der Nächstenschaft und aus der Gesinnung der Nächstenliebe, abgestuft nach dem Charakter der Konkretion, mit der mir der Andere begegnet und zum Nächsten wird, zum Naheherangekommenen, zum Partner, der mich angeht in der Einheit seines Personseins mit mir und zugleich in der Unverwechselbarkeit seiner je eigenen Personalität im Unterschied von mir.

Solche verschiedenen Begegnisarten und die ihnen angemessenen Handlungsweisen sind nun aber nach Intensität, Nähe und Sinn in Ordnungsverhältnisse einbezogen, die gerade auch dann bestimmende Bedeutsamkeit erlangen, wenn einzelne dieser Begegnis- und Handlungsweisen miteinander in Konflikt geraten, und zwar auch dadurch, daß sie sich alle, aber je für sich dem Geist der Nächstenschaft unterstellen, dann aber durchaus in Gefahr kommen, je um ihrer selbst willen Wahrheit und Recht zu beanspruchen. Auch das Handeln aus dem Geist der Nächstenschaft steht in der dauernden Möglichkeit und in der immer wieder sich ereignenden Faktizität des Scheiterns, und daher gehört zu ihm das Wissen davon sowie die Bereitschaft, sich jeweils wieder in seinem Rechtmäßigkeitsanspruch zurückzunehmen und sich vor sich selbst fragwürdig zu machen, um so das je angemessene Maß seines Wirkens neu anzustreben. Der Ort, das Maß und das Recht einer jeden Handlung müssen bezüglich solcher Ordnungsverhältnisse in einer jeden Situation stets neu und immer wieder gesucht und gefunden werden.

Diese Handlungsweisen vermögen also nicht einem ein für allemal feststehenden und darum verfügbaren System und Programm zu folgen, sie müssen vielmehr von jeder personalen Existenz in eigener Entscheidung und zugleich im Sichwissen vor Gott, also gewissensmäßig, verantwortet werden. Ob also — um nur ein Beispiel aus der „großen

Politik" herauszugreifen — die verantwortlichen Politiker und die mitverantwortlichen Bürger auf dem Boden des Grundprinzips der konkreten personalen Nächsten- und Partnerschaft im Falle äußersten Konflikts die Erhaltung des Friedens unter den Völkern um beinahe jeden Preis, auch um den Preis der Unterdrückung der personalen Freiheit des eigenen Volkes zufolge der Übermächtigung durch ein diktatorisches System, oder aber die Freiheit und den Schutz des anvertrauten Gemeinwesens gegen solche Gefährdung mit dem Risiko eines Krieges zu wählen haben, ist nicht allgemein, sondern jeweils nur aus der schärfsten Beanspruchung des Gewissens jedes Einzelnen zu entscheiden. Solange diese äußerste und fast ausweglose Situation nicht heraufbeschworen ist, wird aber alles daranzusetzen sein, die Möglichkeit ihres Eintretens zu verhindern. Das würde in diesem Falle die doppelte Verpflichtung zur entschlossenen, abschreckenden Verteidigungsbereitschaft und zur ehrlichen, alle Verständigungsmöglichkeiten auslotenden Friedenspolitik beinhalten. Gerade in Situationen so komplexer Struktur wie dieser durch unser Beispiel skizzierten ist ganz sicher nur eines dem personalen Denken und Handeln nicht möglich: die vorschnelle und darum billige Wahl der extremen Alternativen. Ihm müssen darum auch noch so hochgemute Radikallösungen wie z. B. der absolute Verzicht auf alle materielle und militärische Gegenwehr gegen die „Mächte dieser Welt" als leichtfertig und unverantwortlich, nämlich als ein Akt persönlicher Preisgabe derer gelten, für die als Nächste jede Person im gesellschaftlichen Zusammenleben stets mitzuhandeln hat, zumal in der Politik. — Es dürfte an dem genannten Beispiel jedoch deutlich werden, daß der Politik viel mehr als eine solche Grundorientierung kaum mit bindender Stringenz vom Prinzip des Handelns aus dem Geist der Nächstenschaft her auferlegt werden kann. Alle hierher gehörenden Einzelentscheidungen haben sich in dem durch eine derartige Grundorientierung abgesteckten Bereich zu halten, vermögen aber als solche nicht präjudiziert zu werden.

Daher muß die Person sich ganz allgemein stets für die Pluralität und den Wandel der Situationen, Umstände, Wege und Entschlüsse offenhalten, um sich immer wieder neu nach bestem Gewissen entscheiden und ihren Nächsten und Partnern gleichermaßen eine solche jeweils neue und eigene Entscheidung einräumen zu können. Aus den durch die Offenbarung des Wortes Gottes kundgemachten Prinzipien der Partnerschaft, der Personalität, der Doppelzeitigkeit und der Nächstenschaft folgt die Anerkenntnis der Pluralität von möglichen und notwendigen Handlungsweisen nach der Richtschnur jener Prinzipien und innerhalb des von ihnen eingegrenzten und fundierten Handlungsspielraums. Und soweit eine solche Vielfalt berechtigter Möglichkeiten besteht, entscheidet jede Person in eigener Verantwortung. Ihrem Wissen und Gewissen zufolge gelangen hier auch Christen sehr häufig zu unterschiedlichen, ja zuweilen zu divergierenden Entschlüssen. Diese bezeugen die Fülle wie die Vorläufigkeit personalen Lebens in dieser Welt.

Halten wir also fest: Das Handeln, das dem Gebot der Nächstenliebe und damit dem Geist der Nächstenschaft zu folgen sucht, ist *konkret* und *real* mit allen Konfliktmöglichkeiten; es ist *personal*, d. h. es geht dabei um den Bezug von Person zu Person im Vollgehalt ihrer Personalität und um mein Wohl und das meiner Nächsten als Personen; es ist also *partnerschaftlich*, und dies wiederum als *situationsbezogenes* Handeln, das die konkrete Gestalt der Nächstenschaft und die Vollzugsart der Nächstenliebe an dem jeweiligen inneren Sinn einer konkreten Begegnung, also an der Frage orientiert, worum es jeweils in ihr für die Partner (in der Familie, im Beruf, im Verkehr, in der Politik usw.) geht; es ist also *sinnbestimmt* und *zielgerichtet* und dann sehr häufig auch „*milieuorientiert*“, denn es richtet sich sinnvollerweise vornehmlich und zumeist auf die Ordnung des Lebensbereiches, innerhalb dessen ich einer Vielzahl meiner Nächsten häufig und angelegentlich begegne; ist es dies, dann muß es sich aber auch *institutionsinteressiert* zeigen, d. h. es hat sich darum zu kümmern, daß bestimmte Institutionen die Ordnung eines solchen Lebensbereiches (also z. B. des Betriebes bis hin zum Gesamtbereich der Wirtschaft oder der Schule bis hin zum Gesamtbereich des Erziehungs- und Bildungswesens oder der Gemeinde bis hin zur Gesamtheit umfassender staatlicher und supranationaler Ordnungen) gewährleisten. Schließlich wägt es das Verhältnis des Einzelwohls der mir in einer konkreten Situation Nächsten wie meiner selbst zum Gemeinwohl ab, zum Wohl der *umgreifenden* Gesamtheit eines Volkes, einer staatlichen Gemeinschaft, einer Staatengruppe und darüber hinaus bis zur umfassenden Völkerfamilie. Es sorgt sich um das Wohl jener großen Gemeinschaft der Menschen als Menschen und ihrer vielfältigen Gliederungen, in die mein und meiner hier und jetzt Nächsten Wohl einbeschlossen bleiben, womit ich und meine jeweilig Nächsten auf andere Nächste begegnishaft bezogen werden, so daß wir in unserem jeweils ereigneten Nahesein nicht etwa isoliert für uns und selbstgenügsam existieren. Damit bewahrt sich dieses Handeln, obzwar es sich stets situationsgemäß und begegnishaft konkretisiert, in solcher Konkretion doch gerade auch den umfassenden Horizont der ganzen Mitmenschlichkeit als des artikulierten Gesamtbereichs möglicher und tatsächlicher Nächstenschaften und sucht sich in der Weite seines Blickes auf die eine große Nächstenschaft der gesamten Menschheit in und über allen einzelnen Nächstenverhältnissen als „*katholisch*" und „*ökumenisch*" zu erweisen. Es hält sich mithin offen für eine artikulierte, gegliederte Pluralität, die sich aus der Verwiesenheit des Handelns an die jeweilige Konkretion der Nächstenschaft *und* aus seiner Überantwortung an die umgreifende Weite der Nächstenschaft zugleich ergibt. Infolge solcher „Katholizität" und „Ökumene" einerseits und solcher Situations-, Milieu- und Institutionsgebundenheit anderseits muß es auch stets die politische Verantwortung im weitesten und zugleich konkreten Verständnis suchen, die politische Mitwirkung bei der Gestaltung jener Verhältnisse, Gesetze und Verfassungen, die das mitmenschliche und partnerschaftliche Leben im kleinen und großen politischen Raum gemäß dem jeweiligen Sinn und Zweck des sich in ihm abspielenden Miteinanderseins verbürgen.

Auf welcher Ebene des Handelns und in welcher Daseinssphäre aber auch immer, ob im privaten, im gesellschaftlichen, im staatlichen oder zwischen- und überstaatlichen Bereich — in allen mitmenschlichen Bezügen weist die Begegnung mit dem Anderen, wenn sie sich aus dem Geist der Nächstenschaft ereignen soll, vier zusammengehörige Strukturmerkmale auf, die eine solche Begegnung in ihrem Wie, in ihrer Qualität, auszeichnen. Diese sind, mit Karl Barth gesprochen[13], kurz: 1. das Sehen und Beachten des Anderen als Anderen in der gegenseitigen Offenheit für die eigene Personalität des Anderen, 2. das Aufeinanderhören, Miteinandersprechen und Einandergehören der Personen als Partner zufolge ihrer gemeinsamen und gleichen Personalität, die sie einheitlich zu Nächsten macht und zugleich die Pluralität ihrer personalen Stellung wahrt, 3. das Einander-Beistand-Leisten und Zusammenwirken in wechselweiser Solidarität, Loyalität und Verantwortung füreinander, 4. das Gerne-Tun alles dessen als die Bereitschaft der Liebe, die das Wirkprinzip der Nächstenschaft ausmacht. Im Sinne dieser vier bestimmenden Merkmale für die Art der Begegnung aus dem Geist der Nächstenschaft tun die Christen nicht immer unbedingt etwas anderes oder gar Besseres als die Nichtchristen, sie entwerfen

[13] Vgl. Karl Barth, *Die Kirchliche Dogmatik*, III/2, 299ff.

nicht ausschließlich christliche Programme, verfolgen nicht ausschließlich christliche Verfahren, gelangen nicht zu ausschließlich christlichen Lösungen, sondern sie wirken in der ihnen auferlegten Verantwortung teilweise bei alldem mit, was sonst auch schon geschieht, teilweise sind sie gehalten, mehr und Angelegentlicheres zu tun, zuweilen sind sie gezwungen, gegenüber dem, was geschieht, ein klares Nein zu sagen. In allen diesen im Vergleich zum Handeln der Nichtchristen teils ununterschieden, teils unterschiedlich erscheinenden Handlungsweisen rücken sie aber einheitlich sämtliche darin aktualisierten mitmenschlichen Begegnungen unter eine einzige, nämlich die heilsgeschichtliche Perspektive. Es geht dem christlichen Handeln in sämtlichen Bezügen ohne jede Ausnahme — die alltäglichste und die „große" Politik eingeschlossen — stets darum, daß sich in ihnen die Wirklichkeit des Heiles der Herrschaft und Liebe Gottes für alle Menschen bezeugt und daß sie sich darum im Geist konkreter und umfassender Nächstenschaft entwickeln, werde dies nun eigens ausgesprochen oder bleibe es sehr häufig auch ungesagt. Zuerst und zuletzt kommt es dem Christen in jeder wie auch immer sich ergebenden Begegnung mit dem Anderen darauf an, daß auch diesem das Heil sich zukehrt, daß auch er die Botschaft der Verheißung des vollgültigen Heiles hört und ihm entgegenlebt. So erhält eine jedwede zwischenmenschliche Begegnung für den Christen heilsgeschichtliche, eschatologische Bedeutsamkeit. Gerade zufolge solcher Bedeutsamkeit wird ihm die Mitmenschlichkeit verpflichtend zur Nächstenschaft. Und das Handeln aus dem Geist der Nächstenschaft seinerseits erweist sich als die eigentliche Form der Mitwirkung des Menschen am Heilswerk Gottes, an der gnadenhaften Verwirklichung des Heils zur Fülle des Ganz-bei-Gott-Seins, der visio beatifica Dei, des Vollalters Christi. Zugleich aber bleibt festzuhalten, daß dieses am Heilswerk mitwirkende Handeln zwar den Modus der „Eigentlichkeit" menschlicher Existenz ausmacht, jedoch gerade so, daß es damit diese Existenz als doppelzeitige eben in ihrer Vorläufigkeit aktualisiert.

4. Personale Politik

Wenn gemäß dem von uns unternommenen Versuch in einer von Gogarten und Bultmann abweichenden „geschichtstheologischen" Fundierung Partnerschaft, Personalität und Nächstenschaft neu verstehbar sind, dann erhebt sich abschließend die Frage, ob nun nicht doch ein

Grundkonzept von einer diesem Verständnis angemessenen Gestalt politischer Ordnung und eines Handelns innerhalb und zugunsten solcher Ordnung zu entwickeln ist. Sollte sich ein derartiges Konzept entwerfen lassen, dann hätte es allerdings die politische Ordnung streng in den Dienst der Ermöglichung und des Schutzes personalen und nächstenschaftlichen Daseins zu stellen. Umgekehrt wäre die Frage, ob sich dann nicht aber auch das personale und nächstenschaftliche Handeln seinerseits in entschiedener Weise mit auf die Gestaltung der politischen Ordnung zu richten und sich gerade auch immer an ihr zu bewähren habe. Wir meinen, daß sich aus unserem gegenüber Gogarten und Bultmann gewandelten geschichtstheologischen Ansatz ein solches politisches Grundkonzept, das in seinen Aussagen über die Politische Ethik unserer beiden Theologen hinausführt, nicht nur ermöglicht, sondern aufnötigt. Es muß sich dann allerdings gerade um solche Vorstellungen handeln, die den Zusammenhang von Personalität und Nächstenschaft einerseits sowie politischer Ordnung und politischer Grundeinstellung anderseits in dem angedeuteten Wechselbezug auch insofern ganz ernst nehmen, als sie die personale Entscheidungsfreiheit und das situationsgebundene Ereignen von Nächstenschaft offenhalten wollen. Dann können sie nicht beabsichtigen, die Struktur der wünschenswerten politischen Ordnung und die Wege des zu fordernden politischen Handelns bis ins einzelne vorzuzeichnen und festzulegen. Vielmehr müssen sie sich tatsächlich auf ein Grundkonzept beschränken. Dennoch wird dieses u. E. einige genauere und sicherere Hinweise und Weisungen erbringen können und müssen, als sie im theologisch-politischen Denken Gogartens und Bultmanns vorzufinden sind.

Bei der Frage nach der Gestalt der politischen Ordnung und nach dem Handeln innerhalb und zugunsten ihrer geht es zuerst, wenn auch niemals allein, um das politische Gebilde Staat. Dessen Rückbezüglichkeit auf das personale und nächstenschaftliche Leben der Menschen eines Gemeinwesens, dessen umschließende und rechtsetzende, integrierende und Herrschaft ausübende Institution er darstellt, scheint uns recht gut in dem Terminus „Bürgergemeinde“ und in der Definition dieser Bürgergemeinde, die Karl Barth gefunden hat, zur Sprache zu kommen.[14] Wir bedienen uns dieser Definition des großen Schweizer Theologen, in der wie in keiner seiner Aussagen sonst seine Theologie und seine Verwurzelung im politischen Bewußtsein der Eidgenossen-

---

[14] Vgl. K. Karl Barth, *Christengemeinde und Bürgergemeinde*, 1946, 4.

schaft zu einer Einheit gefunden haben. Demnach ist die „Bürgergemeinde", der Staat, „das Gemeinwesen aller Menschen eines Ortes, einer Gegend, eines Landes, sofern sie unter einer für einen Jeden und für Alle in gleicher Weise gültigen und verbindlichen, durch Zwang geschützten und durchgesetzten Rechtsordnung beieinander sind. Die Sache, der Sinn und Zweck dieses Beieinanderseins (die Sache der *polis*, die politische Aufgabe) ist die Sicherung sowohl der äußeren, relativen, vorläufigen Freiheit der Einzelnen als auch des äußeren, relativen, vorläufigen Friedens ihrer Gemeinschaft und insofern die Sicherung der äußeren, relativen, vorläufigen Humanität ihres Lebens und Zusammenlebens". Diese Sicherungsleistung hat sich stets in drei staatlichen Grundgewalten auszuformen, in Gesetzgebung, Regierung samt Verwaltung und Rechtspflege. Sie tut dies dann gemäß der scharf betonten Äußerlichkeit, Relativität und Vorläufigkeit, also der recht verstandenen und bejahten Innerweltlichkeit der staatlichen Ordnung angemessen, wenn die Gewalten in ein sorgsames, sich gegenseitig in die Schranken weisendes, in wechselweise Kontrolle und im wechselweisen Zusammenwirken aber auch miteinander ins Spiel gelangendes Machtgleichgewicht zueinander gerückt sind (nach Verfassungsrecht und politischer Wirklichkeit).

Die Haltung der Person gegenüber dem Staat in solcher Funktionsbestimmung und in solcher Verfaßtheit — und nur gegenüber diesem Staat — hat von der biblischen Weisung auszugehen, dem Staat zu geben, was des Staates ist, Gott aber, was Gottes ist (Mk 12,17). Das Wort Jesu enthält die Weisung, das Politische als das Politische in seinem Recht und in seinen Grenzen zu sehen und darüber zu wachen (in positiver Mitwirkung und in kritischer Distanz), daß es sich selbst so versteht. Gilt dies, dann ist es zunächst noch einmal angezeigt, darauf hinzuweisen, daß gemäß der Gegenüberstellung in dem biblischen Text der Staat eben nicht Gott ist, d. h. daß er nichts Letztes und Selbstzweckliches darstellt, sondern eine Größe „dieser Welt", „von" der die Person nicht ist, nämlich die äußere Sicherungsmacht der weltlichen Existenz des Menschen, mit der natürlichen und erklärlichen, gleichwohl im Lichte des Wortes Gottes bedenklichen Tendenz, sich als solche zu behaupten und zu verfestigen, was immer auch die Gefahr heraufbeschwört, daß er sich an seiner Äußerlichkeit, Vorläufigkeit und Übergängigkeit verschätzt. Gegenüber solcher Gefahr ist höchste Wachsamkeit geboten. Auf der anderen Seite besitzt der Staat als die notwendige äußere Ordnungsmacht des menschlichen Lebens ein gutes Recht, alles das von seinen Bürgern zu verlangen, was er zu seiner natürlichen Existenz braucht. Mehr, d. h. jeder Totalitätsanspruch des Staates, ist vom Bösen, denn der Staat ist niemals von göttlicher Seinsart; im Gegenteil, er empfängt die Grenzen seines Rechtes daraus, ganz und gar innerweltlich zu sein. Darum ist es die erste Aufgabe eines Denkens und Handelns vom theologisch-personalen Verständnis aus, den Staat auf diese seine Grenze aufmerksam zu machen, innerhalb dieser Grenzen jedoch sein Recht zu unterstützen.

Das bestimmende Wesensmerkmal des Staates in der Sicht solchen Verständnisses liegt in seiner *Profanität.* Profanität besagt: Der Staat hat nicht über Heil oder Unheil der Person zu befinden, wie die totalitären politisch-weltanschaulichen Systeme das in säkularistischer Form beanspruchen, sondern dem äußeren Wohl seiner Bürger zu dienen, das als die äußere Gesichertheit der personalen Freiheit und Sozialität in seinem Wesen bestimmbar ist. Diese Profanität des Staates ausdrücklich zu wahren und mitzugestalten macht dann die eine Seite personaler politischer Verpflichtung aus. Demzufolge hätte man sich für die Staatsgestalten zu verwenden und einzusetzen, welche diese Profanität zum ersichtlichen und erlebbaren Ausdruck bringen. Dazu gehören alle jene Staatsformen, die den eigenen Macht- und Herrschaftsanspruch mäßigen aus der Achtung vor der Würde der Person und unter Berücksichtigung des ganz anderen und absoluten Herrschaftsanspruchs, der seitens des Wortes Gottes an den Menschen ergeht und seine Personalität begründet. Damit ist über ein genau umschriebenes Verfassungsmuster im einzelnen noch nichts ausgesagt, wenngleich immerhin bereits hier *der freiheitliche Rechtsstaat*, der die Dreiteilung der Gewalten auf jeweils situationsgemäße Art institutionell sichert, um so die Organe seiner Machtausübung gegeneinander abzugrenzen, voneinander kontrollieren zu lassen und miteinander kooperativ ins Spiel zu bringen, *einen allgemeinen Vorrang* erhält. Zugleich ist deutlich, daß Staatsgebilde diktatorischen und totalitären, machtpolitisch und ideologisch verfestigten Anspruchs die Unterscheidung beseitigen, die das personale Denken zwischen dem, was des Staates ist, und dem, was Gottes ist, und darin eingeschlossen dem, was der Person vorbehalten bleiben muß, zu treffen hat.

Das politische, mitverantwortliche Werk der Person unter diesem Aspekt läßt sich zusammenfassen in der Maxime: Mitgestaltung einer guten, nützlichen, aber maßvollen staatlichen Ordnung, Hinwirken darauf, daß die staatliche Macht im Geiste der Mäßigung gebraucht wird, auf das innerweltliche Wohl der Bürger bedacht ist und die

Freiheit ihres personalen Lebens garantiert, mithin über Heil oder Unheil der Bürger gerade nicht befindet. Für die Bürger ihrerseits geht es darum, mit dafür Sorge zu tragen, daß der Staat und seine Organe ihre Ordnungsfunktion zum Wohl der Gesellschaft und aller ihrer Glieder erfüllen können und deshalb, wo immer notwendig, Macht ausüben, aber streng auf dem Boden der Verfassung und der Gesetze und überdies in der Gesinnung und Praxis möglichsten Machtverzichts. Die Bürger werden also auf die Verantwortlichkeit der Machtausübung gegenüber der Gesellschaft und auf ihre effektive Kontrolle durch die Gesellschaft zu achten haben. Sie werden darauf bedacht sein, daß z. B. die wirtschaftliche Macht einzelner Personen oder bestimmter Gruppen, die innenpolitische Macht einer einzelnen Partei oder einzelner Politiker, die militärische Macht einzelner Staaten, die pädagogische Macht einzelner Erziehungsträger eingegrenzt, unter Kontrolle gehalten und mit dem jeweils weiteren Interesse der größeren Gesamtheit zum Ausgleich und in Einklang gebracht wird, so daß jedwede Art der Übermächtigung verhindert wird.

Doch fragt es sich, ob damit — mit solcher zwar durchaus schon „positiv" der staatlich verfaßten Gemeinschaft verpflichteten, dennoch sehr zurückhaltenden und distanzierenden Stellung der Bürger zu Staat und Staatsgestalt in theologischer Sicht — das personal bestimmte „politische Amt" bereits erfüllt ist. Der Staat, das politische Gemeinwesen, hat ja als die legitime äußere Ordnungsmacht des menschlichen Miteinanderseins zu gelten. Das Miteinandersein aber wird in der Offenbarung des Wortes Gottes als Nächstenschaft erschlossen. Diese erweist sich als die eigentliche Form der Vorläufigkeit der doppelzeitigen Existenz des Menschen. Zu solcher Vorläufigkeit gehört gerade auch die äußere Ordnungsform des Staates. Wohl steht diese ganz und gar in der Profanität. Aber so schließt sie doch das menschliche Miteinandersein in bestimmender Weise in einen umgrenzten Raum äußerlich zusammen. Die Kraft und Art solcher zusammenschließenden und bestimmenden Ordnung bleibt nicht ohne Einfluß auf die Frage, wie Nächstenschaft innerhalb dieser aktualisierbar wird. Umgekehrt ist auch das Miteinandersein von Menschen bei der Gestaltung der politischen Ordnung und in deren Organen eine Artikulation von Nächstenschaft. Darum bleibt das Wie der Mitmenschlichkeit und des Handelns der Bürger in der Politik, im Staat und für den Staat sowie der staatlichen Organe gegenüber den Bürgern keineswegs von dem Gebot der Nächstenliebe unbetroffen. Dieses ist (als der zweite Hauptsatz des Einen Großen

Gebotes) viel zu zentral für die theologisch ausgelegte doppelzeitige Existenz des Menschen, als daß auch nur ein einziger Lebensbereich, geschweige denn ein so wirkmächtiger Handlungsraum wie der der Politik und des gesellschaftlichen, staatlichen und zwischenstaatlichen Lebens, davon unberührt sein könnte. In Abwandlung eines Wortes von Erik Wolf möchten wir sagen, daß Nächstenschaft und politische Ordnung nicht ohne einander, sondern nur ineinander, auch nicht nur miteinander oder nebeneinander zu bestehen vermögen.[15] Darum kommt in der Politik alles darauf an, „daß gehandelt werde nach der Ordnung dieser Welt, aber im *Geiste* der ‚neuen Schöpfung'"[16], d. h. sowohl in Würdigung der *Profanität* des Staates wie zugleich im Geiste der *Nächstenschaft* als auch *seines* Gestaltprinzips, das dann dem staatlichen Leben seinerseits hohe Würde und Bedeutung verleiht. Wenn dies gilt, geht es folglich nicht nur darum, eine maßvolle, die Relativität an sich selbst demonstrierende, den Machtgebrauch im Geiste möglichsten Machtverzichts anwendende Ordnung mitzuschaffen, sondern dafür zu sorgen, daß diese Ordnung den freien und verfaßten Raum für den Vollzug der Nächstenschaft darbietet, nicht aber verstellt, und damit zugleich ihrerseits solche Nächstenschaft an sich selbst vollbringt. Diese Ordnung muß und kann also *positiv* etwas leisten, und die Bürger selbst haben alles dafür zu tun, daß sie das vermag.

Fragen wir nun, wie eine solche Ordnung und die auf ihre Errichtung zielende Politik auszusehen habe, so läßt sich die Antwort verbindlich nur durch den Aufweis allgemein bestimmender Prinzipien festlegen. In ihrem Rahmen ist eine Vielfalt konkreter Möglichkeiten in Würdigung der Erfordernisse unterschiedlicher Konstellationen und Situationen denkbar und der Entscheidung in der Kommunikation und Kooperation mit den Menschen einer politischen Gemeinschaft vorgelegt. Aber der auf das Wort hörende und es antwortend bezeugende Christ wird bei allen konkreten Entscheidungen einiger unabdingbarer Grundsätze eingedenk sein müssen. So wird er sich z. B. und vor allem erinnern, daß der neutestamentlichen Verkündigung des Gebotes der Nächstenliebe auf die Frage, wer denn der Nächste sei, als Erläuterung Jesu die Perikope vom „barmherzigen Samariter" mitgegeben ist (Lk 10,29—37). Diese Geschichte will besagen, daß der Andere über alle religiösen, ethnischen und sozialen Gliederungen hinweg, denen zufolge er je und

---

[15] Vgl. E. Wolf, *Zur rechtstheologischen Dialektik von Recht und Liebe*, a. a. O. 491.
[16] B. Welte, a. a. O. 55.

je als Samariter und Judäer (und ebenso als Deutscher, Franzose, Afrikaner, Russe, Chinese) sowie als Priester, Levit und reisender Kaufherr (und desgleichen als Beamter, Arbeiter, Verkehrsteilnehmer, Staatsbürger, Funktionär, Politiker oder auch als Vater, Ehegatte, Bruder, Freund usw.) erscheint, daß er trotz und in solchen durch die Übernahme von mannigfachen Rollen und Funktionen konkretisierten Begegnisweisen stets auch und primär als Nächster, als Partner und damit als Person in Einmaligkeit und Gleichheit begegnen können muß. Eine jede Ordnung muß nach Geist und Form so beschaffen sein, daß dies möglich wird. Aus dieser Grundforderung ergeben sich einige weitere Postulate für die Gestaltung einer solchen Ordnung, von denen die uns besonders grundlegend und wichtig erscheinenden hier kurz und thesenhaft angeführt seien.

Demnach muß sich der Christ vorzüglich für eine Ordnung des Gemeinwesens einsetzen, die für ein Höchstmaß an *sozialer Gerechtigkeit* unter seinen Bürgern einsteht, allerdings so, daß die Realisierung dieses Postulates niemals nur Sache staatlicher Gesetze und Institutionen sein kann — wiewohl deren Eingreifen zumal in der modernen Industrie- und Großgesellschaft unentbehrlich ist —, sondern gerade auch eine Aufgabe des persönlichen und nächstenschaftlichen Engagements sein muß. Deshalb erstrebt der Christ ein Gemeinwesen, das zugleich mit dem weitestmöglichen sozialen Ausgleich die Freiheit und die Eigeninitiative der Person einräumt, schützt und fördert. Da aber im personalen Frei- und Eigensein Freiheit und Recht *aller* Menschen des Gemeinwesens einbegriffen sind, muß der Christ in der Politik sein besonderes Augenmerk auf die Erziehung der Bürger zur sozialen und politischen Verantwortung (als Eigen- und Mitverantwortung) richten. Der Christ wird um des Prinzips der Personalität und Nächstenschaft willen nun dem *freiheitlichen* und *sozialen Rechtsstaat* einen *entschiedenen Vorrang* vor anderen Staatsgestalten überall dort zugestehen, wo die geschichtlichen Bedingungen für seine Entwicklung bereits gegeben sind. Überall dort, wo dies noch nicht der Fall ist, sollten Christen danach trachten, im Zusammenwirken mit anderen und zumal mit den Betroffenen beharrlich, umsichtig und durch langfristige sowie gezielte Maßnahmen politischer und pädagogischer Natur darauf hinzuwirken, daß eine solche Ordnung allmählich begründbar wird. In dieser Weise können Christen durchaus mit vorsichtigem Optimismus einem politisch-sozialen Entwicklungs- und Fortschrittsdenken folgen, und zwar gerade wegen der fundamentalen Gleichheit aller Mneschen als Personen und Partner a priori.

Der Christ hat sich und den Mitbürgern immer wieder einzuschärfen und handelnd zu bezeugen, daß die *Grundrechte*, in deren Unveräußerlichkeit der freiheitliche Rechtsstaat gründet, stets auch *Grundpflichten* der Bürger gegenüber dem Gemeinwesen und der Gesellschaft einschließen, wobei die Abgrenzung von Rechten und Pflichten, Freiheiten und Bindungen am Wesensmaß der Person, die Eigenstand *und* Bezogenheit, Freisein *und* Angewiesensein, Selbstsein *und* Nächstersein immer zugleich und ineins ist, jeweils konkret gefunden werden muß. Die innere Struktur des Gemeinwesens wird der Christ soweit als nur möglich von unten her und deshalb *demokratisch* und *föderativ* gestalten. Der demokratische Aufbau der Gesellschaft und ihrer Teilbereiche entspricht am meisten dem Gedanken, die zwischenmenschlichen Beziehungen in Nächstenschaftsverhältnisse umzuschaffen. Die föderative Gliederung des Gemeinwesens durchmißt zugleich potentiell die ganze menschliche Weite der Nächstenschaft, da durch sie die jeweils untere Stufe der Gliederung für die Integration in die nächsthöhere (und so fort je nach den Erfordernissen einer Zeit) offen bleibt und keiner ein beherrschendes Übergewicht zuerkannt wird. Eine jede findet ihr sachgerechtes Maß an ihrer Handlungsfähigkeit zum Wohl der ihr Zugehörigen im Gesamt des größeren Ganzen. Dessen Wohl und Funktionsmöglichkeit bestimmen ihrerseits die untere Gliederung mit. So ist mit dem Prinzip der *Föderation* und der *Subsidiarität* das der *Integration* und der *Solidarität* verknüpft. Das Erziehungsrecht der Familie z. B., so essentiell es ist, findet doch seine Grenze an der Aufgabe des Staates, seinerseits die Erziehung der Jugendlichen zu verantwortlichen und informierten Mitgliedern der Gesellschaft zu ermöglichen, eine Aufgabe, die die Familie in der modernen Welt schlechterdings nicht allein zu erfüllen vermag. Die Familie hat hier insoweit mit dem Staat — wenn auch kritisch — solidarisch zu sein, als sie sich seinem Miterziehungsrecht unterstellt, ohne ihr eigenes Maß an Rechten und Aufgaben preiszugeben. Oder wenn sich z. B. in unserer Zeit herausstellt, daß die überlieferten europäischen Nationalstaaten das Wohl ihrer eigenen Bürger in der Übereinkunft mit dem Wohl der Bürger der Nachbarstaaten nicht mehr gewährleisten können, dann sind die Christen geradezu verpflichtet, den Zusammenschluß dieser Staaten aktiv zu befördern, um in angemessenen Formen neue Nächstenverhältnisse — zwischen den Völkern und den Einzelnen — zu begründen, zu entwickeln und zu schützen.

Auch *im Bereich der Wirtschaft und der Arbeitsordnung* muß der Christ die Verhältnisse so zu gestalten versuchen, daß die *personale Eigen- und*

Sozialverantwortung und die Begegnung von Person zu Person als Partner und Nächste im höchstmöglichen Ausmaß zur Geltung gelangen können. So sollte die Schaffung von weitgestreutem Privatbesitz um der materiellen und ideellen Stützung der personalen Eigenständigkeit willen Hand in Hand gehen mit der Festlegung von partnerschaftlichen Methoden im wirtschaftlichen Leistungssystem. Hierzu können vorzugsweise Genossenschaftsbildungen, Arbeitskooperationen und Mitbestimmungsregeln sowie die Kontrolle und Entflechtung der wirtschaftlichen Machtballungen dienen, dies alles wiederum im Ausgleich mit den Notwendigkeiten eines funktionierenden Gesamtablaufs der Wirtschaft, der nur ein genau kalkuliertes Maß an Eingriffen von außen verträgt, gerade dann, wenn er dem Wohl der Gesamtheit eines und vieler Völker, d. h. ihrem Wohlstand durch soziale und wirtschaftliche Entwicklung dienen soll. Die wirtschaftliche Mitbestimmung der Arbeiter wird nach solchen Grundvorstellungen um der personalen Nähe, Gebundenheit und Mitverantwortung willen sowohl innerbetrieblich wie im Rahmen einer überbetrieblich, d. h. staatlich-gesetzlich festgelegten Gesamtregelung, die Zufallslösungen wehrt und Verbindlichkeit garantiert, gelöst werden müssen. Die Extreme eines jeder gesellschaftlichen Kontrolle und aller sozialen Verpflichtung baren Monopolkapitalismus wie eines zwangswirtschaftlichen, kollektivistischen, anonymen Staatssozialismus scheiden gleicherweise aus.

Wirtschaftliche und kulturelle Zusammenarbeit mit den *neu in die Weltpolitik eingetretenen Völkern* Asiens, Afrikas und Lateinamerikas ist für den Christen aus dem Gedanken der Nächstenschaft eine unabweisbare Verpflichtung, wobei er aber nicht umhin kann, ehrlich auf das Wohl dieser Völker als der neuen Nächsten in der großen Politik wie im alltäglichen Zusammenleben der Einen Welt bedacht zu sein. Zu solchem Bedachtsein gehört das vorgängige echte Sicheinlassen auf die eigenständige Tradition, auf die Gründe und Faktoren der gegenwärtigen Lage und auf den Willen zur Zukunft, kurz: auf das Eigensein und die Andersheit der neuen Partner. Der Christ muß sich in solcher Begegnung jedes ideologisch und eigensüchtig motivierte Handeln, sei es um des eigenen Nutzens oder um des Partikularinteresses der politischen Führungskräfte der neuen Staaten willen, versagen, so sehr auch die Versuchung dazu im Wettstreit mit kommunistischen Einflüssen naheliegt. (Wie denn überhaupt die notwendige Auseinandersetzung mit den verschiedenen imperialistischen und totalitären Bestrebungen nicht dazu verführen darf, zu ihren Mitteln zu greifen, womit man ihnen bereits verfallen wäre.)

Die Politik schließlich, die der Christ *im internationalen Bereich* mitvertritt, muß eine Politik der Friedensstiftung, heute vornehmlich durch die Unterstützung solcher internationaler Aktivitäten und Institutionen sein, die Entspannung und Kooperation zum Ziele haben. Ineins jedoch damit geht die Pflicht zur Wahrung der Freiheit und der Sicherheit des eigenen Gemeinwesens. Das Recht auf Selbstverteidigung eines Volkes, Staates oder Staatsverbandes muß bestehen bleiben, soll nicht mein und meines Nächsten Wohl, welche in einem Gemeinwesen zu schützen und zu seinem Teil zu erfüllen sind, von vornherein der Gefährdung ausgesetzt und dadurch verschleudert werden. Der bewaffnete Austrag von Konflikten kann gleichwohl stets nur als die mit allen Kräften zu vermeidende ultima ratio gelten, und zwar im strikten Verteidigungsfall gegen eine nicht mehr anders abwendbare Aggression von außen. Aber auch dann, wenn der Partner irgendeiner Auseinandersetzung entgegen aller Absicht und allen engagierten Versuchen schließlich zum Gegner geworden ist, bleibt das Gebot der Achtung seines personalen Wesens in allen Phasen der Konfrontation bestehen. Darum darf der Christ einen solchen zum Gegner gewordenen Nächsten nicht „verteufeln". Auch dieser Kontrahent bleibt Partner in der Auseinandersetzung. Er ist stets daraufhin zu prüfen, ob und wieweit mit ihm Schritte einer gesicherten Entspannung einzuleiten sind, die einen modus vivendi erlaubt und eventuell die Konfrontation in verläßliche Kooperation zu verwandeln geeignet ist.

Insgesamt wird das politische Handeln aus dem Geist der Nächstenschaft „im welthaften Umgange mit der Macht Möglichkeiten entdecken des Friedens, der Liebe, der Rücksicht", um ihretwillen dann aber auch der „Sachlichkeit . . ., insbesondere in der Form des Einsatzes der politischen Macht zugunsten der Menschen und Menschengruppen, die der Hilfe und der Anhebung bedürftig sind. Der Einsatz der Macht für die Rechtlosen oder die an Recht Armen wird im Bereiche solchen Handelns als eine öffentliche Aufgabe drängend hervortreten."[17]

Es bleibt uns noch, nachdrücklich zu betonen (und dies nun durchaus konform zum theologisch-politischen Denken der Theologie der Geschichtlichkeit in seiner letzten Phase), daß auch der freiheitliche und soziale Rechtsstaat niemals ein „christlicher Staat" ist und sein kann. Es kann nicht das Anliegen theologisch orientierter, christlich motivierter Politik sein, den ideologisch begründeten Staaten totalitären oder

[17] B. Welte, a. a. O. 56f.

auch nur autoritären Gepräges einen christlichen Staat entgegenzustellen. Der Vorzug des freiheitlich-demokratischen Staatswesens liegt gerade in seiner gewollten und bewußten Profanität, die allerdings von sich aus den Raum eröffnet für ein Handeln nach dem Gebot des Wortes Gottes und aus dem Geist der Nächstenschaft. Den rein weltlichen Institutionen des Staates einen christlichen Gehalt beimessen, die staatlichen und die kirchlichen Institutionen miteinander koordinieren oder eine christliche Konfession zur gesetzlich verpflichtenden und vorherrschenden Staatsreligion erheben zu wollen, muß im Grunde in die tiefste Verfallenheit an die Welt führen. Ein zum christlichen Staat erhobenes politisches Gemeinwesen müßte mit dem Recht zur Durchsetzung des Glaubens bei allen Bürgern auftreten. In dieser Verbindung käme dem Staat ein unbedingter, durch nichts mehr verläßlich eingeschränkter Totalanspruch, dem Glauben aber Gesetzeskraft zu. Beide, der Staat und der Glaube, müssen so ihr Wesen verfehlen. Eine wie auch immer geartete Verkirchlichung des Staates darf vom Christen und von der Kirche nicht angestrebt werden, ganz ebenso wie eine Verstaatlichung der Kirche unbedingt verhütet werden muß. Die Verkirchlichung der Staates müßte aber sofort auch zur vollständigen Verweltlichung der Kirche führen.[18]

Hier tut die klarste Unterscheidung um der Wahrheit der doppelzeitigen Spannung aller menschlichen und zumal jeder christlichen Existenz not. Selbst wenn alle Bürger eines Gemeinwesens kraft der Verkündigung der Heilsbotschaft zu Christen würden — was faktisch nicht der Fall ist —, selbst dann müßte die klare Scheidung von „Christengemeinde“ und „Bürgergemeinde“ aufrecht erhalten bleiben. Auch der Christ — und niemand weiß das so gut wie er selbst — gehört noch dieser Welt an, versagt immer wieder im ungeteilten Vollzug der Nächstenliebe, verfällt je und je wieder den Versuchungen der Macht dieser Welt und bedarf darum für eine maßvoll-gerechte Ordnung seines Existierens mit den anderen Menschen, seinen Nächsten (Christen und Nichtchristen), stets auch der Hilfe und des Haltes durch die weltlichen Gesetze und Institutionen. Zudem existiert er beständig in der Möglichkeit, seinen Glauben zu verlieren. Auch bei seinen Mitchristen hat er diese Möglichkeit zu respektieren. Eine solche Haltung erheischt die personale Freiheit, die echte Partnerschaft mit Gott, der vom Menschen

[18] Das Verhältnis von Staat und Kirche (als Institutionenproblem) lassen wir im übrigen aus Gründen der Begrenzung unserer Erörterung außer Betracht. Einiges hierzu ist in dem Aufsatz *Personalität und Politik* des Verf. ausgeführt (vgl. a. a. O. 227ff.).

eine Antwort auf sein Wort, aber in Freiheit und Verantwortung verlangt. Wenn jedoch der Erweis des Glaubens einmal staatlich oder auch nur gesellschaftlich, also jedenfalls kraft weltlicher Satzungen und Konventionen, sanktionsfähig geworden wäre, dann wäre es mit dieser Freiheit und Verantwortung dahin. Der „christliche" Staat stellt somit eine *der* Wesensgefahren sowohl für Bürgergemeinde wie Christengemeinde,[19] für das weltliche wie für das kirchliche Gemeinwesen, dar.

Die große Chance für eine Besinnung auf die eigentlich christlichen und kirchlichen Aufgaben in unserer Zeit im Bereich des Politischen angesichts der Herrschaft totalitärer Systeme beruht dagegen eben darin, daß erkannt wird, wie wichtig eine Unterscheidung der menschlichen Seinsbereiche in dieser Welt und damit auch der Geltungsbereiche von Kirche und Staat als Unterpfand für menschliche Freiheit, wie notwendig allerdings auch ihre Zuordnung aus dieser Unterscheidung als Bürgschaft für die angemessene mitmenschliche Verantwortung sind. Wenn die Christen den Spannungsreichtum der ihnen zum Vollzug aufgetragenen doppelzeitigen Existenz in dieser Welt aus dem Geiste der neuen Schöpfung nur recht erfassen, dann müßten sie *verläßliche Garanten für die Einhaltung des rechten Maßes in allen Dingen der Welt, erst recht in den Belangen der Politik, werden.*

Ebensowenig wie ein Staat ist auch eine Partei vorstellbar, die sich „das" Christentum oder „die" Christlichkeit vorbehielte. Wohl kann sich in bedrängenden geschichtlichen Situationen (wie z. B. unter dem Eindruck des sittlichen und materiellen Zusammenbruchs Deutschlands als Folge der nationalsozialistischen Herrschaft) die politische Sammlung und Verbindung von solchen Menschen nahelegen, die sich das Wirken aus der christlichen Verantwortung in dem erwähnten Geist der Machtdistanz, der Nächstenschaft und der Unterscheidung zur obersten Richtschnur ihres politischen Handelns machen wollen und darin, nicht aber z. B. in der Vertretung pragmatischer tagespolitischer Programme, wirtschaftlicher Interessen oder sozialer Schichten, ihr einigendes Moment sehen, weil die Grundgestalt des Gemeinwesens überhaupt auf dem Spiele steht. Sie handeln aber auch dann nicht im Namen des Christentums, sondern allein in ihrem eigenen Namen als einzelner miteinander verbundener Christen. Wenn sie sich allerdings öffentlich in dieser

---

[19] Auch der Terminus „Christengemeinde" stammt in analoger Bildung zu „Bürgergemeinde" von Karl Barth (vgl. *Christengemeinde und Bürgergemeinde* 3f.). Zu K. Barths Bestimmung des Verhältnisses von Christengemeinde und Bürgergemeinde vgl. Verf., *Karl Barths dialektische Grundlegung der Politik*, a. a. O. 32ff., 51ff.

prononcierten Art einer Parteibildung zu ihrer christlichen Aufgabe bekennen, so sind sie dann auch in ganz ausgezeichneter Weise zur Tugend eines Handelns aus dem Geist der Machtdistanz, der Nächstenschaft und der Unterscheidung und insgesamt zum Finden des rechten Maßes für ihre Politik angehalten, worauf eine politische Partei als solche nur in seltenen Fällen zu einigen ist. Sie legen diese Partei als Ganzes auf die Verpflichtung zu solchem Handeln fest, was immer auch insofern ein Paradox bleibt, als eine politische Partei ganz spezielle außen- und innenpolitische, wirtschafts- und rechtspolitische, militär- und sozialpolitische und vielerlei andere Zielsetzungen auf kurze Zeit verfolgt, die sich niemals völlig unter die viel allgemeineren und grundsätzlicheren Maximen christlichen Handelns subsumieren lassen und kaum je ganz diese Maximen ausfüllen und erfüllen, hinter deren Konkretion anderseits die Maximen ob ihres allgemeinen Charakters auch immer zurückbleiben müssen, sofern sie den Raum für eine Vielfalt von Einzelentscheidungen offen halten, welche sich zwar allesamt vor den Maximen rechtfertigen lassen müssen, aber nicht je für sich mit alleiniger Ausschließlichkeit daraus deduziert werden können. Wenn also politische Parteien mit christlichem Namen, dann auf der Linie einer streng freiheitlich-sozialen Politik und in ausdrücklicher Anerkennung der Pluralität von Entscheidungsmöglichkeiten nach den Prinzipien personaler Weltverantwortung, also auch für die Christen, die außerhalb dieser Parteibildung bleiben.

Denn das Epitheton „christlich“ besagt ja nicht weniger als die Berufung auf die Wahrheit des Wortes Gottes, das der doppelzeitigen Existenz des Menschen eine Vielzahl von jeweils geschichtlich angemessenen und zugleich niemals voll entsprechenden menschlichen Antworten abverlangt. Darum verwirklicht sich Politik aus personaler Verantwortung nicht zuerst in der Vertretung und Durchsetzung von festen und gesicherten Positionen, sondern in der Hingabe an den nie erledigten Auftrag, in der pluralistischen Einen Welt der Gegenwart die Partnerschaft und Nächstenschaft des Zusammenhandelns aller Menschen zu aktualisieren, um dieser Welt eine Zukunft des Heils offen zu halten.

Literaturverzeichnis

Im Folgenden führen wir aus der Vielzahl der Veröffentlichungen Gogartens und Bultmanns sowie aus der Literatur, die ihre Theologie unter den verschiedensten Aspekten berührt, nur die Titel an, die im Zusammenhang der Thematik unserer Untersuchung wichtig erscheinen. — Aufsätze, die von Gogarten und Bultmann später in Sammelbände aufgenommen worden sind, werden mit wenigen Ausnahmen nicht gesondert genannt.

I. FRIEDRICH GOGARTEN

(Ausführliche Bibliographie in: Theologische Literaturzeitung, 1952 (77), 745—748 und 1962 (87), 155—156, sowie in: Rudolf Weth, Gott in Jesus. Der Ansatz der Christologie Friedrich Gogartens. München 1968, 312—321, und für die Jahre 1914 bis 1938 in: Karl-Wilhelm Thyssen, Begegnung und Verantwortung. Der Weg der Theologie Friedrich Gogartens von den Anfängen bis zum Zweiten Weltkrieg. Tübingen 1970, 284—287).

Fichte als religiöser Denker. Jena 1914

Religion und Volkstum. Jena 1915

Religion weither. Jena 1917

Zwischen den Zeiten. In: Christliche Welt, 1920 (34), 374—378

Die religiöse Entscheidung. Jena 1921, 2. Aufl. 1924

Wider die romantische Theologie. Ein Kapitel vom Glauben. In: Christliche Welt, 1922 (36), 498—502, 514—519

Von Glauben und Offenbarung. Vier Vorträge. Jena 1923

Zum Problem der Ethik. Erwiderung an E. Hirsch. In: Zwischen den Zeiten, 1923 (1), Heft 3, 57—63

Ethik der Güte oder Ethik der Gnade? Eine Antwort an Lic. Wünsch. In: Zeitschrift für Theologie und Kirche, 1923/24 (NF. 4), 427—443

Theologie und Wissenschaft. Grundsätzliche Bemerkungen zu Karl Holls „Luther". In: Christliche Welt, 1924 (38), 34—42, 71—80, 121—122

Zum prinzipiellen Denken. Ein Briefwechsel mit Hermann Herrigel. In: Zwischen den Zeiten, 1924 (2), Heft 7: Herrigel 3—9; Gogarten 9—18

Historismus. Ebda, Heft 8, 7—25

Vom skeptischen und gläubigen Denken. Ein Briefwechsel (mit Hermann Herrigel). Ebda, 1925 (3): Herrigel 62—76, Gogarten 76—88

Illusionen. Eine Auseinandersetzung mit dem Kulturidealismus. Jena 1926

Der Glaube an Gott den Schöpfer. In: Zwischen den Zeiten, 1926 (4), 451—469

Ich glaube an den dreieinigen Gott. Eine Untersuchung über Glauben und Geschichte. Jena 1926

Theologische Tradition und theologische Arbeit. Geistesgeschichte oder Theologie? Leipzig 1927

Glaube und Wirklichkeit. Jena 1928

Die Schuld der Kirche gegen die Welt. Jena 1928

Ein grundsätzliches Wort zur heutigen theologischen Kontroverse. Ein Nachtrag zu meiner Auseinandersetzung mit Emanuel Hirsch. In: Theologische Blätter, 1928 (7), 119—122

Das Gesetz und seine Erfüllung durch Jesus Christus. In: Zwischen den Zeiten, 1928 (6), 368—383
Das Problem einer theologischen Anthropologie. Ebda, 1929 (7), 493—511
Wahrheit und Gewißheit. Ebda., 1930 (8), 96—119
Karl Barths Dogmatik. In: Theologische Rundschau, 1929 (N. F. 1), 60—80
Wider die Ächtung der Autorität. Jena 1930
Kirche und politisches Leben. In: Die Standarte, 1930 (5), 324—329
Die religiöse Aufgabe der Gegenwart. In: Der Leuchter, 1930/31 (9), 56—74
Christentum und deutscher Idealismus. In: Zeitschrift für Deutschkunde, 1931 (45), 625—637
Die Krisis der Religion. In: Die Zeitwende, 1931 (7), 22—38
Der Wahrheitsanspruch der Theologie. In: Festschrift für Erich Schaeder. Zeitschrift für systematische Theologie, 1931/32 (9), 473—484
Zur christlichen und marxistischen Eschatologie. In: Religiöse Besinnung, 1931/32 (4), 68—72
Die Machtfrage. In: Eckart, 1932 (8), Nr. 6
Goethes Frömmigkeit. In: Die Zeitwende, 1932 (8), 161—173
Menschheit und Gottheit Jesu Christi. In: Zwischen den Zeiten, 1932 (10), 3—21
Die Problemlage der theologischen Wissenschaft. Ebda., 295—311
Staat und Kirche. Ebda., 390—410
Schöpfung und Volkstum. Ebda., 481—504
Politische Ethik. Versuch einer Grundlegung. Jena 1932
Die Selbstverständlichkeiten unserer Zeit und der christliche Glaube. Berlin 1932
Einheit von Evangelium und Volkstum? Hamburg 1933, 2. Aufl. 1934
Predigt über Joh. 15, 26—27. In: Zwischen den Zeiten, 1933 (11), 465—472
Säkularisierte Theologie in der Staatslehre. Zur Wirrnis der Gegenwart. In: Münchner Neueste Nachrichten, 1933 (86), Nr. 60 (2. März), 1—2 und Nr. 61 (3. März), 1—2
Die Selbständigkeit der Kirche. In: Deutsches Volkstum, 1933 (1), 445—452
Der göttliche Auftrag der Kirche in der Zeit. Ein Wort zur kirchlichen Lage. In: Das Evangelische Deutschland, 1933, Nr. 33, 292—293
Luther der Theologe. In: Deutsche Theologie, 1933 (1), 1—10
Ist Volksgesetz Gottesgesetz? Eine Auseinandersetzung mit meinen Kritikern. Hamburg 1934
Das Bekenntnis der Kirche. Jena 1934
Gottes Gesetz. Ein Versuch zur Klärung. In: Kirchlich-positive Blätter. Halbmonatsschrift für das kirchliche Leben in Baden, 1934, Nr. 24, 186—190
Volkstum und Gottesgesetz. In: Deutsche Theologie, 1934 (1), 83—88
Die Bedeutung des ersten Gebotes für Kirche und Volk. Ebda., 283—293
Sünde. In: Glaube und Volk in der Entscheidung, 1934 (3), 99—108
Goethes Frömmigkeit und der evangelische Glaube. Ebda., 1935 (4), 49—60
Gnade. Ebda., 151—160
Offenbarung und Geschichte. In: Deutsche Theologie, 1935 (2), 115—131
Altes und Neues Testament. Ebda., 199—213
Die Lehre von den zwei Reichen und das „natürlich Gesetz". Eine Erwiderung. Ebda., 330—340
Martin Luther. In: Die großen Deutschen. Neue deutsche Biographie. Berlin 1935, Bd. I, 419—433
Wort Gottes und Schrift. Berlin 1936
Jesus Christus. In: Glaube und Volk in der Entscheidung, 1936 (5), 49—70
Predigt zur 200-Jahrfeier der Universität Göttingen, gehalten am 27. Juni 1937. Ebda., 1937 (6), 70—74
Gericht oder Skepsis. Eine Streitschrift gegen Karl Barth. Jena 1937
Weltanschauung und Glaube. Berlin 1937

Der Zerfall des Humanismus und die Gottesfrage. Vom rechten Ansatz des theologischen Denkens. Stuttgart 1937
Der doppelte Sinn von Gut und Böse. In: Deutsche Theologie, 1937 (4), 329—345
Erwiderung an A. W. Macholz. Ebda., 1938 (5), 67—75
Predigten während der Jahre 1940—1942 in: Unterweisung und Glaube, 1940/41 (15), 33—36, 57—60, 69—72, 81—83, 97—100, 117—119; 1941/42 (16), 1—4, 13—16
Die Verkündigung Jesu Christi. Grundlagen und Aufgabe. Heidelberg 1948. 2., durch ein Reg. erw. Aufl. Tübingen 1965 (Wir zitieren nach der 1. Aufl.)
Die Kirche in der Welt. Heidelberg 1948
Der Öffentlichkeitscharakter der Kirche. Eine Vorlesung. In: Evangelische Theologie, 1948/49 (8), 343—350
Die christliche Wahrheit. In: Festschrift Rudolf Bultmann. Zum 65. Geburtstag überreicht. Stuttgart—Köln 1949, 84—98
Christlicher Glaube heute. In: Zeitwende, 1949 (20), 345—359
Sittlichkeit und Glaube in Luthers Schrift De servo arbitrio. In: Zeitschrift für Theologie und Kirche, 1950 (47), 227—264
Die Einheit des Menschen mit der Welt. Gedanken zu Goethes Frömmigkeit. In: Gestalt und Gedanke. Ein Jahrbuch. Hrsg. von der Bayerischen Akademie der Schönen Künste. München 1951, 167—187
Der Mensch zwischen Gott und Welt. Heidelberg 1952; Neuausg. Stuttgart 1956, 4. Aufl. 1967 (wir zitieren nach der 1. Ausg.)
Entscheidung im Nichts. In: Eckart, 1952 (21), 289—301
Entmythologisierung und Kirche. Stuttgart 1953; 2., erw. Aufl. 1954, 4. Aufl. 1967 (wir zitieren nach der erw. Auflage)
Verhängnis und Hoffnung der Neuzeit. Die Säkularisierung als theologisches Problem. Stuutgart 1953, 2. Aufl. 1958; Neuausgabe München—Hamburg 1966 (wir zitieren nach der 1. Ausg.)
Theologie und Geschichte. In: Zeitschrift für Theologie und Kirche, 1953 (50), 339—394
Das abendländische Geschichtsdenken. Bemerkungen zu dem Buch von Erich Auerbach „Mimesis". Rudolf Bultmann zum 70. Geburtstag. Ebda., 1954 (51), 270—360
Zur Frage nach dem Ursprung des geschichtlichen Denkens. Eine Antwort an Wilhelm Kamlah. In: Evangelische Theologie, 1954 (14), 226—238
Die christliche Hoffnung. In: Deutsche Universitätszeitung, 1954 (9), 3—7
Was ist Christentum? Göttingen 1956, 3. Aufl. 1963
Die Wirklichkeit des Glaubens. Zum Problem des Subjektivismus in der Theologie. Stuttgart 1957
Einleitung zu: Martin Luther, Predigten. Hrsg. von Friedrich Gogarten. Düsseldorf—Köln 1957, 5—22
The Unity of History. In: Theology Today, 1958/59 (15), 198—210
Der Schatz in irdenen Gefäßen. Predigten (aus den Jahren 1938—1954). Stuttgart 1960, 2. Aufl. 1967
Luthers Lehre vom Gesetz und Evangelium. In: Eckart, 1962/1963, 277—291
Schuld und Verantwortung der Theologie. In: Zeit und Geschichte. Dankesgabe an Rudolf Bultmann zum 80. Geburtstag. Tübingen 1964, 461—465
Mythos und Christentum. In: K. Hoffmann (Hrsg.), Die Wirklichkeit des Mythos. München—Zürich 1965, 105—116
Kirche in einer autonomen Welt. In: Protokolldienst der Akademie Bad Boll, 1965, Nr. 20, 5—14
Jesus Christus Wende der Welt. Grundfragen zur Christologie. Tübingen 1966, 2. Aufl. 1967 (wir zitieren nach der 1. Auflage)
Luthers Theologie. Tübingen 1967
Die Frage nach Gott. Eine Vorlesung. Tübingen 1968

Festschriften:
Runte, H. (Hrsg.), Glaube und Geschichte. Festschrift für Friedrich Gogarten zum 13. Januar 1947. Gießen 1948
Glaube und Geschichte. Friedrich Gogarten zum 65. Geburtstag. 1953

II. RUDOLF BULTMANN

(Ausführliche Bibliographie in: Theologische Rundschau, 1954 (N. F. 22), 3—20, sowie in: Rudolf Bultmann, Exegetica. Aufsätze zur Erforschung des Neuen Testaments. Ausgewertet, eingel. und hersg. von Erich Dinkler. Tübingen 1967, 483—507)
Der Stil der paulinischen Predigt und die kynisch-stoische Diatribe. Göttingen 1910
Das religiöse Moment in der ethischen Unterweisung des Epiktet und das Neue Testament. In: Zeitschrift für die neutestamentliche Wissenschaft, 1912 (13), 97—110, 177—191
Die Bedeutung der Eschatologie für die Religion des Neuen Testaments. In: Zeitschrift für Theologie und Kirche, 1917 (27), 76—87
Vom geheimnisvollen und offenbaren Gott. Predigt. In: Christliche Welt, 1917 (31), 572—579
Religion und Kultur. Ebda., 1920 (34), 417—421, 435—439, 450—453
Ethische und mytische Religion im Urchristentum. Ebda., 725—731, 738—743
Die Geschichte der synoptischen Tradition. Göttingen 1921, 7. Aufl. 1967 mit Erg.-Heft (1962)
Karl Barths Römerbrief in zweiter Auflage. In: Christliche Welt, 1922 (36), 320—323, 330—334, 358—361, 369—373
Die Erforschung der synoptischen Evangelien. Gießen 1925; 3. verb. Aufl. Berlin 1960; 5. Aufl. 1966; auch in: Glauben und Verstehen IV 1—41
Das Problem einer theologischen Exegese des Neuen Testaments. In: Zwischen den Zeiten, 1925 (3), 334—357
Jesus. Berlin 1926, 3. Aufl. Tübingen 1951 (wir zitieren nach dieser Ausgabe; 25.—27. Tausend 1964); Neuausgabe München—Hamburg 1964
Die Frage der „dialektischen" Theologie. Eine Auseinandersetzung mit Erik Peterson. In: Zwischen den Zeiten, 1926 (4), 40—59
Das Johannesevangelium in der neuesten Forschung. In: Christliche Welt, 1927 (41), 502—511
Urchristentum und Staat. In: Mitteilungen des Universitätsbundes Marburg, 1928, Nr. 19, 1—4
Der Glaube als Wagnis. In: Christliche Welt, 1928 (42), 1008—1010
Die Geschichtlichkeit des Daseins und der Glaube. In: Zeitschrift für Theologie und Kirche 1930, (N. F. 11), 329—364
Glauben und Verstehen. Gesammelte Aufsätze, Tübingen. Bd. I 1933, 7. Aufl. 1972; Bd. II 1952, 5., erw. Aufl. 1968 (wir zitieren nach dieser Auflage); Bd. III 1960, 3. Aufl. 1965; Bd. IV 1965, 2. Aufl. 1967
Gott ruft uns. Predigt. In: Neuwerk, 1933 (14), 70—81
Die Aufgabe der Theologie in der gegenwärtigen Situation. In: Theologische Blätter, 1933 (12), 161—166
Der Arier-Paragraph im Raume der Kirche. Ebda., 359—370
Comment Dieu nous parle-t-il dans la Bible? In: Foi et vie, 1934 (32), 263—274
Der Glaube an Gott den Schöpfer. Predigt. In: Evangelische Theologie, 1934/35 (1), 175—189
Der Sinn des christlichen Schöpfungsglauben im Rahmen der Schöpfungsmythen und der Wissenschaft. In: Zeitschrift für Missionskunde und Religionswissenschaft, 1936 (51), 1—20
Die Bergpredigt Jesu und das Recht des Staates. In: Forschungen und Fortschritte, 1936 (12), 101—102
Das Evangelium des Johannes. Göttingen 1941, 19. Aufl. 1968 mit Erg.-Heft (1957)
Offenbarung und Heilsgeschehen. I. Die Frage der natürlichen Offenbarung; II. Neues

Testament und Mythologie. München 1941 (Der erste Teil auch in: Glauben und Verstehen II, 79—104; der zweite Teil in: Kerygma und Mythos I, 15—53)
Theologie des Neuen Testaments. Tübingen 1948; 3., durchges. und ergänzte Aufl. 1958; 6. Aufl. 1965 (wir zitieren nach dieser Auflage)
Neues Testament und Mythologie. In: Hans-Werner Bartsch (Hrsg.), Kerygma und Mythos. Bd. I. Hamburg 1948, 15—53 (von uns zitiert: Kerygma und Mythos I)
Zu J. Schniewinds Thesen, das Problem der Entmythologisierung betreffend: Ebda., 135—153
Das Urchristentum im Rahmen der antiken Religionen. Zürich 1949, 3. Aufl. 1963; 5. Aufl. Reinbek b. Hamburg 1969 (wir zit. nach der 1. Ausgabe)
Für die christliche Freiheit. In: Wandlung, 1949 (4), 417—422
Zum Problem der Entmythologisierung. In: Hans-Werner Bartsch (Hrsg.), Kerygma und Mythos. Bd. II. Hamburg 1952, 179—208 (von uns zitiert: Kerygma und Mythos II)
Zur Frage der Entmythologisierung. Antwort an Karl Jaspers. In: Karl Jaspers — Rudolf Bultmann, Die Frage der Entmythologisierung. München 1954
Die christliche Hoffnung und das Problem der Entmythologisierung (zus. mit Günther Bornkamm und F. K. Schumann). Stuttgart 1954
Marburger Predigten. Tübingen 1956
Geschichte und Eschatologie. Tübingen 1958; 2., verb. Aufl. 1964 (wir zit. nach der 2. Aufl.)
Das Verhältnis der urchristlichen Christusbotschaft zum historischen Jesus. 3. Aufl. Heidelberg 1962. (Sitzungsberichte der Heidelberger Akademie der Wissenschaften. Phil.-hist. Kl., Jahrgang 1960, Abh. 3); auch in: Exegetica, 445—469
Zum Problem der Entmythologisierung. In: Hans-Werner Bartsch (Hrsg.), Kerygma und Mythos. Bd. VI, 1. Hamburg 1963, 19—27 (auch in: Glauben und Verstehen IV 128—137)
The Significance of the Old Testament for the Christain Faith. In: B. W. Anderson (ed.), The Old Testament and Christian Faith. A Theological Discussion. New York—Evanston—London 1963, 8—35
Jesus Christus und die Mythologie. Das Neue Testament im Lichte der Bibelkritik. Hamburg 1964, 3. Aufl. 1967
Der alte und der neue Mensch in der Theologie des Paulus. Darmstadt 1964
Exegetica. Aufsätze zur Erforschung des Neuen Testaments. Ausgewählt, eingeleitet und herausgegeben von Erich Dinkler. Tübingen 1967
Die drei Johannesbriefe. Göttingen 1967, 2. Aufl. 1969
Karl Barth—Rudolf Bultmann, Briefwechsel 1922—1966. Hrsg. von Bernd Jaspert. Zürich 1971 (Karl Barth, Gesamtausgabe, Bd. V, 1)
Festschriften:
Festschrift Rudolf Bultmann. Zum 65. Geburtstag überreicht. Stuttgart—Köln 1949 (mit Bibliogr.)
Neutestamentliche Studien für Rudolf Bultmann. Zu seinem 70. Geburtstag am 20. August 1954. Berlin 1954
Zeit und Geschichte. Dankesgabe an Rudolf Bultmann zum 80. Geburtstag. Im Auftrag der Alten Marburger und in Zusammenarbeit mit Hartwig Thyen herausgegeben von Erich Dinkler. Tübingen 1964

III. LITERATUR

(Zur Frühgeschichte der „Dialektischen Theologie" einschließlich der Theologie Gogartens und Bultmanns vgl. die Bibliographie in: Jürgen Moltmann, Anfänge der dialektischen Theologie, Teil II. München 1963, 338—344)
Adam, A. u. a., R. Bultmanns Entmythologisierung. Stellungnahme des Dozentenkollegiums der Theologischen Schule Bethel. Bethel bei Bielefeld 1952

Adam, K., Die Theologie der Krisis. In: Hochland, 1925/26 (23), 271—286, 447—469, 568—608
Althaus, P., Theologie und Geschichte. Zur Auseinandersetzung mit der dialektischen Theologie. In: Zeitschrift für systematische Theologie, 1923 (1), 741—786
—, Grundriß der Ethik, Erlangen 1931
Auerbach, E., Mimesis. Dargestellte Wirklichkeit in der abendländischen Literatur. Bern 1946, 2. Aufl. 1959
Balča, N., Die Bedeutung Gogartens und seines Kreises für die Pädagogik der Gegenwart. Weimar 1954
Barth, H., Philosophie, Theologie und Existenzprobleme. In: Zwischen den Zeiten, 1932 (10), 89—124
Barth, K., Der Römerbrief. 2. Aufl. München 1922; 9. Abdr. Zollikon—Zürich 1954
—, Die Kirchliche Dogmatik. Zollikon—Zürich 1932ff. (12 Bde. I/1—IV/3, 2. Hälfte)
—, Abschied. In: Zwischen den Zeiten, 1933 (11), 536—544
—, Christengemeinde und Bürgergemeinde. Zollikon—Zürich 1946
—, Rudolf Bultmann. Ein Versuch, ihn zu verstehen. Zollikon—Zürich 1952, 3. Aufl. 1964
Bartsch, H. W. (Hrsg.), Kerygma und Mythos. Bd. I—VI, 6 mit mehreren Beiheften und Ergänzungsbänden. Hamburg 1948ff.
Bartsch, H. W., Über die Entmythologisierung des Neuen Testaments. In: Protestantismus heute. Hrsg. v. Fritz Heinrich Ryssel. Frankfurt/Main 1959, 172—181
Bauer, A. V., Freiheit zur Welt. Zum Weltverständnis und Weltverhältnis des Christen nach der Theologie Friedrich Gogartens. Paderborn 1967
Bauer, G., Geschichtlichkeit. Wege und Irrwege eines Begriffs. Berlin 1963
Biehl, P., Welchen Sinn hat es, von „theologischer Ontologie“ zu reden? In: Zeitschrift für Theologie und Kirche, 1956 (53), 349—372
Bohlin, T., Luther, Kierkegaard und die dialektische Theologie. In: Zeitschrift für Theologie und Kirche, 1926 (N. F. 7), 163—198, 268—279
—, Glaube und Offenbarung. Eine kritische Studie zur dialektischen Theologie. Berlin 1928
Bonus, A., Zur religiösen Krisis. Vier Teile in 3 Bänden. Jena 1910ff.
—, Gogarten. In: Christliche Welt, 1922 (36), 58—61
—, Gogartens Bekenntnisbuch. In: Die Tat, 1928 (19), 818—832
Bornkamm, G., Die Theologie Rudolf Bultmanns in der neueren Diskussion. Zum Problem der Entmythologisierung und Hermeneutik. In: Theologische Rundschau, 1963 (29), 33—141
Boutin, M., Relationalität als Verstehensprinzip bei Rudolf Bultmann. München 1974
Brandenburg, A., Glaube und Geschichte bei Friedrich Gogarten. Ein Beitrag zur Diskussion über Bultmanns Theologie. In: Münchener Theologische Zeitschrift, 1955 (6), 319—334
Bruhn, W., Der gedachte und der lebendige Gott. Kritische Bemerkungen zu Gogarten: „Ich glaube an den dreieinigen Gott“. In: Christliche Welt, 1927 (41), 250—261, 298—305, 354—364
Brunner, A., Geschichtlichkeit. Bern—München 1961
Brunner, E., Der Mittler, Zur Besinnung über den Christusglauben. Tübingen 1927
—, Gott und Mensch. Vier Untersuchungen über das personhafte Sein. Tübingen 1930
—, Das Gebot und die Ordnungen. Entwurf einer protestantisch-theologischen Ethik. Tübingen 1932
—, Natur und Gnade. Zum Gespräch mit Karl Barth. Zürich 1934
—, Der Mensch im Widerspruch. Die christliche Lehre vom wahren und wirklichen Menschen. 3. Aufl. Zürich 1941
Buber, M., Die Schriften über das dialogische Prinzip. Heidelberg 1954
—, Das Problem des Menschen. Heidelberg 1954
Cullberg, J., Das Du und die Wirklichkeit. Zum ontologischen Hintergrund der Gemeinschaftskategorie. Upsala 1933

Cullberg, J., Das Problem der Ethik in der dialektischen Theologie. Upsala 1938
Cullmann, O., Christus und die Zeit. Zollikon—Zürich 1946
Delekat, F., Die Kirche Jesu Christi und der Staat. Berlin 1933
Diehn, O., Bibliographie zur Geschichte des Kirchenkampfes 1933—1945. Göttingen 1958
Dubach, A., Glauben in säkularer Gesellschaft. Zum Thema Glaube und Säkularisierung in der neueren Theologie, besonders bei Friedrich Gogarten. Berlin—Frankfurt/M. 1973
Duchrow, U., Christenheit und Weltverantwortung. Traditionsgeschichte und systematische Struktur der Zweireichelehre. Stuttgart 1970
Duensing, F., Gesetz als Gericht. Eine luthersche Kategorie in der Theologie Werner Elerts und Friedrich Gogartens. München 1970
Ebeling, G., Die Geschichtlichkeit der Kirche und ihrer Verkündung als theologisches Problem. Tübingen 1954
—, Theologie und Verkündung. Ein Gespräch mit Rudolf Bultmann. Tübingen 1962, 2. Auflage 1963
Ebner, F., Das Wort und die geistigen Realitäten. Pneumatologische Fragmente. Wien 1921, 2. Auflage 1952
Eklund, H., Theologie der Entscheidung. Zur Analyse und Kritik der „existentiellen" Denkweise. Upsala 1937
Elert, W., Morphologie des Luthertums. Bd. II: Soziallehren und Sozialwirkungen des Luthertums. München 1932
Feil, E. und Weth, R. (Hrsg.), Diskussion zur „Theologie der Revolution". Mit einer Einleitung, einem Dokumentarteil und einer Bibliographie zum Thema. München—Mainz 1969
Fischer, H., Christlicher Glaube und Geschichte. Voraussetzungen und Folgen der Theologie Friedrich Gogartens. Gütersloh 1967
—, Die „geschichtliche Christologie" und das Problem des historischen Jesus. Erwägungen zur Christologie Friedrich Gogartens. In: Zeitschrift für Theologie und Kirche, 1968 (65) 348—370
Flick, F., Die Frage nach dem Sinn geschichtlicher Aneignung bei Jaspers, Marx und Gogarten. Diss. Bonn 1953
Florkowski, J., La théologie de la foi chez Bultmann. Paris 1971
Flückiger, F., Existenz und Glaube. Kritische Betrachtungen zur existentialen Interpretation. Wuppertal 1966
Fries, H., Bultmann, Barth und die katholische Theologie. Stuttgart 1955
Frostin, P., Politik och hermeneutik. En systematisk studie i Rudolf Bultmanns theologi med särskild hänsyn till hans Luthertolkning. Lund 1970 (mit einer deutschen Zusammenfassung, 167—183)
Fuchs, E., Hermeneutik. Bad Cannstatt 1954. 3. Aufl. 1963 (mit Ergänzungsheft)
—, Begegnung mit dem Wort. Rede, anläßlich der Emeritierung von Friedrich Gogarten auf Einladung der Theologischen Fachschaft in Göttingen am 25. Februar 1955 gehalten. Bad Cannstatt 1955
—, Gesammelte Aufsätze. 2 Bände, Tübingen 1959 und 1960
Für und wider die Theologie Bultmanns. Denkschrift der Ev. theol. Fakultät der Universität Tübingen. 3. Aufl. Tübingen 1952
Fürst, W. (Hrsg.), „Dialektische Theologie" in Scheidung und Bewährung 1933—1936. Aufsätze, Gutachten und Erklärungen. München 1966
Gerber, U., Christologie und Gotteslehre. Überlegungen zur Theologie von R. Bultmann und D. Sölle. Zürich 1969
Gloege, G., Entmythologisierung. Ein darstellender Sammelbericht. In: Verkündigung und Forschung, 1957/59, 62—101
—, Mythologie und Luthertum. Recht und Grenze der Entmythologisierung. 3., erw. Aufl. Göttingen 1963

Gloege, G., Heilsgeschehen und Welt. Theologische Traktate. I. Bd. Göttingen 1965 (darin: Der theologische Personalismus als dogmatisches Problem, 53—76)
Goebel, H. Th., Wort Gottes als Auftrag. Zur Theologie von Rudolf Bultmann, Gerhard Ebeling und Wolfhart Pannenberg. Neukirchen—Vluyn 1972
Grässer, E., Die falsch programmierte Theologie. Stuttgart 1968
Greshake, G., Historie wird Geschichte. Bedeutung und Sinn der Unterscheidung von Historie und Geschichte in der Theologie Rudolf Bultmanns. Essen 1963
Grisebach, E., Wahrheit und Wirklichkeiten. Entwurf zu einem metaphysischen System. Halle 1919
—, Die Schule des Geistes. Halle 1921
—, Probleme der wirklichen Bildung. München 1923
—, Gegenwart. Eine kritische Ethik. Halle 1928
Guardini, R., Unterscheidung des Christlichen. Gesammelte Studien. Mainz 1935
—, Welt und Person. Versuche zur christlichen Lehre von Menschen. Würzburg 1939, 5. Aufl. 1962
—, Das Ende der Neuzeit. Ein Versuch zur Orientierung. Würzburg 1950
—, Die Macht. Würzburg 1952
Haible, E., Schöpfung und Heil. Ein Vergleich zwischen Bultmann, Barth und Thomas. Mainz 1964
Hasenbüttl, G., Der Glaubensvollzug. Eine Begegnung mit Rudolf Bultmann aus katholischem Glaubensverständnis. Essen 1963
Hamm, H., Offenbarungstheologie und philosophische Daseinsanalyse bei Rudolf Bultmann. In: Zeitschrift für Theologie und Kirche, 1958 (55), 201—253
Hauser, R., Autorität und Macht. Die staatliche Autorität in der neueren protestantischen Ethik und in der katholischen Gesellschaftslehre. Heidelberg 1949
Heer, F., Der Christ in der pluralistischen Gesellschaft der Einen Menschheit. In: Offene Welt, Nr. 53, 1958, 68—88
Heim, K., Der evangelische Glaube und das Denken der Gegenwart. Berlin 1934
Hermelink, H. (Hrsg.), Kirche im Kampf. Dokumente des Widerstands und des Aufbaus in der evangelischen Kirche Deutschlands vom 1933 bis 1945. Tübingen—Stuttgart 1950
Herrmann, W., Ethik. 5. Aufl. Tübingen 1913
Hillerdal, G., Gehorsam gegen Gott und Menschen. Luthers Lehre von der Obrigkeit und die moderne evangelische Staatsethik. Göttingen 1955
Hirsch, E., Zum Problem der Ethik. An Friedrich Gogarten. In: Zwischen den Zeiten, 1923 (1), Heft 3, 52—57
—, Geschichte der neueren evangelischen Theologie im Zusammenhang mit den allgemeinen Bewegungen des europäischen Denkens. 5 Bde. Gütersloh 1949ff., 2. Aufl. 1960ff.
Hohmeier, F., Das Schriftverständnis in der Theologie Rudolf Bultmanns. Berlin—Hamburg 1964
Hollmann, K., Existenz und Glaube. Entwicklung und Ergebnisse der Bultmann-Diskussion in der katholischen Theologie. Paderborn 1972
Holmström, F., Das eschatologische Denken der Gegenwart. Drei Etappen der theologischen Entwicklung des zwanzigsten Jahrhunderts. Gütersloh 1936
Hübner, H., Politische Theologie und existentiale Interpretation. Zur Auseinandersetzung Dorothee Sölles mit Rudolf Bultmann. Witten 1973
Ittel, G. W. Der Einfluß der Philosophie Martin Heideggers auf die Theologie Rudolf Bultmanns. In: Kerygma und Dogma, 1956 (2), 90—108
—, Sein und Existenz. Eine Auseinandersetzung mit G. Nollers gleichnamigem Buch im Hinblick auf die Theologie Friedrich Gogartens. In: Zeitschrift für Theologie und Kirche, 1963 (60), 349—369
Jaspers, K. und Bultmann, R., Die Frage der Entmythologisierung. München 1954

Jochums, H., Angriff auf die Kirche. Erklärungen zur Lehre Bultmanns. 3., erw. Aufl. Wuppertal 1968

Joest, W., Verhängnis und Hoffnung der Neuzeit. Kritische Gedanken zu Friedrich Gogartens Buch. In: Kerygma und Dogma, 1955 (1), 70—83

—, Die Personalität des Glaubens. Ebda., 1961 (7), 36—53 und 152—171

Käsemann, E., Der Ruf der Freiheit. Tübingen 1968

Kahl, J., Philosophie und Christologie im Denken Friedrich Gogartens. Diss. Marburg 1967

Kamlah, W., Gilt es wirklich „die Entscheidung zwischen geschichtlichem und metaphysischem Denken"? Anmerkung zu Friedrich Gogarten, Entmythologisierung und Kirche. In: Evangelische Theologie, 1954 (14), 171—177

Kattenbusch, F., Die deutsche evangelische Theologie seit Schleiermacher. 2 Teile. Gießen 1926 und 1934

Keller, A., Der Weg der dialektischen Theologie durch die kirchliche Welt. Eine kleine Kirchenkunde der Gegenwart. München 1931

Kinder, E. (Hrsg.), Ein Wort lutherischer Theologie zur Entmythologisierung. Beiträge zur Auseinandersetzung mit dem theologischen Programm Rudolf Bultmanns. München 1952

Kinder, E., Die Verbindlichkeit des neuzeitlichen Geschichtsdenkens für die Theologie. In: Evangelisch-lutherische Kirchenzeitung, 1953 (7), 381—384

—, Das neuzeitliche Geschichtsdenken und die Theologie. Antwort an Friedrich Gogarten. Berlin 1954

—, Die „Geschichtlichkeit" des christlichen Glaubens. Zur Auseinandersetzung mit Friedrich Gogarten. In: Evangelisch-lutherische Kirchenzeitung, 1955 (9), 218—222 und 234—238

Klaas, W., Der moderne Mensch in der Theologie Rudolf Bultmanns. Zollikon—Zürich 1947

Knevels, W., Die Wirklichkeit Gottes. Ein Weg zur Überwindung der Orthodoxie und des Existentialismus. Stuttgart 1964

Knittermeyer, H., Die dialektische Entscheidung. In: Zwischen den Zeiten, 1927 (5), 396—421

—, Theologisch-politischer Diskurs. In: Zwischen den Zeiten, 1933 (11), 125—155

—, Die Philosophie der Existenz von der Renaissance bis zur Gegenwart. Wien—Stuttgart 1952

Köhler, R., Kritik der Theologie der Krisis. Eine Auseinandersetzung mit Karl Barth, Friedrich Gogarten, Emil Brunner und Eduard Thurneysen. Berlin 1925

Koepp, W., Die gegenwärtige Geisteslage und die „dialektische" Theologie. Tübingen 1930

Körner, J., Eschatologie und Geschichte. Eine Untersuchung des Begriffes des Eschatologischen in der Theologie Rudolf Bultmanns. Hamburg 1957

Kreck, W., Die Christologie Gogartens und ihre Weiterführung in der heutigen Frage nach dem historischen Jesus. In: Evangelische Theologie, 1963 (23), 169—197

Kreiterling, W., Katholische Kirche und Demokratie. Ein Beitrag zu Verstehen und Verständigung. Frankfurt/Main 1960

Kretzer, A., Zur Methode von Karl Barth und Friedrich Gogarten. Diss. Münster 1957

Krüger, Gerhard, Christlicher Glaube und modernes Denken. In: Studium Generale, 1948 (1), 189—202

Krüger, Gustav, The „Theology of Crisis". Remarks on an recent movement in German theology. In: The Harvard Theological Review, 1926 (19), 227—258

Künneth, W., Die Lehre von der Sünde, dargestellt an dem Verhältnis der Lehre Sören Kierkegaards zur neuesten Theologie. Gütersloh 1927

—, Antwort auf den Mythus. Die Entscheidung zwischen dem nordischen Mythus und dem biblischen Christus. Berlin 1935

—, Der große Abfall. Eine geschichtstheologische Untersuchung der Begegnung zwischen Nationalsozialismus und Christentum. Hamburg 1947

Künneth, W., Politik zwischen Dämon und Gott. Eine christliche Ethik des Politischen. Berlin 1954

Kuhlmann, G., Zum theologischen Problem der Existenz. Fragen an Rudolf Bultmann. In: Zeitschrift für Theologie und Kirche, 1929 (N. F. 10), 28—57

—, Die Theologie am Scheidewege. Tübingen 1935

Kupisch, K., Quellen zur Geschichte des deutschen Protestantismus (1871—1945). Berlin—Frankfurt/Main 1960

Lange, P., Konkrete Theologie? Karl Barth und Friedrich Gogarten „Zwischen den Zeiten" (1922—1933). Eine theologiegeschichtlich-systematische Untersuchung im Blick auf die Praxis theologischen Verhaltens. Zürich 1972

Langemeyer, B. OFM., Der dialogische Personalismus in der evangelischen und katholischen Theologie der Gegenwart. Paderborn 1963

Lehmann-Issel, K., Das Wort Gottes als Aufgabe der Theologie? Zur Krisis der Theologie und zur „Theologie der Krisis". In: Christliche Welt, 1925 (39), 338—344, 391—400, 440—445

Lengsfeld, P., Der Traditionsgedanke bei Rudolf Bultmann. In: Catholica, 1959 (13), 17—49

Lessing, E., Das Problem der Gesellschaft in der Theologie Karl Barths und Friedrich Gogartens. Gütersloh 1972

Link, W., „Anknüpfung", „Vorverständnis" und die Frage der „Theologischen Anthropologie". In: Theologische Rundschau, 1935 (N. F. 7), 205—254

Lögstrupp, K. E., Kierkegaards und Heideggers Existenzanalyse und ihr Verhältnis zur Verkündigung. Berlin 1950

Lorenzmeier, Th., Exegese und Hermeneutik. Eine vergleichende Darstellung der Theologie Rudolf Bultmanns, Herbert Brauns und Gerhard Ebelings. Hamburg 1968

Luck, U., Heideggers Ausarbeitung der Frage nach dem Sein und die existentialanalytische Begrifflichkeit in der evangelischen Theologie. In: Zeitschrift für Theologie und Kirche, 1956 (53), 230—251

Lübbe, H., Säkularisierung. Geschichte eines ideenpolitischen Begriffs. Freiburg—München 1965

Lütgert, W., Die theologische Krisis der Gegenwart und ihr geistesgeschichtlicher Ursprung. Gütersloh 1936

Macholz, A. W., Die Kirche in der Zeit. In: Glaube und Unterweisung, 1937 (4), 172—190, 221—241; 1938 (5), 5—32

Macquarrie, J., An Existentialist Theology. A comparison of Heidegger and Bultmann. 2. Aufl. London 1960

Malet, André, Mythos et Logos. La pensée de Rudolf Bultmann. Genf 1962

Marck, S., Die Dialektik in der Philosophi eder Gegenwart. 2 Halbbde. Tübingen 1929 und 1931

Marlé, R. SJ., Bultmann et l'interprétation du Nouveau Testament. Paris 1956; 2., rev. und erw. Aufl. 1966 (dt.: Bultmann und die Interpretation des Neuen Testamentes. 2. Aufl. Paderborn 1967)

—, Entmythologisierung. Eine Auseinandersetzung mit Bultmanns Entwurf. Kevelaer 1968

Meier, K., Die Deutschen Christen. Das Bild einer Bewegung im Kirchenkampf des Dritten Reiches. Göttingen 1964

Merz, G., Abschied. In: Zwischen den Zeiten, 1933 (11), 551—554

—, Wege und Wandlungen. Erinnerungen aus der Zeit von 1892—1922. München 1961

Metz, J. B., Freiheit als philosophisch-theologisches Grenzproblem. In: Gott in Welt. Festgabe für Karl Rahner. Freiburg—Basel—Wien 1964, Bd. I, 287—314

—, Zur Theologie der Welt. 2. Aufl. Mainz—München 1969

Metz, J. B., Moltmann, J. u. Oelmüller, W., Kirche im Prozeß der Aufklärung. Aspekte einer neuen „politischen Theologie". München—Mainz 1970

Moeller van den Bruck, A., Das dritte Reich. Hamburg 1923, 3. Aufl. 1931

Moltmann, J. (Hrsg.), Anfänge der dialektischen Theologie. Teil I: Karl Barth, Heinrich

Barth, Emil Brunner. München 1962; Teil II: Rudolf Bultmann. Friedrich Gogarten, Eduard Thurneysen. München 1963
Moltmann, J., Theologie der Hoffnung. Untersuchungen zur Begründung und zu den Konsequenzen einer christlichen Eschatologie. 6. Aufl. München 1966
—, Existenzgeschichte und Weltgeschichte. Auf dem Wege zu einer politischen Hermeneutik des Evangelismus. Stuttgart 1968
—, Das Experiment Hoffnung. Einführungen. München 1974
Müller, M. u. Halder, A., Art. Person. I: Begriff und Wesen der Person. In: Staatslexikon. Recht — Wirtschaft — Gesellschaft. 6. Aufl. Freiburg i. Br., Bd. VI, 1961, 197—206
Naveillan, C., Strukturen der Theologie Friedrich Gogartens. München 1972
Neubauer, E., Die Theologie der „Krisis" und des „Wortes". Ihre allgemeinen Voraussetzungen und Prinzipien. In: Zeitschrift für Theologie und Kirche, 1926 (N. F. 7), 1—36
Neuenzeit, P. (Hrsg.), Die Funktion der Theologie in Kirche und Gesellschaft. München 1969
Nievergelt, H.-U., Autorität und Begegnung. Die theologische Idealismuskritik des frühen Gogarten in ihrer pädagogischen Bedeutung. Zürich 1963
Noller, G., Sein und Existenz. Die Überwindung des Subjekt-Objektschemas in der Philosophie Heideggers und in der Theologie der Entmythologisierung. München 1962
Norden, G. van, Kirche in der Krise. Die Stellung der evangelischen Kirche zum nationalsozialistischen Staat im Jahre 1933. Düsseldorf 1963
Ott, H., Geschichte und Heilsgeschichte in der Theologie Rudolf Bultmanns. Tübingen 1955
—, Denken und Sein. Der Weg Martin Heideggers und der Weg der Theologie. Zollikon—Zürich 1959
Pannenberg, W., Art. Dialektische Theologie. In: Religion in Geschichte und Gegenwart. 3. Aufl. Tübingen, Bd. II, 1958, 168—174
Peukert, H. (Hrsg.), „Politische Theologie" in der Diskussion. Mainz 1969
Platz, H., Vom Wesen der politischen Macht. Diss. München 1968
Prenter, R., Das Evangelium der Säkularisierung. Bemerkungen zu Friedrich Gogartens letzten Werken. In: Theologische Zeitschrift, 1956 (12), 605—630
Prümm, K. SJ., Gnosis an der Wurzel des Christentums? Grundlagenkritik der Entmythologisierung. Salzburg 1972
Rabes, G., Christentum und Kultur. In besonderer Auseinandersetzung mit Barth und Gogarten. Diss. Jena 1937
Rahner, K. SJ., Schriften zur Theologie. 12 Bde. Einsiedeln 1954ff. (6. Aufl. 1962ff.)
—, Theologische Anthropologie. In: Lexikon für Theologie und Kirche. 2. Aufl. Freiburg i. Br., Bd. I, 1957, 618—627
—, Sendung und Gnade. Pastoraltheologische Beiträge. Innsbruck 1959
—, Art. Mensch. Theologisch. In: Lexikon für Theologie und Kirche. 2. Aufl. Freiburg i. Br., Bd. VII, 1962, 287—294
—, Hörer des Wortes. Zur Grundlegung einer Religionsphilosophie. Neu bearb. von J. B. Metz. München 1963
—, Geist in Welt. Zur Metaphysik der endlichen Erkenntnis bei Thomas von Aquin. 2. Aufl., im Auftrag des Verf. überarbeitet und erg. von J. B. Metz; 3. Aufl. München 1954
Reisner, E., Das Recht auf Geschichtsphilosophie. Gedanken zu der Geschichtsauffassung Friedrich Gogartens. In: Zwischen den Zeiten, 1928 (6), 126—139
Rendtorff, T., Kirche und Theologie. Die systematische Funktion des Kirchengegriffes in der neueren Theologie. Gütersloh 1966
Robinson, J. M. u. Cobb, J. B. jr. (Hrsg.), Neuland in der Theologie. 3 Bde. Zürich—Stuttgart 1964ff.
Rust, H., Dialektische und kritische Theologie. Görlitz 1933
Schlemmer, H., Von Karl Barth zu den Deutschen Christen. Ein Wort zum Verständnis der heutigen theologischen Lage. Gotha 1934

Schlette, H. R., Der Anspruch der Freiheit. Vorfragen politischer Existenz. München 1963
Schmidt, G., Der Ausgang neuprotestantischer Theologie aus der kritschen Philosophie Eberhard Grisebachs. Bern—Stuttgart 1953
Schmidt, K.-D. (Hrsg.), Die Bekenntnisse und grundsätzlichen Äußerungen zur Kirchenfrage. Bd. I: Das Jahr 1933; Bd. II: Das Jahr 1934; Bd. III: Das Jahr 1935. Göttingen 1934—1936
Schmithals, W., Die Theologie Rudolf Bultmanns. Eine Einführung. Tübingen 1966
—, Das Christuszeugnis in der heutigen Gesellschaft. Hamburg 1970
Schnübbe, O., Der Existenzbegriff in der Theologie Rudolf Bultmanns. Ein Beitrag zur Interpretation der theologischen Systematik Bultmanns. Göttingen 1959
Scholder, K., Neuere deutsche Geschichte und protestantische Theologie. Aspekte und Fragen. In: Evangelische Theologie, 1963 (23), 510—536
Schrey, H. H., Existenz und Offenbarung. Ein Beitrag zum christlichen Verständnis der Existenz. Tübingen 1947
—, Martin Heidegger und die Theologie. In: Martin Heideggers Einfluß auf die Wissenschaften. Aus Anlaß seines 60. Geburtstages verfaßt von C. Astrada u. a. Bern 1949, 9—21
—, Die Generation der Entscheidung. Staat und Kirche in Europa und im europäischen Rußland 1918 bis 1953. München 1955
Schröder, G., Das Ich und das Du in der Wende des Denkens. Untersuchungen zum Problem der Ich-Du-Beziehung im philosophischen Denken und in der Theologie der Gegenwart. Göttingen 1952
Schröer, H., Die Denkform der Paradoxalität als theologisches Problem. Eine Untersuchung zu Kierkegaard und der neueren Theologie als Beitrag zur theologischen Logik. Göttingen 1960
Schröter, F., Glaube und Geschichte bei Friedrich Gogarten und Wilhelm Herrmann. Köthen 1936
Schultz, H. J. (Hrsg.), Tendenzen der Theologie im 20. Jahrhundert. Eine Geschichte in Porträts. Stuttgart—Olten 1966
Schumann, F. K., Der Gottesgedanke und der Zerfall der Moderne. Tübingen 1929
Schwär, F., Theologie der Krisis und die Kirche. Zur Beurteilung der Stellung Gogartens. In: Una Sancta, 1927 (3), 185—196
Schwan, A., Karl Barths dialektische Grundlegung der Politik. In: Civitas. Jahrbuch für christliche Gesellschaftsordnung, Bd. II, Mannheim 1963, 31—71
—, Personalität und Politik. Mensch, Mitmenschlichkeit und politisches Amt im Verständnis des Christen. In: Festschrift für Anton Betz. Düsseldorf 1963, 209—243
—, Politik als „Werk der Wahrheit". Einheit und Differenz von Ethik und Politik bei Aristoteles. In: Paulus Engelhardt OP. (Hrsg.), Sein und Ethos. Untersuchungen zur Grundlegung der Ethik. Mainz 1963, 69—110
—, Politische Philosophie im Denken Heideggers. Köln—Opladen 1965
—, Wahrheit — Pluralität — Freiheit. Studien zur philosophischen und theologischen Grundlegung freiheitlicher Politik. Hamburg 1976
Schweitzer, W., Der entmythologisierte Staat. Studien zur Revision der evangelsichen Ethik des Politischen. Gütersloh 1968
Shiner, L., The Secularization of History. An introduction to the theology of Friedrich Gogarten. Nashville/New York 1966
Siegfried, Th., Das Wort und die Existenz. Eine Auseinandersetzung mit der dialektischen Theologie. 3 Bde. Gotha 1930ff. (Bd. II: Die Theologie der Existenz bei Friedrich Gogarten und Rudolf Bultmann. 1933)
Sölle, D., Stellvertretung. Ein Kapital Theologie nach dem „Tode Gottes". 2. Aufl. Stuttgart—Berlin 1965
—, Politische Theologie. Auseinandersetzung mit Rudolf Bultmann. Stuttgart—Berlin 1971

Sontheimer, K., Antidemokratisches Denken in der Weimarer Republik. Die politischen Ideen des deutschen Nationalismus zwischen 1918 und 1933. München 1962; Neuausgabe 1968

Stallmann, M., Was ist Säkularisierung? Tübingen 1960

Stange, C., Natürliche Theologie. Die Krisis der dialektischen Theologie. In: Zeitschrift für systematische Theologie, 1934/35 (12), 367—452

Stapel, W., Die Fiktionen der Weimarer Verfassung. Versuch einer Unterscheidung der formalen und funktionalen Demokratie. Hamburg—Berlin—Leipzig 1928

—, Der christliche Staatsmann. Eine Theologie des Nationalismus. 2. Aufl. Hamburg 1932

—, Sechs Kapitel über Christentum und Nationalsozialismus. 7. Aufl. Hamburg 1933

—, Die Kirche Christi und der Staat Hitlers. Hamburg 1933

—, Einheit von Evangelium und Volkstum? In: Deutsches Volkstum 1933, 831—832

Steinbüchel, Th., Der Umbruch des Denkens. Die Frage nach der christlichen Existenz erläutert an Ferdinand Ebners Menschdeutung. Regensburg 1936

—, Die philosophische Grundlegung der katholischen Sittenlehre. 2 Halbbde. 2., verb. Aufl. Düsseldorf 1939

—, Religion und Moral im Lichte personaler christlicher Existenz. Frankfurt/Main 1951

Steinmann, Th., Zur Auseinandersetzung mit Gogarten, Brunner und Barth. In: Zeitschrift für Theologie und Kirche, 1929 (N. F. 10), 220—237 und 452—470

Strohm, Th., Theologie im Schatten politischer Romantik. Eine wissenschafts-soziologische Anfrage an die Theologie Friedrich Gogartens. München—Mainz 1970

Thielicke, H., Geschichte und Existenz. Grundlegung einer evangelischen Geschichtstheologie. Gütersloh 1935, 2. Aufl. 1964

—, Die Krisis der Theologie. Zur Auseinandersetzung zwischen Barth und Gogarten über „Gericht oder Skepsis". Leipzig 1938

—, Theologische Ethik. 2 Bde. Tübingen 1951 und 1958

Thurneysen, E., Abschied. In: Zwischen den Zeiten, 1933 (11), 544—551

Thyssen, K.-W., Begegnung und Verantwortung. Der Weg der Theologie Friedrich Gogartens von den Anfängen bis zum Zweiten Weltkrieg. Tübingen 1970

Tilgner, W., Volksnomostheologie und Schöpfungsglaube. Ein Beitrag zur Geschichte des Kirchenkampfes. Göttingen 1966

Tillich, P., What is Wrong with the „Dialectic" Theology? In: Journal of Religion, 1935 (15), 127—145

—, Kritisches und positives Paradox. Eine Auseinandersetzung mit Karl Barth und Friedrich Gogarten. In: Paul Tillich, Gesammelte Werke, Bd. VII. Stuttgart 1962, 216—225

Traub, H., Anmerkungen und Fragen zur neutestamentlichen Hermeneutik und zum Problem der Entmythologisierung. Neukirchen 1952

Voegelin, E., History and Gnosis. In: B. W. Anderson (ed.), The Old Testament and Christian Faith. A theological discussion. New York—Evanston—London 1963, 64—89

Vögtle, A., Die Entmythologisierung des Neuen Testaments als Forderung einer zeitgemäßen Theologie und Verkündigung. In: Die geistige Situation unserer Zeit in den Einzelwissenschaften. Freiburger Dies Universitatis 1955/56 (4), 9—46

—, Der Einzelne und die Gemeinschaft in der Stufenfolge der Christusoffenbarung. In: Sentire ecclesiam. Das Bewußtsein von der Kirche als gestaltende Kraft der Frömmigkeit. Festschrift für Hugo Rahner. Freiburg—Basel—Wien 1961, 50—91

Vonessen, F., Mythos und Wahrheit. Bultmanns „Entmythologisierung" und die Philosophie der Mythologie. Einsiedeln 1964; 2., erw. Aufl. Frankfurt/M. 1972

Wagler, R., Der Ort der Ethik bei Friedrich Gogarten. Der Glaube als Ermächtigung zum rechten Unterscheiden. Hamburg 1961

Wefelscheid, K., Untersuchungen über den lutherischen Gehalt von Bismarcks innerer und sozialer Politik, dargestellt an Friedrich Gogartens theologischen Schriften. Würzburg 1936

Welte, B., Vom Wesen und Unwesen der Religion. Frankfurt/Main 1952
—, Vom Geist des Christentums. Frankfurt/Main 1955
—, Über das Wesen und den rechten Gebrauch der Macht. Eine philosophische Untersuchung und eine theologische These dazu. Freiburg i. Br. 1960
Wenz, H., Die Ankunft unseres Herrn am Ende der Welt. Zur Überwindung des Individualismus und des bloßen Aktualismus in der Eschatologie R. Bultmanns und H. Brauns. Stuttgart 1965
Weth, R., Gott in Jesus. Der Ansatz der Christologie Friedrich Gogartens. Mit einer Gogarten-Bibliographie. München 1968
Wieser, G., Friedrich Gogarten. Jena 1930
—, Der Mensch zwischen Gott und Welt. Zum neuen Buch Friedrich Gogartens. In: Kirchenblatt für die reformierte Schweiz, 1955 (109), 194—198, 210—213
Wiesner, W., Das Offenbarungsproblem in der dialektischen Theologie. München 1930
Wilkens, E., „Entmythologisierung und Kirche". Stellungnahme zu der Schrift von Prof. Gogarten aus der Vereinigten Evangelisch-Lutherischen Kirche. In: Evangelisch-lutherische Kirchenzeitung, 1953 (7), 297—298
Wingren, G., Die Methodenfrage der Theologie. Göttingen 1957
—, Theologie zwischen Dogmatik und Analyse. In: Neue Zeitschrift für systematische Theologie und Religionsphilosophie, 1970 (12), 184—195
Wobbermin, G., Der Kampf um die dialektische Theologie. In: Christliche Welt, 1928 (42), 98—105, 146—153, 642—645
Wolf, E., Recht des Nächsten. Ein rechtstheologischer Entwurf. Frankfurt/Main 1958
—, Zur rechtstheologischen Dialektik von Recht und Liebe. In: Studi in onore di Emilio Betti, Bd. I. Milano 1961, 479—500
—, Ordnung der Liebe. Gottesgebot und Nächstenrecht im Heidelberger Katechismus. Frankfurt/Main 1963
—, Personalität und Solidarität im Recht. In: J. Fuchs u. a., Vom Recht. Hannover 1963, 189—209
—, Gottesrecht und Nächstenrecht. Rechtstheologische Exegese von den Arbeitern im Weinberg (Mt 20, 1—6). In: Gott in Welt. Festgabe für Karl Rahner. Freiburg—Basel—Wien 1964, Bd. II, 640—662
Wolff, O., Offenbarung und Geschichte. Fragen an D. Friedrich Gogarten. In: Deutsche Theologie, 1935 (2), 317—329
—, Gesetz und Evangelium. Erwägungen um die dogmatische Grundfrage in Auseinandersetzung mit F. Gogarten. In: Evangelische Theologie, 1936, 136—156
Wünsch, G., Evangelische Ethik des Politischen. Tübingen 1936
Wyk, J. A. van, Die Möglichkeit der Theologie bei Friedrich Gogarten. Diss. Basel 1952
Young, N. J., History and Existential Theology. The role of history in the thought of Rudolf Bultmann. London 1969
Zahrnt, H., Die Sache mit Gott. Die protestantische Theologie im 20. Jahrhundert. München 1966 (18.—27. Tsd.)
Zillessen, H. (Hrsg.), Volk—Nation—Vaterland. Der deutsche Protestantismus und der Nationalismus. Gütersloh 1970
Zipfel, F., Kirchenkampf in Deutschland 1933—1945. Religionsverfolgung und Selbstbehauptung der Kirchen in der nationalsozialistischen Zeit. Mit einer Einleitung von Hans Herzfeld. Berlin 1965